실무에 바로 쓰는

일잘러의 엑셀 입문

후지이 나오야, 오야마 게이스케 지음
구수영 옮김

Excel SAIKYO NO KYOUKASHO KANZENBAN 2nd Edition

Copyright ⓒ 2022 Naoya Fujii, Keisuke Oyama

Korean translation copyright © 2023 J-Pub Co., Ltd.
Original Japanese language edition published by SB Creative Corp.
Korean translation rights arranged with SB Creative Corp., through Danny Hong Agency.

이 책의 한국어판 저작권은 대니홍 에이전시를 통한 저작권사와의 독점 계약으로 제이펍에 있습니다.
저작권법에 의해 한국 내에서 보호를 받는 저작물이므로 무단 전재와 무단 복제를 금합니다.

실무에 바로 쓰는
일잘러의 엑셀 입문

1쇄 발행 2023년 4월 18일
2쇄 발행 2024년 5월 15일

지은이 후지이 나오야, 오야마 게이스케
옮긴이 구수영
펴낸이 장성두
펴낸곳 주식회사 제이펍

출판신고 2009년 11월 10일 제406-2009-000087호
주소 경기도 파주시 회동길 159 3층 / **전화** 070-8201-9010 / **팩스** 02-6280-0405
홈페이지 www.jpub.kr / **투고** submit@jpub.kr / **독자문의** help@jpub.kr / **교재문의** textbook@jpub.kr

소통기획부 김정준, 안수정, 박재인, 배인혜, 나준섭, 이상복, 김은미, 송영화, 권유라
소통지원부 민지환, 이승환, 김정미, 서세원 / **디자인부** 이민숙, 최병찬

기획 송찬수 / **진행** 배인혜 / **내지 및 표지디자인** 다람쥐생활
용지 타라유통 / **인쇄** 한길프린테크 / **제본** 일진제책사

ISBN 979-11-92987-06-4 (13000)
책값은 뒤표지에 있습니다.

※ 이 책은 저작권법에 따라 보호를 받는 저작물이므로 무단 전재와 무단 복제를 금지하며,
  이 책 내용의 전부 또는 일부를 이용하려면 반드시 저작권자와 제이펍의 서면 동의를 받아야 합니다.
※ 잘못된 책은 구입하신 서점에서 바꾸어드립니다.

제이펍은 여러분의 아이디어와 원고를 기다리고 있습니다. 책으로 펴내고자 하는 아이디어나 원고가 있는 분께서는
책의 간단한 개요와 차례, 구성과 지은이/옮긴이 약력 등을 메일(submit@jpub.kr)로 보내주세요.

실무에 바로 쓰는

일잘러의 엑셀 입문

후지이 나오야,
오야마 게이스케 지음
구수영 옮김

데이터 분석, 함수 사용,
보고서 작성의 기초를 다지는 엑셀 가이드

Jpub
제이펍

※ 드리는 말씀

- 이 책에 기재된 내용을 기반으로 한 운영 결과에 대해 지은이, 옮긴이, 소프트웨어 개발자 및 제공자, 제이펍 출판사는 일체의 책임을 지지 않으므로 양해 바랍니다.
- 이 책에 등장하는 회사명, 제품명은 일반적으로 각 회사의 등록 상표(또는 상표)이며, 본문 중에는 ™, ⓒ, ® 마크 등을 생략하고 있습니다.
- 이 책은 엑셀 2021/2019/2016 및 Microsoft 365에 대응합니다. 다만 사용자의 운영체제 및 엑셀 버전, 학습 시점에 따라 일부 기능은 지원하지 않거나 책의 내용과 다를 수 있습니다. 참고로, 이 책에서는 윈도우10 & 엑셀 2021의 화면을 이용해 설명합니다.
- [Alt] 조합 단축키는 주로 키를 순서대로 눌러서 실행합니다. 동시에 누르는 단축키는 [+]로, 하나씩 순서대로 누르는 단축키는 [→]로 구분해서 표시했습니다.
- 이 책에 나오는 일부 용어는 엑셀의 메뉴명을 그대로 사용하여 표준 맞춤법과 다를 수 있습니다(예, 목푯값 → 목표값).
- 유튜브 동영상 강의는 http://bit.ly/excel_start에서 확인할 수 있으며, 2023년 6월까지 순차적으로 업데이트됩니다.
- 이 책에서 사용하는 예제 파일의 일부는 https://bit.ly/book_jpub에서 책 제목으로 검색하여 다운로드할 수 있습니다. 책에서 해설하는 기능의 확인 등에 활용하기 바랍니다.
- 책 내용과 관련된 문의사항은 출판사로 연락해 주시기 바랍니다.
  - 출판사: help@jpub.kr

< 차례

머리말 • 020
이 책의 구성 • 026

1장 | 11가지 기본 설정과 엑셀을 다루는 사고방식 • 027

01 엑셀을 실행하면 먼저 해야 할 7가지   028
표는 파악하기 쉽게 만들어라   028
표를 보기 좋게 정리하는 기본 설정   029
표를 더 깔끔하게 정리하는 추가 설정   030
보는 사람이 이미 익숙한 형식으로 만들어라   030

02 목적이나 용도에 맞는 글꼴 선택하기   032
글꼴을 선택하는 기준   032
글꼴을 바꾸는 방법   033
엑셀의 기본 글꼴 설정   034

03 행 높이 조절하기   035
여백의 중요성   035
행 높이를 바꾸는 방법   036

04 A열과 1행 비우기   037
A열과 1행은 여백으로 놔둔다   037
이미 작성 중인 시트의 첫 줄을 비우는 방법   038

05 문자는 왼쪽 맞춤, 숫자는 오른쪽 맞춤   039
문자 맞춤의 규칙 정하기   039
문자 맞춤을 설정하는 방법   040

06 숫자를 보기 좋게 만드는 2가지 규칙   041
단위 표기 전용 열을 작성한다   041
천 단위 구분 기호를 설정한다   042

07 상세 내역은 들여쓰기   043
상세 내역과 합산 관계를 명확하게 표현하기   043
들여쓰기를 하는 2가지 방법   044

08 열 너비 조절하기   045
속성이 같으면 열 너비를 통일한다   045
적절한 열 너비 기준과 열 너비 바꾸는 법   046

09	테두리 기능 마스터하기	047
	눈금선을 숨기고 필요한 위치에 테두리 긋기	047
	셀 범위를 지정해서 테두리 설정하기	048
10	표에 테두리 설정하는 팁	049
	위아래는 굵게, 가로줄은 가늘게, 세로줄은 생략	049
	추천하는 테두리 유형	050
11	숫자를 색상으로 구분하기	051
	직접 입력한 숫자와 계산된 결과를 색으로 구분한다	051
	문자 색을 구분할 때의 주의점	052
	수식에 숫자를 직접 입력하지 않는다	052
12	강조하고 싶은 셀에 배경색 설정하기	053
	셀 배경색은 연한 색을 지정한다	053
	배경색을 설정하는 방법	054
13	셀에 표시되는 주요 오류 목록	055
	표를 작성할 때 자주 나타나는 주의와 오류	055

2장 | 작업 속도를 높이기 위한 엑셀 테크닉 • 057

01	올바른 시트 관리 방법	058
	시트 순서를 정하는 규칙	058
	내용이나 목적에 따라 시트 탭 배경색 설정하기	059
	시트 개수는 최소한으로 줄이고, 사용하지 않는 시트는 삭제한다	060
	시트 이름은 내용에 알맞도록 짧게 설정한다	061
02	숨기기 기능은 사용하지 않는다	062
	셀과 시트의 숨기기 기능은 사용하지 않는다	062
	그룹 기능 사용하기	063
03	셀 병합 대신 선택 영역의 가운데로 설정하기	065
	셀 병합은 되도록 사용하지 않는다	065
04	여러 셀에 걸쳐 사선 긋기	067
	사용하지 않는 셀에 사선을 그려 명확히 표시한다	067
05	셀에 노트 남기기	068
	보충 설명이나 리뷰를 노트로 남긴다	068
06	조건부 서식의 기본 조작	069

	주목해야 하는 데이터 강조하기	069
	조건부 서식으로 특정 수치보다 값이 큰 셀 강조하기	070
07	**평균값 이상의 셀에 배경색 적용하기**	**071**
	자동으로 계산되는 선택 범위의 평균값을 기준으로 서식을 적용한다	071
	상위/하위 규칙을 설정하는 방법	072
08	**조건부 서식으로 오류 값 찾기**	**073**
	조건부 서식의 편리한 사용법	073
	오류가 있는 셀에 색을 칠한다	074
09	**조건부 서식의 확인 및 삭제**	**075**
	적용된 조건부 서식 관리하기	075
	조건부 서식 확인 및 삭제 방법	076
10	**제목 셀 고정하기**	**077**
	제목 셀 항상 표시하기	077
	제목 열 또는 제목 행 항상 표시하기	078
11	**리본 메뉴를 숨겨 화면을 넓게 사용하는 방법**	**079**
	리본 메뉴 숨기기	079
12	**현재 날짜와 시간 빨리 입력하기**	**080**
	날짜와 시간을 입력하는 단축키	080
13	**숫자 0으로 시작하는 문자열 입력하기**	**081**
	문자 형식으로 숫자 입력하기	081
14	**이름 끝에 자동으로 '님' 추가하기**	**082**
	셀 서식의 표시 형식을 사용하여 표기 정돈하기	082
15	**문자 세로쓰기**	**083**
	셀을 병합하여 세로쓰기로 표시하기	083
16	**파일 작성자 이름 삭제하기**	**084**
	통합 문서 검사 기능으로 불필요한 정보 삭제하기	084
17	**경과 날짜 및 시간 계산하기**	**085**
	날짜와 시간의 일련번호	085
	날짜와 시간 계산하기	086
18	**시트 편집 금지 기능**	**087**
	시트 내용을 바꾸지 못하게 잠그기	087
19	**파일 자동 저장하기**	**088**
	옵션에서 저장 간격 설정하기	088

20	파일에 암호 걸기	089
	통합 문서의 내용을 암호화하여 보호하기	089

3장 | 업무 성과로 연결되는 필수 함수 14가지 • 091

01	작업 효율과 정확성을 높여 주는 기본 함수	092
	14가지 기본 함수	092
	함수를 사용하는 장단점	093
02	의외로 깊이가 있는 함수 SUM 함수	094
	여러 값을 더하는 SUM 함수	094
	SUM 함수를 사용할 때의 흔한 실수	095
	계산 결과를 다른 셀에 복사하는 방법	096
	빠르게 SUM 함수 사용하기	097
03	비정상 값 빠르게 확인하기 MAX, MIN 함수	098
	범위 내의 최댓값/최솟값 산출하기	098
	MAX/MIN 함수 응용하기	099
04	반올림하여 소수점 없애기 ROUND 함수	100
	지정한 자릿수로 반올림하기	100
05	오류 발생 시 표시할 내용 지정하기 IFERROR 함수	101
	오류를 놓치지 않기 위한 기본 기술	101
06	계산 결과에 따라 표시할 내용 바꾸기 IF 함수	102
	논리식 사용하기	102
	IF 함수와 논리식 활용 예	103
	여러 조건을 중첩하여 판정하기	104
	논리식이 복잡해지면 별도의 열을 준비한다	105
07	여러 조건을 간단한 논리식으로 판정하기 IFS 함수	106
	여러 조건을 동시에 판정한다	106
	IFS 함수 사용 방법	106
08	일별 매출을 월별로 집계하기 SUMIF 함수	108
	조건을 지정해서 합계 구하기	108
	셀 범위와 합산할 값의 셀 범위는 일대일 관계	109
	조건을 지정할 때의 요령	110
	SUMIF 함수를 사용하기 위한 사전 준비와 단축키	111

09 여러 조건을 만족하는 데이터 집계하기 `SUMIFS 함수` — 112
- SUMIFS 함수는 최강의 함수 — 112
- 합계 대상 범위를 지정하고 조건 범위와 조건을 나열한다 — 113
- 특정 기간의 데이터 집계하기 — 114
- 조금 더 보기 좋은 조건식 — 115
- 크로스 탭으로 점포당 매출을 월별 혹은 연별로 산출하기 — 116
- 효율적인 셀 지정 방법 — 117

10 전체에서 특정한 성별의 수 계산하기 `COUNTIF 함수` — 118
- 조건을 만족하는 셀 개수 세기 — 118
- COUNTIF 함수의 기본적인 사용 방법 — 119
- 설문 조사 참여자 중에서 성별로 인원수 산출하기 — 120
- 숫자 셀, 문자 셀, 미입력 셀 세기 — 121

11 여러 조건을 충족하는 데이터 수 계산하기 `COUNTIFS 함수` — 122
- 여러 조건식을 동시에 충족하는 데이터 수 — 122
- 셀 범위와 조건 쌍을 차례로 지정한다 — 123
- 참조 형식을 구분하는 것이 중요하다 — 124
- 서울과 영업을 모두 포함하는지 판정하기 — 125
- 점포별, 성별, 연도별 데이터를 집계하여 비율 구하기 — 126
- 크로스 탭을 빠르게 만드는 방법 — 126

12 상품 ID로 상품명 및 단가 불러오기 `VLOOKUP 함수` — 128
- 다른 표의 값을 불러오는 구조 이해하기 — 128
- 다른 표의 값을 불러오기 위한 VLOOKUP 함수 — 129
- 오류 표시의 의미와 오류 값 숨기기 — 130
- 마스터 데이터의 중복을 체크하는 방법 — 131

13 마스터 데이터에서 일부를 추출한다 `XLOOKUP 함수` — 132
- 임의의 마스터 데이터 항목에서 데이터 추출하기 — 132
- XLOOKUP 함수의 편리한 사용 방법 — 133
- 검색 범위와 반환 범위의 행의 개수는 반드시 통일한다 — 134
- 검색 값을 찾지 못한 경우의 대처 방법 — 134
- 여러 데이터를 단번에 추출하기 — 135

14 달의 마지막 날짜를 자동으로 입력하기 `EOMONTH 함수` — 136
- 마감일을 정확하게 입력하는 방법 — 136

4장 | 실수를 줄이는 노하우와 셀 참조 방식 제대로 이해하기 • 137

01	**F2를 사용하여 작업 실수 줄이기**	**138**
	F2를 사용하여 셀 내용 확인하기	138
	ESC로 셀 편집 모드 해제, Tab / Enter / 화살표 키로 이동	139
02	**가로 방향 데이터 빨리 입력하기**	**140**
	데이터 입력 방향에 따라 키 설정 바꾸기	140
	Enter를 사용하여 셀 내용 확인하기	141
03	**추적 기능으로 참조 셀 확인하기**	**142**
	추적 기능으로 실수 확인하기	142
	추적 화살표 표시하기	143
	효과적인 추적 기능 사용법	144
	특정 셀의 값을 참조하는 셀 확인하기	145
04	**꺾은선형 차트로 비정상 값 찾기**	**146**
	차트로 비정상 값 확인하기	146
	확인용 차트를 만드는 방법	147
05	**작업을 시작하기 전에 반드시 파일을 복사해 둔다**	**148**
	언제든지 이전 상태로 돌아갈 수 있어야 한다	148
	작업 흐름에 따라 파일 저장하기	149
06	**파일 이름에 날짜와 버전 번호 붙이기**	**150**
	효율적인 파일 이름 짓기	150
	탐색기 표시 방법 바꾸기	151
07	**상대 참조와 절대 참조 이해하기**	**152**
	복사를 할 때 참조가 움직이는 셀과 움직이지 않는 셀	152
	고정 셀이나 셀 범위는 절대 참조로 지정한다	153
08	**혼합 참조 이해하기**	**154**
	행 또는 열만 절대 참조인 경우	154
	F4를 여러 번 눌러 참조 형식 변환하기	155
09	**다른 시트의 데이터 참조하기**	**156**
	다른 시트의 데이터를 참조하는 방법	156
	자주 벌어지는 실수	157
10	**셀에 이름 붙이기**	**158**
	셀 주소 대신 셀 이름 사용하기	158
	첫 번째 시트에 셀 이름을 정리한다	159

11	셀 이름 삭제하기	**160**
	이름 관리자 대화상자 사용하기	160
	이름 편집 및 삭제하기	161

12	데이터 유효성 검사하기	**162**
	자주 사용하는 데이터를 목록에서 선택하기	162
	목록의 값을 직접 입력하여 설정하기	163
	셀 범위로 지정하여 목록 만들기	164
	목록 이외의 값도 입력할 수 있도록 설정하기	165

13	다른 통합 문서는 참조하지 않는다	**166**
	통합 문서는 단독으로 사용한다	166
	다른 통합 문서의 데이터를 복사한 후 참조한다	167

14	다른 통합 문서를 참조하는지 확인하는 방법	**168**
	찾기 및 바꾸기 기능으로 확인하기	168
	통합 문서 전체를 대상으로 찾기	169

15	데이터 출처 명시하기	**170**
	수치의 타당성 및 근거를 위한 정보 남기기	170

5장 | 단축키 활용으로 작업 속도 높이기 • 171

01	단축키는 필수!	**172**
	단축키를 사용하여 빠르게 작업하기	172
	작업 효율을 개선하면 실수도 줄어든다	173

02	Alt는 최고의 파트너	**174**
	단축키는 Ctrl과 Alt로 시작한다	174
	Alt를 누르면 단축키 힌트가 표시된다	175

03	필수 단축키 6개로 표 다루기	**176**
	표 및 모든 셀 선택하기 Ctrl+A	176
	텍스트 맞춤 Alt→H→A→L / Alt→H→A→R / Alt→H→A→C	176
	문자색 바꾸기 Alt→H→F→C	177
	배경색 바꾸기 Alt→H→H	177
	글꼴 바꾸기 Alt→H→F→F	178
	셀 서식 대화상자 표시 Ctrl+1	179

차례 **011**

04 단축키 10개로 행/열 다루기 — 180

- 행 전체/열 전체 선택하기 `Shift`+`Space` / `Ctrl`+`Space` — 180
- 셀/행/열 삽입하기 `Ctrl`+`+` — 180
- 행 전체 삭제하기 `Shift`+`Space` → `Ctrl`+`-` — 181
- 열 전체 삭제하기 `Ctrl`+`Space` → `Ctrl`+`-` — 181
- 데이터가 입력된 마지막 셀로 이동하기 `Ctrl`+화살표 — 182
- 데이터의 끝까지 선택하기 `Shift`+`Ctrl`+화살표 — 183
- 열 너비 자동 조정하기 `Alt`→`H`→`O`→`I` — 184
- [A1] 셀로 이동하기 `Ctrl`+`Home` — 184
- 그룹화하기 `Shift`+`Alt`+`→` — 185

05 단축키 10개로 데이터 다루기 — 186

- 숫자에 천 단위 구분 쉼표 입력하기 `Ctrl`+`Shift`+`1` — 186
- 숫자 끝에 % 추가하기 `Ctrl`+`Shift`+`5` — 186
- 소수점 자릿수 조정하기 `Alt`→`H`→`0` / `9` — 187
- 실행 취소와 다시 실행 `Ctrl`+`Z` / `Ctrl`+`Y` — 187
- 통합 문서나 시트에서 찾기 `Ctrl`+`F` — 188
- 특정 문자를 다른 문자로 바꾸기 `Ctrl`+`H` — 189
- 선택하여 붙여넣기 `Alt`→`H`→`V`→`S` — 190
- 데이터 목록에 필터 설정하기 `Ctrl`+`Shift`+`L` — 191
- 꺾은선형 차트 만들기 `Alt`→`N`→`N`→`1` — 191

06 단축키 8개로 파일 다루기 — 192

- 다른 시트로 이동하기 `Ctrl`+`PageDown` / `PageUp` — 192
- 다른 통합 문서로 이동하기 `Ctrl`+`Tab` — 192
- 다른 이름으로 저장하기 `F12` — 193
- 저장하기 `Ctrl`+`S` — 193
- 여러 문서 중에서 현재 작성 중인 문서 닫기 `Ctrl`+`W` — 194
- 통합 문서 모두 닫기 `Alt`→`F`→`X` — 194
- 새 통합 문서 만들기 `Ctrl`+`N` — 195
- 실행 중인 응용프로그램 전환하기 `Alt`+`Tab` — 195

07 단축키 10개로 작업 시간 줄이기 — 196

- 시트 확대 및 축소 `Ctrl`+마우스 휠 — 196
- 틀 고정 `Alt`→`W`→`F`→`F` — 196
- 같은 동작 반복하기 `F4` — 197
- 참조하는 셀 선택하기 `Ctrl`+`[` — 198
- 현재 셀이 참조하는 셀 추적하기 `Alt`→`M`→`P` — 198

현재 셀을 참조하는 셀 추적하기 [Alt]→[M]→[D]   199
추적 화살표 삭제하기 [Alt]→[M]→[A]→[A]   199
인쇄하기 [Ctrl]+[P]   200
인쇄 범위 지정하기 [Alt]→[P]→[R]→[S]   200
페이지 설정 대화상자 [Alt]→[P]→[S]→[P]   200

6장 | 복사해서 붙여넣기, 자동 채우기, 정렬 기능 • 201

01 복사/붙여넣기 기능으로 작업 효율성 높이기   **202**
    복사/붙여넣기의 다양한 기능 이해하기   202
    무엇을 붙여 넣을지 판단하기   203

02 값 붙여넣기   **204**
    서식 그대로 문자나 숫자 복사하기   204
    값 붙여넣기 실행 방법   205

03 서식 붙여넣기   **206**
    값은 제외하고 서식만 붙여넣기   206
    서식 붙여넣기 실행 방법   207

04 수식 붙여넣기   **208**
    수식만 복사하기   208
    숫자 서식을 수식과 함께 복사하기   209

05 나누기 붙여넣기로 표 단위 바꾸기   **210**
    원 단위 숫자를 천 원 단위로 바꾸기   210
    나누기 붙여넣기 실행 방법   211

06 행과 열 바꾸기   **212**
    행과 열을 바꾸면 새로운 관점으로 볼 수 있다   212
    [행/열 바꿈] 옵션에 체크하기   213

07 자동 채우기   **214**
    엑셀의 입력 기능 중 가장 편리한 자동 채우기 기능   214
    수식이나 서식을 열 전체에 빠르게 복사하기   215

08 날짜와 요일 쉽게 입력하기   **216**
    자동 채우기 기능으로 쉽게 입력하는 방법   216
    매월 마지막 날짜를 쉽게 입력하는 방법   217

09 셀 배경색을 한 줄 간격으로 바꾸는 방법   **218**
    자동 채우기 기능으로 서식만 복사하기   218

10 정렬 기능 완벽하게 마스터하기 　　　　　　　　　　219
　　목적에 따라 데이터 정렬하기　　　　　　　　　　219
　　오름차순으로 정렬하기　　　　　　　　　　　　　220
　　정렬 대화상자에서 정렬 기준 자세히 지정하기　　221
　　정렬 실행 단축키와 주의점　　　　　　　　　　　222

11 필터 기능과 SUBTOTAL 함수 　　　　　　　　223
　　특정 조건을 만족하는 데이터만 표시하기　　　　 223
　　기본적인 필터 사용 방법　　　　　　　　　　　 224
　　더 자세한 조건으로 필터링하기　　　　　　　　 225
　　필터를 사용할 때의 팁　　　　　　　　　　　　 225

7장 | 실전 데이터 분석의 시작 • 227

01 데이터 테이블을 활용한 민감도 분석　　　　　　 228
　　여러 조건의 변화에 따른 계산 결과 검토하기　　 228
　　여러 조건에 대한 계산 결과를 하나의 표에 표시　229
　　데이터 테이블 작성 방법　　　　　　　　　　　 230

02 영업이익 시뮬레이션　　　　　　　　　　　　　 232
　　단가를 높일까 판매량을 늘릴까　　　　　　　　 232
　　데이터 테이블 사용 시 주의점　　　　　　　　　235

03 비용 변동 요인에 따른 상품 단가 검토　　　　　 236
　　재료비 상승에 따라 상품 단가를 조절했을 때의 이익 검토　236

04 데이터 테이블이 클 때는 자동 계산 기능 해제하기　238
　　데이터 테이블을 업데이트하느라 엑셀의 동작이 무거워진다면　238

05 목표값 찾기　　　　　　　　　　　　　　　　　 240
　　식의 결과로부터 거꾸로 계산을 해야 할 때　　　240
　　목표값 찾기를 위한 표 작성하기　　　　　　　　241

06 목표 이익을 위해 필요한 회전율 산출하기　　　 243
　　목표값 찾기는 복잡한 계산일 때 더욱 도움이 된다　243
　　회전율은 다양한 값과 연관되어 있다　　　　　　244
　　시나리오 기능으로 여러 계획 비교하기　　　　　245

07 총 예산으로 조달할 수 있는 인원 산출하기　　　248
　　예산을 바탕으로 필요한 자원 역산하기　　　　　248

08 해 찾기 기능 — 250
- 목표값 찾기는 2개 이상의 변수를 역산하지 못한다 — 250
- 해 찾기란? — 251
- 해 찾기용 표 만들기 — 253
- 해 찾기 기능으로 최적의 개수 구하기 — 254

09 해 찾기 기능으로 운송 비용 최적화하기 — 256
- 운송 비용 최적화하기 — 256
- 복잡한 조건 분해하기 — 257

10 피벗 테이블의 기본 — 260
- 크로스 탭으로 세밀하게 데이터 분석하기 — 260
- 엑셀에서 크로스 탭을 만드는 피벗 테이블 — 261
- 피벗 테이블을 위한 표 준비하기 — 262
- 피벗 테이블의 기본적인 사용법 — 263

11 피벗 테이블로 데이터 집계/분석하기 — 264
- 데이터의 외관은 집계 방식에 따라 달라진다 — 264
- 피벗 테이블을 고치는 방법 — 265
- 표시할 데이터 범위 필터링하기 — 266

12 피벗 테이블 데이터를 피벗 차트로 — 268
- 집계 데이터를 차트로 만들면 몰랐던 사실을 발견할 수 있다 — 268
- 차트에 표시되는 데이터 바꾸기 — 270
- 피벗 테이블을 복사하여 차트 작성하기 — 271

13 상관 분석으로 데이터에 숨어 있는 상관관계 찾기 — 272
- 분산형 차트로 데이터 상관관계 검증하기 — 272
- 분산형 차트 작성 방법 — 274
- 분산형 차트의 데이터는 많으면 많을수록 좋다 — 275

14 양의 상관관계와 음의 상관관계 — 276
- 서로 반대 방향으로 커지는 음의 상관관계도 있다 — 276

15 상관 분석으로 예측하기 — 277
- 추세선으로부터 예측값 계산하기 — 277

16 추세선에서 비정상 값을 제거하는 방법 — 278
- 오해를 부르는 비정상 값 — 278
- 비정상 값을 별도의 그룹에 두기 — 279

17 하나의 분산형 차트에 2개의 그룹 표시하기 — 280
- 데이터를 두 그룹으로 나누어 분석하기 — 280

18	평균값과 중앙값 구분하기	**282**
	평균값은 극단적인 숫자에 쉽게 영향을 받는다	282
	중간 데이터를 의미하는 중앙값 사용하기	283

19	가중 평균 이해하기	**284**
	데이터를 두 그룹으로 나누어 분석하기	284
	엑셀에서 가중 평균을 구하는 방법	285

20	구입 단가와 구매 수량의 관계 수치화하기	**286**
	가중 평균으로 평균값의 함정을 피한다	286
	실제 평균 가격은 얼마?	287

21	일별 데이터를 연도별/월별로 집계하기	**288**
	SUMIFS 함수로 데이터를 정리하여 집계한다	288

22	빈 셀 대신 N/A 입력하기	**290**
	입력이 누락된 것이 아님을 명확히 한다	290

8장 | 차트를 자유자재로 다루기 위한 5가지 팁 • 291

01	차트의 기본 기능 이해하기	**292**
	차트는 비즈니스를 위한 필수 스킬	292
	차트 작성하기	293
	보여 주고 싶은 데이터만 선택하여 차트 작성하기	294
	차트의 디자인을 바꾸기 위한 [차트 디자인] 탭	295
	차트 요소의 서식을 설정하기 위한 [서식] 탭	297
	버튼 3개로 차트의 주요 설정을 빠르게	298

02	매력적인 차트를 위한 색상 선택	**299**
	색 조합이 중요한 차트	299
	강조하고 싶은 데이터에는 따뜻한 색을 사용한다	300
	흑백으로 인쇄할 때는 선의 대시 종류를 변경	301

03	매출과 이익률을 하나의 차트로 작성하기	**302**
	두 종류의 데이터를 하나의 차트로 통합하는 혼합 차트	302
	기존 차트를 혼합 차트로 바꾸기	303
	혼합 차트는 무턱대고 사용하지 않는다	303

04	범례보다는 데이터 레이블 활용하기	**304**
	차트의 범례는 의외로 알아보기 어렵다	304

범례를 지우는 방법	306
범례를 남긴다면 위치를 조정한다	307

05 차트 디자인 꾸미기 — 308
엑셀 차트를 더 보기 좋게 만드는 5가지 팁 — 308
1. 문자 크기 키우기 — 309
2. 기울어진 축 레이블을 알아보기 좋게 고치기 — 309
3. 숫자 축의 단위 표시하기 — 312
4. 눈금선의 개수를 줄이기 — 313
5. 눈금선은 가늘게 — 314

9장 | 알맞은 차트 고르기 • 315

01 실적/예측 데이터에 적합한 꺾은선형 차트 — 316
값의 추이를 시간순으로 나타내는 꺾은선형 차트 — 316
꺾은선형 차트는 두 시점 이상의 데이터에 사용한다 — 317
성장률을 강조하고 싶을 때는 차트의 너비를 줄인다 — 318
실적과 예측을 동일선상에 그리는 방법 — 318

02 현재 상태를 강조하고 싶을 때는 세로 막대형 차트 — 320
꺾은선형 차트보다 막대형 차트가 더 적합한 경우가 있다 — 320
간격 너비를 설정하여 세로 막대를 굵게 한다 — 321

03 세로축을 바꾸면 차트 모양이 크게 달라진다 — 322
세로축을 바꿔서 차이 강조하기 — 322
자칫하면 데이터 조작으로 보일 수 있으니 주의하자! — 323
막대형 차트의 세로축 설정 방법 — 323

04 순위를 표현하는 데 적합한 가로 막대형 차트 — 324
긴 레이블도 깔끔하게 들어가는 가로 막대형 차트 — 324
가로 막대형 차트의 축 항목 표시 순서 바꾸기 — 325

05 여러 회사의 점유율을 비교할 때는 원형 차트 — 326
원형 차트를 사용하는 방법 — 326
데이터의 종류가 많을 때는 기타 항목으로 통합 — 327
데이터 레이블 설정하기 — 327

06 성장 요인을 판단할 수 있는 누적 세로 막대형 차트 — 328
국내/외 매출을 차트로 작성하기 — 328
계열선 추가하기 — 329
차트 상단에 전체 합계 표시하기 — 330

07	**점유율 추이를 확인하는 데 가장 적합한 차트**	**332**
	100% 기준 누적 세로 막대형 차트	332
	원형 차트는 비중의 추이를 나타내는 데는 적절하지 않다	333
08	**트렌드를 나타내는 데 적합한 영역형 차트**	**334**
	점유율 추이를 차트로 작성하기	334
	100% 기준 누적 영역형 차트가 기본	335
	COLUMN 그 밖의 엑셀 차트	336

10장 | 엑셀의 인쇄 기능 마스터하기 • 337

01	**엑셀의 인쇄 기능 제대로 이해하기**	**338**
	인쇄의 기본 기능을 확실히 익히기	338
	인쇄 범위 정하기	339
	용지 방향과 크기 결정	340
	여백의 크기와 인쇄 배율	341
02	**페이지를 나눠 인쇄할 때의 주의점**	**342**
	페이지를 나누는 위치 확인	342
	페이지 구분선을 바꿀 때는 반드시 짧게	343
03	**여러 시트를 통합하여 인쇄하기**	**344**
	인쇄할 시트 그룹화하기	344
	통합 문서 내에 있는 모든 시트 인쇄하기	345
04	**중요한 파일 정보를 문서의 머리글에 기재하기**	**346**
	파일 정보를 기재하여 문서의 정확성 확보하기	346
	머리글/바닥글 설정 방법	347
05	**배포 자료는 한 부씩 인쇄한다**	**348**
	한 부씩 인쇄하기	348
06	**표 제목을 각 페이지의 첫 줄에 표시하여 인쇄하기**	**349**
	세로로 긴 표를 인쇄할 때의 필수 기술	349
	COLUMN 스마트폰이나 태블릿에서도 볼 수 있도록 PDF로 변환하기	350

11장 | 업무 효율을 극대화하는 매크로 • 351

01 온종일 걸릴 작업을 단숨에 끝내는 자동화 352
  - 반복적인 작업은 매크로로 자동화하자 352
  - 자신만의 노하우를 자동화하기 353

02 매크로의 기본적인 사용법 354
  - 매크로를 사용하기 위해 [개발 도구] 탭 표시 354
  - 매크로 기록 기능으로 매크로 작성하기 355
  - 기록한 매크로를 실행하는 방법 356
  - 빠른 실행 도구 모음에 매크로 등록하기 357
  - 매크로 확인 및 편집하기 358
  - 매크로를 저장하는 3가지 방식 359

03 매크로 심화 학습 360
  - 매크로의 고급 기능 360
  - 검색 키워드는 자동화, 매크로, VBA 361

04 공동 편집 기능으로 효율을 높인다 362
  - 공동 작업을 통한 업무 효율 높이기 362
  - 엑셀 시트의 공개 범위와 권한 설정은 신중하게 행한다 363

찾아보기 • 365

< 머리말

이 책을 선택해 주셔서 감사합니다. 제법 두툼하고 적지 않은 분량이지만, 그만큼 충실하게 내용을 담고자 노력한 결과입니다. 이 책의 전반적인 내용과 특징은 다음과 같습니다.

이 책의 핵심 효과
- 여러분이 매일 사용하는 다양한 엑셀 작업은 놀라울 정도로 개선될 수 있다
- 이 책에서 소개하는 모든 노하우는 누구나 쉽게 배워서 곧바로 활용할 수 있다

여기에서 말하는 '엑셀 작업의 개선'이란, 매일같이 행하는 귀찮은 엑셀 작업이 정확하고, 눈에 띄도록 빨라진다는 의미입니다. 또한, 보다 효율적으로 데이터를 집계하고 적확하게 데이터 분석을 수행할 수 있게 된다는 의미도 있습니다.

이는 곧 여러분의 업무 생활에서도 큰 장점이 됩니다. 먼저, 엑셀 작업 시간이 크게 줄어드는 만큼 자유롭게 쓸 수 있는 시간이 늘어납니다. 그리고 반복 작업을 자동화하면 단순한 실수의 빈도가 눈에 띄게 줄어들 것이므로 업무의 질이 향상됩니다. 물론, 업무의 성과와 직결되는 데이터 분석도 할 수 있습니다.

이 책에는 많은 엑셀 사용자가 고민하고, 현업에서 실수를 통해 배운 노하우와 테크닉이 담겨 있습니다. 특히, 직장인이 반드시 알아야 할 엑셀 테크닉을 전부 담았습니다. 즐거운 마음으로 책을 읽으며 실용적인 노하우와 테크닉을 익혀 보시기 바랍니다. 이 책이 여러분의 업무 동반자가 되길 바랍니다.

- 업무에서 엑셀을 자주 사용한다
- 기본적인 엑셀 사용법은 알지만 제대로 활용하지 못한다
- 엑셀을 사용할 때 마우스만 사용한다
- 가끔은 단순한 실수를 저지른다
- 데이터 집계 방법, 표 꾸미는 방법을 알고 싶다
- 데이터 분석 및 마케팅을 효과적으로 수행하고 싶다

- 엑셀을 좀 더 능숙하게 사용하고 싶다
- 솔직히 엑셀 작업이 귀찮다

위 목록 중 한 가지라도 해당된다면 이 책이 제격입니다. 컴퓨터를 잘 다루지 못하는 분이나 엑셀 작업 자체를 싫어하는 분이라면 더더욱 읽어 주셨으면 합니다. 이 책을 읽다 보면, '이런 방법이 있었구나! 지금까지 왜 그렇게 귀찮게 작업했지?'라고 생각이 바뀌게 될 것입니다.

암기할 필요가 없는 이유

우리는 무언가 새로운 것을 배울 때, 무의식적으로 '외워야 한다'고 생각해서 배우기 자체를 귀찮게 여깁니다. 이는 학창 시절, 암기 위주의 학습 경험이 아직 몸에 배어 있기 때문입니다. 하지만 엑셀을 제대로 쓰기 위해서 사용법을 달달 외울 필요는 없습니다. 구체적인 사용법이 궁금하면 인터넷이나 책에서 찾아보면 됩니다. 단 몇 초면 충분합니다.

이 책에서는 엑셀 작업을 효율화하는 방법, 실수하지 않고 파일을 정확히 작성하는 방법, 수정하기 쉬운 표를 만드는 방법 등을 소개하지만, 각각의 절차 그 자체를 일일이 외우지 않아도 됩니다. 단지 '그렇게 생각하면 되는구나', '이런 방법도 있구나'라고 전반적인 맥락을 이해하면 충분합니다. 책을 읽고 나서 실제로 업무에서 엑셀 작업을 할 때, 이 책에서 써먹을 만한 노하우가 있다는 점을 떠올리는 것으로 충분합니다. 그때마다 책을 참고하며 작업하다 보면 자연스레 테크닉이 손에 익게 될 것입니다.

직장인이 바로 써먹을 수 있는 실용서

저는 지금까지 약 1만 명 이상의 엑셀 사용자에게 엑셀 작업을 효율화하는 방법이나 실수를 미연에 방지하는 방법을 주제로 강의와 세미나를 했습니다. 또한, 다양한 분야의 직장인을 대상으로 업무 개선 컨설팅을 수행했습니다. 그 과정에서 대체로 사람들이 어떻게 엑셀을 사용하는지 생생하게 확인했습니다.

< 머리말

모든 사람이 무척 성실히 최선을 다해서 엑셀을 사용하고 있었지만 <mark>유감스럽게도 대부분이 매우 비효율적으로 엑셀을 사용했습니다.</mark> 개중에는 기본적인 테크닉만 알아도 금세 끝낼 수 있는 작업에 5~6시간 동안 매달리는 사람도 있었습니다.

왜 그토록 많은 사람이 엑셀을 업무에 제대로 활용하지 못할까요? 서점에 가면 엑셀 책이 산더미처럼 쌓여 있습니다. 표지가 예쁜 엑셀 입문서부터 모든 기능을 총망라한 책, 특정 기능만 집중적으로 설명한 책 등 수십 권이 넘습니다. 처음에는 저도 이런 책을 읽으면 업무에 필요한 엑셀 문제를 해결할 수 있으리라 기대했습니다. 하지만 이러한 엑셀 책들을 찬찬히 분석하면서 하나의 공통점을 발견했습니다. 바로 <mark>'기능 사용법'은 잘 설명되어 있지만, '실무에서 어떤 식으로 사용할까'에 대한 내용이 없다</mark>는 점입니다.

지금까지의 엑셀 책은 어떤 책이든 내용이 충실했지만, 대부분 기능 자체에 초점을 맞추다 보니 그 기능을 실무에서 어떻게 활용할지는 소홀한 측면이 있습니다. 이런 책들은 단순히 기능 조작법을 모르는 사람에게는 도움이 되지만, 아래의 사람들에게는 크게 도움이 되지 않습니다.

- 엑셀 작업을 효율적으로 하는 방법을 알고 싶은 사람
- 엑셀 실수를 사전에 방지하고 싶은 사람
- 엑셀을 활용한 데이터 분석을 잘하고 싶은 사람

이러한 업무 상황에 놓인 실무자의 고충을 고려하여 이 책을 집필하였습니다. 따라서 이 책의 특징을 한마디로 말하면 실무에 당장 도움이 되는 실용서입니다. 현업에 정말로 도움이 되도록 비즈니스적 사고방식이나 테크닉을 이해하기 쉽게 설명하였으며, 바로 업무에 적용할 수 있는 노하우를 빠짐없이 담았습니다.

5단계로 미리 보는 목차

- 누가 봐도 보기 좋은 표 작성법
- 귀찮은 엑셀 작업을 정확하고 빠르게 수행하는 방법
- 엑셀의 기본 기능을 이용한 실무 데이터 분석 방법
- 데이터를 효과적으로 시각화하는 방법
- 엑셀의 인쇄 기능과 자동화 기능

1. 누가 봐도 보기 좋은 표 작성법

이 책의 1장, 2장에서는 엑셀의 기초 조작법과 사고방식을 주제로, 누가 봐도 보기 좋은 표 작성법을 설명합니다. '보기 좋은 표'라고 하면 보는 사람에게 멋진 느낌을 주는 디자인적인 테크닉이라고 생각할 수도 있습니다. 하지만 그뿐만이 아닙니다.

누가 봐도 보기 좋은 표를 만드는 테크닉은 자기 자신을 위한 것이기도 합니다. ==깔끔하게 정리해서 어디에 어떤 데이터가 있는지 한눈에 알 수 있는 엑셀 문서를 만들면, 실수를 사전에 방지할 수 있으며 작업 효율도 훨씬 향상됩니다.== 그러므로 업종, 직종, 업무 내용과 상관없이 이 테크닉은 기본으로 익혀 두시기를 바랍니다. 기초 요령만 알아도 업무의 질이 크게 향상됩니다.

2. 귀찮은 엑셀 작업을 정확하고 빠르게 수행하는 방법

이 책의 3장~6장에서는 귀찮은 엑셀 작업을 정확하고 빠르게 수행하기 위한 기술을 빠짐없이 모두 소개합니다. ==엑셀만큼 효율적인 사용법을 알고 모르고가 품질과 작업 시간이 압도적으로 차이가 나는 도구도 없습니다. 그 차이는 아주 명확합니다.== 작업 효율은 수십 배나 향상되며, 단순한 입력 실수나 계산 실수도 크게 줄어듭니다. 예를 들면, 같은 작업에 5시간이나 걸리는 사람이 있는가 하면, 10초 만에 끝내는 사람도 있습니다. 과장이 아닙니다. 엑셀은 어떻게 사용하는지에 따라 업무 효율의 차이가 크게 발생하는 소프트웨어입니다.

< 머리말

의외로 '효과적인 노하우' 그 자체는 매우 쉽습니다. 누구든 배워서 바로 사용할 수 있을 정도로 어렵지 않습니다. 그래서 모르면 손해입니다. 그리고 한 번 배우면 엑셀을 사용하는 내내 도움을 주는 최강의 무기가 되어줄 것입니다.

3. 엑셀의 기본 기능을 이용한 실무 데이터 분석 방법

이 책의 7장에서는 엑셀의 기본 기능(데이터 테이블, 목표값 찾기, 해 찾기, 피벗 테이블 등)을 사용한 실무 데이터 분석 방법을 초보자도 알기 쉽게 설명합니다. '데이터 분석'이라고 하면 왠지 어려울 것 같은 느낌이지만, 복잡한 계산은 모두 엑셀이 대신하니까 안심하세요. 여러분은 그저 해당 기능의 기본적인 사용법만 익히면, 유용한 고급 분석을 순식간에 해낼 수 있습니다. 데이터 분석 기초 지식은 다양한 업종, 직종, 업무 내용에 유용하므로 꼭 배워 두셨으면 합니다. 하나하나 단계별로 설명하였으니 초보자도 안심하고 읽을 수 있습니다.

4. 데이터를 효과적으로 시각화하는 방법

이 책의 8장, 9장에서는 많은 양의 데이터나 집계 결과를 효과적으로 시각화하기 위한 차트 작성법을 소개합니다. 차트를 만드는 노하우도 천차만별이며, 같은 데이터를 긍정적으로 보이게 할 수도 있고 부정적으로 보이게 할 수도 있습니다. 또한, 차트 작성법에 따라서는 보기 좋은 차트가 되기도 하지만, 잘못된 방법을 사용하면 무엇을 전달하는지 알기 어려운 차트가 되기도 합니다. 정보를 의도한 대로 정확하게 전달하는 능력은 모든 직장인의 필수 능력입니다. 효과적인 데이터 전달 기술을 배워 보세요.

5. 엑셀의 인쇄 기능과 자동화 기능

이 책의 10장에서는 엑셀의 인쇄 기능을 자세히 설명합니다. 엑셀은 훌륭한 소프트웨어라서 기본 설정만으로도 꽤 깔끔하게 인쇄할 수 있지만, 10장을 읽으면 보다 자유롭게 자신이 필요한 대로 엑셀 표를 인쇄할 수 있습니다. 또한, 마지막 11장에서는 엑셀의 자동화를 간단히 다룹니다. 지면 관계상 이 책에서는 자동화 기술을 자세히 다룰 수는 없었지만, 다음 단계로 나아가는 첫걸음이 될 기본은 충실히 소개하고 있습니다.

1만 명이 넘는 사람들의 노하우로 만든 최강의 가이드

이 책에서 제안하는 다양한 테크닉과 노하우는 저 혼자 고안해 낸 것도, 개인적인 경험만도 아닙니다. 먼저 제가 은행원이었던 시절, 엄격한 선배들에게 배운 엑셀 사용법이 밑바탕이 되었으며, 그 후로 강의와 업무 개선 컨설팅으로 만났던 1만 명이 넘는 사람들의 노하우를 쌓아 올린 것입니다. 엑셀에 자신이 없는 분이라면, 이 책을 읽고 이제는 가슴을 당당히 펴고 엑셀을 잘 다룬다고 말할 수 있게 될 것입니다. 그만큼 충실하게 내용을 담고자 노력했습니다.

제 인생의 목표는 엑셀의 업무 효율화를 끊임없이 연구해서, 한 사람이라도 더 많은 사람에게 알리는 것입니다. 엑셀은 매우 훌륭한 소프트웨어입니다. 제대로 활용하면 그 능력이 극대화됩니다. 부디 이 책에 담은 '효율적인 사용법', '편리한 기능', '데이터 분석 요령'을 습득해서 여러분의 엑셀 실력을 개선해 보세요. 이 책을 통해 매일 고군분투하던 복잡하고 귀찮은 엑셀 작업이 조금이라도 간편해지고, 생산적인 업무에 사용할 시간이 더욱 늘어난다면 저는 더할 나위 없이 기쁠 것입니다.

서두가 길었습니다. 그럼, 이제 본편으로 함께 나아가 봅시다!

이 책의 구성

이 책은 엑셀의 기본 기능을 실무에 맞게 적용하는 다양한 방법을 소개합니다. 책에서 사용된 엑셀 예제 파일은 https://bit.ly/book_jpub 에서 책 제목으로 검색하여 다운로드하시기 바랍니다. ▶유튜브 동영상 강의는 http://bit.ly/excel_start 에서 확인할 수 있으며, 2023년 6월까지 순차적으로 업데이트됩니다.

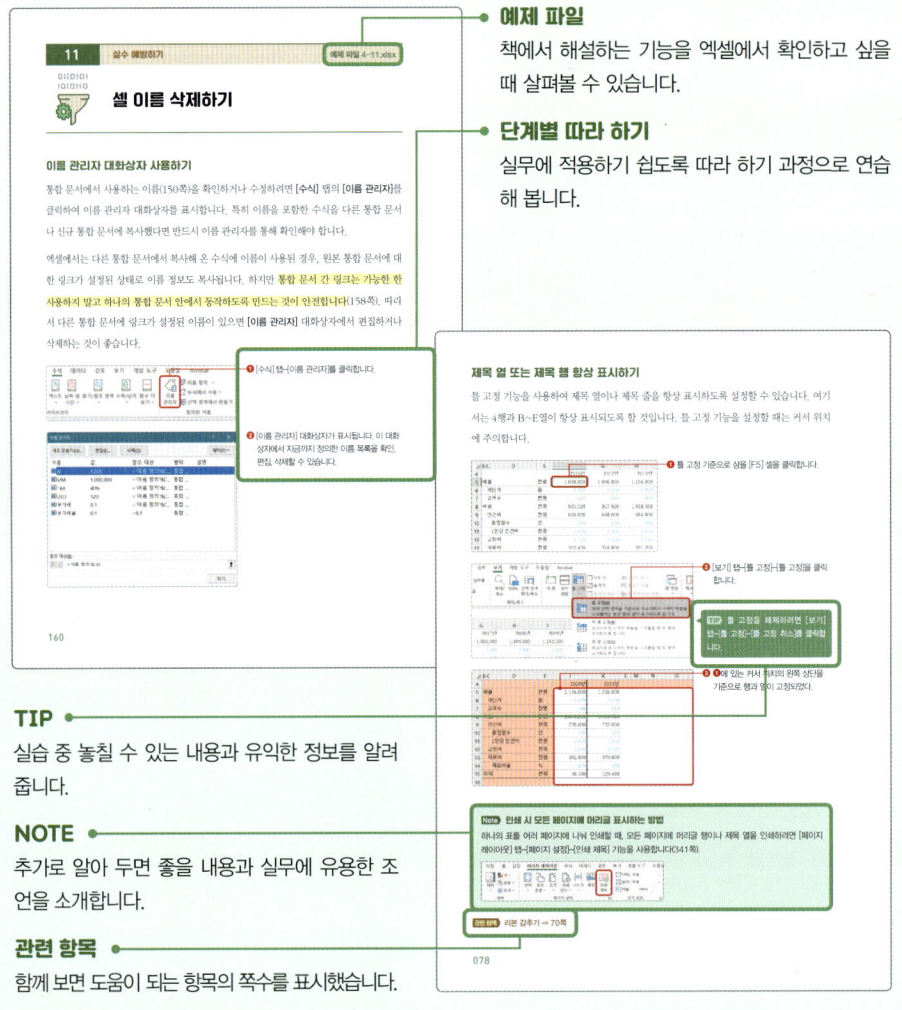

예제 파일
책에서 해설하는 기능을 엑셀에서 확인하고 싶을 때 살펴볼 수 있습니다.

단계별 따라 하기
실무에 적용하기 쉽도록 따라 하기 과정으로 연습해 봅니다.

TIP
실습 중 놓칠 수 있는 내용과 유익한 정보를 알려 줍니다.

NOTE
추가로 알아 두면 좋을 내용과 실무에 유용한 조언을 소개합니다.

관련 항목
함께 보면 도움이 되는 항목의 쪽수를 표시했습니다.

1장

11가지 기본 설정과 엑셀을 다루는 사고방식

01 보기 좋은 표 디자인의 기본

예제 파일 1-01.xlsx

엑셀을 실행하면 먼저 해야 할 7가지

표는 파악하기 쉽게 만들어라

엑셀을 사용하여 표를 만들 때 핵심은 <mark>보기 좋게 만드는 것입니다.</mark> '보기 좋다'의 기준은 주관적일 수 있지만, 여기에서 소개하는 설정은 보기 좋은 표를 만들기 위한 기본으로 다양한 상황에서 사용할 수 있습니다.

보기 좋은 표란, <mark>누가 보든 어떤 데이터가 어디에 있는지 곧바로 알 수 있는 표</mark>를 말합니다. 따라서 일일이 입력하는 수고로움이나 실수를 크게 줄일 수 있고, 설령 실수를 했더라도 바로 발견할 수 있습니다. 또한 구구절절 설명하지 않아도 표를 본 사람이 내용을 쉽게 이해할 수 있고, 자신이 오래전에 만든 표를 다시 보더라도 쉽게 떠올릴 수 있습니다. 파워포인트 문서나 보고서를 보기 좋게 만들기 위해 시간을 쏟듯이, 엑셀 문서도 보기 좋게 만들어야 합니다.

아래는 초기 설정 그대로 데이터만 입력한 상태입니다. 자세히 살펴보지 않아도, 보기 좋은 표는 아닙니다.

✗ 데이터만 입력한 상태로는 보기 불편하다

	A	B	C	D	E	F
1	영업계획					
2		계획 A	계획 B	계획 C		
3	매출(원)	320000	480000	640000		
4	단가(원)	800	800	800		
5	판매수(개)	400	600	800		
6	비용(원)	23200	34800	58000		
7	인건비(원)	19200	28800	48000		
8	직원수(인)	2	3	5		
9	1인당 인건비(원)	9600	9600	9600		
10	임대료(원)	4000	6000	10000		
11	이익(원)	296800	445200	582000		

데이터가 가득하지만, 각각의 데이터가 무엇을 의미하는지 한눈에 파악하기 어렵습니다.

표를 보기 좋게 정리하는 기본 설정

보기 좋은 표를 작성하려면 시작이 중요합니다. 엑셀을 실행하고 다른 작업에 들어가기에 앞서 우선 아래의 **7가지 기본 설정**을 합니다. 각 설정에 대해서는 이제부터 차례대로 설명합니다.

- 기본 설정 1 용도와 출력에 맞는 글꼴 설정 → 32쪽
- 기본 설정 2 행 높이 조절 → 35쪽
- 기본 설정 3 첫 열과 첫 행 비우기 → 37쪽
- 기본 설정 4 문자는 왼쪽 맞춤, 숫자는 오른쪽 맞춤 → 39쪽
- 기본 설정 5 숫자는 천 단위 구분 기호를 사용하고 단위는 별도로 표기 → 41쪽
- 기본 설정 6 들여쓰기 설정 → 43쪽
- 기본 설정 7 열 너비 조절 → 45쪽

이 7가지 기본 설정은 거의 모든 유형의 엑셀 문서에서 우선으로 설정해야 합니다. 문서를 작성하는 도중에 설정할 수도 있지만, 간혹 작업이 복잡해질 수 있으므로 처음에 설정하는 편이 좋습니다. 이 간단한 작업만으로도 정보가 훨씬 깔끔하게 정리되며 보기 좋은 표를 만들 수 있습니다.

△ **7가지 기본 설정만으로도 보기 좋아졌다**

	A	BC	D	E	F	G	H	I
1								
2		영업계획						
3					계획 A	계획 B	계획 C	
4		매출		원	320,000	480,000	640,000	
5			단가	원	800	800	800	
6			판매수	개	400	600	800	
7		비용		원	23,200	34,800	58,000	
8			인건비	원	19,200	28,800	48,000	
9			직원수	인	2	3	5	
10			1인당 인건비	원	9,600	9,600	9,600	
11			임대료	원	4,000	6,000	10,000	
12		이익		원	296,800	445,200	582,000	

더 읽기 쉽고 데이터 사이의 관계도 눈에 띕니다.

표를 더 깔끔하게 정리하는 추가 설정

데이터의 종류에 따라 4가지 추가 설정도 적용하면 더욱 깔끔하게 표가 정리됩니다.

- `추가 설정 1` 상황에 따라 눈금선 숨기기 → 47쪽
- `추가 설정 2` 표의 내용에 맞게 테두리 표시 → 49쪽
- `추가 설정 3` 숫자를 색상으로 구분 → 51쪽
- `추가 설정 4` 배경색 설정 → 53쪽

추가 설정을 적용하면 앞 페이지의 표가 아래와 같이 변합니다. 물론 이 밖에도 다양한 설정을 할 수 있지만, 처음에는 이 정도로 충분합니다.

○ 추가 설정으로 훨씬 보기 좋아졌다

	A	BC	D	E	F	G	H	I
1								
2		영업계획						
3					계획 A	계획 B	계획 C	
4		매출		원	320,000	480,000	640,000	
5		단가		원	800	800	800	
6		판매수		개	400	600	800	
7		비용		원	23,200	34,800	58,000	
8		인건비		원	19,200	28,800	48,000	
9		직원수		인	2	3	5	
10		1인당 인건비		원	9,600	9,600	9,600	
11		임대료		원	4,000	6,000	10,000	
12		이익		원	296,800	445,200	582,000	

데이터를 그대로 입력한 표와 비교하면 훨씬 보기 좋으니, 반드시 실행해 봅니다.

보는 사람이 이미 익숙한 형식으로 만들어라

위에서 소개한 총 11가지 설정은 주로 **외관**에 관한 내용입니다. 이러한 외관은 보기 좋은 표를 만드는 기본이지만, 사실 핵심 포인트는 익숙한 형식대로 만드는 것입니다.

세세한 부분까지 신경 써 만든 표라도, 보는 사람이 낯선 형식이라면 바로 파악하기 어렵습니다. 따라서 위의 예시도 필자인 저의 경험이 바탕이라, 여러분의 실무 환경에 따라서는 어색하고 낯설 수도 있습니다.

이런 어색함은 ==표를 작성하는 규칙이 업계나 직종별로 다르기 때문에 발생합니다.== 예를 들어, **마이너스 숫자**를 표현하는 방법은 -1234, -1234, (1234), ▼1234 등 다양한 형식이 있으며, 업계나 직종에서 사용하는 표기가 아니라면, 한눈에 들어오지 않을 수 있습니다. 앞서 소개한 11가지 설정을 반영한 표라도, 보기 어려운 표가 될 수도 있는 것입니다. 따라서 자신이 속한 분야에서 통상 어떤 식으로 표를 작성하는지, 함께 일하는 사람들 사이에 약속된 형식은 없는지 확인해야 합니다.

==특히 회사나 자신이 속한 팀과 조직의 **공통 규칙**을 따르는 것이 중요합니다.== 제가 전에 근무했던 은행은 업무에서 숫자 표기가 매우 중요했기에, 회사에서 정한 규칙에 따라 엑셀 문서를 작성해야 했습니다. 새로운 문서도 공통 규칙을 지켰는지 철저하게 따지며 약간이라도 어긋나면 크게 혼이 났습니다.

이야기를 정리하면, 보기 좋은 표를 만들려면 ==먼저 11가지 설정을 바탕으로 표의 외관을 잘 정리하고, 그 방식을 공통 규칙으로 만들어 관계자 모두가 준수해야 합니다.==

> **Note** 더 좋은 표를 만들 수 있을까?
> 표를 만들 때 정답은 하나가 아닙니다. 업계나 직종별로 다양한 관습이나 규칙이 있기 때문입니다. 그러한 관습과 규칙이 왜 생겼는지 먼저 이해하고 개선을 위해 노력하는 자세가 중요합니다. 차분히 고민하면 지금까지는 보이지 않았던 것을 새롭게 발견도 할 수 있습니다. 따라서 이 책에서는 여러분의 고민에 힌트가 되도록, 엑셀을 다루는 사고방식도 소개합니다.

관련 항목 열 너비 조절 ⇒ 45쪽 / 테두리 기능 ⇒ 47쪽 / 숫자의 색상 ⇒ 51쪽

02 보기 좋은 표 디자인의 기본

예제 파일 1-02.xlsx

목적이나 용도에 맞는 글꼴 선택하기

글꼴을 선택하는 기준

2023년 기준 엑셀 최신 버전의 기본 글꼴은 **맑은 고딕**입니다. 글꼴에 따라 보는 사람에게 주는 느낌이 다른데, 맑은 고딕은 일반적으로 무난합니다. 하지만 조금 더 세세히 말하자면, 한글은 **맑은 고딕**, 로마자는 Segoe UI, 숫자는 Arial이 보기 좋습니다.

글꼴 비교

	A	B	C	D
1				
2		맑은 고딕	ABCDEF	123,456
3		Segoe UI	ABCDEF	123,456
4		**Arial**	**ABCDEF**	**123,456**
5		돋움체	ABCDEF	123,456
6		바탕체	ABCDEF	123,456
7				

글꼴에 따라 다른 느낌을 줍니다.

공식 문서에서 글꼴을 선택할 때는 튀는 느낌의 글꼴을 피합니다. 특히 나중에 인쇄를 한다면, 인쇄 시 잘 보이는 글꼴인지 반드시 확인해야 합니다. ==무엇보다 직장이나 팀의 글꼴 규칙이 있다면 그것을 따라야 합니다.==

글꼴을 바꾸는 방법

시트에 있는 모든 셀의 글꼴을 한번에 바꾸려면 아래의 절차를 따릅니다.

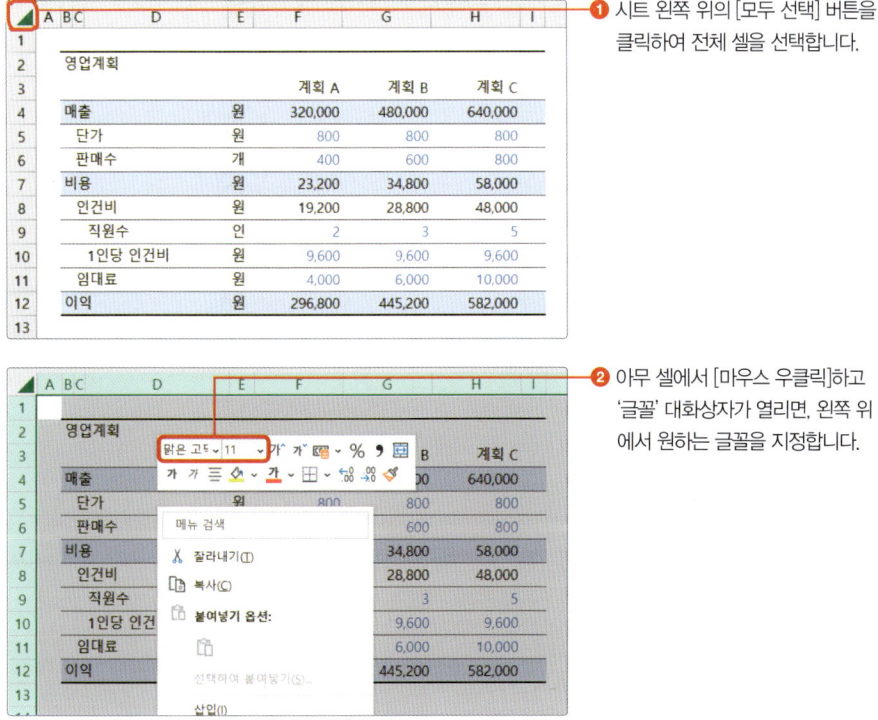

❶ 시트 왼쪽 위의 [모두 선택] 버튼을 클릭하여 전체 셀을 선택합니다.

❷ 아무 셀에서 [마우스 우클릭]하고 '글꼴' 대화상자가 열리면, 왼쪽 위에서 원하는 글꼴을 지정합니다.

모든 셀이 아니라 부분적으로 바꾸고 싶다면, 해당되는 셀을 선택한 후에 같은 방법으로 변경합니다.

엑셀의 기본 글꼴 설정

엑셀의 기본 글꼴을 바꾸고 싶으면 메뉴에서 **[파일]-[옵션]-[일반]-[다음을 기본 글꼴로 사용]**에서 원하는 글꼴을 선택합니다. 다시 엑셀을 열면 지정한 글꼴이 기본 글꼴로 설정되어 있습니다.

엑셀의 기본 글꼴 변경

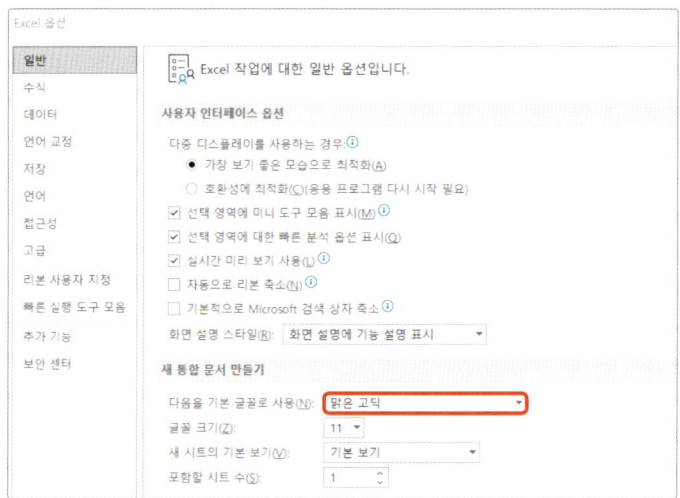

관련 항목 행 높이 조절 ⇒ 35쪽 / A열과 1행 비우기 ⇒ 37쪽 / 천 단위 구분 ⇒ 42쪽

03 보기 좋은 표 디자인의 기본

예제 파일 1-03.xlsx

행 높이 조절하기

여백의 중요성

보기 좋은 표를 만들기 위해서는 적절한 여백이 중요합니다. ==특히 행 높이(셀의 세로 폭)를 조절하여== 문자의 위아래에 여백을 주면 훨씬 보기 좋아집니다.

✗ 행 높이가 좁아 글자가 눈에 잘 들어오지 않는다

A	B	C	D	E	F	G	H	I
1								
2		영업계획						
3					계획 A	계획 B	계획 C	
4		매출		원	320,000	480,000	640,000	
5			단가	원	800	800	800	
6			판매수	개	400	600	800	
7		비용		원	23,200	34,800	58,000	
8			인건비	원	19,200	28,800	48,000	
9			직원수	인	2	3	5	
10			1인당 인건비	원	9,600	9,600	9,600	
11			임대료	원	4,000	6,000	10,000	
12		이익		원	296,800	445,200	582,000	

행 높이가 '13.5'입니다. 충분한 여백이 없어 답답한 느낌입니다.

○ 행 높이를 조절하여 보기 좋아졌다

A	B	C	D	E	F	G	H	I
1								
2		영업계획						
3					계획 A	계획 B	계획 C	
4		매출		원	320,000	480,000	640,000	
5			단가	원	800	800	800	
6			판매수	개	400	600	800	
7		비용		원	23,200	34,800	58,000	
8			인건비	원	19,200	28,800	48,000	
9			직원수	인	2	3	5	
10			1인당 인건비	원	9,600	9,600	9,600	
11			임대료	원	4,000	6,000	10,000	
12		이익		원	296,800	445,200	582,000	

행 높이를 '18'로 바꿨더니 글자가 눈에 잘 들어옵니다.

행 높이를 바꾸는 방법

행 높이를 바꾸려면 아래의 절차를 따릅니다.

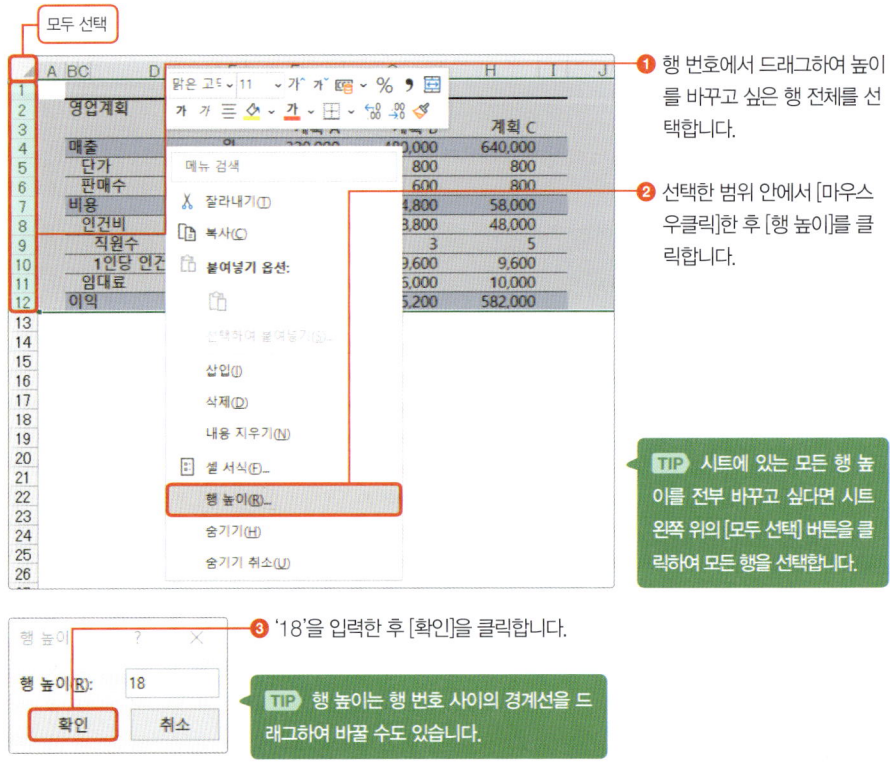

❶ 행 번호에서 드래그하여 높이를 바꾸고 싶은 행 전체를 선택합니다.

❷ 선택한 범위 안에서 [마우스 우클릭]한 후 [행 높이]를 클릭합니다.

TIP 시트에 있는 모든 행 높이를 전부 바꾸고 싶다면 시트 왼쪽 위의 [모두 선택] 버튼을 클릭하여 모든 행을 선택합니다.

❸ '18'을 입력한 후 [확인]을 클릭합니다.

TIP 행 높이는 행 번호 사이의 경계선을 드래그하여 바꿀 수도 있습니다.

여기서 행 높이를 '18'로 바꾼 것은 문자 크기가 **11pt**일 때입니다. 문자의 크기가 바뀌면 행 높이도 적절히 바뀌어야 합니다. 적절한 행 높이는 <u>문자 크기의 1.6배 정도</u>지만, 절대적인 기준은 아닙니다. 이 기준을 참고하여 직접 바꿔 보며 적절한 높이를 선택합니다.

관련 항목 글꼴의 선택 ⇒ 32쪽 / A열과 1행 비우기 ⇒ 37쪽 / 열 너비 조정 ⇒ 45쪽

04 보기 좋은 표 디자인의 기본

예제 파일 1-04.xlsx

A열과 1행 비우기

A열과 1행은 여백으로 놔둔다

시트의 가로세로 첫 번째 줄에 해당하는 ==A열과 1행은 비워 두고, 두 번째 줄부터 사용하면 더욱 보기 좋습니다.== 또한 첫 줄을 비워 두면 ==테두리 그리기를 잊어버리는 일을 사전에 방지할 수 있습니다.== 첫 줄부터 데이터를 입력하면 왼쪽과 위쪽 테두리가 보이지 않기 때문입니다.

✕ [A1] 셀부터 데이터를 입력하면 표의 완성도가 떨어져 보인다

	A	B	C	D	E	F	G	H	I
1	영업계획								
2					계획 A	계획 B	계획 C		
3	매출			원	320,000	480,000	640,000		
4	단가			원	800	800	800		
5	판매수			개	400	600	800		
6	비용			원	23,200	34,800	58,000		
7	인건비			원	19,200	28,800	48,000		
8	직원수			인	2	3	5		
9	1인당 인건비			원	9,600	9,600	9,600		
10	임대료			원	4,000	6,000	10,000		
11	이익			원	296,800	445,200	582,000		
12									

첫 줄부터 시작하는 표. 위쪽에 테두리가 그려진 상태인지 확인할 수 없습니다.

○ A열과 1행은 여백으로 둔다

	A	B	C	D	E	F	G	H	I	J
1										
2		영업계획								
3						계획 A	계획 B	계획 C		
4		매출			원	320,000	480,000	640,000		
5		단가			원	800	800	800		
6		판매수			개	400	600	800		
7		비용			원	23,200	34,800	58,000		
8		인건비			원	19,200	28,800	48,000		
9		직원수			인	2	3	5		
10		1인당 인건비			원	9,600	9,600	9,600		
11		임대료			원	4,000	6,000	10,000		
12		이익			원	296,800	445,200	582,000		

답답하지 않으며 테두리를 명확하게 확인할 수 있습니다.

이미 작성 중인 시트의 첫 줄을 비우는 방법

표를 새로 작성할 때는 [B2] 셀부터 데이터를 입력하면 됩니다. 하지만 이미 데이터가 입력된 시트라면 아래의 절차를 따릅니다. 비워 두는 A열의 너비는 '3'으로, 1행의 높이는 다른 행과 같은 행 높이로 설정하는 것이 좋습니다.

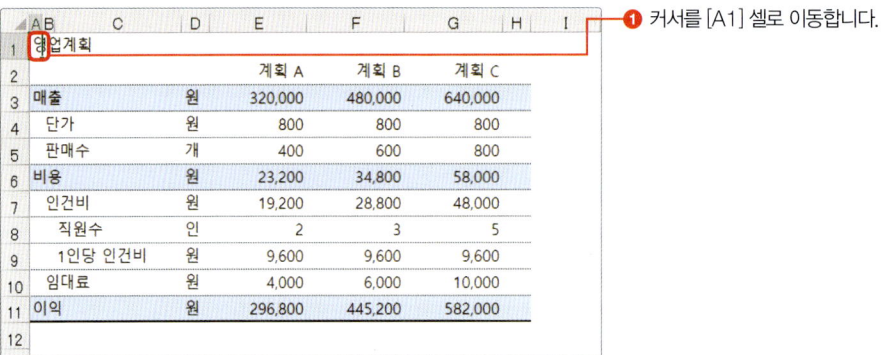

❶ 커서를 [A1] 셀로 이동합니다.

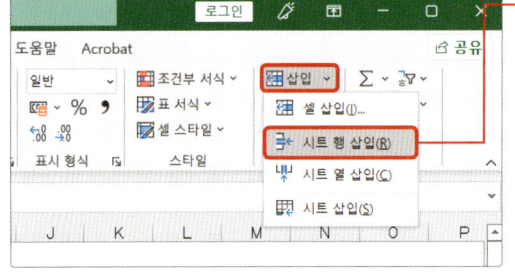

❷ [홈] 탭-[삽입]에서 [시트 행 삽입], [시트 열 삽입]을 차례로 클릭합니다.

> **Note** 열 이름이 숫자로 표기되는 경우
>
> 보통 열 이름은 A, B, C처럼 알파벳으로 표기되지만, 가끔 1, 2, 3 처럼 숫자로 표기될 때가 있습니다. 시트 표시 설정이 [R1C1 형식]으로 되어 있기 때문입니다.
> 열 이름을 알파벳 형식으로 바꾸려면 메뉴에서 [파일]-[옵션]-[수식]을 클릭하여 [수식 작업]의 [R1C1 참조 스타일]을 체크 해제합니다.

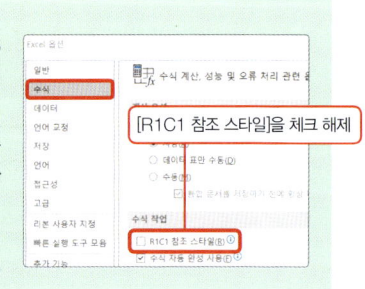

[R1C1 참조 스타일]을 체크 해제

관련 항목 행 높이 조정 ⇒ 35쪽 / 열 너비 조정 ⇒ 45쪽 / 테두리 표시 기능 ⇒ 47쪽

05 보기 좋은 표 디자인의 기본

예제 파일 1-05.xlsx

문자는 왼쪽 맞춤, 숫자는 오른쪽 맞춤

문자 맞춤의 규칙 정하기

보기 좋은 표를 작성하기 위해서는 ==입력 값의 종류별로 어떤 식으로 정렬할지 규칙을 정해 두는 것이 좋습니다.== 엑셀에서는 각 셀의 데이터를 셀의 왼쪽, 중앙, 오른쪽에 맞춰서 표시할 수 있습니다. 입력 값의 종류와 특성을 고려하여 문자 맞춤의 규칙을 정해 놓아야 합니다.

추천하는 규칙은 ==문자 데이터는 왼쪽으로, 숫자 데이터는 오른쪽으로 맞춤==입니다. 이 방법에는 2가지 장점이 있습니다. 첫 번째는 ==수직으로 나열된 항목이 보기 좋아집니다.== 문자의 시작이나 숫자의 끝이 일렬로 정렬되기 때문입니다. 또한, 셀의 테두리를 표시하지 않더라도(49쪽) 어느 열의 데이터인지 한눈에 알 수 있습니다.

두 번째는 ==데이터의 입력 실수를 쉽게 발견할 수 있습니다.== 예를 들어, 오른쪽 맞춤으로 설정한 열의 중간에 원래 왼쪽 맞춤으로 설정해야 할 문자열이 나타나면, 잘못 입력했을 가능성이 크다고 판단할 수 있습니다. 즉, 이런 규칙을 세워 놓으면 무심코 저지르는 실수를 방지할 수 있습니다.

✗ 가운데 맞춤은 보기 불편하다

상품	판매수
볼펜(빨강)	8,400
볼펜(검정)	11,400
A4용지	950
B5용지	90

○ 문자는 왼쪽 맞춤, 숫자는 오른쪽 맞춤

상품	판매수
볼펜(빨강)	8,400
볼펜(검정)	11,400
A4용지	950
B5용지	90

왼쪽 표는 모든 입력 값이 '가운데 맞춤'입니다. 오른쪽 표는 상품 열(문자 데이터)을 제목까지 '왼쪽 맞춤'을 하고, 판매수 열(숫자 데이터)은 제목까지 '오른쪽 맞춤'을 했습니다. 셀의 좌우에 테두리가 없어도 어느 열에 속한 데이터인지 파악하기 쉽습니다.

문자 맞춤을 설정하는 방법

열별로 셀의 문자 맞춤을 설정하려면 아래의 절차를 따릅니다.

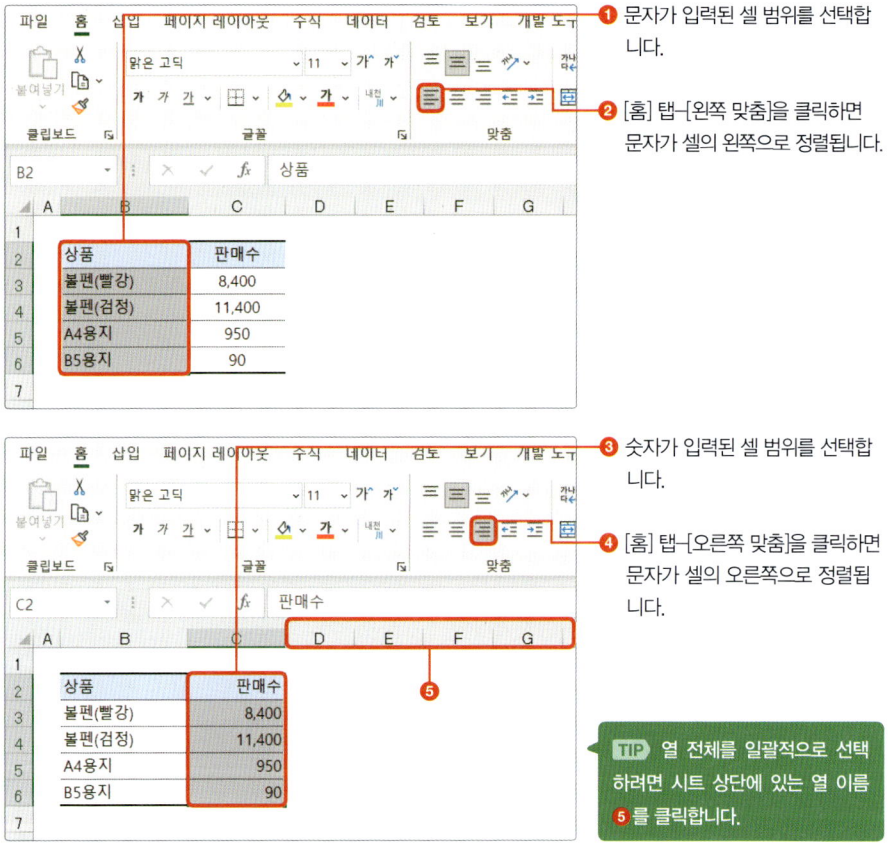

❶ 문자가 입력된 셀 범위를 선택합니다.

❷ [홈] 탭–[왼쪽 맞춤]을 클릭하면 문자가 셀의 왼쪽으로 정렬됩니다.

❸ 숫자가 입력된 셀 범위를 선택합니다.

❹ [홈] 탭–[오른쪽 맞춤]을 클릭하면 문자가 셀의 오른쪽으로 정렬됩니다.

> **TIP** 열 전체를 일괄적으로 선택하려면 시트 상단에 있는 열 이름 ❺를 클릭합니다.

Note 표 이름의 문자 정렬

엑셀은 기본적으로 문자는 왼쪽 맞춤, 숫자는 오른쪽 맞춤입니다. 따라서 일일이 맞춤을 설정하지 않아도 문자를 입력하면 자동으로 왼쪽 맞춤이 되고, 숫자를 입력하면 오른쪽 맞춤이 됩니다. 그러면 위와 같이 직접 문자 맞춤을 설정할 필요가 없다고 생각할 수 있지만, 그렇지 않습니다.
왜냐하면 '상품', '판매수'와 같은 표 이름도 문자라서 자동으로 왼쪽 맞춤이 되기 때문입니다. 숫자 데이터가 담긴 표는 그 표의 이름이 문자라도 오른쪽으로 맞춰야 보기 좋습니다. 표 이름만 왼쪽 맞춤이 되면 표 이름과 그 값의 위치가 크게 어긋납니다. 같은 이유로 표 이름만 가운데 맞춤으로 설정하는 것도 추천하지 않습니다. 표 이름과 그 표의 값은 같은 문자 맞춤으로 설정합니다.

관련 항목 글꼴을 선택하는 기준 ⇒ 32쪽 / A열과 1행 비우기 ⇒ 37쪽 / 천 단위 구분 ⇒ 42쪽

06 보기 좋은 표 디자인의 기본

예제 파일 1-06-1.xlsx, 1-06-2.xlsx

숫자를 보기 좋게 만드는 2가지 규칙

단위 표기 전용 열을 작성한다

엑셀에 입력한 숫자는 2가지 규칙, 즉 ==숫자의 단위를 별도의 열에 표시, 천 단위 구분 기호 사용==을 적용하면 훨씬 보기 좋아집니다. 먼저, 숫자의 단위는 별도의 열에 기재합니다. 그러면 각 숫자 데이터의 의미를 파악하기 쉬워집니다.

✕ 항목명 끝에 단위를 붙였다   ✕ 각 숫자의 끝에 단위를 붙였다

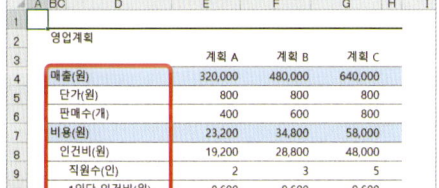

○ 별도의 '단위 표기 전용 열'을 만들었다

단위를 별도의 열에 기재하면 표가 훨씬 보기 좋아집니다.

천 단위 구분 기호를 설정한다

자릿수가 큰 숫자를 위해 천 단위 구분 기호를 표시하는 것도 중요합니다. 또한, **음수**에 대한 표기법도 설정해 둡니다.

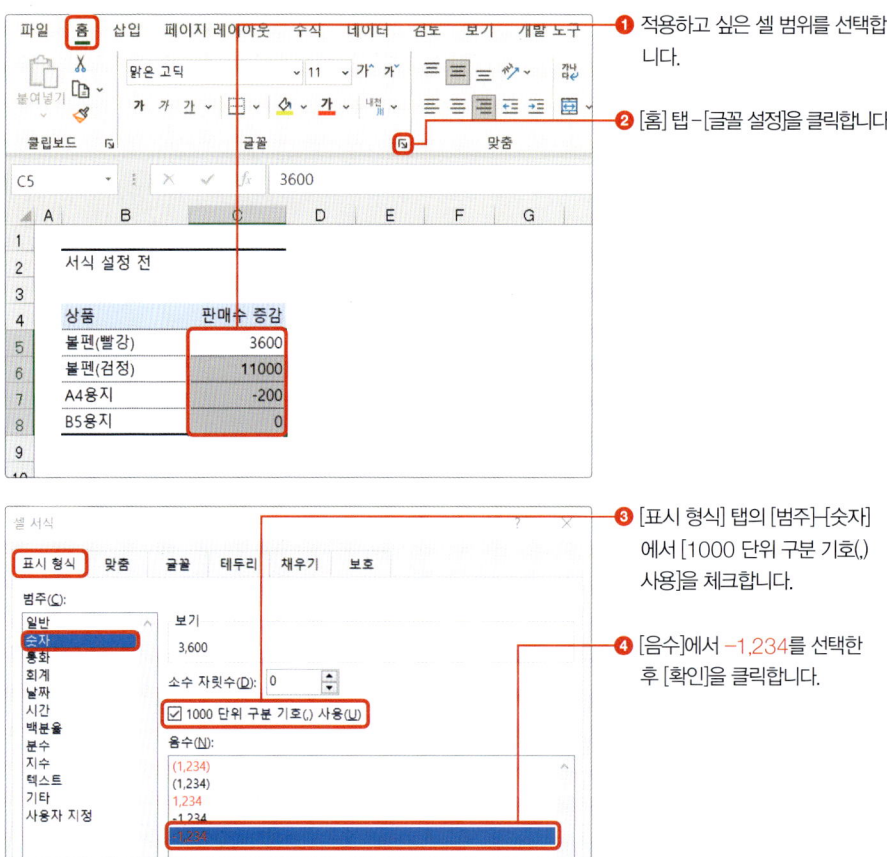

❶ 적용하고 싶은 셀 범위를 선택합니다.

❷ [홈] 탭-[글꼴 설정]을 클릭합니다.

❸ [표시 형식] 탭의 [범주]-[숫자]에서 [1000 단위 구분 기호(,) 사용]을 체크합니다.

❹ [음수]에서 −1,234를 선택한 후 [확인]을 클릭합니다.

> **Note** 단위 표기에 대한 여러 팁
>
> 단위는 별도의 열에 표시하는 것이 좋지만 성장률이나 원가율 같은 비율 데이터는 '15'가 아니라 '15%'처럼 숫자에 직접 단위를 붙이는 것이 좋습니다. 또한, 시트 내의 모든 숫자 단위가 같다면 표의 첫머리에 한 번만 단위를 기재하는 것으로 충분할 때가 있습니다(예를 들어, 표 안의 모든 숫자의 단위가 '원'이나 '천 원'이면 표의 첫머리에 '단위: 원' 또는 '단위: 천 원'으로 기재). 단위 표기에서 가장 중요한 것은 단위를 쉽게 파악할 수 있는 규칙을 정해서 철저하게 지키는 것입니다.

관련 항목 ▶ 문자 맞춤 ⇒ 39쪽 / 들여쓰기 적용 ⇒ 43쪽 / 숫자의 색상 ⇒ 51쪽

07 보기 좋은 표 디자인의 기본

예제 파일 1-07.xlsx

상세 내역은 들여쓰기

상세 내역과 합산 관계를 명확하게 표현하기

매출 총액이나 **견적 총액** 등은 여러 데이터가 합산된 값입니다. 이러한 상세 내역과 합산 값을 구별하기 위해 <mark>상세 내역 항목을 합산 결과 항목보다 안쪽에 들여쓰기를 합니다.</mark> 들여쓰기를 하면 표의 계층 구조를 표현할 수 있습니다.

✗ 들여쓰기를 하지 않으면 각 값의 관계를 알기 어렵다

	A	B	C	D	E	F
2	영업계획					
3				계획 A	계획 B	계획 C
4	매출		원	320,000	480,000	640,000
5	단가		원	800	800	800
6	판매수		개	400	600	800
7	비용		원	23,200	34,800	58,000
8	인건비		원	19,200	28,800	48,000
9	직원수		인	2	3	5
10	1인당 인건비		원	9,600	9,600	9,600
11	임대료		원	4,000	6,000	10,000
12	이익		원	296,800	445,200	582,000

데이터가 계층적이지 않기 때문에 상세 내역과 합산을 한눈에 구별하기 어렵습니다.

O 상세 내역에 해당하는 데이터를 들여쓰기 하여 구조적으로 표현했다

	A	B	C	D	E	F	G	H
2	영업계획							
3					계획 A	계획 B	계획 C	
4	매출			원	320,000	480,000	640,000	
5		단가		원	800	800	800	
6		판매수		개	400	600	800	
7	비용			원	23,200	34,800	58,000	
8		인건비		원	19,200	28,800	48,000	
9			직원수	인	2	3	5	
10			1인당 인건비	원	9,600	9,600	9,600	
11		임대료		원	4,000	6,000	10,000	
12	이익			원	296,800	445,200	582,000	

적절한 들여쓰기로 쉽게 구별할 수 있습니다.

들여쓰기를 하는 2가지 방법

들여쓰기를 적용하는 방법에는 2가지가 있습니다. 첫 번째 방법은 아래와 같이 합산 결과 항목과 상세 내역 항목을 다른 열에 기재하는 방법입니다. 직관적이라 쉽게 적용할 수 있습니다.

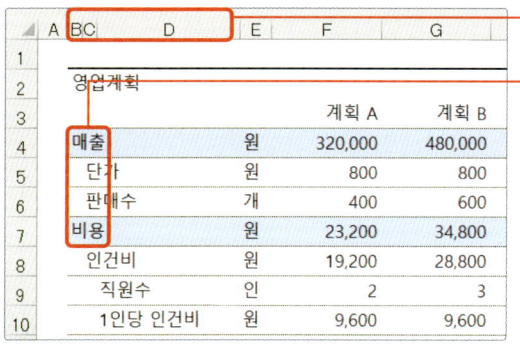

❶ 계층 수만큼 열을 준비한 후 열을 나누어 입력합니다. 열 너비는 '1'로 설정합니다.
❷ 같은 레벨의 항목으로 이동할 때는 단축키 Ctrl+↓와 Ctrl+↑를 사용할 수 있습니다.

TIP 이 방법은 다소 귀찮지만, 단축키를 사용하여 같은 레벨의 항목으로 쉽게 이동할 수 있다는 장점이 있습니다(182쪽).

두 번째 방법은 셀 서식의 기능으로 들여쓰기를 하는 방법입니다.

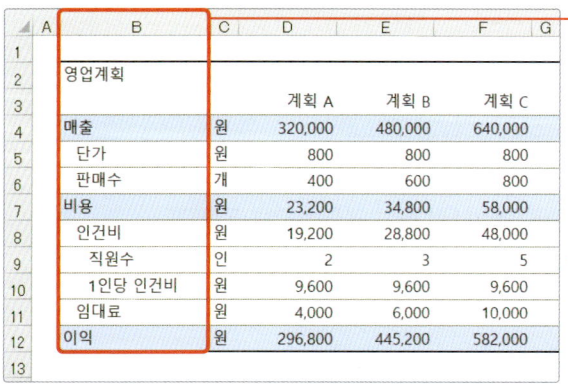

❶ 모든 항목을 같은 열에 입력합니다.
❷ 들여쓰기를 적용할 셀을 선택한 후 [홈] 탭-[들여쓰기] 버튼을 클릭합니다.
❸ 선택한 셀에 들여쓰기가 설정됩니다.

TIP 이 방법을 사용하면 보다 편하게 들여쓰기를 적용할 수 있습니다. 하지만 첫 번째 방법과 달리 항목 간 이동 단축키를 사용할 수 없습니다.

관련 항목 A열과 1행 비우기 ⇒ 37쪽 / 열 너비 조정 ⇒ 45쪽 / 테두리 표시 기능 ⇒ 47쪽

08 보기 좋은 표 디자인의 기본

예제 파일 1-08.xlsx

열 너비 조절하기

속성이 같으면 열 너비를 통일한다

열 너비를 조절할 때는 다음 2가지 원칙을 따릅니다.

- 충분한 여백이 있도록 조절한다(좌우 여백이 없으면 답답한 표가 되므로)
- 같은 속성의 열은 같은 너비를 갖도록 조절한다(통일성이 높으면 가독성이 좋고, 열 너비가 다르면 산만해서 전달력이 낮아지므로)

✗ 열의 너비가 모두 달라 산만한 느낌을 준다

A열의 여백이 너무 넓어 전체의 균형감이 떨어지며, B열과 C열의 들여쓰기 너비가 다릅니다. 또한, 계획 A, B, C의 열(F~H) 너비가 달라서 숫자 비교가 불편합니다.

○ 같은 속성의 열은 같은 너비로 정렬한다

속성에 따라 적절한 열 너비를 설정하면 통일감이 있고, 숫자를 비교하기도 편합니다.

적절한 열 너비 기준과 열 너비 바꾸는 법

적절한 열 너비의 절대적인 기준은 없습니다. 기본적으로 해당 열에 입력된 모든 값이 잘 보이도록 설정하면 됩니다. 열 너비는 간단히 바꿀 수 있으므로 표를 작성하면서 적절히 변경해도 됩니다.

다만, 일부 열은 정해진 열 너비 값을 사용하는 것이 좋습니다. A열(왼쪽 여백 열)의 너비는 '3' 정도가 적절합니다. 또한, 들여쓰기로 사용되는 열의 너비는 '1'로 통일합니다.

열 너비를 바꾸려면 아래의 절차를 따릅니다.

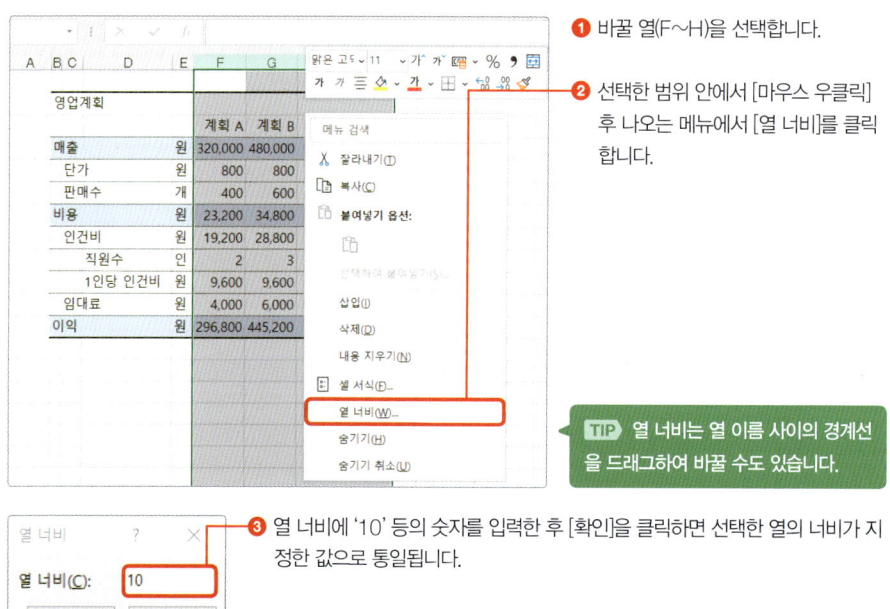

❶ 바꿀 열(F~H)을 선택합니다.

❷ 선택한 범위 안에서 [마우스 우클릭] 후 나오는 메뉴에서 [열 너비]를 클릭합니다.

TIP 열 너비는 열 이름 사이의 경계선을 드래그하여 바꿀 수도 있습니다.

❸ 열 너비에 '10' 등의 숫자를 입력한 후 [확인]을 클릭하면 선택한 열의 너비가 지정한 값으로 통일됩니다.

Note 열 이름의 경계선을 더블 클릭하여 열 너비 자동 조절하기
열 이름의 오른쪽 끝 경계선을 더블 클릭하면 엑셀이 그 열에 입력된 값에 맞추어 자동으로 너비를 조절해 줍니다. 우선 이 방법으로 열 너비를 자동으로 조절하고, 거기에 조금 더 여유를 주는 정도로 재설정하는 방법을 추천합니다.

관련 항목 행 높이 조정 ⇒ 35쪽 / A열과 1행 비우기 ⇒ 37쪽 / 들여쓰기 적용 ⇒ 43쪽

09 테두리의 올바른 사용법

예제 파일 1-09.xlsx

테두리 기능 마스터하기

눈금선을 숨기고 필요한 위치에 테두리 긋기

엑셀의 표는 기본적으로 **눈금선**이 표시되도록 설정되어 있지만 적절히 테두리를 그리면 눈금선이 없는 편이 훨씬 보기 좋습니다. 따라서 작업하는 도중에는 눈금선을 표시하다가 작업이 끝나 다른 사람과 공유할 때는 눈금선을 지우는 편이 낫습니다. ==불필요한 선은 생략하고 필요한 위치에만 테두리를 긋는 습관을 지니도록 합시다.==

또한, ==눈금선은 인쇄되지 않습니다.== 따라서 자료를 인쇄하여 배포할 때는 눈금선을 숨긴 상태에서 테두리를 미리 확인한 후 인쇄하는 것이 좋습니다.

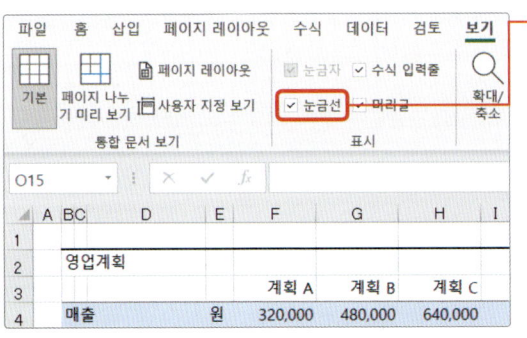

❶ [보기] 탭-[눈금선]을 체크 해제합니다.

❷ 눈금선이 사라져 표가 깔끔합니다.

셀 범위를 지정해서 테두리 설정하기

표의 테두리를 효과적으로 설정하려면 표에 해당하는 셀을 모두 선택한 후 **[셀 서식]**에서 테두리를 설정하면 됩니다. 테두리를 설정하려면 아래의 절차를 따릅니다.

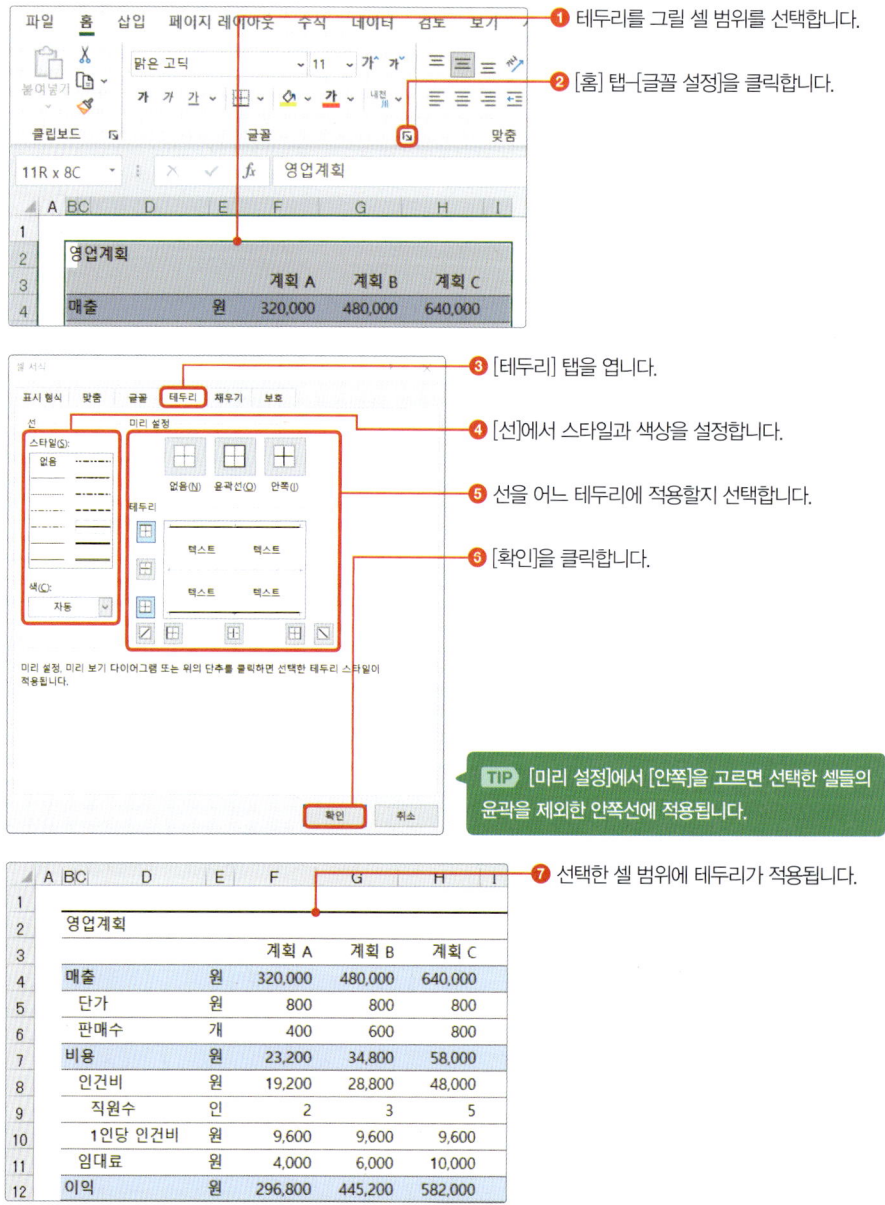

① 테두리를 그릴 셀 범위를 선택합니다.
② [홈] 탭-[글꼴 설정]을 클릭합니다.
③ [테두리] 탭을 엽니다.
④ [선]에서 스타일과 색상을 설정합니다.
⑤ 선을 어느 테두리에 적용할지 선택합니다.
⑥ [확인]을 클릭합니다.

TIP [미리 설정]에서 [안쪽]을 고르면 선택한 셀들의 윤곽을 제외한 안쪽선에 적용됩니다.

⑦ 선택한 셀 범위에 테두리가 적용됩니다.

관련 항목 행 높이 조정 ⇒ 35쪽 / 열 너비 조정 ⇒ 45쪽 / 셀의 배경색 ⇒ 53쪽

10 테두리의 올바른 사용법
예제 파일 1-10.xlsx

표에 테두리 설정하는 팁

위아래는 굵게, 가로줄은 가늘게, 세로줄은 생략

테두리를 그릴 때는 먼저 표의 전체 범위를 알 수 있도록 위아래에 굵은 선을 그어 줍니다. 하나의 시트에 여러 표가 있어도 이 굵은 선을 통해 각 표를 구분할 수 있습니다.

또한, 표의 안쪽에는 가로 방향으로만 가는 선을 그어 줍니다. 그리고 기본적으로 세로줄은 긋지 않습니다. 앞서 설명한 문자 맞춤과 들여쓰기 규칙을 지켰다면 세로줄이 없어도 데이터를 구분할 수 있습니다.

또한, 테두리를 그리면서 표의 오른쪽에 열 하나를 추가해도 좋습니다(아래 그림에서는 I열). 이 열에는 데이터를 입력하지 않습니다. 이렇게 빈 열을 추가하면 더욱 보기 좋은 표를 만들 수 있습니다.

테두리를 그리는 규칙

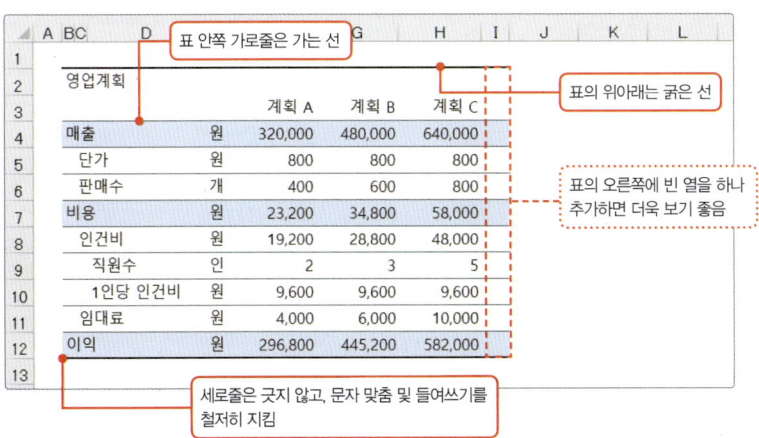

추천하는 테두리 유형

표의 테두리에 적용할 수 있는 여러 유형의 선 중 몇 가지를 추천합니다. 테두리를 적용하는 방법은 48쪽을 참조합니다.

추천하는 테두리 스타일

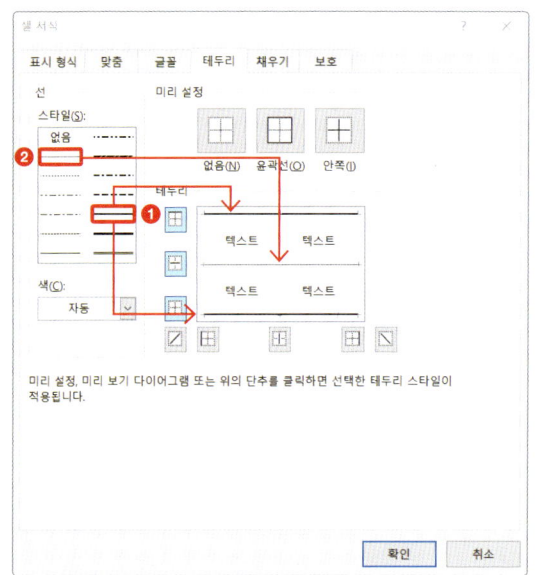

표의 위아래에 적용할 굵은 선은 ①실선이 좋습니다. 표의 시작과 끝을 구분하기에 적절한 두께입니다.

표 안쪽의 가로줄에 사용할 가는 선은 ②점선이 좋습니다. 화면에서는 점선으로 보이지만 인쇄하면 얇은 실선이 됩니다.

또한, 세로줄에는 테두리를 사용하지 않는 것이 기본이지만, 하나의 표에 실적과 예산이 병기되어 있을 때처럼 데이터의 성격이 다르다는 점을 일부러 강조하고 싶다면 테두리를 그려도 좋습니다.

> **Note** 배경색을 흰색으로 설정하여 눈금선 없애기
>
> 엑셀의 눈금선을 없애기 위해서는 [보기] 탭에서 눈금선을 체크 해제하면 되지만(47쪽) 선택된 셀 범위의 배경색을 흰색으로 채우면 테두리를 없애는 것과 같은 효과를 낼 수 있습니다. 그러면 시트 전체가 아니라 선택한 셀 범위에 대해서만 눈금선을 없앨 수 있습니다.

관련 항목 ▸ 행 높이 조정 ⇒ 35쪽 / 열 너비 조정 ⇒ 45쪽 / 테두리 기능 ⇒ 47쪽 / 오류 목록 ⇒ 55쪽

11 색의 올바른 사용법

예제 파일 1-11.xlsx

숫자를 색상으로 구분하기

직접 입력한 숫자와 계산된 결과를 색으로 구분한다

엑셀 시트에 표시되는 숫자는 **직접 입력한 숫자** 또는 **계산 결과**(=F5*F6 같은 계산식 혹은 함수 처리 결과)로 구분됩니다.

표를 만들 때는 이 두 종류 숫자의 글자 색을 다르게 적용하는 것이 좋습니다. 그러면 ==그 숫자가 직접 입력한 것인지 계산된 결과인지 한눈에 알 수 있어 데이터의 관계를 파악하기 쉽고, 실수도 방지할 수 있습니다.==

✗ 모든 숫자가 같은 색이면 직접 입력한 값과 계산된 값을 구분할 수 없다

	A	BC	D	E	F	G	H	I
1								
2		영업계획						
3					계획 A	계획 B	계획 C	
4		매출		원	320,000	480,000	640,000	
5			단가	원	800	800	800	
6			판매수	개	400	600	800	
7		비용		원	23,200	34,800	58,000	
8			인건비	원	19,200	28,800	48,000	
9			직원수	인	2	3	5	
10			1인당 인건비	원	9,600	9,600	9,600	

숫자의 색상을 구분하지 않은 표. 어떤 값이 직접 입력한 것이고 계산된 결과인지 알 수 없습니다.

○ 숫자의 종류에 따라 색을 구분한 표

	A	BC	D	E	F	G	H	I
1								
2		영업계획						
3					계획 A	계획 B	계획 C	
4		매출		원	320,000	480,000	640,000	
5			단가	원	800	800	800	
6			판매수	개	400	600	800	
7		비용		원	23,200	34,800	58,000	
8			인건비	원	19,200	28,800	48,000	
9			직원수	인	2	3	5	
10			1인당 인건비	원	9,600	9,600	9,600	

직접 입력한 값(회색)과 계산 결과(검정색)를 구분한 표. 어떤 셀을 편집하면 되는지 쉽게 알 수 있습니다.

문자 색을 구분할 때의 주의점

어떤 색을 사용해도 상관없지만, '직접 입력한 숫자는 파란색, 계산된 숫자는 검은색'처럼 미리 규칙을 정하고, 그 규칙을 모두가 확실하게 지키는 것이 중요합니다. 만약 누군가 규칙을 어겨 다른 색을 사용하면 오히려 혼동될 수 있으므로 주의해야 합니다.

또한 다른 시트를 참조하는 값은 녹색으로 정하는 등 세분화된 규칙을 추가하는 것도 좋습니다. 중요한 것은 숫자의 종류를 알 수 있도록 색의 규칙을 만들고, 그 규칙을 모두가 철저히 지키는 것입니다.

수식에 숫자를 직접 입력하지 않는다

수식을 입력할 때는 숫자를 직접 입력하지 않습니다. 예를 들어, =B3*1.5면, '1.5'라는 값을 수식에 직접 입력하는 등 직접 입력한 숫자가 혼합된 수식은 되도록 만들지 않아야 합니다.

만일 =B3*1.5 같은 계산이 필요하면, 적절한 위치의 셀인 [B4] 셀에 '1.5'라고 입력하고 수식을 =B3*B4로 수정합니다. 이렇게 하면 '1.5'라는 값을 변경해야 할 때 [B4] 셀의 값을 바꾸는 것만으로 모든 수정이 완료됩니다. 그렇지 않다면 시트에 있는 모든 셀을 확인하며 값을 변경해야 합니다. 따라서 수식에 숫자를 직접 입력하지 않는 것을 추천합니다.

문자 색 구분의 규칙 예

숫자의 출처	색	예
직접 입력한 숫자	파란색	100, 1.5
계산 결과	검은색	=B3*B4, =SUM(B1:B5)
다른 시트 참조	녹색	=Sheet1!A1
숫자를 포함한 수식	사용하지 않는다	=B3*1.5

> **Note** 직접 입력한 값이나 수식만을 선택하는 방법
>
> [홈] 탭-[편집]-[찾기 및 선택]-[이동 옵션] 기능을 이용하면 상수(직접 입력한 값)나 수식 등을 쉽게 선택할 수 있습니다.

관련 항목 천 단위 구분 ⇒ 42쪽 / 들여쓰기 적용 ⇒ 43쪽 / 열 너비 조정 ⇒ 45쪽 / 오류 목록 ⇒ 55쪽

12 색의 올바른 사용법

예제 파일 1-12.xlsx

강조하고 싶은 셀에 배경색 설정하기

셀 배경색은 연한 색을 지정한다

표 안에서도 특히 강조하고 싶은 부분이 있다면 그 부분에 **배경색**을 설정하면 좋습니다. <mark>배경색을 설정하면 표의 요점을 빠르게 전달할 수 있습니다.</mark> 색상은 만드는 사람의 기호에 따라 사용하면 되지만 되도록 **연한 색**을 추천합니다.

✗ 배경색을 설정하지 않으면 어떤 데이터에 주목해야 하는지 알기 어렵다

	A	B	C	D	E	F	G	H	I
1									
2		영업계획							
3						계획 A	계획 B	계획 C	
4		매출			원	320,000	480,000	640,000	
5			단가		원	800	800	800	
6			판매수		개	400	600	800	
7		비용			원	23,200	34,800	58,000	
8			인건비		원	19,200	28,800	48,000	
9			직원수		인	2	3	5	
10			1인당 인건비		원	9,600	9,600	9,600	
11			임대료		원	4,000	6,000	10,000	
12		이익			원	296,800	445,200	582,000	

배경색을 설정하지 않은 표. 어떠한 항목이 중요한지 알기 어렵습니다.

○ 강조하고 싶은 셀에 배경색을 설정한다

	A	B	C	D	E	F	G	H	I
1									
2		영업계획							
3						계획 A	계획 B	계획 C	
4		매출			원	320,000	480,000	640,000	
5			단가		원	800	800	800	
6			판매수		개	400	600	800	
7		비용			원	23,200	34,800	58,000	
8			인건비		원	19,200	28,800	48,000	
9			직원수		인	2	3	5	
10			1인당 인건비		원	9,600	9,600	9,600	
11			임대료		원	4,000	6,000	10,000	
12		이익			원	296,800	445,200	582,000	

강조하고 싶은 부분에 배경색을 설정한 표. 합산 항목인 매출, 비용 및 이익 등 중요한 항목이 눈에 들어옵니다.

배경색을 설정하는 방법

배경색을 설정할 때 지켜야 할 규칙은 2가지입니다. 배경색은 특별히 중요한 항목에만 지정한다는 것과 하나의 표에 2가지 이내의 연한 색상을 사용한다는 것입니다. 이 규칙에 따라 배색하면 보다 보기 좋은 표가 됩니다. 만약 3가지 이상의 색을 사용하거나 원색에 가까운 진한 색을 설정하면 보기 불편한 표가 되므로 주의합니다. 또한, **회사의 브랜드 색상**이 있다면 그 색에 가까운 연한 색을 사용하여 자연스럽게 회사의 아이덴티티를 드러낼 수 있습니다. 배경색을 설정하려면 아래의 절차를 따릅니다.

❶ 배경색을 설정하고 싶은 셀 범위를 선택합니다. Ctrl 을 누르면서 드래그하면 떨어져 있는 셀도 한번에 선택할 수 있습니다.

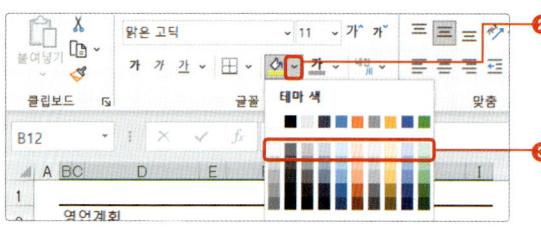

❷ [홈] 탭-[채우기 색] 옆에 있는 ▼ 기호를 클릭해서 [테마 색] 대화상자를 표시합니다.

❸ 색상 팔레트에서 원하는 색을 선택합니다. 되도록 가장 연한 색을 사용합니다.

> **Note 보기 불편한 색상**
>
> 색상 팔레트에서 가장 위에 있는 원색을 사용하거나 하나의 표에 3가지 이상의 색을 사용하면, 오히려 보기 불편한 표가 됩니다. 많은 색으로 세세하게 구분하는 것보다는 한두 개의 색상을 사용하는 것이 보는 사람에게 도움이 된다는 점을 명심합니다.

관련 항목 들여쓰기 적용 ⇒ 43쪽 / 테두리 기능 ⇒ 47쪽 / 숫자의 색상 ⇒ 51쪽

13 엑셀의 오류

셀에 표시되는 주요 오류 목록

표를 작성할 때 자주 나타나는 주의와 오류

엑셀로 표를 작성하다 보면 갑자기 셀에 ######이나 #DIV/0! 같은 오류가 표시될 때가 있습니다. 여기서는 자주 겪게 되는 **주의**와 **오류**를 정리했습니다. 어떤 때 어떤 식으로 오류가 표시되는지 알아 두면 신속하게 대처할 수 있습니다.

셀에 표시되는 주요 주의와 오류

표시 내용	오류 내용과 대처 방법
셀 왼쪽 위에 삼각형 마크 표시	날짜 수식이 설정된 셀에 문자열을 입력하거나 주변 셀과 다른 수식이 입력되면 입력 실수를 주의하라는 의미로 표시됩니다. 수치나 수식이 잘못되었다면 수정하면 사라지지만, 수정할 부분이 없다면 아이콘을 클릭하고 [오류를 무시함]을 선택합니다.
######	입력한 값에 대해 열 너비가 부족하면 표시됩니다. 열 너비를 넓히면 정확하게 표시됩니다.
1E+10	매우 큰 숫자를 입력하면, 그 값이 지수로 표시된 상태입니다. 천 단위 구분 기호 사용을 설정하거나 열 너비를 넓히면 정확하게 표시됩니다.
#NAME?	셀 주소 지정이나 함수 이름이 정확하지 않으면 표시됩니다. 지정한 셀 주소나 함수 이름이 정확한지 확인하여 수정합니다.
#REF!	지정한 셀을 참조할 수 없을 때 표시됩니다. 이 오류는 행이나 열을 삭제할 때 표시되는 경우가 많습니다. 지정한 셀이 존재하는지 확인하여 수정합니다.
#VALUE!	부적절한 값이 입력되면 표시됩니다. 예를 들어, 날짜 셀과 문자 셀에 빼기 연산을 수행하면 발생합니다.
#DIV/0!	0으로 나누면 표시됩니다. 0으로 나누지 않도록 수정합니다.
#N/A	필요한 값이 없으면 표시됩니다. 입력한 값이 옳은지 확인합니다.
#NUM!	엑셀에서 다루기에 너무 크거나 너무 작은 값이 입력되면 표시됩니다. 입력한 값이 옳은지 확인합니다.
#NULL!	두 범위 이상이 함수에서 참조로 사용되었지만 이 두 영역에 교차하는 범위가 없으면 표시됩니다. 참조 범위를 다시 지정하거나, 콜론(:)이나 쉼표(,)를 적절히 사용하여 수정합니다.

관련 항목 열 너비 조정 ⇒ 45쪽 / IFERROR 함수 ⇒ 101쪽 / 작업 실수를 줄이는 방법 ⇒ 137쪽

MEMO

2장

작업 속도를 높이기 위한 엑셀 테크닉

01 시트와 셀의 기본 조작

예제 폴더 2-01

올바른 시트 관리 방법

시트 순서를 정하는 규칙

==여러 장의 시트로 구성된 자료를 만들 때는 시트 간 순서, 배경색, 시트 이름에 신경 써야 합니다.== 일정한 규칙을 정해 두면 시트가 많아도 관리하기 쉽고 실수도 줄일 수 있습니다.

먼저, 시트 순서를 정할 때는 '매출 → 비용 → 이익'처럼 **계산 순서**를 따르거나, '1월 → 2월'처럼 **시간 순서**를 따릅니다. 즉, 시트의 내용을 고려하여 의미 있고 알기 쉬운 순서로 정렬합니다.

예를 들어, 여러 지점의 매출 정보를 정리할 때는 왼쪽부터 각 지점의 매출 시트를 배치하고 가장 오른쪽에 합계 시트를 배치합니다(개별 항목→집계 결과). 이렇게 계산 순서에 맞춰 시트를 정렬하는 것도 방법입니다.

시트는 의미 있는 순서로 배치한다

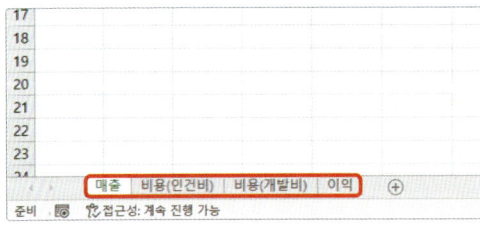

'매출 → 비용 → 이익'이라는 계산 순서에 따라 시트를 정렬했습니다.

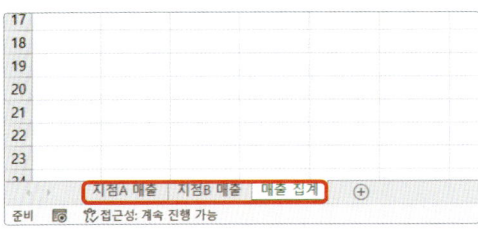

지점별 시트에 이어 집계 시트를 정렬했습니다.

시트를 옮기기 위해서는 시트 탭을 드래그합니다. 시트 순서는 언제든 쉽게 바꿀 수 있으니 여러 방법으로 정렬해 보면서 가장 적절한 순서를 찾도록 합니다.

내용이나 목적에 따라 시트 탭 배경색 설정하기

==각 시트의 탭은 내용, 목적, 종류 등에 따라 배경색을 구분합니다.== 시트의 개수가 많으면 시트를 여러 그룹으로 나누어 색을 배정합니다(예를 들면, 수입과 지출로 구분).

또한, 집계에 사용되지 않는 보조 시트는 오른쪽 끝에 배치하고, 회색처럼 눈에 띄지 않는 색상을 사용합니다.

시트 탭의 배경색을 설정한다

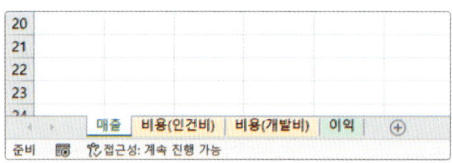

내용에 따라 시트 탭의 배경색을 선택합니다.

시트 탭의 색상을 바꾸려면 아래의 절차를 따릅니다.

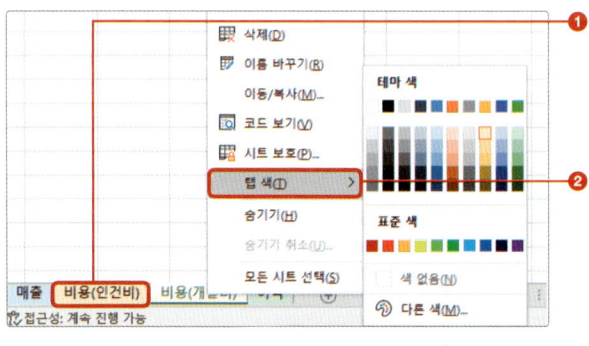

❶ 색상을 바꾸려는 시트를 선택한 후 [마우스 우클릭]합니다. 여러 시트를 선택하려면 [Shift]를 누르고 시작과 끝 시트를 선택하면 됩니다.

❷ [탭 색] 메뉴에서 원하는 색상을 선택하면 배경색이 바뀝니다.

> **Note** 결론부터 제시하는 순서의 단점
>
> 프레젠테이션을 많이 해 본 사람 중에는 결론에 해당하는 시트(집계 결과 시트)를 맨 처음에 두고 근거가 되는 개별 항목을 이어서 배치하는 것이 좋다고 생각할 수 있습니다. 하지만 처음부터 이 순서대로 자료를 작성하다 보면 계산 흐름과 맞지 않아 헷갈릴 수 있고 실수를 깨닫기 어렵습니다. 따라서 적어도 자료를 만드는 단계까지는 계산 순서에 맞게 정렬하는 방법을 추천합니다.

시트 개수는 최소한으로 줄이고, 사용하지 않는 시트는 삭제한다

시트는 불필요하게 늘리지 않습니다. 시트 수가 많아지면 전체적으로 어떤 계산이 이루어지고 있는지 파악하기 어렵습니다. 시트 개수는 최소한으로 줄이도록 합니다.

예를 들어, 각 지점별 매출, 비용, 이익 시트를 사용하면 3개의 지점에 대해 총 9개의 시트가 필요하며, 집계 시트까지 더해 총 12개의 시트가 필요합니다. 이럴 때는 지점별 매출, 비용, 이익을 하나의 시트에 입력하여 '지점A → 지점B → 지점C → 전체 집계'와 같이 4개의 시트로 구성하면 전체 내용 파악이 쉬워집니다.

✗ 시트 수가 많으면 전체 윤곽을 파악하기 어렵다

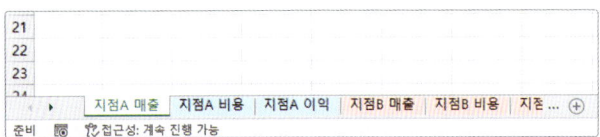

시트 수가 너무 많으면 전체를 파악하기 어렵습니다.

○ 시트 수가 적으면 전체를 파악하기 쉽다

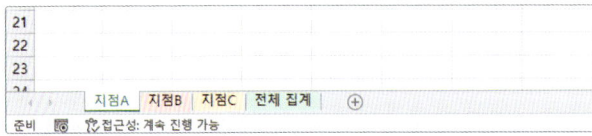

내용을 정리하여 시트 수를 줄이면 한눈에 전체를 파악할 수 있습니다.

또한, 사용하지 않는 시트는 삭제합니다. 불필요한 시트는 전체를 파악하는 데 방해가 되며, 아직 작업이 끝나지 않은 느낌을 줍니다.

> **Note** 시트 삭제
> 시트를 삭제하려면 시트를 선택하고 [마우스 우클릭] 후 [삭제]를 클릭합니다. Ctrl 이나 Shift 로 여러 시트를 한꺼번에 선택하여 삭제할 수도 있습니다.

시트 이름은 내용에 알맞도록 짧게 설정한다

시트 이름은 기본 값인 'Sheet1'을 사용하지 말고 내용에 알맞게 이름을 지정합니다. 이때 가능하면 **짧은 이름**을 사용합니다. 이름이 길면 시트가 많아질 때 스크롤을 해야 하기 때문입니다. 최대한 짧은 이름을 짓고, 시트 탭 전체를 한 화면에서 확인할 수 있는 상태를 유지하는 것이 바람직합니다.

✗ 시트의 이름이 길어 전체 시트 탭이 보이지 않는다

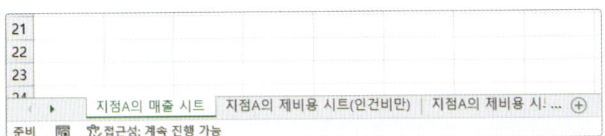

시트 이름이 너무 길면 화면에 표시되는 시트 수가 줄어 전체를 파악하기 어렵습니다.

○ 짧은 이름을 사용하여 한눈에 전체 구조를 파악할 수 있다

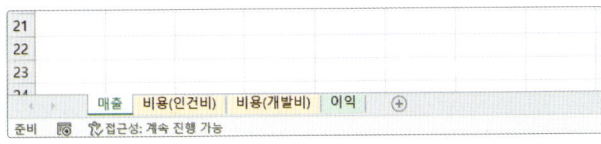

간결한 이름을 사용하여 전체 시트 구조를 파악할 수 있습니다.

> **TIP** 모든 시트가 '지점A'에 대한 데이터이므로, 통합 문서의 이름을 '지점A 집계'로 하고 시트 이름에서는 '지점A'라는 부분을 삭제하고 '의, 시트' 같은 불필요한 부분을 생략합니다.

시트 이름을 바꾸려면 아래의 절차를 따릅니다.

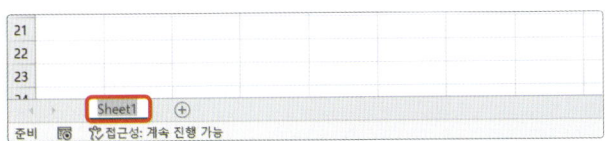

이름을 더블 클릭하면 편집 모드가 됩니다. 시트 이름을 수정하고 [Enter]를 누릅니다.

> **Note** 시트 이름에 사용할 수 없는 문자
> 콜론(:), 원화 기호(₩), 슬래시(/), 물음표(?), 별표(*), 대괄호([ ])는 시트 이름에 사용할 수 없습니다.

관련 항목 시트 숨기기 ⇒ 62쪽 / 시트의 그룹화 ⇒ 63쪽 / 파일 작성자 이름 삭제 ⇒ 84쪽

02 시트와 셀의 기본 조작　　　예제 파일 2-02.xlsx

숨기기 기능은 사용하지 않는다

셀과 시트의 숨기기 기능은 사용하지 않는다

엑셀에서 특정 행이나 열 전체를 선택하고 [마우스 우클릭] 후 [숨기기]를 선택하면 보이지 않게 됩니다. 시트도 같은 방법으로 숨길 수 있습니다. 하지만 ==숨기기 기능은 절대로 사용해서는 안 됩니다.==

숨기기 기능을 사용하면 안 되는 가장 큰 이유는 ==자료 전체에서 어떤 계산이 이루어지는지 알기 어렵기 때문입니다.== 그렇기에 수식이나 집계 결과의 정확성을 확인하기 어려워지고, 실수할 가능성도 커집니다. 이를테면 거래처에 보내서는 안 될 데이터를 숨긴 채로 보내는 실수를 할 수도 있습니다. 숨기기 기능은 언뜻 매우 편리한 기능으로 보이지만, 위와 같은 치명적인 단점이 있기 때문에 최대한 사용하지 않는 것이 좋습니다. 특히 시트 숨기기는 숨긴 사람을 제외하면 그 존재를 깨닫기 어렵기 때문에 절대로 사용해서는 안 됩니다.

✗ 숨기기 기능을 사용하면 계산 내용을 알기 어렵다

	A	B	C	D	E	F	G	H	I	J
1										
2		영업계획								
3						지점A	지점B	지점C	전 지점 합계	
4		매출			원	320,000	480,000	640,000	1,440,000	
7		비용			원	23,200	34,800	58,000	116,000	
12		이익			원	296,800	445,200	582,000	1,324,000	

숨기기 기능을 사용한 부분에 이중 선이 표시됩니다.

매출과 비용의 세부 내역을 숨겼습니다. 따라서 구체적인 계산 과정을 파악하기 어렵습니다. 또한, 숨겨진 행이 있다는 사실 자체도 쉽게 눈치채기 어렵습니다.

그룹 기능 사용하기

일부 행과 열을 숨기고 싶다면 **그룹** 기능을 이용합니다. 그룹 기능을 이용하면 시트의 왼쪽 위에 **그룹별 표시/숨기기 전환 버튼**이 표시되어 쉽게 전환할 수 있어서 숨기기의 사용 여부를 명확하게 알 수 있습니다. 행이나 열을 그룹화하려면 아래의 절차를 따릅니다.

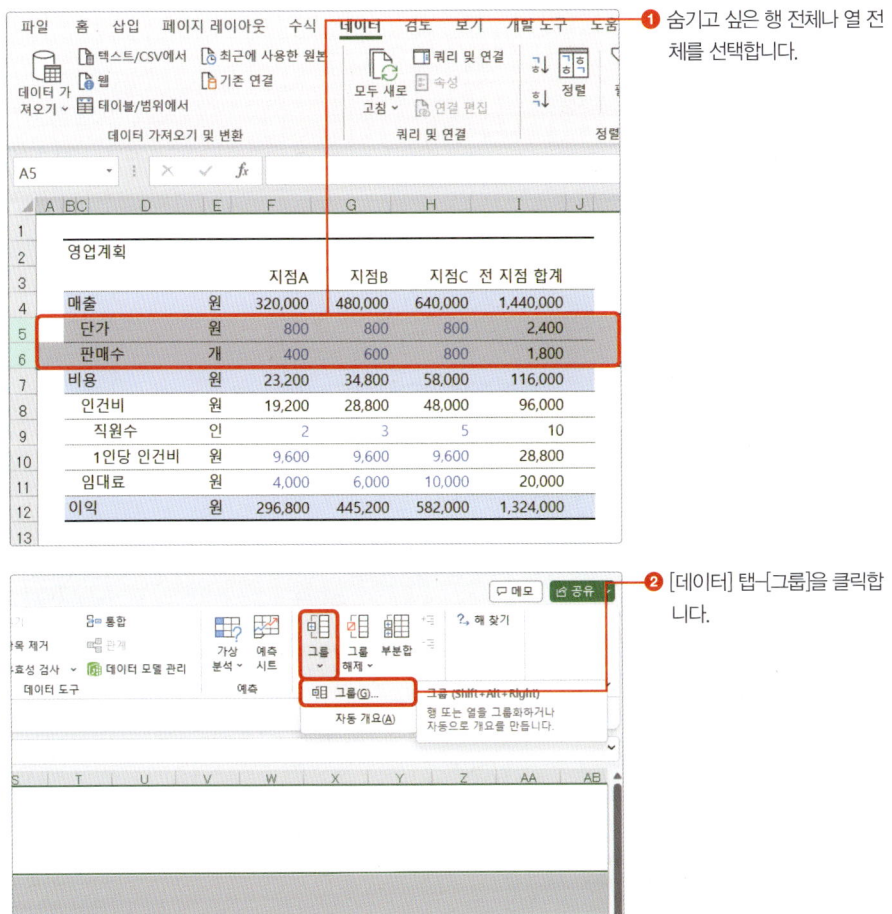

❶ 숨기고 싶은 행 전체나 열 전체를 선택합니다.

❷ [데이터] 탭-[그룹]을 클릭합니다.

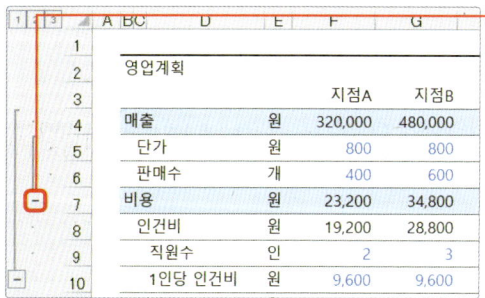

❸ 선택한 행 또는 열들이 그룹화됩니다. 그룹화된 범위를 숨기려면 시트 외곽에 추가된 [−] 버튼을 클릭합니다.

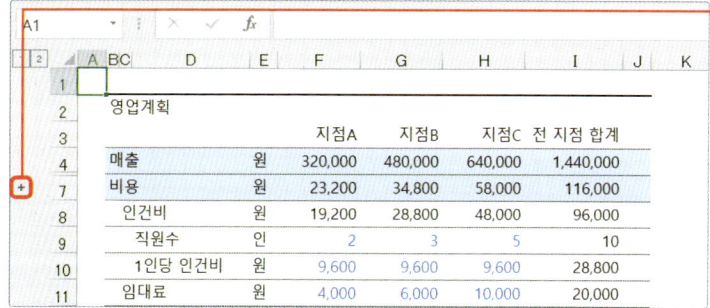

❹ 그룹화된 행들이 숨겨졌습니다. 다시 보이게 하려면 [+] 버튼을 클릭합니다.

> **Note** 그룹화 계층은 3단계까지
>
> 그룹으로 묶은 범위 일부를 한 번 더 그룹화하여 계층 구조를 만들 수 있습니다. 이러한 계층 구조는 최대 3단계까지 가능합니다. 특정 계층 이상만 표시하고 싶다면 시트 왼쪽에 표시된 [1, 2, 3] 숫자 버튼을 클릭하면 됩니다. '3'을 누르면 모든 계층이 보이고, '2'를 누르면 1과 2계층이 보이고, '1'을 누르면 1계층만 보이게 됩니다.
>
>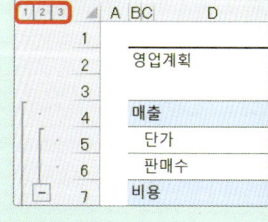

관련 항목 셀에 노트 붙이기 ⇒ 68쪽 / 조건부 서식의 기본 조작 ⇒ 69쪽

03 셀 병합 대신 선택 영역의 가운데로 설정하기

시트와 셀의 기본 조작

예제 파일 2-03.xlsx

셀 병합은 되도록 사용하지 않는다

엑셀에서 여러 셀을 선택하고 [홈] 탭-[병합하고 가운데 맞춤]을 클릭하면 여러 셀이 병합되며 그 중앙에 문자가 표시됩니다. 이 기능은 매우 편리한 듯 보이지만, 셀들을 병합하면 표를 복사할 때 문제가 되거나 열이나 행을 삽입하는 방법이 복잡해집니다. 여러 셀의 중앙에 문자를 표시하고 싶다면, 셀을 병합하지 말고 텍스트 맞춤을 [선택 영역의 가운데로]로 설정합니다.

✗ [병합하고 가운데 맞춤]을 사용한 경우

	A	B	C	D	E	F	G	H	I
1									
2		판매수 추이							
3		단위: 개							
4						최근 5년간 판매수			
5				1년도	2년도	3년도	4년도	5년도	
6		상품 A 총합		7,436	4,785	6,464	6,615	6,674	
7			서울	2,666	1,466	1,883	2,538	1,420	
8			부산	2,241	1,834	2,789	1,779	2,495	
9			대전	2,529	1,485	1,792	2,298	2,759	
10		상품 B 총합		5,894	7,238	5,797	7,407	4,447	
11			서울	2,467	2,574	1,745	2,996	1,671	
12			부산	1,120	2,842	2,562	1,971	1,154	

[병합하고 가운데 맞춤]을 사용하면 다른 작업 시 문제가 발생할 수 있기에 추천하지 않습니다.

○ 텍스트 맞춤을 [선택 영역의 가운데로]로 설정한 경우

	A	B	C	D	E	F	G	H	I
1									
2		판매수 추이							
3		단위: 개							
4						최근 5년간 판매수			
5				1년도	2년도	3년도	4년도	5년도	
6		상품 A 총합		7,436	4,785	6,464	6,615	6,674	
7			서울	2,666	1,466	1,883	2,538	1,420	
8			부산	2,241	1,834	2,789	1,779	2,495	
9			대전	2,529	1,485	1,792	2,298	2,759	
10		상품 B 총합		5,894	7,238	5,797	7,407	4,447	
11			서울	2,467	2,574	1,745	2,996	1,671	
12			부산	1,120	2,842	2,562	1,971	1,154	

텍스트 맞춤을 [선택 영역의 가운데로]로 설정하면 동일하게 중앙에 정렬할 수 있습니다.

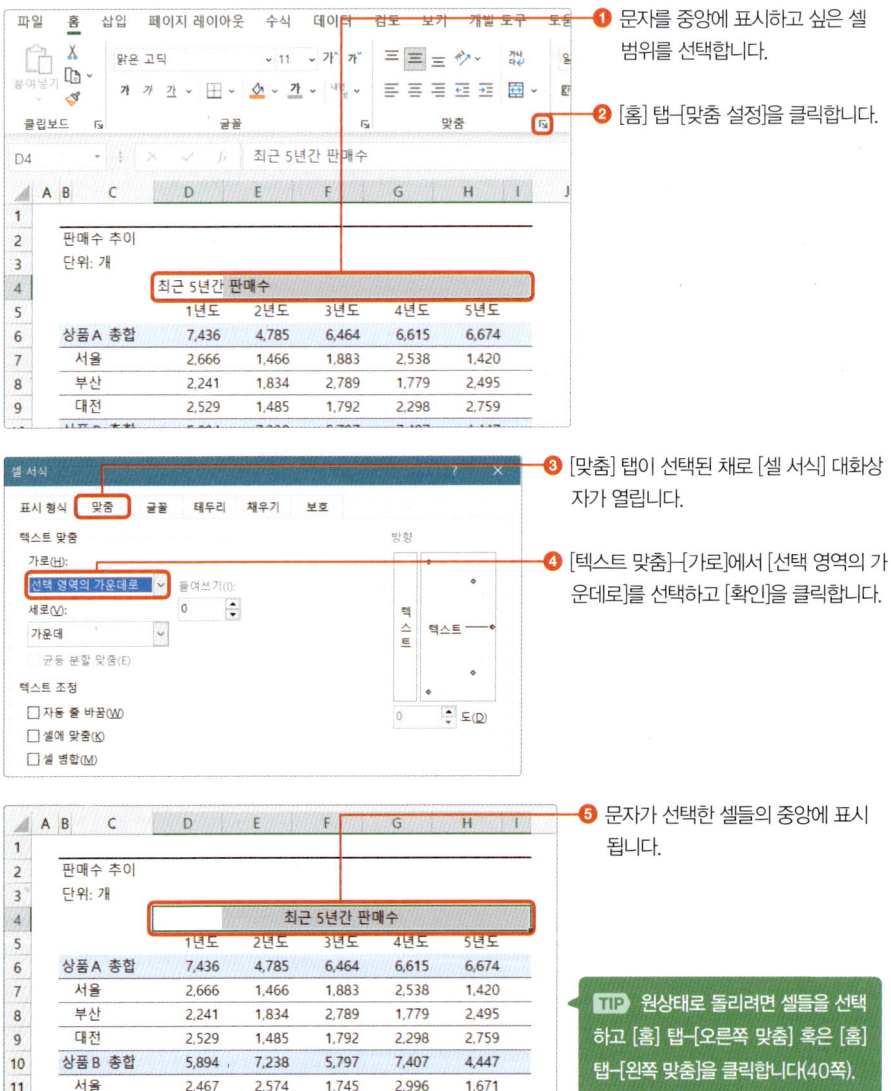

❶ 문자를 중앙에 표시하고 싶은 셀 범위를 선택합니다.

❷ [홈] 탭-[맞춤 설정]을 클릭합니다.

❸ [맞춤] 탭이 선택된 채로 [셀 서식] 대화상자가 열립니다.

❹ [텍스트 맞춤]-[가로]에서 [선택 영역의 가운데로]를 선택하고 [확인]을 클릭합니다.

❺ 문자가 선택한 셀들의 중앙에 표시됩니다.

TIP 원상태로 돌리려면 셀들을 선택하고 [홈] 탭-[오른쪽 맞춤] 혹은 [홈] 탭-[왼쪽 맞춤]을 클릭합니다(40쪽).

Note 세로 방향은 병합해서 90도 회전

엑셀에는 세로 방향 셀 범위의 중앙에 값을 표시하는 서식 설정이 없습니다. 세로 방향은 셀을 병합한 다음 [셀 서식]-[맞춤] 탭-[방향]에서 [세로 쓰기] 버튼을 클릭합니다(83쪽 참조).

관련 항목 ▶ 문자 맞춤 ⇒ 39쪽 / 여러 셀에 걸쳐 사선 긋기 ⇒ 67쪽

04 시트와 셀의 기본 조작

예제 파일 2-04.xlsx

여러 셀에 걸쳐 사선 긋기

사용하지 않는 셀에 사선을 그려 명확히 표시한다

셀에 사선을 그려 이 부분은 데이터가 없다는 표시를 하고 싶을 때가 있습니다. 이 사선은 **테두리**로도 그을 수 있지만, 여러 셀에 걸친 사선을 그을 때는 테두리 기능을 이용할 수 없습니다. 이때는 **도형의 직선**을 이용합니다.

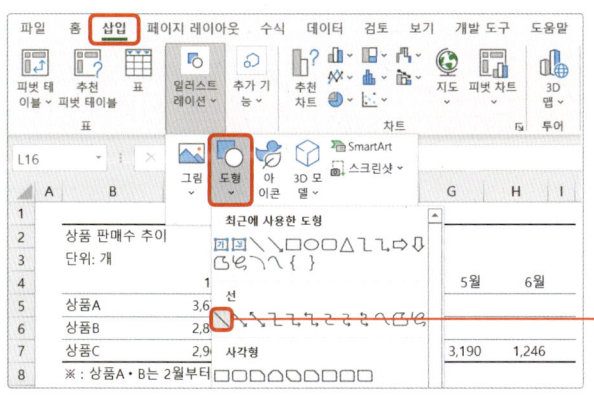

❶ [삽입] 탭-[일러스트레이션]-[도형]-[선]을 클릭합니다.

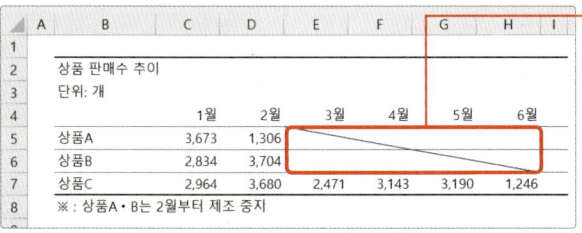

❷ 데이터가 존재하지 않는 부분을 드래그해서 사선을 긋습니다. 사용하지 않는 부분을 보다 명확히 표현할 수 있습니다.

> **Note** 셀의 틀에 맞게 선을 긋는 방법
> 선을 그을 때 Alt 를 누른 상태에서 드래그하면 셀의 틀에 딱 맞는 선을 그릴 수 있습니다.

관련 항목 조건부 서식의 기본 조작 ⇒ 69쪽 / 빈 셀에 'N/A' 입력 ⇒ 290쪽

05 시트와 셀의 기본 조작 예제 파일 2-05.xlsx

셀에 노트 남기기

보충 설명이나 리뷰를 노트로 남긴다

셀에 데이터에 관한 보충 설명을 추가하고 싶다면 노트 기능을 사용합니다. 셀에 노트를 추가하면 셀 오른쪽 위에 **빨간색 삼각형**이 표시되며, 마우스를 대면 노트가 표시됩니다. 또한, 노트가 추가된 셀에서 [**마우스 우클릭**] 후 [**메모 표시/숨기기**]를 클릭하면 노트의 표시 여부를 전환할 수 있습니다. 셀에 노트를 추가하려면 아래의 절차를 따릅니다.

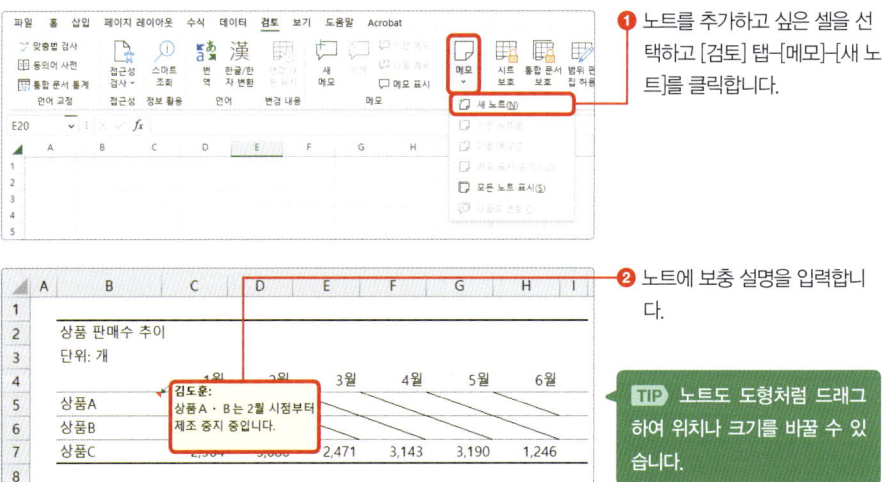

❶ 노트를 추가하고 싶은 셀을 선택하고 [검토] 탭-[메모]-[새 노트]를 클릭합니다.

❷ 노트에 보충 설명을 입력합니다.

TIP 노트도 도형처럼 드래그하여 위치나 크기를 바꿀 수 있습니다.

> **Note** 모든 노트를 한꺼번에 표시하려면
>
> 모든 노트를 한꺼번에 표시하려면 [검토] 탭-[메모]-[모든 노트 표시]를 클릭합니다. 참고로 엑셀 2021 이후 혹은 마이크로소프트 365의 최신 버전에서는 회신 기능이 있는 대화 형식의 [새 메모] 기능이 추가되었습니다. 엑셀 2019 이전 버전은 노트 기능을 메모라는 명칭으로 사용합니다.

관련 항목 셀에 이름 붙이기 ⇒ 158쪽 / 셀에 붙인 이름 지우기 ⇒ 160쪽

06 조건부 서식의 활용

예제 파일 2-06.xlsx

조건부 서식의 기본 조작

주목해야 하는 데이터 강조하기

조건부 서식 기능을 사용하면 지정한 조건에 맞는 셀의 서식만 설정하거나 바꿀 수 있습니다. 예를 들어, 점수가 75점 이상인 셀이나 평균 이상의 값이 입력된 셀, 오류가 있는 셀만 글자 색을 바꾸거나 배경색을 설정할 수 있습니다.

이 기능을 사용하여 특정 셀만 보통 셀과 다르게 서식을 설정하면, 주목해야 할 데이터나 입력 실수로 여겨지는 부분을 빠르게 찾을 수 있습니다.

조건부 서식 기능을 사용하면 표의 가독성이 높아지고 실수를 미리 발견할 수 있습니다. 이 기능은 매우 간단하면서 유용하므로, 자신의 업무에 어떻게 응용하면 좋을지 생각하면서 아래 내용을 읽어 봅니다.

점수가 75점 이상인 셀의 서식을 바꿨다

	A	B	C	D	E	F	G	H	I
1									
2		상품A의 경쟁사 비교							
3					상품A	타사B	타사C		
4		2021년 실적							
5		단가		원	600	800	480		
6		판매수		천개	350	480	300		
7		소비자 설문조사 결과							
8		맛		점	83	94	63		
9		분량		점	74	60	80		
10		디자인		점	65	72	80		
11		가격		점	80	55	85		

설문 결과 중 '75점 이상'인 셀에만 서식을 설정했습니다. 주목해야 하는 데이터가 어디에 얼마나 있는지 한눈에 파악할 수 있습니다.

조건부 서식으로 특정 수치보다 값이 큰 셀 강조하기

값이 75 이상이라는 조건으로 조건부 서식을 설정해 보겠습니다. 조건부 서식에는 몇 가지 종류가 있는데, 여기서는 [셀 강조 규칙]의 [보다 큼]을 사용합니다.

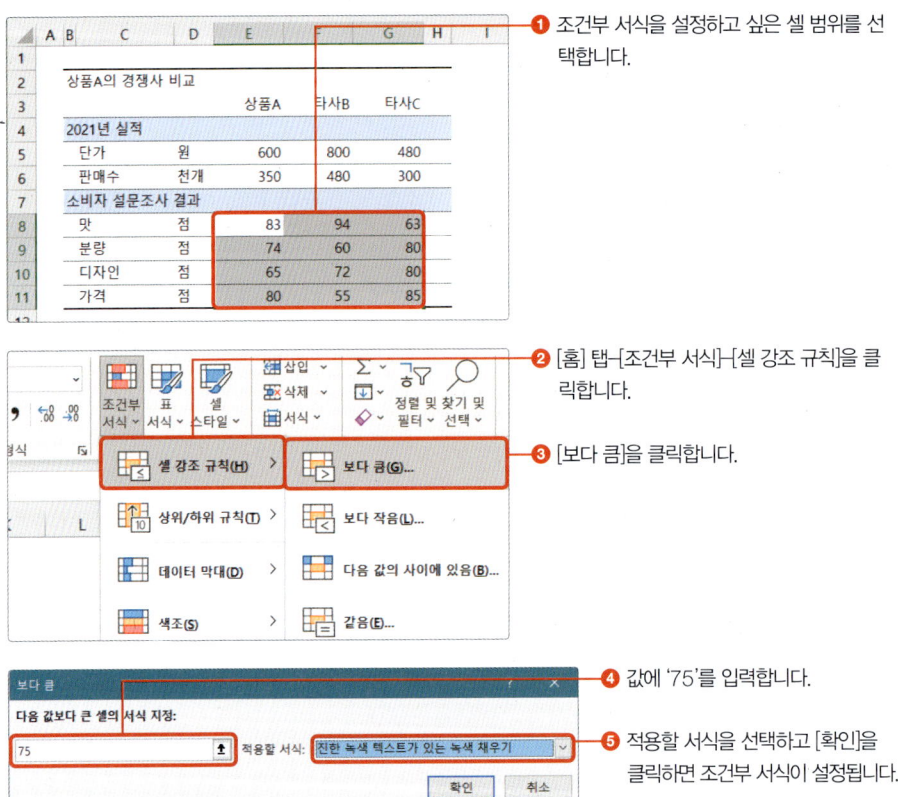

❶ 조건부 서식을 설정하고 싶은 셀 범위를 선택합니다.

❷ [홈] 탭-[조건부 서식]-[셀 강조 규칙]을 클릭합니다.

❸ [보다 큼]을 클릭합니다.

❹ 값에 '75'를 입력합니다.

❺ 적용할 서식을 선택하고 [확인]을 클릭하면 조건부 서식이 설정됩니다.

> **Note** 하나의 셀에 여러 조건부 서식을 설정할 때의 우선 순위
>
> 엑셀에서는 하나의 셀에 여러 조건부 서식을 지정할 수 있습니다. 그리고 그 조건들의 우선 순위를 지정할 수도 있습니다. 우선 순위는 [홈] 탭-[조건부 서식]-[규칙 관리]를 클릭하여 [조건부 서식 규칙 관리자] 대화상자를 열어 설정할 수 있습니다.

관련 항목 평균 이상 셀의 색 변경 ⇒ 71쪽 / 조건부 서식 지정과 삭제 ⇒ 75쪽

07 조건부 서식의 활용

예제 파일 2-07.xlsx

평균값 이상의 셀에 배경색 적용하기

자동으로 계산되는 선택 범위의 평균값을 기준으로 서식을 적용한다

조건부 서식의 두 번째 항목인 **상위/하위 규칙**을 이용하면, 셀 범위 내의 숫자를 특정 규칙에 따라 **자동 계산**하여 상위 10%, 하위 5개, 평균 이상, 평균 이하 등의 조건으로 서식을 설정할 수 있습니다.

평균값 이상의 셀에 색상 적용하기

[상위/하위 규칙]에서 [평균 초과]를 선택했습니다. 별도의 수식을 넣지 않아도 목적 값을 자동으로 체크할 수 있습니다.

> **Note** 규칙을 세세하게 설정하는 방법
>
> [상위/하위 규칙]에는 '상위 10개, 상위 10%, 하위 10개, 하위 10%, 평균 초과, 평균 미만' 항목이 미리 준비되어 있지만, 더 구체적으로 규칙을 지정할 수 있습니다. 목록의 맨 밑에 있는 [기타 규칙]을 클릭하여 [새 서식 규칙] 대화상자에서 임의의 값을 설정합니다. 이를 통해 '상위 1%'나 '표준편차' 등을 지정할 수 있습니다.
>
>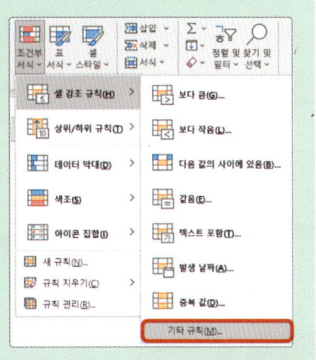

상위/하위 규칙을 설정하는 방법

평균값 이상인 셀의 서식을 바꾸고자 한다면, 조건부 서식의 **상위/하위 규칙**을 사용하면 됩니다. 선택한 셀의 평균값은 자동으로 계산되며, <mark>직접 수식을 입력할 필요가 없습니다.</mark>

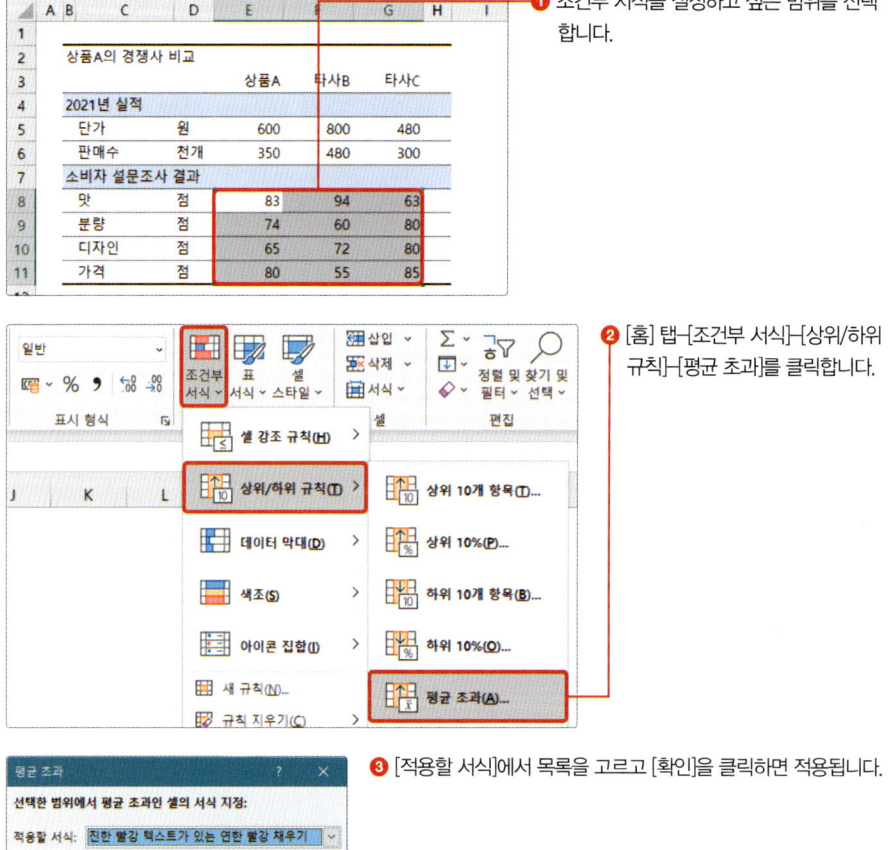

❶ 조건부 서식을 설정하고 싶은 범위를 선택합니다.

❷ [홈] 탭-[조건부 서식]-[상위/하위 규칙]-[평균 초과]를 클릭합니다.

❸ [적용할 서식]에서 목록을 고르고 [확인]을 클릭하면 적용됩니다.

> **Note** 셀 서식을 자세하게 설정하는 방법
>
> [적용할 서식] 목록에는 위의 예인 '진한 빨강 텍스트가 있는 연한 빨강 채우기'처럼 미리 준비된 서식이 있으며 손쉽게 적용할 수 있습니다. 또한 맨 마지막에 있는 [사용자 지정 서식]을 선택하면 원하는 서식을 직접 적용할 수 있습니다.

관련 항목 조건부 서식의 기본 조작 ⇒ 69쪽 / 오류 값 찾기 ⇒ 73쪽

08 조건부 서식의 활용

예제 파일 2-08.xlsx

조건부 서식으로 오류 값 찾기

조건부 서식의 편리한 사용법

조건부 서식은 셀의 값에 따라 서식을 설정할 수 있는 기능입니다. 그런데 여기서 '셀의 값'이 숫자에 한정된 것은 아닙니다. 조건부 서식 목록에 있는 [새 규칙]을 선택하면, **오류 값이 있는 셀**이나 **특정 함수식을 만족하는 셀** 등을 조건식 규칙으로 지정할 수 있습니다.

업무 내용에 맞게 새 규칙을 설정하여 입력 실수가 있는 부분이나 중요한 값을 가지는 셀을 빠르게 찾을 수 있습니다. 예를 들어, 절대로 음수가 되지 않는 셀을 다루거나(즉 양수가 아니면 오류인 경우), 혹은 셀에 반드시 무언가 숫자가 들어 있어야 하는 경우도 있을 것입니다. 상황에 따라 발생할 수 있는 다양한 오류의 조건을 바탕으로 [조건부 서식]의 [새 규칙]을 통해 상응하는 규칙을 설정할 수 있습니다. 꼭 익혀 두었으면 하는 기능입니다.

오류 값에 색을 칠한다

조건부 서식으로 오류 값에 색을 칠했습니다. 어느 셀에 문제가 있는지 신속하게 빠짐없이 확인할 수 있습니다.

오류가 있는 셀에 색을 칠한다

조건부 서식을 사용하여 오류가 있는 셀에 배경색을 적용하려면 [새 서식 규칙] 대화상자에서 규칙 유형으로 [다음을 포함하는 셀만 서식 지정]을 선택하여 설정합니다.

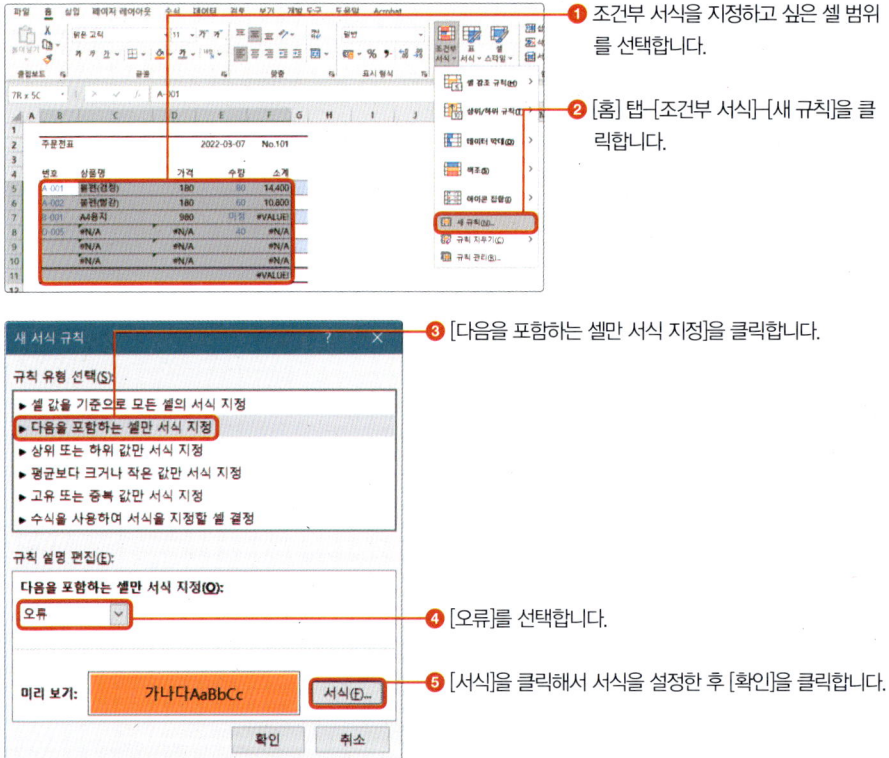

① 조건부 서식을 지정하고 싶은 셀 범위를 선택합니다.
② [홈] 탭-[조건부 서식]-[새 규칙]을 클릭합니다.
③ [다음을 포함하는 셀만 서식 지정]을 클릭합니다.
④ [오류]를 선택합니다.
⑤ [서식]을 클릭해서 서식을 설정한 후 [확인]을 클릭합니다.

> **Note** 수식을 사용해서 복잡한 조건식 작성하기
>
> [새 규칙]에서 규칙 유형을 선택할 때, 맨 아래에 있는 [수식을 사용하여 서식을 지정할 셀 결정]을 이용하면, 수식을 사용하여 규칙을 설정할 수 있습니다. 이 수식에서는 함수도 사용할 수 있으므로 다양한 응용이 가능합니다.
> 예를 들어, 셀 범위 전체에 '=MOD(ROW( ),2)=1'과 같은 수식으로 조건부 서식을 설정하면 한 줄 간격으로 줄무늬 배경을 입힐 수 있습니다. 이 수식은 행 번호를 2로 나눈 나머지가 1인 셀, 즉 홀수 행의 셀에만 서식을 지정하는 설정입니다. 이 수식을 이용하면 배경색을 일일이 바꿀 필요 없이 순식간에 바꿀 수 있습니다.

관련 항목 ▶ 조건부 서식의 기본 조작 ⇒ 69쪽 / 조건부 서식 지정과 삭제 ⇒ 75쪽

09 조건부 서식의 활용

예제 파일 2-09.xlsx

조건부 서식의 확인 및 삭제

적용된 조건부 서식 관리하기

시트에 어떤 조건부 서식이 설정되어 있는지는 [조건부 서식 규칙 관리자] 대화상자에서 확인할 수 있습니다. 여기서 조건부 서식 규칙을 편집하거나 삭제할 수 있습니다. 또한, 여러 조건부 서식의 우선 순위를 바꿀 수도 있습니다.

==다른 사람이 만든 엑셀 파일을 받았거나 하나의 시트에 여러 조건부 서식들이 복잡하게 설정되어 있다면 이 대화상자를 통해 편리하게 파악할 수 있습니다.==

적용된 조건부 서식 내용을 확인한다

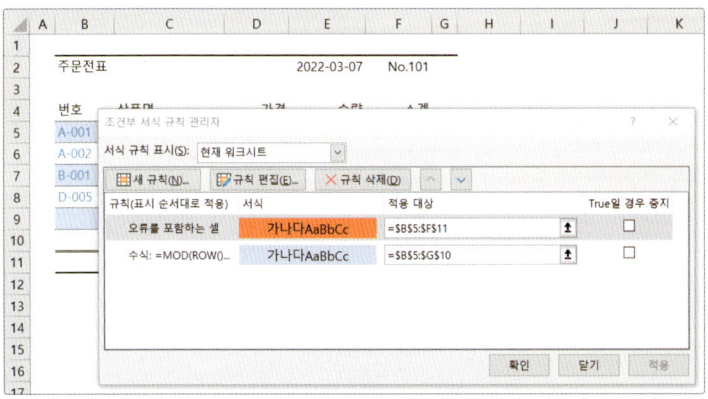

[조건부 서식 규칙 관리자] 대화상자에서 조건부 서식 규칙 목록을 확인하고 편집할 수 있습니다.

> **Note** 조건부 서식 삭제 방법
>
> 시트에 설정된 조건부 서식을 삭제하고자 할 때 굳이 [조건부 서식 규칙 관리자] 대화상자를 열 필요는 없습니다. [홈] 탭-[조건부 서식]-[규칙 지우기]-[시트 전체에서 규칙 지우기]를 클릭하면 시트에 설정된 모든 조건부 서식을 삭제할 수 있습니다.

조건부 서식 확인 및 삭제 방법

[조건부 서식 규칙 관리] 대화상자에서 시트에 설정된 조건부 서식 내용을 확인하거나 편집하려면 아래의 절차를 따릅니다.

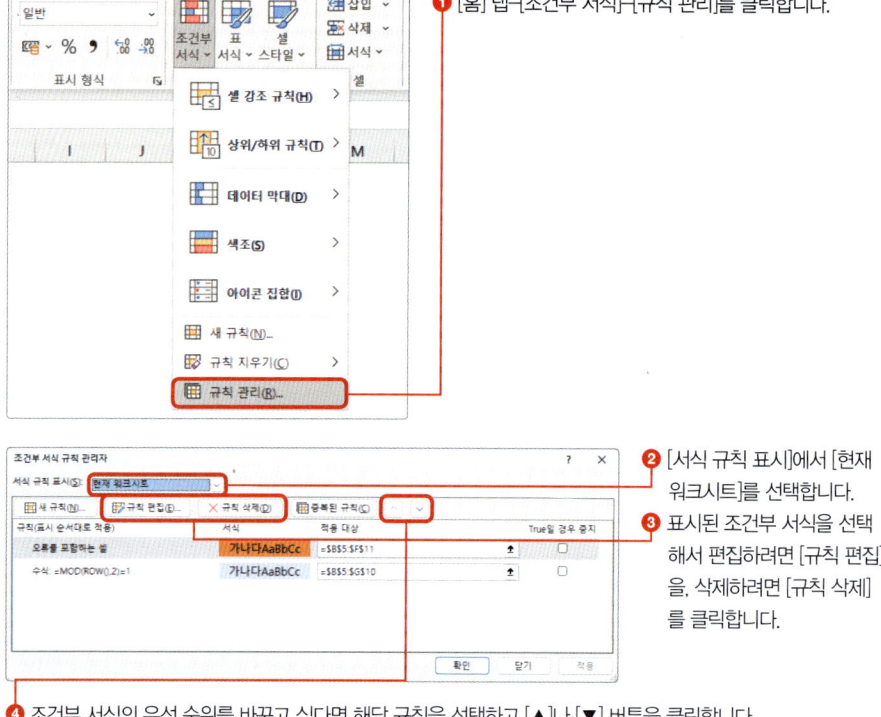

❶ [홈] 탭-[조건부 서식]-[규칙 관리]를 클릭합니다.

❷ [서식 규칙 표시]에서 [현재 워크시트]를 선택합니다.

❸ 표시된 조건부 서식을 선택해서 편집하려면 [규칙 편집]을, 삭제하려면 [규칙 삭제]를 클릭합니다.

❹ 조건부 서식의 우선 순위를 바꾸고 싶다면 해당 규칙을 선택하고 [▲]나 [▼] 버튼을 클릭합니다.

> **Note** 조건부 서식 사용 시의 규칙 정하기
>
> 조건부 서식은 편리하지만, 설정 규칙을 알지 못하는 사람은 셀 배경색이 바뀌는 이유를 몰라서 스트레스를 받을 수도 있습니다. 따라서 조건부 서식을 사용할 때는 사전에 팀에서 사용 여부를 결정하고, 설정 방법을 공유하는 것이 좋습니다.

관련 항목 ▶ 조건부 서식의 기본 조작 ⇒ 69쪽 / 평균 이상 셀의 색 변경 ⇒ 71쪽

10 알아 두면 유용한 고급 기술

예제 파일 2-10.xlsx

제목 셀 고정하기

제목 셀 항상 표시하기

행과 열이 많은 큰 표를 스크롤을 하다 보면 **제목 셀**이 보이지 않아 지금 보이는 데이터가 무슨 항목인지 파악하기 어려울 때가 있습니다. 이럴 때는 **틀 고정** 기능을 이용하여 제목 셀이 항상 표시되도록 설정할 수 있습니다.

틀 고정 기능으로 제목 셀 고정하기

B C	D	E	F	G	H	I	J
4			2016년	2017년	2018년	2019년	2020년
5	매출	천원	1,008,000	1,056,000	1,104,000	1,152,000	1,176,000
6	객단가	원	2,400	2,400	2,400	2,400	2,400
7	고객수	천명	420	440	460	480	490
8	비용	천원	905,520	967,920	1,018,320	1,044,720	1,076,220
9	인건비	천원	600,000	648,000	684,000	696,000	720,000
10	종업원수	인	250	270	285	290	300
11	1인당 인건비	천원	2,400	2,400	2,400	2,400	2,400
12	고정비	천원	3,120	3,120	3,120	3,120	3,420
13	재료비	천원	302,400	316,800	331,200	345,600	352,800
14	재료비율	%	30%	30%	30%	30%	30%
15	이익	천원	102,480	88,080	85,680	107,280	99,780

→ 항상 표시되는 부분

[F5] 셀을 기준으로 틀 고정 기능을 적용했습니다.

B C	D	E	J	K	L	M	N	O	P	Q
4			2020년	2021년						
5	매출	천원	1,176,000	1,236,000						
6	객단가	원	2,400	2,400						
7	고객수	천명	490	515						
8	비용	천원	1,076,220	1,106,520						
9	인건비	천원	720,000	732,000						
10	종업원수	인	300	305						
11	1인당 인건비	천원	2,400	2,400						
12	고정비	천원	3,420	3,720						
13	재료비	천원	352,800	370,800						
14	재료비율	%	30%	30%						
15	이익	천원	99,780	129,480						

→ 항상 표시되는 부분

화면을 스크롤해도 제목 셀은 항상 보입니다.

제목 열 또는 제목 행 항상 표시하기

틀 고정 기능을 사용하여 제목 열이나 제목 줄을 항상 표시하도록 설정할 수 있습니다. 여기서는 4행과 B~E열이 항상 표시되도록 할 것입니다. 틀 고정 기능을 설정할 때는 커서 위치에 주의합니다.

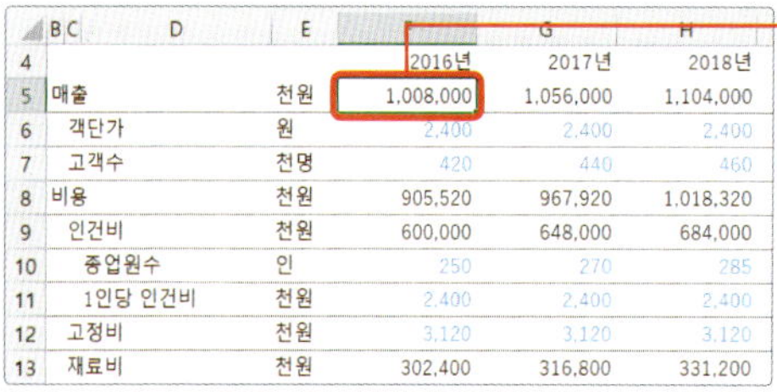

❶ 틀 고정 기준으로 삼을 [F5] 셀을 클릭합니다.

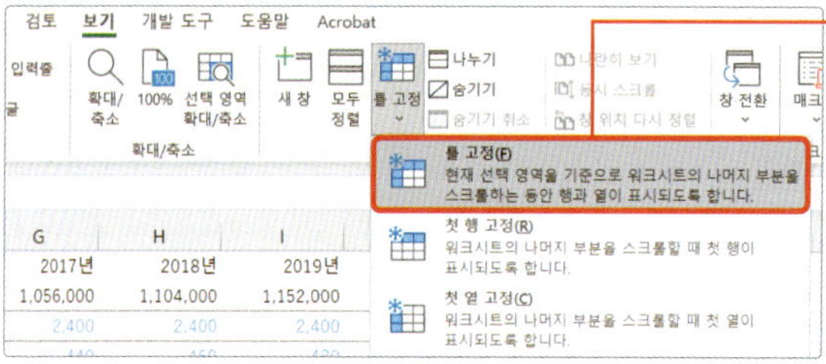

❷ [보기] 탭–[틀 고정]–[틀 고정]을 클릭합니다.

TIP 틀 고정을 해제하려면 [보기] 탭–[틀 고정]–[틀 고정 취소]를 클릭합니다.

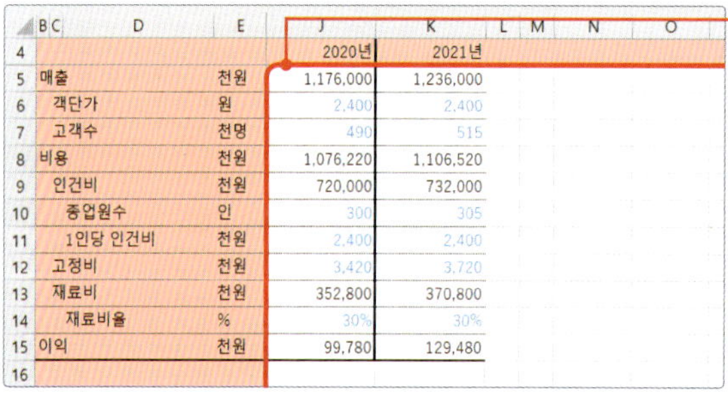

❸ ❶에 있는 커서 위치의 왼쪽 위를 기준으로 행과 열이 고정되었다.

Note 인쇄 시 모든 페이지에 머리글 표시하는 방법

하나의 표를 여러 페이지에 나눠 인쇄할 때, 모든 페이지에 머리글 행이나 제목 열을 인쇄하려면 [페이지 레이아웃] 탭–[페이지 설정]–[인쇄 제목] 기능을 사용합니다(349쪽).

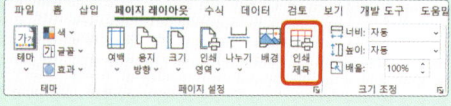

관련 항목 리본 감추기 ⇒ 79쪽

11 알아 두면 유용한 고급 기술

예제 파일 2-11.xlsx

리본 메뉴를 숨겨
화면을 넓게 사용하는 방법

리본 메뉴 숨기기

화면을 넓게 써서 표를 확인하고 싶다면 엑셀의 리본 메뉴를 일시적으로 숨길 수 있습니다. [홈], [삽입] 탭 등의 탭 부분을 마우스로 더블 클릭하면 메뉴가 숨겨집니다. 원래대로 표시하려면 다시 탭 부분을 더블 클릭합니다. 엑셀의 리본 메뉴는 공간을 꽤 차지하기 때문에 노트북이나 작은 화면의 모니터를 사용할 때 이 기능이 유용합니다.

리본 메뉴를 숨겨 화면 넓게 보기

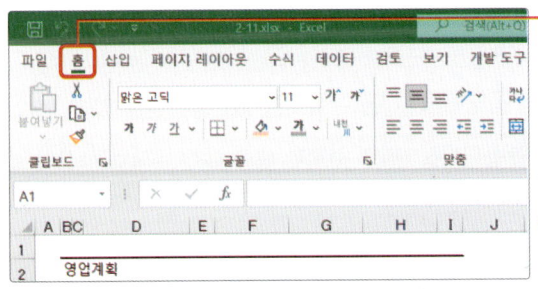

❶ 리본 메뉴에 있는 탭 중에 아무 탭이나 더블 클릭합니다.

TIP [파일] 탭만 제외하면 어떤 탭도 괜찮습니다.

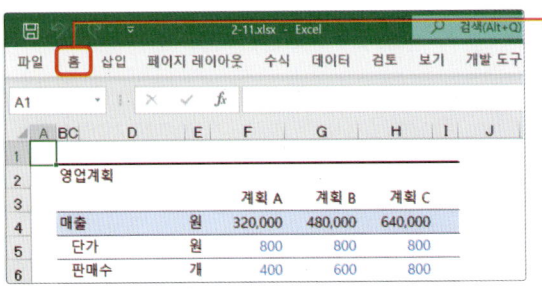

❷ 리본 메뉴가 축소됩니다. 탭을 한 번 클릭하면 일시적으로 리본 메뉴가 표시됩니다. 탭을 더블 클릭하면 원래대로 리본 메뉴가 고정됩니다.

관련 항목 제목 셀 고정하기 ⇒ 77쪽 / 문자 세로쓰기 ⇒ 83쪽

12 알아 두면 유용한 고급 기술

예제 파일 2-12.xlsx

현재 날짜와 시간 빨리 입력하기

날짜와 시간을 입력하는 단축키

엑셀에서는 단축키를 사용하여 현재 날짜와 시간을 즉시 입력할 수 있습니다. 다음 두 단축키를 기억하면 편리합니다.

현재 날짜와 시간을 입력하는 단축키

값	단축키
현재 날짜	Ctrl + ;
현재 시간	Ctrl + : (즉, Ctrl + Shift + ;)

현재 날짜를 입력하려면 Ctrl 을 누른 상태에서 ; 을 누릅니다. 현재 시간을 입력하려면 Ctrl 과 Shift 를 누른 상태에서 ; 을 누릅니다. 그러면 선택한 셀에 각각 날짜와 시간이 입력됩니다.

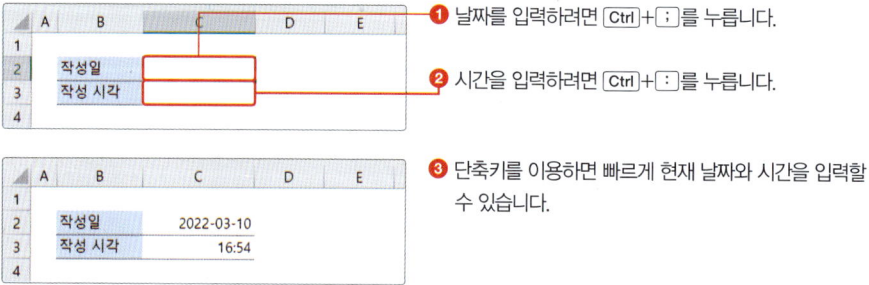

❶ 날짜를 입력하려면 Ctrl + ; 를 누릅니다.

❷ 시간을 입력하려면 Ctrl + : 를 누릅니다.

❸ 단축키를 이용하면 빠르게 현재 날짜와 시간을 입력할 수 있습니다.

> **Note** 시간이니까 콜론(:), 날짜는 그 옆으로 떠올리기
>
> 12:30처럼 우리가 시간을 나타낼 때 콜론(:) 기호를 사용한다는 사실을 떠올리면 쉽게 외울 수 있습니다. 날짜를 입력하는 단축키는 그 옆에 있는 키라고 기억합니다.

관련 항목 경과 일수와 일련번호 ⇒ 85쪽

13 알아 두면 유용한 고급 기술

예제 파일 2-13.xlsx

숫자 0으로 시작하는 문자열 입력하기

문자 형식으로 숫자 입력하기

일반적으로 엑셀에서 001이나 002 같은 숫자를 입력하면 앞의 0은 무시되고 1과 2라는 값만 셀에 입력됩니다. 하지만 모델 번호나 제품 번호, 사원 번호 등은 001처럼 시작 부분에 0을 입력해야 할 때도 있습니다.

숫자의 앞부분에 0을 입력하려면 **'001**처럼 앞에 아포스트로피(')를 붙여 입력합니다. **앞부분에 아포스트로피를 붙여 입력한 값은 숫자가 아닌 문자열로 간주되며, 입력한 값이 그대로 셀에 표시됩니다.** 이때 아포스트로피는 셀에 표시되지 않습니다.

또한, 입력 후 숫자가 문자열로 저장되었다는 오류 확인 표시가 나타나지만, 이것은 오류가 아니므로 **오류 무시**를 선택하여 숨기면 됩니다.

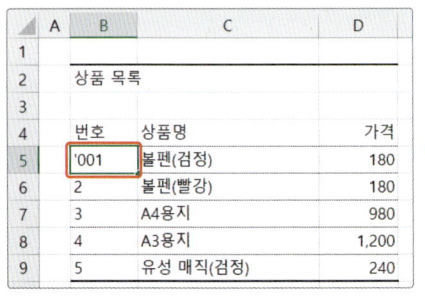

시작 부분에 아포스트로피를 입력하고 숫자를 입력하면 문자열 형식으로 즉, 1이 아니라 001로 입력됩니다.

> **Note** 셀 서식을 문자열로 설정하는 방법
> 위 방법 외에도 셀 서식을 문자열로 설정해도 됩니다. 셀 서식을 바꾸는 방법은 82쪽을 참조합니다.

관련 항목 이름 끝에 자동으로 '님' 추가 ⇒ 82쪽 / 제목 셀 고정 ⇒ 77쪽 / 경과 일수와 일련번호 ⇒ 85쪽

14 알아 두면 유용한 고급 기술

예제 파일 2-14.xlsx

이름 끝에 자동으로 '님' 추가하기

셀 서식의 표시 형식을 사용하여 표기 정돈하기

셀 서식을 사용할 때 [표시 형식]의 [범주]를 [사용자 지정]으로 설정하면 다양한 표현 방법을 지정할 수 있습니다. 예를 들어, [셀 서식] 대화상자의 [형식]에 @"님"이라고 입력하면 입력한 문자열의 끝 부분에 '님'이라는 문자가 자동으로 표시됩니다.

이외에도 [형식]에 000을 입력하면 해당 셀은 항상 3자리로 표시되기 때문에 예를 들어 1을 입력하면 001로 자동 변환됩니다. 또한, [mm월 dd일(aaaa)]를 설정하고 5/1를 입력하면 **05월 01일(일요일)**로 자동 변환됩니다.

이처럼 <mark>셀 서식의 표시 형식을 지정하면 입력하는 수고를 덜 수 있고, 입력 오류를 크게 줄일 수 있습니다.</mark> 표시 형식을 지정하려면 셀을 선택하고 [**마우스 우클릭**]–[**셀 서식**]을 클릭하여 [**셀 서식**] 대화상자를 열고 아래의 절차를 따릅니다.

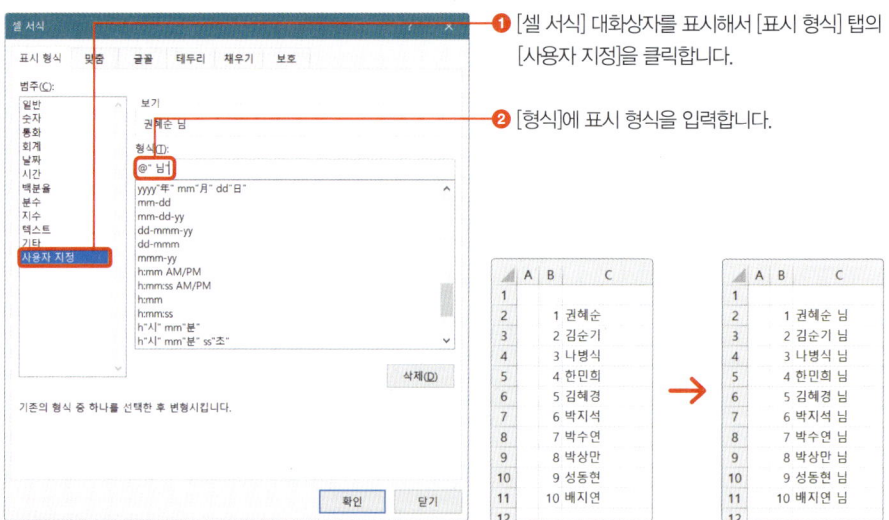

❶ [셀 서식] 대화상자를 표시해서 [표시 형식] 탭의 [사용자 지정]을 클릭합니다.

❷ [형식]에 표시 형식을 입력합니다.

관련 항목 시작 부분에 '0' 넣기 ⇒ 81쪽 / 문자 세로쓰기 ⇒ 83쪽

15 알아 두면 유용한 고급 기술

예제 파일 2-15.xlsx

문자 세로쓰기

셀을 병합하여 세로쓰기로 표시하기

엑셀에서 셀 병합은 되도록 사용하지 않는 것이 좋다고 했지만, 세로쓰기 문자를 넣어야 할 때는 셀을 병합한 후 텍스트 방향을 세로쓰기로 바꾸는 것이 좋습니다.

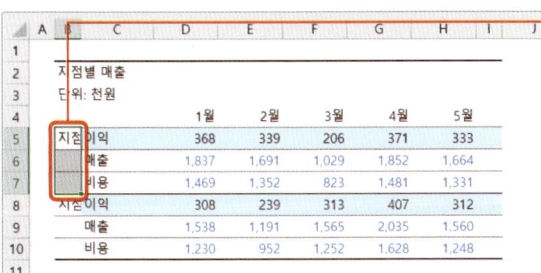

❶ 세로쓰기로 표시하고 싶은 범위를 선택하고 Ctrl+1 을 눌러 [셀 서식] 대화상자를 표시합니다.

❷ [셀 서식] 대화상자의 [맞춤] 탭에서 [셀 병합]에 체크합니다.

❸ [방향]에서 세로로 써진 부분을 선택한 후 [확인]을 클릭합니다.

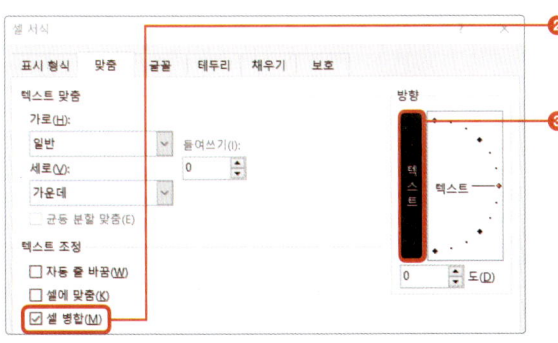

❹ 선택한 셀 범위가 병합되며, 문자열이 세로로 표시됩니다.

관련 항목 | 글꼴 선택 ⇒ 32쪽 / 선택 영역의 가운데로 ⇒ 65쪽

16 알아 두면 유용한 고급 기술

예제 파일 2-16.xlsx

파일 작성자 이름 삭제하기

통합 문서 검사 기능으로 불필요한 정보 삭제하기

엑셀에는 **작성자의 정보가 자동으로 기록되지만**, 거래처나 외부로 파일을 보낼 때 이 정보를 삭제하려면 엑셀의 **통합 문서 검사** 기능을 사용하면 됩니다.

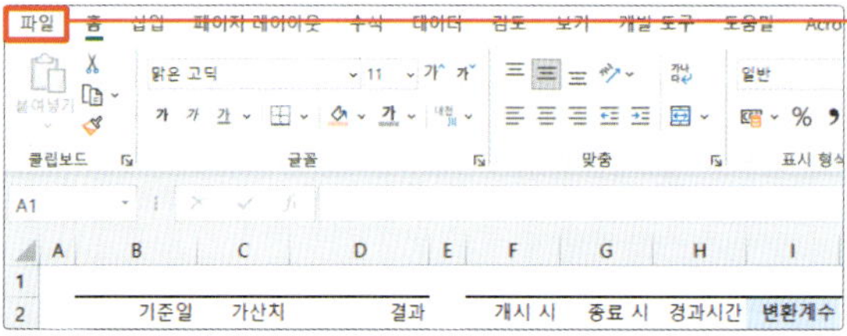

❶ 리본 메뉴에서 [파일] 탭을 클릭합니다.

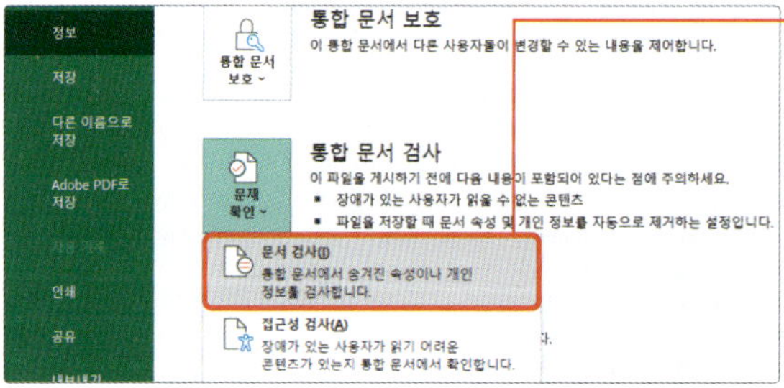

❷ [정보]에서 [문제 확인]-[문서 검사]를 클릭합니다.

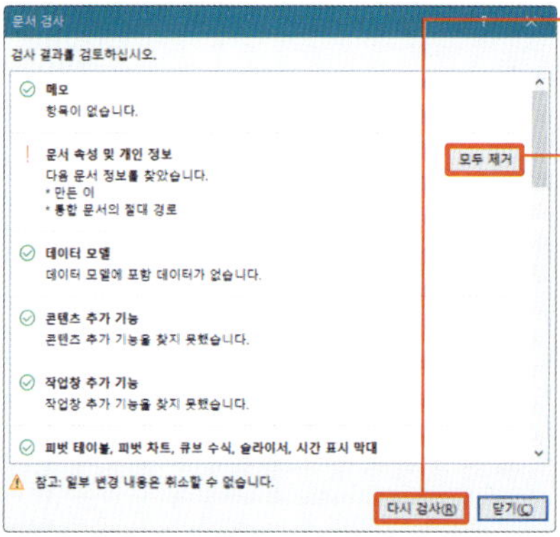

❸ [문서 검사] 대화상자가 열리면 [검사]를 클릭해서 결과를 확인합니다.

❹ [문서 속성 및 개인 정보]에서 [모두 제거]를 클릭하면 작성자의 정보가 삭제됩니다.

관련 항목 워크시트 편집 잠그기 ⇒ 87쪽 / 파일 자동 저장 ⇒ 88쪽

17 알아 두면 유용한 고급 기술

예제 파일 2-17-1.xlsx, 2-17-2.xlsx

경과 날짜 및 시간 계산하기

날짜와 시간의 일련번호

엑셀에서는 '2022/4/15'이나 '4-15'처럼 날짜로 보이는 값을 입력하면 내부적으로는 **일련번호**로 저장됩니다. 이 일련번호는 <mark>1900년 1월 1일을 기준일인 1로 삼고, 그로부터 며칠이 지났는지</mark>를 나타내는 수치입니다. 예를 들어 '2022/4/15'은 기준일부터 44666일이 경과한 날짜로 인식되어 '44666'으로 기록됩니다. 하지만 화면에 표시될 때는 사람이 보기 좋게 '2022/4/15'나 '2022년 4월 15일'로 표시됩니다.

시간을 일련번호로 변환하면 24시간이 1이므로 12시간은 '0.5'이고 6시간은 '0.25'입니다.

날짜는 일련번호로 기록된다

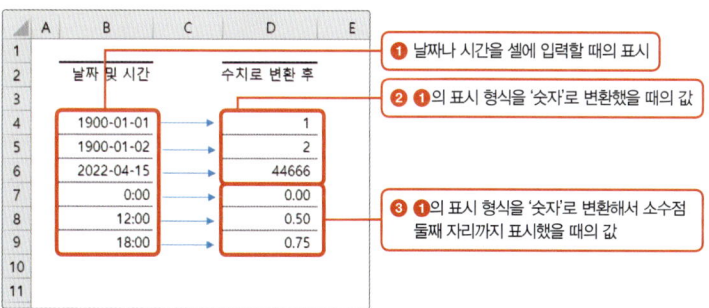

날짜를 입력한 셀의 서식을 '숫자'로 바꾸면 일련번호를 확인할 수 있습니다. 시간은 소수로 기록됩니다.

날짜와 시간 계산하기

일련번호 개념을 이해하면 경과 날짜나 경과 시간을 쉽게 구할 수 있습니다. 예를 들어, '2022/4/15'에 '10'을 더하면 10일 후인 '2022/4/25'가 됩니다. 마찬가지로 '1'을 빼면 하루 전인 '2022/4/14'가 됩니다. 윤년 또한 정확하게 반영하여 계산됩니다.

기준일에 대해 날짜를 더하거나 뺀 결과를 구한다

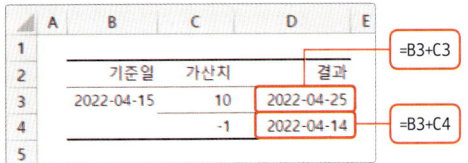

시간도 두 시간을 합산한 총 시간을 구할 수 있으며, 두 시간의 차이를 통해 경과 시간도 구할 수 있습니다. 예를 들어, 시급을 계산할 때처럼 경과 시간이 2시간이면 '2', 1시간 30분이면 '1.5'와 같이 숫자로 표시하고 싶다면 경과 시간에 변환 계수인 24를 곱합니다. 이렇게 하면 24시간이 '1'이므로, 1시간은 '1/24'이고, 1시간 30분은 '1.5/24'입니다. 결과적으로 24를 곱하면 '1.5'라는 값이 나오게 됩니다.

경과 시간을 수치로 변환

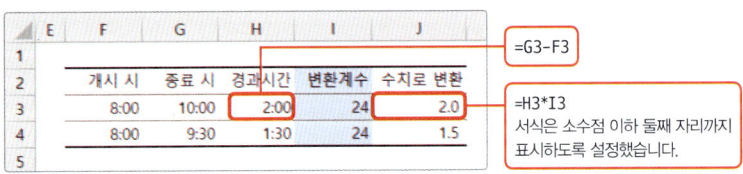

> **Note** **24시간을 초과하는 계산의 서식 결정**
>
> 합계 시간을 계산하는 경우 등 '25시간'을 의미하는 '25:00'를 표시하고 싶을 때, 일반적인 서식을 사용하면 '25:00' 대신 '1:00'라고 표시됩니다. 이러한 상황에는 [셀 서식]의 [표시 형식] 탭에서 [사용자 지정] 서식을 '[h]:mm'으로 설정하면 '25:00'으로 표시됩니다.

관련 항목 현재 날짜와 시간 입력 ⇒ 80쪽 / 이름 뒤에 '님' 추가 ⇒ 82쪽

18 알아 두면 유용한 고급 기술

예제 파일 2-18.xlsx

시트 편집 금지 기능

시트 내용을 바꾸지 못하게 잠그기

상황에 따라 어떤 시트의 내용 수정을 금지하고 싶을 때도 있습니다. 이럴 때는 **[검토]** 탭의 **[시트 보호]**를 사용하여 시트의 편집을 막을 수 있습니다. 이 기능을 이용하면 어떤 내용을 보호할지 자세하게 지정할 수 있습니다. 시트 편집을 금지하려면 아래의 절차를 따릅니다.

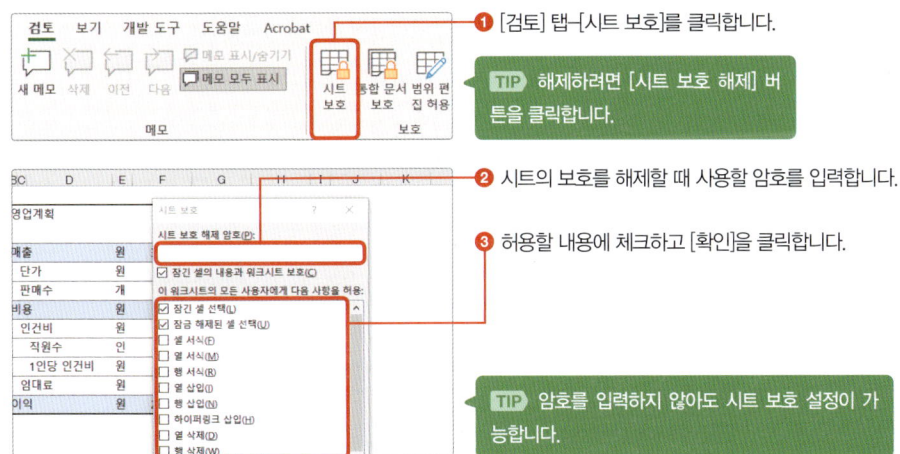

❶ [검토] 탭-[시트 보호]를 클릭합니다.

TIP 해제하려면 [시트 보호 해제] 버튼을 클릭합니다.

❷ 시트의 보호를 해제할 때 사용할 암호를 입력합니다.

❸ 허용할 내용에 체크하고 [확인]을 클릭합니다.

TIP 암호를 입력하지 않아도 시트 보호 설정이 가능합니다.

> **Note** 일부 셀만 편집 가능하게 설정
>
> 일부 셀만은 보호 대상으로 설정하지 않고 자유롭게 편집할 수 있도록 하고 싶으면, 보호를 설정하기 전에 대상 셀을 선택한 후 [셀 서식]-[보호] 탭-[잠금]을 체크 해제합니다.
>
>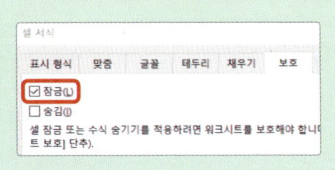

관련 항목 파일 작성자 이름 삭제 ⇒ 84쪽 / 파일에 암호 적용 ⇒ 89쪽

19 알아 두면 유용한 고급 기술

파일 자동 저장하기

옵션에서 저장 간격 설정하기

엑셀은 기본적으로 **10분 간격**으로 자동 저장됩니다. 따라서 예상치 못한 문제로 엑셀 프로그램이 종료되어도 어느 정도 복구가 가능합니다. 똑같은 표를 다시 만드는 것은 무척 귀찮고 번거로운 일이므로 작업 효율을 위해 저장 간격을 적절히 설정하는 것이 좋습니다.

자동 저장 간격과 백업 문서의 저장 위치 설정은 [**파일**] 탭–[**옵션**]을 클릭하면 나오는 [**Excel 옵션**] 대화상자의 [**저장**] 탭에서 설정할 수 있습니다.

저장 옵션의 설정

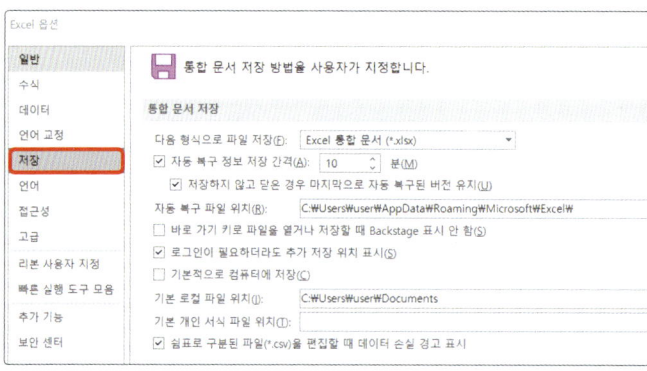

자동 저장은 [Excel 옵션] 대화상자–[저장] 탭–[통합 문서 저장]에서 설정할 수 있습니다.

> **Note** 수동 백업할 때 파일 이름
> 수동으로 엑셀 파일을 백업한다면, 파일 이름 끝에 날짜와 일련번호를 추가하는 방법으로 언제 백업했는지 명확히 알 수 있습니다. 예를 들어, 하루에 여러 번을 하면 '매출분석_0805_1.xlsx', '매출 분석_0805_2.xlsx'처럼 '제목_날짜_일련번호' 형식으로 저장합니다(150쪽).

관련 항목 파일 작성자 이름 삭제 ⇒ 84쪽 / 워크시트 편집 잠그기 ⇒ 87쪽

20 알아 두면 유용한 고급 기술

파일에 암호 걸기

통합 문서의 내용을 암호화하여 보호하기

중요한 정보가 포함된 엑셀 파일은 암호화하여 보호합니다. 누구든 파일을 열 수 있는 상태로 메일에 첨부해서는 안 됩니다. 엑셀 파일을 다른 사람과 공유할 때는 사전에 암호를 설정한 후 공유하려는 사람만 열 수 있도록 해야 합니다.

엑셀 파일의 내용을 암호로 보호하려면 **암호화** 기능을 이용합니다.

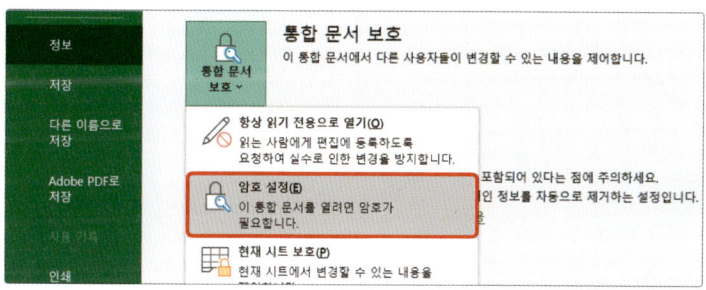

❶ [파일] 탭에서 [정보]-[통합 문서 보호]-[암호 설정]을 클릭합니다.

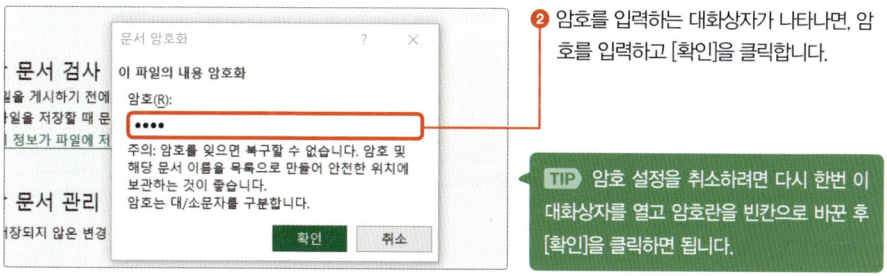

❷ 암호를 입력하는 대화상자가 나타나면, 암호를 입력하고 [확인]을 클릭합니다.

TIP 암호 설정을 취소하려면 다시 한번 이 대화상자를 열고 암호란을 빈칸으로 바꾼 후 [확인]을 클릭하면 됩니다.

관련 항목 파일 작성자 이름 삭제 ⇒ 84쪽 / 워크시트 편집 잠그기 ⇒ 87쪽

MEMO

3장

업무 성과로 연결되는 필수 함수 14가지

01 기본 함수의 모든 것

작업 효율과 정확성을 높여 주는 기본 함수

14가지 기본 함수

엑셀에는 다양한 함수가 준비되어 있지만 모든 함수를 전부 외울 필요는 없습니다. 사용 빈도가 높지 않은 함수도 많기 때문입니다. 함수는 필요할 때 찾아서 사용할 줄 알면 됩니다. 하지만 직종이나 업무 내용에 상관없이 모두가 꼭 기억해야 하는 14가지 함수가 있습니다. 이 14가지 함수는 편리할 뿐만 아니라 범용성이 높은 함수이니 꼭 외워 둡니다.

꼭 기억해야 할 14가지 함수

함수 이름	개요	설명 페이지
SUM	합산	94쪽
MAX	최댓값	98쪽
MIN	최솟값	98쪽
ROUND	반올림	100쪽
IFERROR	에러 시 표시 전환	101쪽
IF	조건 판정	102쪽
IFS	복수 조건 판정	106쪽
SUMIF	조건을 지정하여 합산	108쪽
SUMIFS	여러 조건으로 합산	112쪽
COUNTIF	조건을 만족하는 값의 개수	118쪽
COUNTIFS	여러 조건을 만족하는 값의 개수	122쪽
VLOOKUP	값의 검색, 표시	128쪽
XLOOKUP	값의 검색, 표시	132쪽
EOMONTH	월말 등 날짜 계산	136쪽

함수를 사용하는 장단점

함수를 사용하면 장점도 있지만 단점도 있습니다. 우선 장점으로는 아래의 2가지를 꼽을 수 있습니다.

- 복잡한 계산을 빠르게 처리할 수 있다
- 복잡한 계산을 정확하게 처리할 수 있다

하지만 아래와 같은 단점도 있습니다.

- 엑셀 자료를 공유받은 사람이 함수를 모르면, 시트의 계산 내역을 파악하기 어렵다
- 다른 사람이 만든 시트에 함수가 많이 사용되어 있으면 쉽게 수정할 수 없다

따라서 팀 멤버나 고객과 함께 확인할 엑셀 자료를 만들 때는 미리 사용할 함수에 대해 공유해야 합니다. 만든 사람만 이해할 수 있는 엑셀 파일이면 곤란합니다.

그렇지만 함수를 사용하면 수작업과는 비교할 수 없을 정도로 빠르고 정확하게 계산을 처리할 수 있으므로, 작업 효율 및 정확성 향상을 위해서는 적절하게 함수를 사용할 수 있어야 합니다. 우선 이 책에서 소개하는 기본 함수 14가지의 사용법을 익히고 업무에 다른 함수가 필요하다면 그때그때 필요한 함수를 찾아서 활용해 봅니다.

> **Note 필요한 함수의 사용법을 찾는 방법**
>
> 엑셀에는 수많은 함수가 있기에 전부 외울 수도 없고 외울 필요도 없습니다. 앞에서 말한 것처럼, 필요한 함수를 찾아서 그때그때 사용할 수 있으면 됩니다.
> 엑셀은 역사가 깊은 소프트웨어이므로 이미 엄청난 양의 노하우가 인터넷상에 축적되어 있습니다. 따라서 인터넷에서 검색할 때는 함수 이름과 함께 업무 내용도 검색 키워드에 포함하면 원하는 검색 결과를 쉽게 얻을 수 있습니다.
> 또한 마이크로소프트 커뮤니티(http://answers.microsoft.com)나 네이버 지식iN 등에 질문하는 것도 효과적입니다. 질문 시에는 'ㅇㅇ을 하고 싶다'보다 'ㅇㅇ가 안 된다'는 형식으로 질문하는 편이 좋습니다.

관련 항목 SUM 함수 ⇒ 94쪽 / ROUND 함수 ⇒ 100쪽 / IFERROR 함수 ⇒ 101쪽 / IF 함수 ⇒ 102쪽

02 기본 함수의 모든 것
예제 파일 3-02.xlsx

의외로 깊이가 있는 함수
SUM 함수

여러 값을 더하는 SUM 함수

SUM 함수는 지정된 셀 범위의 합산을 구하는 함수입니다. SUM 함수의 기본 형식은 다음과 같습니다.

=SUM(셀 범위)

셀에 =SUM( )라고 입력하고 괄호 안에 합산할 셀의 범위를 지정하면 됩니다. 이때 함수의 괄호 안에 넣는 셀의 범위나 조건을 **인수**라고 합니다. 연속된 셀 범위를 드래그하면 [A1:A3]처럼 시작과 끝에 해당하는 셀 주소를 콜론(:)으로 이은 형식으로 셀 범위가 입력됩니다. 이를 **범위 지정 방식**이라 합니다.

한편 Ctrl 을 누른 상태에서 여러 셀을 개별적으로 클릭하여 지정할 수도 있습니다. 그러면 [A1, A3]처럼 개별 셀 주소가 쉼표(,)로 구분되어 입력됩니다. 이를 **개별 지정 방식**이라 합니다. 셀 주소와 콜론, 쉼표는 마우스를 사용하지 않고 직접 키보드로 입력해도 됩니다. SUM 함수의 인수로 셀 범위를 지정한 후 Enter 를 누르면 계산 결과인 합계가 표시됩니다.

SUM 함수의 2가지 셀 범위 지정 방식

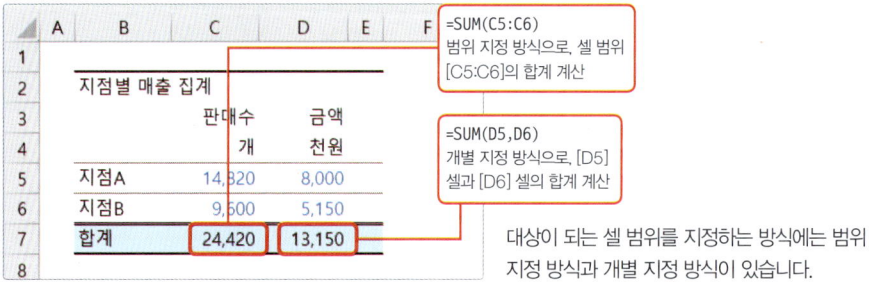

SUM 함수를 사용할 때의 흔한 실수

함수를 사용한 계산에도 실수가 발생할 수 있습니다. 함수 기능 자체는 언제나 정확하게 계산을 수행하지만, 실수가 발생하는 이유는 셀 범위를 올바로 지정하지 않았기 때문입니다.

예를 들어, 앞에 나온 '지점별 매출 집계'에 세부 내역을 추가했습니다(아래 그림에서 왼쪽). 얼핏 보면 문제가 없어 보이지만, [D11] 셀을 보면 합산 값이 이전과 달라진 것을 알 수 있습니다. 이 계산 실수는 행을 삽입함으로써 계산 범위가 자동으로 확장되어 불필요한 셀까지 SUM 함수의 계산 대상에 포함되었기 때문입니다. 이런 실수는 주로 범위 지정 방식을 사용하면 발생합니다.

계산 범위에 문제가 발생한 상태

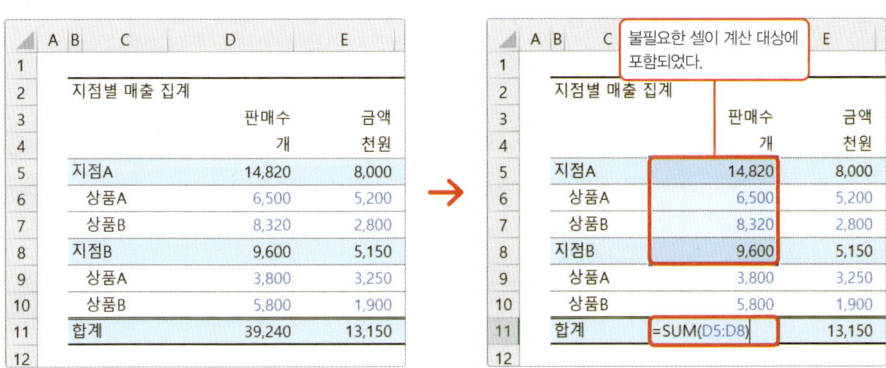

추가로 삽입한 행이 계산 범위에 자동으로 포함되어 의도하지 않은 합계가 산출되었습니다.

반면, **개별 지정 방식**을 사용한 [E11] 셀은 추가한 데이터에 영향을 받지 않고 의도한 계산 결과대로 나오는 것을 알 수 있습니다. 이처럼 개별 지정 방식을 사용하는 것이 실수가 적습니다. 경우에 따라서는 SUM 함수를 사용하지 않고 우직하게 플러스(+)로 계산하는 것이 나을 때도 있습니다.

반면에 행이 추가되고 줄어드는 것에 맞춰 계산 범위가 변경되어야 한다면 범위 지정 방식이 더욱 편리합니다. 즉, 각 지정 방식의 특징을 정확하게 이해해야 합니다.

계산 결과를 다른 셀에 복사하는 방법

함수를 사용한 셀을 복사해서 다른 셀에 붙여 넣으면 참조 셀의 범위가 함께 움직이며 복사됩니다. 이를 이용하여 같은 위치 관계에 있는 셀을 계산할 때 함수를 복사하여 쉽게 표를 만들 수 있습니다.

셀 참조가 있는 함수식 복사하기

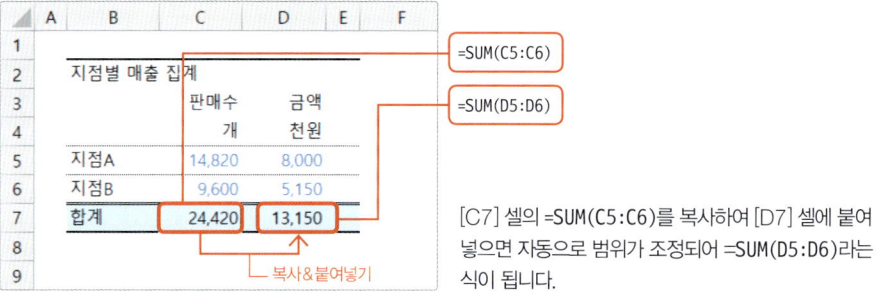

[C7] 셀의 =SUM(C5:C6)를 복사하여 [D7] 셀에 붙여 넣으면 자동으로 범위가 조정되어 =SUM(D5:D6)라는 식이 됩니다.

한편, 계산 결괏값만을 복사하고 싶은 경우도 있습니다. 그럴 때는 [홈] 탭에서 [붙여넣기] 아래쪽에 있는 [▼] 버튼을 클릭하고 ❶, [값 붙여넣기]의 3가지 버튼 중 하나를 클릭합니다 ❷. 수식이 아니라 표시되는 값만이 복사됩니다.

함수의 계산 결괏값을 복사한다

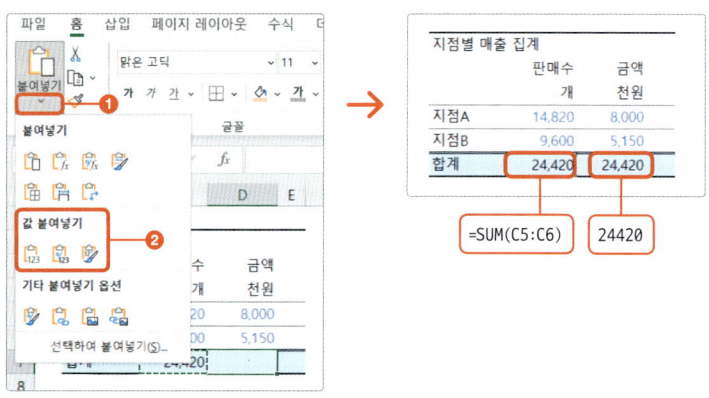

세 버튼은 왼쪽부터 각각 [값], [값 및 숫자 서식], [값 및 원본 서식]입니다(205쪽).

빠르게 SUM 함수 사용하기

SUM 함수는 자주 사용하는 함수이므로 빠르게 입력하는 방법을 기억해 두면 작업 효율을 높일 수 있습니다. 다음은 대표적인 2가지 방식입니다.

❶ [수식] 탭-[함수 라이브러리]-[자동 합계]를 누른다
❷ 셀에 @su까지 입력하면 나타나는 함수 후보 중에서 선택한다

SUM 함수를 빠르게 입력하는 방법

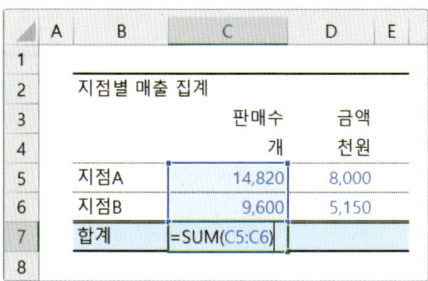

[수식] 탭-[함수 라이브러리]-[자동 합계]를 클릭하면 SUM 함수가 입력되어 범위가 자동으로 표시됩니다.

@를 입력한 후, 함수 이름을 몇 글자 입력하면 후보 함수 목록이 표시됩니다. 화살표 키로 선택하여 Tab 을 누르면 자동 완성됩니다.

방법 ❶은 **합산 범위의 후보**까지 자동으로 입력되어 편리합니다. 방법 ❷는 SUM 함수 외에 다른 함수도 고루 사용하는 상황에서 유용하고, Tab 을 눌러 자동 완성하면 굳이 특수문자인 = 또는 ( )를 직접 입력하지 않아도 되므로 편리합니다.

> **Note** 상태 표시줄을 통한 데이터 통계 확인
> 여러 셀을 선택하면 그 평균과 합계가 상태 표시줄(화면 오른쪽 아래)에 표시됩니다. 간단한 통계를 확인할 때 편리합니다.
>
>

관련 항목 함수를 사용하는 장단점 ⇒ 93쪽 / MAX 함수와 MIN 함수 ⇒ 98쪽 / SUMIF 함수 ⇒ 108쪽

03 기본 함수의 모든 것

예제 파일 3-03.xlsx

비정상 값 빠르게 확인하기
MAX, MIN 함수

범위 내의 최댓값/최솟값 산출하기

지정한 셀 범위의 최댓값을 구할 때는 MAX 함수, 최솟값을 구할 때는 MIN 함수를 사용합니다.

=MAX(셀 범위)
=MIN(셀 범위)

두 함수 모두 [A1:A10]처럼 콜론(:)을 이용한 **범위 지정 방식**과 [A1, A5]처럼 쉼표(,)를 이용한 **개별 지정 방식**을 사용할 수 있고, 두 방식을 함께 사용하는 것도 가능합니다.

최댓값/최솟값의 산출

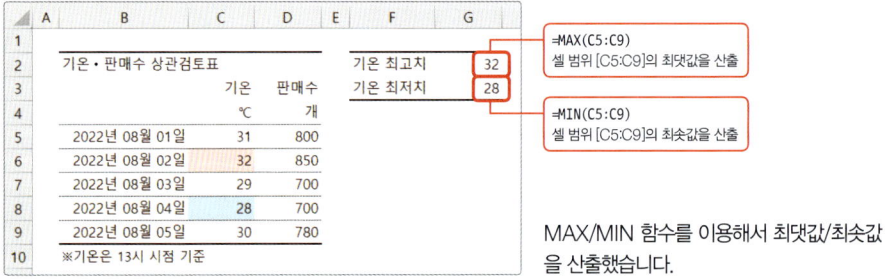

MAX/MIN 함수를 이용해서 **최댓값/최솟값**을 산출했습니다.

> **Note** 인수에 수치도 지정할 수 있다
>
> MAX/MIN 함수의 인수에 직접 수치를 지정할 수도 있습니다. 예를 들어 =MAX(A1,100)라고 지정하면 [A1] 셀의 값과 100 중 큰 값이 표시됩니다. 즉, 직접 지정한 수치를 하한(이 경우에는 100)으로 삼고, 최댓값을 구할 수 있습니다.

MAX/MIN 함수 응용하기

MAX/MIN 함수를 활용하면 <mark>비정상 값의 존재 여부를 빠르게 확인할 수 있습니다.</mark> 예를 들어, 매출이 '-500'처럼 음수이거나 100점 만점인 점수가 '10,000'점으로 작성된 경우를 생각해 봅니다. 이런 데이터가 하나라도 섞여 있으면 엉뚱한 결과가 나오게 됩니다.

데이터가 많지 않으면 눈으로 확인할 수 있지만, 데이터 수가 늘어날수록 비정상 값을 직접 확인하기 어려워집니다. 이때 데이터 전체에 대해 MAX 함수와 MIN 함수를 적용하여 비정상 값의 존재 여부를 빠르게 확인할 수 있습니다.

아래의 그림을 보면, 설문 조사의 평가 점수는 0~100점 사이의 값이어야 합니다 ❶. 그런데 최댓값과 최솟값을 확인해 보니 데이터에 '-500'이나 '1000' 등 비정상적인 값이 섞여 있습니다 ❷.

MAX 함수와 MIN 함수로 비정상 값을 확인한다

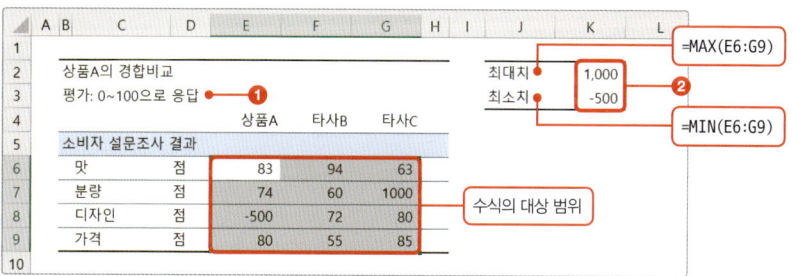

MAX/MIN 함수를 사용해서 셀 범위 [E6:G9]의 최댓값/최솟값을 산출한 결과. 설문 조사의 기준에 따르면 0~100점 사이여야 하지만, 이를 벗어나는 값이 입력된 것을 알 수 있습니다.

> **Note** 집계 조건을 좁히는 MAXIFS 함수와 MINIFS 함수
> 엑셀 2016 이후부터는 MAXIFS 함수와 MINIFS 함수도 사용할 수 있습니다. 이들 함수는 최댓값/최솟값을 구하기 위한 조건식을 설정할 수 있습니다.
> 예를 들어 =MAXIFS(A1:A10, A1:A10, "<101")로 지정하면 셀 범위 [A1:A10] 안에서 101보다 작은 값 중 최댓값을 구합니다.

관련 항목 SUM 함수 ⇒ 94쪽 / IFERROR 함수 ⇒ 101쪽 / IF 함수 ⇒ 102쪽

04 기본 함수의 모든 것

예제 파일 3-04.xlsx

반올림하여 소수점 없애기 ROUND 함수

지정한 자릿수로 반올림하기

상품 개수, 가격, 점포 수, 사람 수 등의 값은 <mark>소수점이 필요 없습니다</mark>. 하지만 그러한 값에 대해 '전년 대비 1.5배'나 '70% 할인' 같은 계산을 하면 결과적으로 소수점이 붙습니다. 이런 경우에는 ROUND 함수를 사용하여 임의의 자리에서 반올림하면 됩니다.

> **=ROUND(셀 주소, 자릿수)**

셀 주소에는 반올림을 수행할 값이 있는 셀 주소를 지정합니다. 이때, 계산식을 지정할 수도 있습니다. 그리고 자릿수에는 표시할 **소수점 자릿수**를 지정합니다. 소수점 둘째 자리에서 반올림하여 한 자릿수만 표시하려면 **1**, 소수점 셋째 자리에서 반올림하여 두 자릿수까지 표시하려면 **2**, 소수점 첫째 자리에서 반올림하여 정수로 표시하려면 **0**을 지정합니다.

다음은 소수점이 있는 계산 결과를 ROUND 함수로 소수점 첫째 자리에서 반올림했습니다. 원래의 계산식을 그대로 인수로 지정하고, 자릿수에는 **0**을 지정한 점을 주목합니다.

ROUND 함수로 반올림한 예

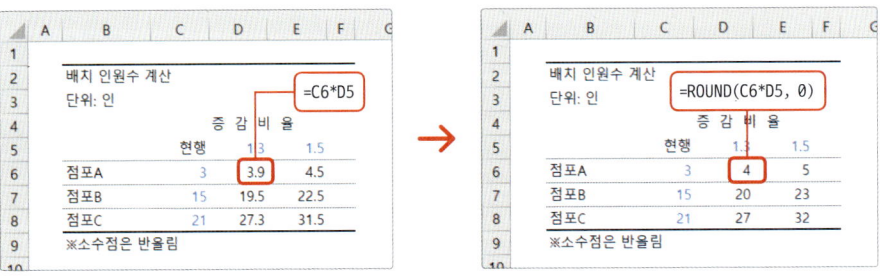

소수점 첫째 자리에서 반올림했습니다. 첫 번째 인수에 계산식을 넣고, 두 번째 인수에 표시할 소수점 자릿수를 넣습니다. 반올림 말고도 버림을 하는 ROUNDDOWN 함수와 올림을 하는 ROUNDUP 함수도 있습니다.

> **관련 항목** 셀 범위 지정과 개별 지정 ⇒ 94쪽 / IFERROR 함수 ⇒ 101쪽 / 절대 참조와 상대 참조 ⇒ 152쪽

05 기본 함수의 모든 것

예제 파일 3-05.xlsx

오류 발생 시 표시할 내용 지정하기
IFERROR 함수

오류를 놓치지 않기 위한 기본 기술

함수나 수식에서는 데이터를 입력하지 않아 오류가 발생할 수 있습니다. 예를 들어, 매출액을 판매수로 나눌 때, 판매수 셀에 값이 없으면 #DIV/0!(0으로 나누기 오류)로 표시됩니다. 엑셀에 익숙한 사람이라면 곧장 의미를 알아챌 수 있지만, 아직 익숙하지 않다면 오류 표시가 낯설 수 있습니다. 이때, IFERROR 함수를 사용하면 알기 쉬운 오류 표시로 바꿀 수 있습니다.

> =IFERROR(셀 범위, 오류 시 표시되는 문자)

셀 범위에는 오류가 있을 가능성이 있는 셀 범위(수식 포함)를 지정합니다. 다음 예에서는 IFERROR 함수로 오류가 없으면 값을 그대로 표시하고, 오류가 있으면 **확인 필요**로 표시하도록 바꿨습니다. E열의 원래 식을 함수의 첫 번째 인수로 지정하고, 오류가 있을 때 표시되는 문자를 두 번째 인수로 지정한 점을 주목합니다.

오류가 발생한 셀에 확인 필요라고 표시

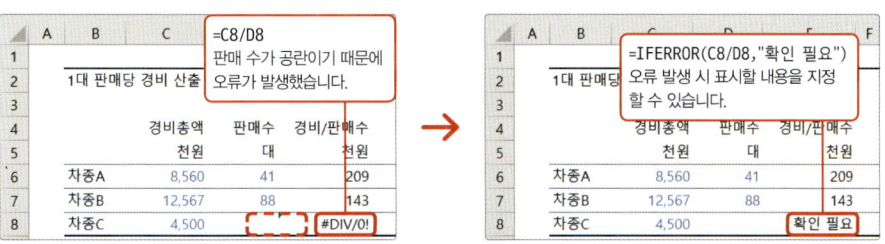

IFERROR 함수로 오류 시 표시할 문구를 설정했습니다. 첫 번째 인수 계산에 문제가 없으면 그대로 계산 결과가 표시되고, 오류 시에는 두 번째 인수에 지정한 문자열이 표시됩니다.

관련 항목 오류 목록 ⇒ 55쪽 / 셀 범위 지정과 개별 지정 ⇒ 94쪽 / 절대 참조와 상대 참조 ⇒ 152쪽

06 기본 함수의 모든 것

예제 파일 3-06.xlsx

계산 결과에 따라 표시할 내용 바꾸기
IF 함수

논리식 사용하기

'나이는 20세 이상, 거주지는 서울'처럼 조건에 따라 셀에 표시되는 값을 바꾸고 싶다면 IF 함수를 사용합니다. IF 함수는 지정된 논리식의 계산 결과에 따라 2가지 표시 내용 중 하나를 셀에 표시하는 함수입니다.

=IF(논리식, TRUE일 경우 표시할 내용, FALSE일 경우 표시할 내용)

IF 함수의 포인트는 논리식입니다. 논리식이란 =, 〈, 〉처럼 비교 기호(연산자)를 사용한 질문입니다. 예를 들어, A1=10과 같은 논리식은 '[A1] 셀의 값이 10인가?'라는 질문입니다. [A1] 셀의 값이 10이면 논리식의 계산 결과가 TRUE(참)가 되어 IF 함수의 두 번째 인수로 지정된 TRUE일 경우 표시할 내용이 표시됩니다. 한편, [A1] 셀의 값이 10이 아니면 계산 결과는 FALSE(거짓)가 되고, IF 함수는 세 번째 인수에 지정된 FALSE일 경우 표시할 내용을 표시합니다. 논리식에 지정할 수 있는 비교 연산자는 아래와 같습니다. 어떤 경우에 TRUE가 되는지도 확인합니다.

논리식에 지정할 수 있는 주요 연산자와 계산 결과

논리식	연산자의 의미	설명
A1 = 10	같다	A1 셀의 값이 10인 경우 TRUE
A1 〈〉 10	같지 않다	A1 셀의 값이 10이 아닌 경우 TRUE
A1 〈 10	작다	A1 셀의 값이 10보다 작은 경우 TRUE
A1 〉 10	크다	A1 셀의 값이 10보다 큰 경우 TRUE
A1 〈= 10	작거나 같다	A1 셀의 값이 10 이하인 경우 TRUE
A1 〉= 10	크거나 같다	A1 셀의 값이 10 이상인 경우 TRUE

등호(=)나 부등호(〈, 〉) 등의 연산자를 결합하여 다양한 논리식을 만들 수 있습니다. 논리식을 만족하면 TRUE, 만족하지 못하면 FALSE가 됩니다.

IF 함수와 논리식 활용 예

논리식을 배웠으니 성장률 계산에 IF 함수를 사용해 봅니다. 성장률은 '해당 연도의 이익/전년의 이익 −1'과 같은 식으로 계산합니다. 그런데 여기서 <mark>전년도 이익이 마이너스면 계산을 할 수 없습니다.</mark> 따라서 논리식을 사용해 지난해 이익이 마이너스면 'N.M.'(Not Meaning의 머리글자)이라고 표시하고, 플러스면 계산 결과를 그대로 표시해 보도록 합니다.

조건식과 그 결과 예

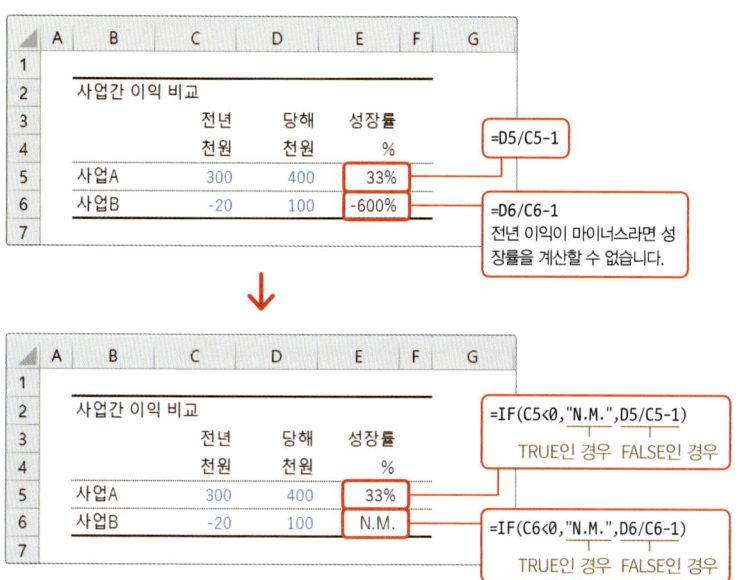

위 그림의 첫 번째 표에서는 전년도 이익이 마이너스일 때도 성장률을 표시합니다. 한편, 두 번째 표에서는 IF 함수를 사용하여 전년도 이익이 0보다 작으면(즉 결과가 TRUE라면) 'N.M'이라고 표시하고, 0보다 크면(즉 결과가 FALSE이면) 성장률을 계산한 결과를 표시하도록 했습니다.

여러 조건을 중첩하여 판정하기

IF 함수를 중첩(nest)하여 사용하면 2가지 조건을 동시에 충족하는지 확인할 수 있습니다. 예를 들어, 100점 만점의 설문 조사 결과가 0과 100 사이에 들어 있는지 확인하려면 값이 '0 이상'이면서 '100 이하'인지를 동시에 판정해야 합니다. 이런 경우에는 다음과 같이 IF 함수를 중첩해서 사용합니다.

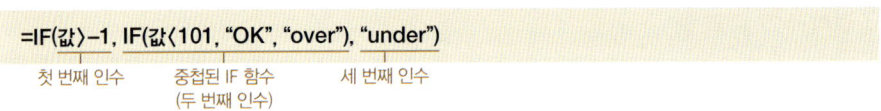

IF 함수를 중첩한 예

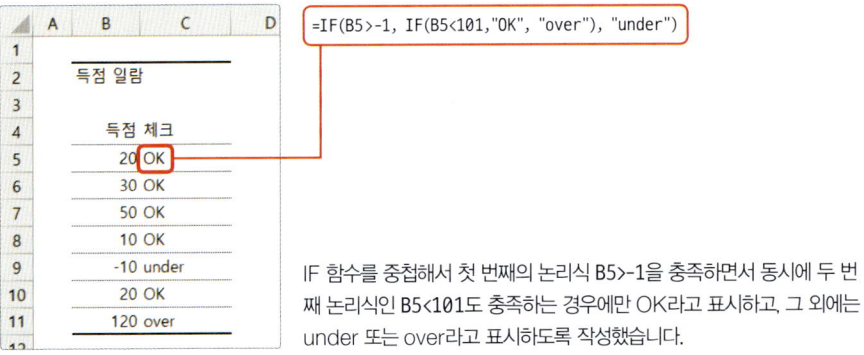

IF 함수를 중첩해서 첫 번째의 논리식 B5>-1을 충족하면서 동시에 두 번째 논리식인 B5<101도 충족하는 경우에만 OK라고 표시하고, 그 외에는 under 또는 over라고 표시하도록 작성했습니다.

위 식에서는 <mark>첫 번째 IF 함수의 두 번째 인수에 IF 함수가 한 번 더 사용되고 있습니다.</mark> 이것을 IF 함수의 중첩이라고 합니다. 이렇게 하면 첫 번째 IF 함수의 논리식(값 > -1)이 TRUE인 경우에만 두 번째 IF 함수의 논리식(값 < 101)이 처리됩니다. 그리고 두 논리식을 동시에 충족하는 경우에만 OK가 표시됩니다.

이렇게 IF 함수를 사용하여 입력 데이터를 확인하는 기능은 실무에서 자주 사용하는 기능입니다. <mark>특정 조건에 해당하는 데이터만 집계하거나, OK가 아닌 것만을 검색 기능이나 정렬 기능으로 찾아낼 수 있습니다.</mark>

한편, 엑셀 2019 이후 버전을 사용한다면, 다음 항목에서 소개하는 <mark>IFS 함수</mark>를 사용함으로써 보다 간편하게 여러 조건을 지정할 수 있으니 확인해 봅니다.

논리식이 복잡해지면 별도의 열을 준비한다

IF 함수는 매우 유용하지만, 중첩으로 지나치게 겹쳐지면 식의 내용을 파악하기 어려워 만든 사람만 수정할 수 있게 되어 버립니다. 이런 상황은 최대한 피하는 것이 좋습니다.

여러 논리식을 중첩할 때는 식의 단순함을 유지하기 위해 논리식별로 열을 준비하는 방법도 있습니다. 아래 예는 '점수가 0 이상, 점수가 100 이하, 장소가 서울'이라는 3가지 논리식을 각각 다른 열에 지정했습니다. 그리고 총합 열에서는 COUNTIF 함수를 사용하여 조건식의 결과가 TRUE인 셀의 개수를 계산했습니다.

IF 함수를 중첩한 예

	A	B	C	D	E	F	G
1							
2	신상품 설문조사 결과					=COUNTIF(D5:F5,TRUE)	
3					체크 항목		
4	장소		득점	0 이상	100 이하	서울	총합
5	서울시 종로구		20	TRUE	TRUE	TRUE	3
6	서울시 강남구		30	TRUE	TRUE	TRUE	3
7	서울시 영등포구		-10	FALSE	TRUE	TRUE	2
8	인천시 서구		20	TRUE	TRUE	FALSE	2
9	인천시 남구		120	TRUE	FALSE	FALSE	1

=C5>=0 =C5<=100 =COUNTIF(B5,"서울*")=1

D, E, F열에 각각 별도의 논리식을 작성하고, G열에서는 세 결과 중 TRUE인 항목 개수를 계산합니다. F열은 B열에 서울이라는 문자가 포함되어 있으면 COUNTIF가 1을 반환하므로 그 값이 1이면 TRUE가 되도록 논리식을 만들었습니다.

위의 상황에서, 총합 열인 G열의 값이 3이어야만 3개의 논리식을 모두 충족하는 데이터라고 판단할 수 있습니다. 값이 2나 1인 경우는 무언가의 논리식이 충족되지 않은 것입니다.

이처럼 논리식별로 열을 나누다 보면 표가 커져서 조금 잡다해 보이지만, 하나의 식으로 모아서 정리한 것보다 각각의 식이 단순하기 때문에 전혀 모르는 사람도 내용을 바로 이해할 수 있습니다. 이렇게 알기 쉽게 표를 만드는 것이 실수 발생을 예방하는 것에도 도움이 됩니다.

관련 항목 SUMIF 함수 ⇒ 108쪽 / SUMIFS 함수 ⇒ 112쪽 / 절대 참조와 상대 참조 ⇒ 152쪽

07 기본 함수의 모든 것

예제 파일 3-07.xlsx

여러 조건을 간단한 논리식으로 판정하기 IFS 함수

여러 조건을 동시에 판정한다

2가지 이상의 조건을 동시에 만족하는지 확인하는 방법에는 다음과 같은 2가지 종류가 있습니다.

- IF 함수를 중첩한다(104쪽)
- IFS 함수를 사용한다

앞서 설명한 것처럼 IF 함수를 중첩하면 여러 조건을 동시에 지정할 수 있지만, 이 방법을 사용하면 식이 복잡해집니다. IF 함수의 단점을 해소하고자 엑셀 2019 버전부터 새로운 기능으로서 **IFS 함수**가 추가되었습니다. IFS 함수를 사용하면 여러 조건을 간단한 논리식으로 지정할 수 있습니다. 함수는 알아보기 간단할수록 이후의 수정이 용이하며 팀 내에서 공유하기 좋으므로 가능하다면 IFS 함수를 적극 활용해 봅니다.

IFS 함수 사용 방법

```
=IFS(식①, 식①이 TRUE인 경우에 표시할 내용,
     식②, 식②가 TRUE인 경우에 표시할 내용,
     FALSE인 경우에 표시할 내용)
```

IFS 함수에서는 여러 조건을 지정한 경우, 왼쪽에 기재된 조건부터 순서대로 확인하며, 최초에 TRUE가 된 시점에서 그 조건에 대응하는 표시할 내용을 표시합니다. 그럼 실제로 IFS 함수를 사용해 다음 조건을 판정해 보겠습니다. 이 조건은 앞서 IF 함수에서 사용한 예와 동일합니다.

- 값이 0 이상, 100 이하(-1 < 값 < 101)인 경우는 'OK'라고 표시
- 값이 0보다 작은 경우에는 'under'라고 표시
- 값이 100보다 큰 경우에는 'over'라고 표시

위 조건을 IFS 함수로 지정하면 아래와 같습니다.

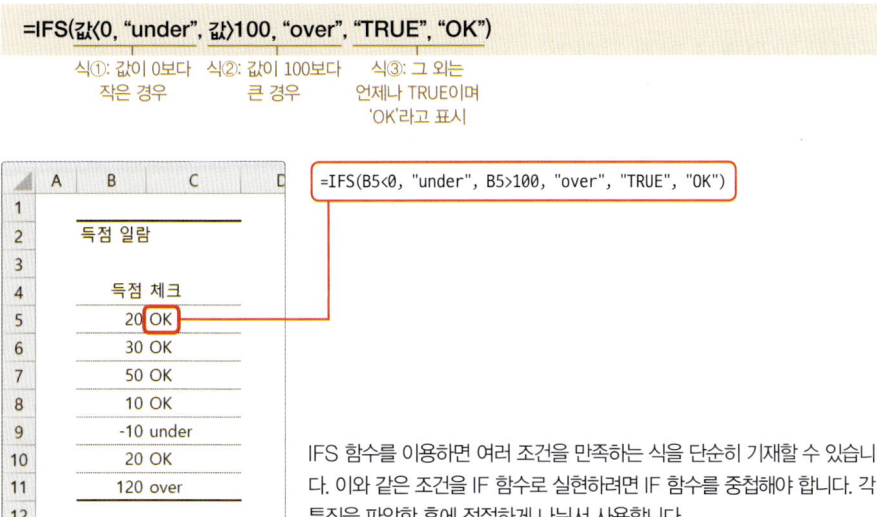

IFS 함수를 이용하면 여러 조건을 만족하는 식을 단순히 기재할 수 있습니다. 이와 같은 조건을 IF 함수로 실현하려면 IF 함수를 중첩해야 합니다. 각 특징을 파악한 후에 적절하게 나눠서 사용합니다.

또한 IFS 함수에서는 지정한 조건 속에 TRUE가 없는 경우, #N/A 오류를 표시합니다. 이 오류가 표시되면 그 표를 확인하는 사람은 뭐가 문제여서 오류가 생겼는지 판별할 수 없으므로 반드시 무언가의 조건에 해당하도록 조건을 만듭니다.

> **Note) IFS 함수를 사용할 때의 주의점**
>
> 여기에서 소개한 IFS 함수는 무척이나 편리하므로 엑셀 2019 이후의 버전을 사용한다면 꼭 한번 사용해 보기 바랍니다. 다만 주의할 점은 최신 함수를 사용한 통합 문서라면, 그 이전의 오래된 엑셀에서 열면 계산 오류가 날 수 있다는 점입니다. 예를 들어, 고객이 오래된 엑셀 버전을 사용한다면 최신 함수를 사용한 통합 문서를 보내면 내용을 확인하지 못하거나 오류가 발생할 수 있습니다. 자료를 작성하기 앞서 향후 공유할 대상이 오래된 엑셀 버전을 사용하지는 않는지 미리 확인해 둡니다.

관련 항목) 오류 목록 ⇒ 55쪽 / IF 함수 ⇒ 102쪽

08 실수 없이 빠르게 계산하기

예제 파일 3-08.xlsx

일별 매출을 월별로 집계하기
SUMIF 함수

조건을 지정해서 합계 구하기

판매 및 재고 관리, 상품 기획 등을 하다 보면 건별 매출 데이터를 주별 혹은 월별로 묶어 합계를 구해야 할 때가 있습니다. 이러한 경우에 편리한 것이 SUMIF 함수입니다. SUMIF 함수는 이름 그대로 SUM 함수와 IF 함수를 결합한 함수로, 이 함수를 사용하면 ==특정 조건에 맞는 값만을 대상으로 합계를 계산할 수 있습니다.== 예를 들어, 6월 판매량, 서울에서의 매출액, 점포별 매출액 등을 쉽게 집계할 수 있습니다.

SUMIF 함수의 형식은 다음과 같습니다. 합산할 값의 셀 범위는 생략할 수 있습니다.

> =SUMIF(셀 범위, 검색 조건, 합산할 값의 셀 범위)

첫 번째 인수에는 ==어떤 셀 범위를 대상으로 조건을 판정할지== 지정합니다. 그리고 두 번째 인수에는 **검색 조건**을 지정합니다. 그리고 세 번째 인수에는 첫 번째 인수에 대응하는 ==합산할 값의 셀 범위==를 지정합니다. 구체적인 예를 통해 자세히 살펴보겠습니다.

> =SUMIF(C5:C12, G5, D5:D12)

위 예의 식은 셀 범위 [C5:C12]의 값을 순차적으로 [G5] 셀과 비교하여 조건식이 TRUE인 경우에만 셀 범위 [D5:D12]에서 대응되는 값(같은 행의 데이터)을 합산한다는 뜻입니다.

셀 범위와 합산할 값의 셀 범위는 일대일 관계

아래의 그림은 셀 범위 [C5:C12] 중 [G5] 셀(숫자 8)과 같은 값인 행에 대응하는 [D5:D12]의 값을 합산합니다. 즉, 8월 판매수 합계는 C열의 데이터가 8인 행에 대해서만 D열의 판매수를 더한 값입니다. 9월, 10월도 마찬가지의 방법으로 월별 판매수를 구하였습니다.

SUMIF 함수를 이용해서 월별 매출을 집계

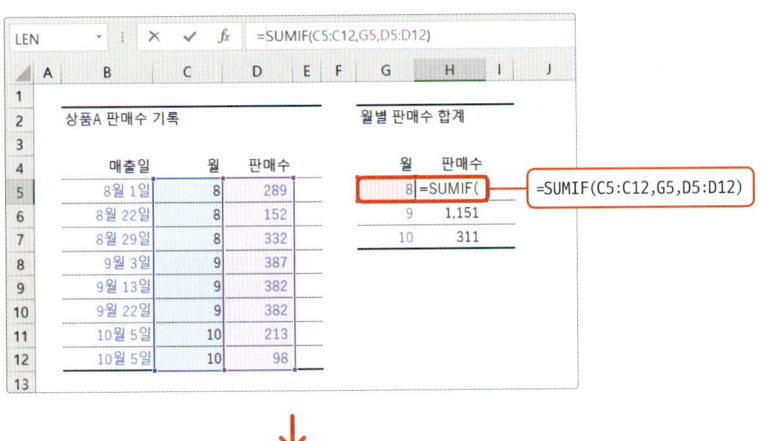

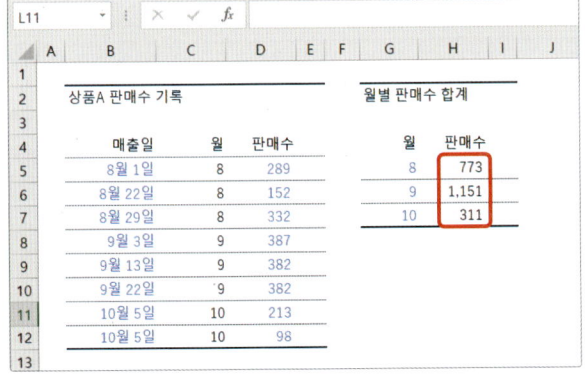

> **Note** 합산할 값의 범위를 생략한 경우
>
> SUMIF 함수의 세 번째 인수는 생략할 수 있습니다. 생략하면 첫 번째 인수에 지정된 셀 범위에 입력된 값이 합계의 대상이 됩니다.

조건을 지정할 때의 요령

SUMIF 함수의 두 번째 인수인 **검색 조건**에 앞의 예처럼 8이나 9 또는 서울 등 특정한 고정 값을 지정하면 첫 번째 인수와 지정한 값이 같은지 판정하게 됩니다. 같으면 TRUE, 같지 않으면 FALSE가 됩니다.

그 밖에도 <10이나 >=0처럼 부등호를 이용한 식도 지정할 수 있습니다. 이 경우는 각각 10 미만인지 0 이상인지를 판정합니다.

그리고 판정 대상이 문자열이라면, 별표(*)나 물음표(?) 같은 **와일드 카드** 문자열을 사용해 불확실한 조건도 지정할 수 있습니다.

와일드 카드의 의미

사용 기호	설명
*	별표(*)는 임의의 문자열을 의미합니다. 예를 들어 앞에서 나온 '서울*'은 서울로 시작하는 모든 문자열이 TRUE가 됩니다(125쪽 참고). 예) 서울시 동작구, 서울 남산타워, 서울시 종로구 등
?	물음표(?)는 임의의 한 문자를 의미합니다. 예를 들어 '서울???'는 서울로 시작하는 5글자의 문자열이라면 TRUE가 됩니다. '서울시동작구'는 총 6글자이므로 FALSE가 됩니다. 예) 서울시중구 등

조건식 예

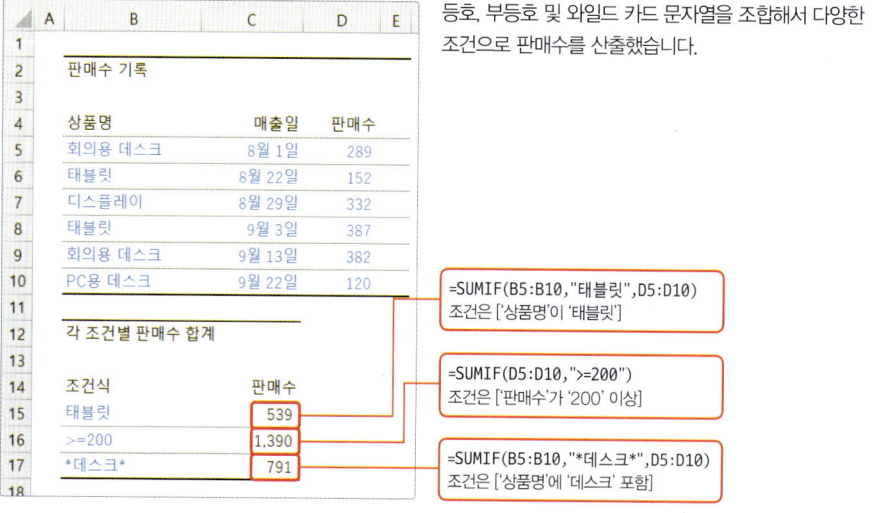

등호, 부등호 및 와일드 카드 문자열을 조합해서 다양한 조건으로 판매수를 산출했습니다.

SUMIF 함수를 사용하기 위한 사전 준비와 단축키

SUMIF 함수를 사용할 때는 조건 판정용 열을 별도로 만드는 편이 좋습니다. 예를 들어, 월별 매출 집계를 산출한다면 월을 나타내는 열을 만드는 것입니다.

조건 판정용 열 준비

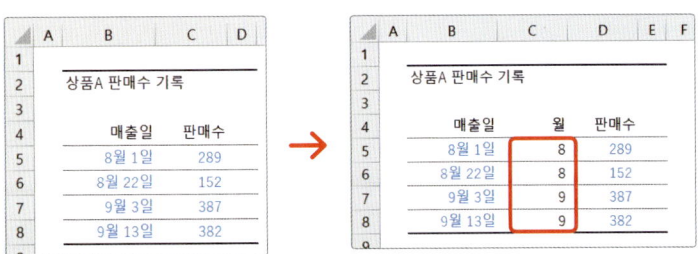

조건을 판정하기 위한 열을 따로 구분하는 것이 좋습니다. 참고로, 날짜에서 월을 추출하려면 MONTH 함수를 사용하면 간단히 추출할 수 있습니다.

또한 SUMIF 함수를 복사하여 사용한다면, ==셀의 범위와 합산할 값의 셀 범위는 같되 검색 조건 셀만 바꿀 때가 많습니다.== 이런 경우 ==첫 번째 인수와 세 번째 인수는 참조 위치가 움직이지 않도록 **절대 참조**로 하고, 두 번째 인수는 **상대 참조**로 지정합니다.== 그러면 복사와 붙여넣기로 빠르게 표를 완성할 수 있습니다. 절대 참조와 상대 참조를 서로 바꾸려면 수식에 있는 셀 범위를 드래그하여 선택하고 F4 를 누릅니다. 그러면 키를 누를 때마다 선택 범위의 참조 방식이 전환됩니다.

F4로 참조 방식 전환하기

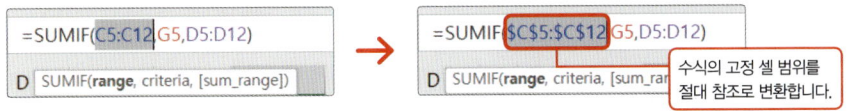

> **Note** SUMIF 함수의 검산
> SUMIF 함수를 사용하여 모든 조건에 대해 조건별 합산을 구하면, 그 총합과 전체 데이터를 더한 결과를 비교하여 값이 누락되지는 않았는지 확인해 보는 습관을 들입니다.

관련 항목 ▶ 셀 범위 지정과 개별 지정 ⇒ 94쪽 / IF 함수 ⇒ 102쪽 / SUMIFS 함수 ⇒ 112쪽

09 실수 없이 빠르게 계산하기

예제 파일 3-09.xlsx

여러 조건을 만족하는 데이터 집계하기 SUMIFS 함수

SUMIFS 함수는 최강의 함수

데이터 집계나 마케팅 리서치 등의 업무에서 SUMIFS 함수는 굉장히 중요한 함수입니다. 이 함수를 마스터하면 데이터 집계 작업을 빠르게 마칠 수 있습니다.

SUMIFS 함수를 사용하면 여러 조건을 충족하는 값들의 합을 구할 수 있습니다. 앞서 설명한 SUMIF 함수는 셀 범위와 검색 조건을 하나씩만 지정할 수 있지만, SUMIFS 함수는 최대 127개까지 지정할 수 있습니다. 이 때문에 SUMIFS 함수는 SUMIF 함수의 상위 함수라고 할 수 있습니다.

=SUMIFS(합계 대상 범위, 조건 범위 1, 조건 1, 조건 범위 2, 조건 2, …)

아래 예에서는 SUMIFS 함수를 사용하여 상품명이 '태블릿'이고 점포가 부산 지점인 조건을 만족하는 판매량의 합산을 구하고 있습니다.

SUMIFS 함수 사용 예

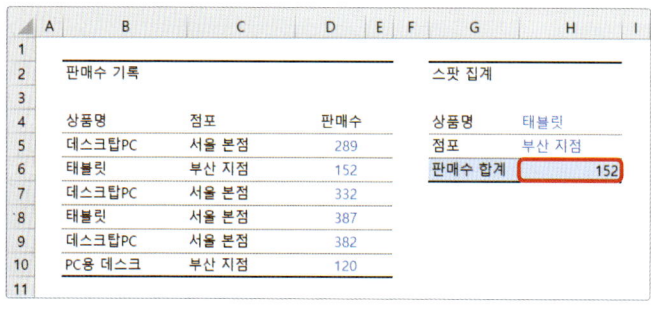

SUMIFS 함수를 이용해서 상품명이 '태블릿'이고 점포가 부산 지점인 데이터만 대상으로 판매수의 합계를 산출했습니다. [H4], [H5] 셀에 지정한 값에 따라 합산 결과가 바뀝니다.

[H4] 셀(상품명)이나 [H5] 셀(점포)을 바꾸면, 즉시 그 조건을 충족하는 합계가 표시됩니다.

합계 대상 범위를 지정하고 조건 범위와 조건을 나열한다

SUMIFS 함수는 인수가 길기 때문에 복잡해 보이지만 구조는 매우 간단합니다. 먼저 첫 번째 인수에는 합계 대상 범위(합산할 값이 있는 셀 범위)를 지정합니다. 그 후에 조건 범위와 조건을 필요한 만큼 지정하면 됩니다.

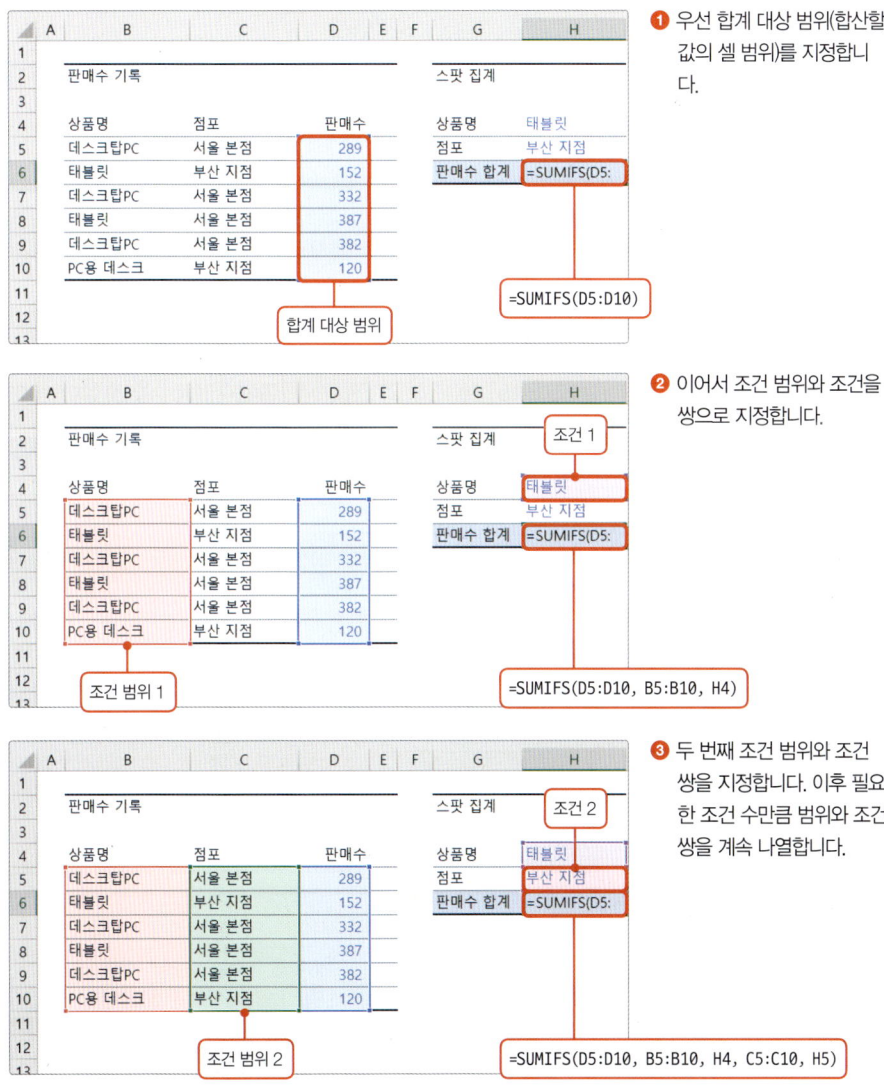

❶ 우선 합계 대상 범위(합산할 값의 셀 범위)를 지정합니다.

❷ 이어서 조건 범위와 조건을 쌍으로 지정합니다.

❸ 두 번째 조건 범위와 조건 쌍을 지정합니다. 이후 필요한 조건 수만큼 범위와 조건 쌍을 계속 나열합니다.

특정 기간의 데이터 집계하기

여러 조건식을 이용하지 않으면 집계할 수 없는 대표적인 예로 특정 기간의 데이터를 집계하거나 특점 범위 내의 데이터를 집계하는 경우가 있습니다. 예를 들어, 8월 10일부터 15일까지의 매출을 집계하려면 기간의 시작일(8월 10일)과 종료일(8월 15일)이라는 2가지 조건이 필요합니다.

특정 기간의 데이터를 집계하려면 두 개의 조건이 필요하다

아래 그림은 SUMIFS 함수를 사용하여 8월 10일부터 8월 15일까지의 매출을 집계했습니다. 포인트는 동일한 조건 범위([B5:B15])에 대해 2가지 조건([G4]와 [G5])을 지정하는 점입니다. 이에 따라 동일한 대상에 해당하는 기간을 설정했습니다.

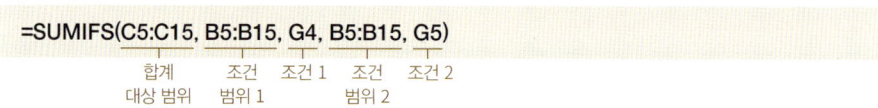

특정 범위 내의 데이터 집계하기

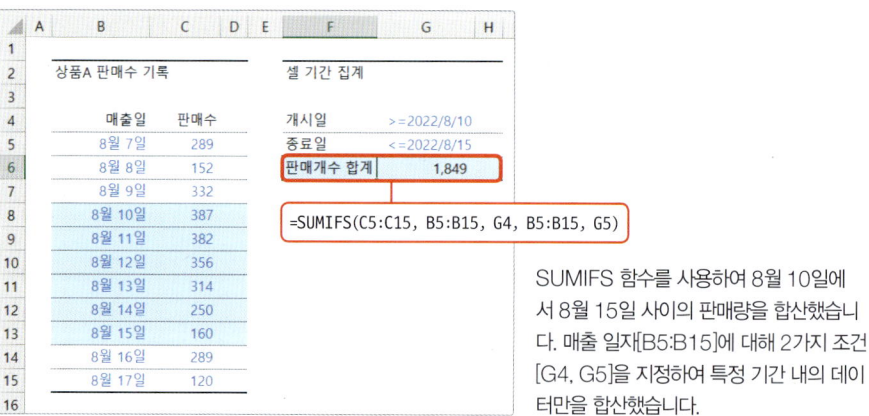

SUMIFS 함수를 사용하여 8월 10일에서 8월 15일 사이의 판매량을 합산했습니다. 매출 일자[B5:B15]에 대해 2가지 조건 [G4, G5]을 지정하여 특정 기간 내의 데이터만을 합산했습니다.

조금 더 보기 좋은 조건식

앞서 설명한 것처럼 특정 기간이나 범위를 집계할 때는 같은 열(셀 범위)에 대해 '>=시작값'과 '<=종료값'의 2가지 조건식을 지정하면 됩니다. 그런데 앞의 예시는 조건식 셀에 >=나 <=가 있어 표를 한번에 파악하기 편하지 않습니다. 아래와 같이 함수의 인수에 큰따옴표(" ")와 앰퍼샌드(&)를 붙이면 보기 좋게 표시할 수 있습니다.

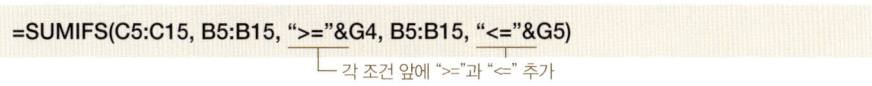

조건식을 개선한 표

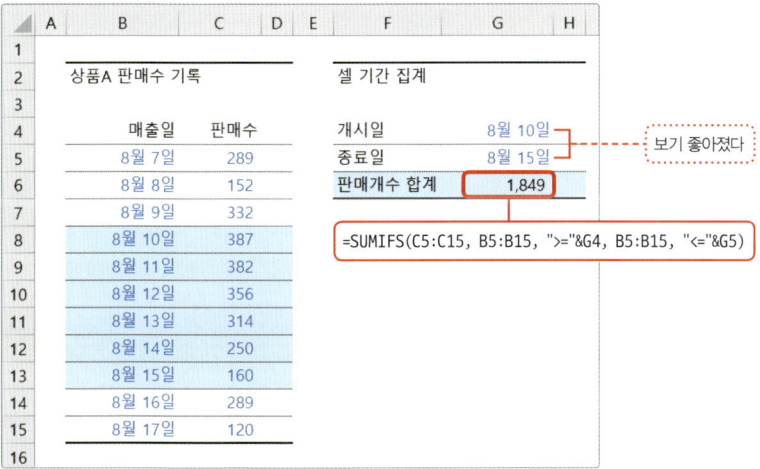

조건식을 입력하는 [G4] 셀과 [G5] 셀에는 날짜만 입력합니다. 그런 후에 SUMIFS 함수의 인수에 ">="&G4 와 "<="&G5라고 입력했습니다. 이처럼 부등호 문자열을 큰따옴표(" ")로 묶고 앰퍼샌드(&)로 연결하면, 계산할 때는 각각 '>= 8월 10일'과 '<= 8월 15일'로 취급됩니다.

> **Note** 같은 셀 범위에 2가지 조건을 지정할 때 자주하는 실수
>
> 하나의 조건 범위에 두 개의 서로 다른 조건을 지정할 때 '=SUMIFS(합계 범위, 조건 범위 1, 조건 1, 조건 2)'처럼 조건 범위를 한 번만 지정하는 실수를 범하기 쉽습니다. '=SUMIFS(합계 범위, 조건 범위 1, 조건 1, 조건 범위 2, 조건 2)'처럼 조건 범위와 조건은 반드시 한 쌍으로 지정해야 합니다.

크로스 탭으로 점포당 매출을 월별 혹은 연별로 산출하기

SUMIFS 함수를 사용하면 일별 판매수가 기록된 데이터를 바탕으로 점포당 월별 및 연도별 판매수를 집계할 수도 있습니다. 이와 같이 하나의 항목을 세로축에, 다른 항목을 가로축에 두고 데이터를 집계한 표를 **크로스 탭**이라고 합니다. 크로스 탭은 모든 비즈니스 현장에서 널리 이용되는 기본적인 집계 방법입니다. 매우 활용하기 좋은 기술이므로 꼭 익혀 둡니다.

아래 그림은 왼쪽에 있는 일일 판매수 데이터를 바탕으로 점포별, 월별, 연도별 합계를 오른쪽에 산출한 결과입니다.

SUMIFS 함수를 사용한 크로스 탭 예

	A	B	C	D	E	F	G	H	I	J	K	L	M	N
1														
2		상품 판매수 기록							판매수 집계					
3														
4		점포	매출일	연도	월	판매수			점포	월	2020	2021		
5		서울	2020-01-04	2020	1	593			서울	1	875	804		
6		인천	2020-01-08	2020	1	323			서울	2	161	384		
7		서울	2020-01-10	2020	1	282			서울	3	234	667		
8		서울	2020-02-05	2020	2	161			서울	4	107	523		
9		인천	2020-02-22	2020	2	268			서울	5	476	901		
10		인천	2020-03-07	2020	3	385			서울	6	870	743		
11		인천	2020-03-14	2020	3	64			서울	7	564	1,978		
12		인천	2020-03-24	2020	3	195			서울	8	752	961		
13		인천	2020-03-29	2020	3	271			서울	9	483	816		
14		서울	2020-03-31	2020	3	234			서울	10	348	863		
15		서울	2020-04-02	2020	4	49			서울	11	853	1,214		
16		서울	2020-04-10	2020	4	58			서울	12	359	310		
17		인천	2020-04-15	2020	4	413			인천	1	323	162		
18		인천	2020-05-01	2020	5	397			인천	2	268	82		
19		서울	2020-05-13	2020	5	187			인천	3	915	953		
20		서울	2020-05-18	2020	5	289			인천	4	413	664		
21		인천	2020-05-22	2020	5	24			인천	5	975	595		

오른쪽의 판매수 집계표에 SUMIFS 함수를 사용하여 크로스 탭을 만들었습니다. I열의 점포와 J열의 월, 4행의 연도를 SUMIFS 함수의 조건으로 설정하여 조건을 충족하는 데이터의 판매수 합계를 구했습니다.

> **Note 피벗 테이블 기능**
>
> 크로스 탭은 피벗 테이블(260쪽)로도 만들 수 있습니다. 하지만 피벗 테이블을 만드는 방법이나 서식을 설정하는 방법에 익숙하지 않아 SUMIFS 함수를 사용하는 것을 선호하는 사람도 많습니다. 어떤 기능을 사용할지 팀원과 충분히 검토해서 결정합니다.

효율적인 셀 지정 방법

SUMIFS 함수를 사용하여 크로스 탭을 만들 때의 2가지 팁을 소개합니다.

첫 번째는 합계 대상 범위와 조건 범위를 지정할 때 **B5:B40**처럼 특정 범위만 세세하게 지정하는 것이 아니라 열 전체를 절대 참조로 지정하는 것입니다(예: $B:$B). 열 전체로 지정하면 데이터가 추가되더라도 집계 대상에 자동으로 추가되므로 셀 범위를 편집하는 수고를 줄일 수 있으며, 수식도 간단해지므로 실수를 방지할 수 있습니다. 또한, 수식을 복사할 때 합계 대상 범위와 조건 범위는 바뀌지 않아야 하므로 절대 참조가 바람직합니다.

두 번째는 조건 셀은 혼합 참조를 사용하는 것입니다. 수식의 왼쪽에 있는 셀을 참조할 때는 [$I5]나 [$J5]처럼 열 부분만 절대 참조로 하고 수식 위쪽에 있는 셀을 참조할 때는 [K$4]와 같이 행 부분만 절대 참조로 합니다. 이렇게 설정하면 수식을 복사하고 붙여 넣을 때 참조 범위가 적절히 수정되어 올바른 계산 결과를 얻을 수 있습니다.

SUMIFS 함수로 크로스 탭을 만들 때의 2가지 팁

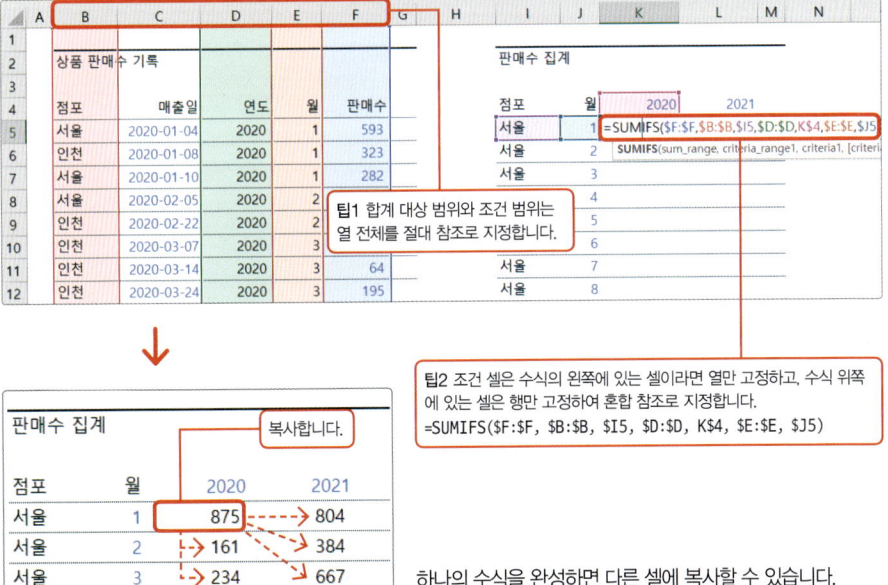

하나의 수식을 완성하면 다른 셀에 복사할 수 있습니다.

> 관련 항목 범위 지정과 개별 지정 ⇒ 94쪽 / IF 함수 ⇒ 102쪽 / SUMIF 함수 ⇒ 108쪽 / 혼합 참조 ⇒ 154쪽

10 실수 없이 빠르게 계산하기

예제 파일 3-10.xlsx

전체에서 특정한 성별의 수 계산하기
COUNTIF 함수

조건을 만족하는 셀 개수 세기

남성/여성의 수, 출석/결석 인원수처럼 특정 조건에 해당하는 셀의 개수를 세고 싶다면 COUNTIF 함수를 사용합니다. COUNTIF 함수는 <mark>특정 조건을 충족하는 셀의 개수를 세는 함수입니다.</mark>

`=COUNTIF(범위, 검색 조건)`

범위에는 **개수를 셀 대상 범위**를 지정합니다. 또한 검색 조건에는 **개수를 세기 위한 조건**을 지정합니다. 아래 그림은 개인별 출결 상황이 입력된 표를 바탕으로 출결 인원수를 센 결과입니다. 셀 범위는 [C5:C12], 셀 조건은 [E4], [E5], [E6]입니다.

COUNTIF 함수로 출석자 수를 집계한다

	A	B	C	D	E	F	G
1							
2		출결 확인표			출결 상황 집계		
3							
4		성명	출결		출석	5	
5		최수연	출석		결석	2	
6		장동하	출석		미확인	1	
7		김태민	결석				
8		성기훈	출석				
9		태평구					
10		박세미	출석				
11		김성하	출석				
12		임제림	결석				
13							
14							

COUNTIF 함수를 사용해서 출석/결석한 인원수를 각각 계산했습니다.

COUNTIF 함수의 기본적인 사용 방법

이처럼 출석자와 결석자의 수를 세려면 COUNTIF 함수에 인수를 지정하면 됩니다.

=COUNTIF(C5:C12, E4) —— 출석자 수 계산
=COUNTIF(C5:C12, E5) —— 결석자 수 계산

출석자, 결석자, 미확인 수 확인하기

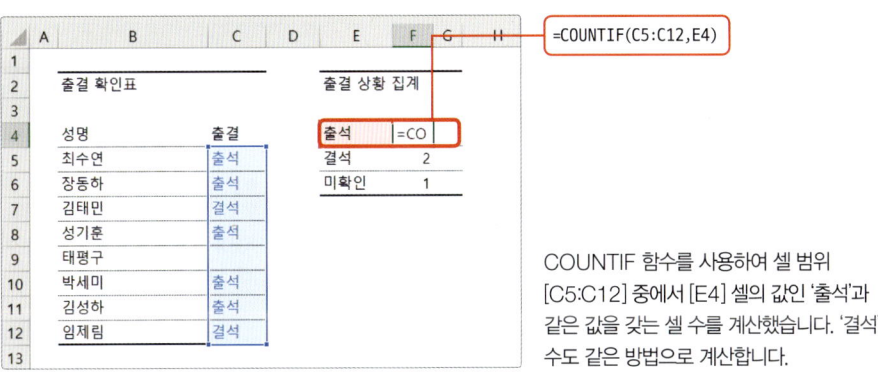

COUNTIF 함수를 사용하여 셀 범위 [C5:C12] 중에서 [E4] 셀의 값인 '출석'과 같은 값을 갖는 셀 수를 계산했습니다. '결석' 수도 같은 방법으로 계산합니다.

> **Note 빈 셀의 개수를 계산하는 COUNTBLANK 함수**
>
> 빈 셀(아무것도 입력되어 있지 않은 셀)의 개수를 세려면 COUNTBLANK 함수를 사용합니다. 위 예에서는 빈 셀의 수를 계산하기 위해 [F6] 셀에 =COUNTBLANK(C5:C12)를 입력했습니다.
> 만약, COUNTIF 함수로 빈 셀의 수를 계산하려면 =COUNTIF(C5:C12," ")와 같이 두 번째 인수에 빈 문자열(" ")을 지정하면 됩니다.

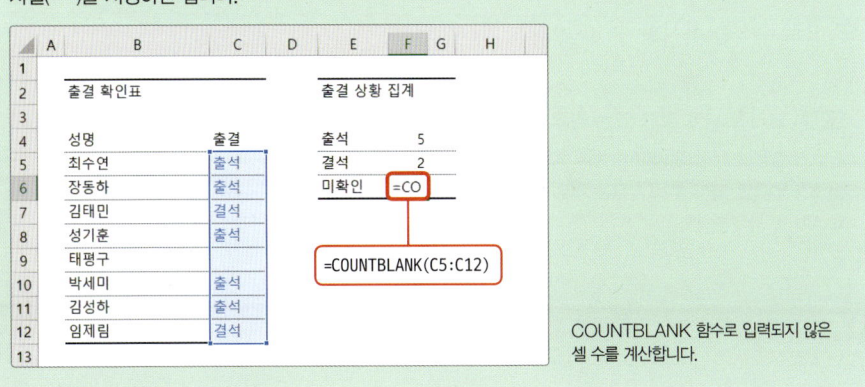

COUNTBLANK 함수로 입력되지 않은 셀 수를 계산합니다.

설문 조사 참여자 중에서 성별로 인원수 산출하기

설문 응답자 중 남녀별 인원수를 계산하려면 아래의 절차를 따릅니다.

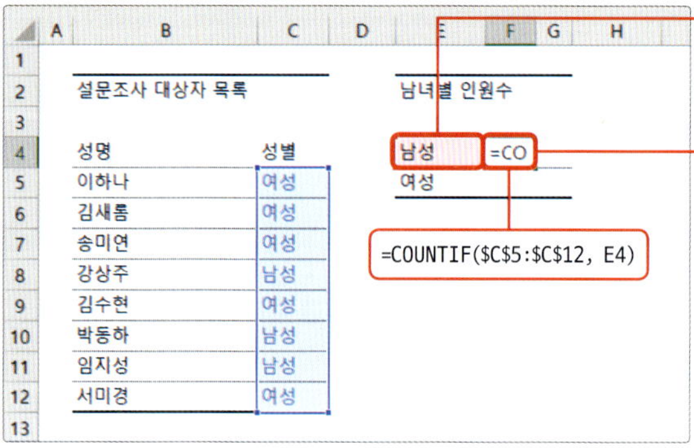

❶ 집계 조건이 되는 값(남성/여성)을 세로 방향으로 나열합니다.

❷ 남성이라고 기재한 셀의 오른쪽 셀 [F4]에 COUNTIF 함수를 입력합니다.

=COUNTIF($C$5:$C$12, E4)

TIP COUNTIF 함수의 첫 번째 인수는 절대 참조로 지정합니다. 그러면 복사를 해도 셀 범위가 어긋나지 않습니다.

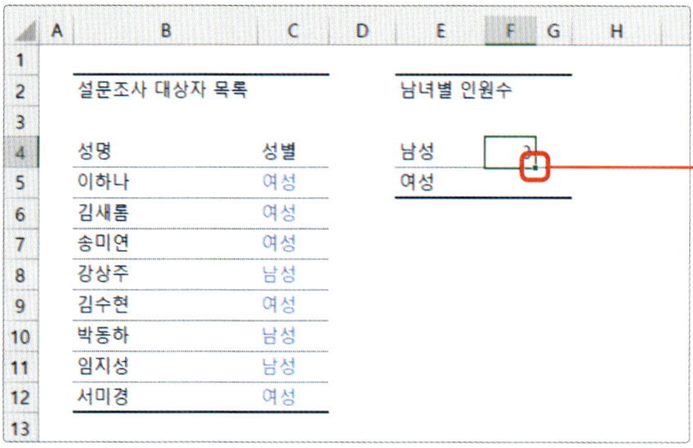

❸ 함수를 작성한 셀([F4])을 선택하여 셀 오른쪽 아래의 작은 사각형 부분(채우기 핸들)을 더블 클릭합니다. 그러면 바로 아래 셀에 함수가 복사됩니다.

위와 같이 집계 대상의 셀 범위가 같다면 그 범위를 절대 참조로 지정합니다. 그러면 간단한 조작으로 수식을 복사할 수 있습니다.

Note 서식 복사가 필요 없는 경우

채우기 핸들을 더블 클릭하여 셀을 복사할 때, 서식까지 복사할 필요가 없다면 복사 후 표시되는 아이콘을 클릭하여 [서식 없이 채우기]를 클릭합니다.

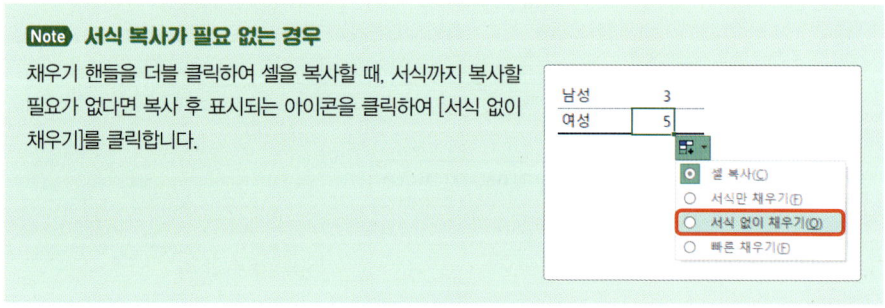

숫자 셀, 문자 셀, 미입력 셀 세기

아래 그림의 성장률 열에는 ❶ 성장률 값 ❷ 계산할 수 없음을 나타내는 문자열 N.M. ❸ 공백 중 하나의 값이 입력되어 있습니다. 즉 '정상적으로 계산된 데이터', '성장률을 산출할 수 없는 데이터', '미입력 데이터'의 개수를 집계하려면 다음과 같은 표를 만들면 됩니다.

계산된 셀, 계산되지 않은 셀의 개수 세기

	A	B	C	D	E	F	G
1							
2		상품별 시장성장표					
3			전년도 매출	당해 매출	성장률		
4			천원	천원	%		
5		상품1	4,300	5,800	35%		숫자, N.M., " "(공백) 중
6		상품2	3,600	3,900	8%		어느 하나가 입력된 열
7		상품3	-2,000	150	N.M.		
8		상품4					
9		상품5	1,500	1,200	-20%		
10		상품6	-500	1,800	N.M.		
11		상품7	1,400	1,420	1%		
12		상품8	3,200	3,800	19%		
13							
14				계산상황 체크			=COUNT(E5:E12)
15							
16				종류	개수		
17				정상계산	5		=COUNTIF(E5:E12, "?*")
18				N.M.	2		
19				미입력	1		=COUNTIF(E5:E12, " ")

❶ 숫자가 입력된 셀의 개수를 세려면 COUNT 함수가 적합합니다. 위 예에서는 =COUNT(E5:E12)로 정상적으로 계산된 셀의 수를 세고 있습니다.

❷ 다음으로 성장률을 계산할 수 없는 셀(N.M.가 입력된 셀)의 개수는 =COUNTIF(셀 범위, "N.M.")로 셀 수 있지만, 와일드 카드(110쪽)를 사용하여 =COUNTIF(셀 범위, "?*")로도 셀 수도 있습니다. 이렇게 지정하면 한 문자 이상의 문자열이 입력된 셀의 개수를 셀 수 있습니다.

❸ 빈 셀의 개수는 =COUNTIF(E5:E12, " ")로 계산합니다. 빈 셀은 COUNTBLANK 함수(119쪽)로도 셀 수 있습니다.

관련 항목 셀 범위 지정과 개별 지정 ⇒ 94쪽 / IF 함수 ⇒ 102쪽 / COUNTIFS 함수 ⇒ 122쪽

11 실수 없이 빠르게 계산하기

예제 파일 3-11.xlsx

여러 조건을 충족하는 데이터 수 계산하기 COUNTIFS 함수

여러 조건식을 동시에 충족하는 데이터 수

여러 조건을 동시에 충족하는 셀의 개수를 계산하려면 COUNTIFS 함수를 사용합니다. COUNTIF 함수로는 조건을 하나밖에 지정할 수 없지만 COUNTIFS 함수는 최대 127개 까지 지정할 수 있습니다. 따라서 COUNTIFS 함수는 COUNTIF 함수의 상위 함수라고 할 수 있습니다.

=COUNTIFS(검색 조건 범위 1, 검색 조건 1, 검색 조건 범위 2, 검색 조건2, …)

COUNTIFS 함수를 사용하여 다음 조건을 충족하는 셀의 개수를 세는 예를 살펴보겠습니다.

- 서울 본점의 데스크탑PC 판매수
- 서울 본점의 태블릿 판매수
- 서울 본점의 PC용 데스크(책상) 판매수

COUNTIFS 함수 사용 예

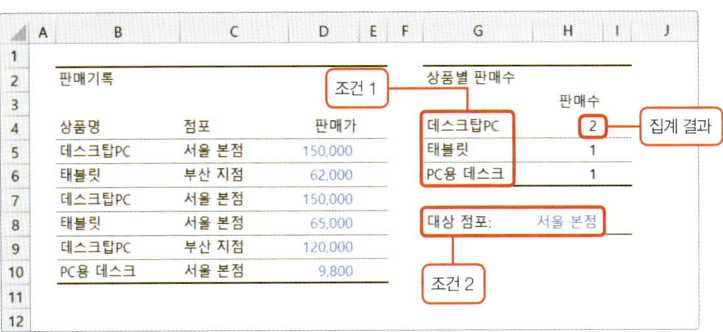

판매 기록을 바탕으로 점포 열의 값이 서울 본점인 데이터에 대해 각 상품별 판매수를 산출 했습니다. 상품명과 점포 열에 동시에 조건을 지정하여 계산했습니다.

셀 범위와 조건 쌍을 차례로 지정한다

COUNTIFS 함수를 사용하려면 함수의 인수에 조건을 확인할 셀 범위와 조건 쌍을 차례로 지정하면 됩니다. 따라서 COUNTIFS 함수의 인수 개수는 무조건 짝수가 됩니다.

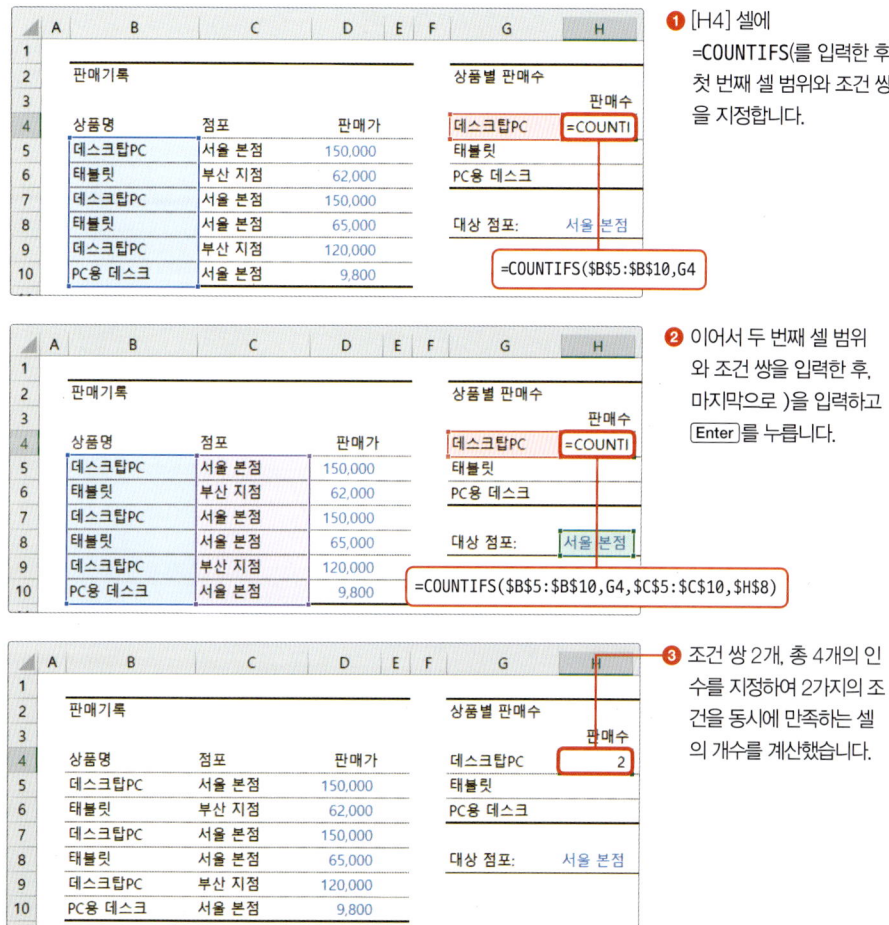

❶ [H4] 셀에 =COUNTIFS(를 입력한 후 첫 번째 셀 범위와 조건 쌍을 지정합니다.

❷ 이어서 두 번째 셀 범위와 조건 쌍을 입력한 후, 마지막으로)을 입력하고 Enter 를 누릅니다.

❸ 조건 쌍 2개, 총 4개의 인수를 지정하여 2가지의 조건을 동시에 만족하는 셀의 개수를 계산했습니다.

> **Note** **실무에서 매우 유용한 COUNTIFS 함수**
> COUNTIFS 함수는 여러 조건을 동시에 충족하는 셀의 개수만을 세는 함수입니다. 책에서 설명한 사용법을 바탕으로 실무에서 다양하게 응용할 수 있을 것입니다. 실무에서는 여러 조건에 해당하는 데이터가 몇 개인지 확인하는 일이 자주 발생하기 때문입니다.

참조 형식을 구분하는 것이 중요하다

COUNTIFS 함수를 입력한 셀을 복사해서 붙여 넣으면서 재사용하기 위해서는 셀 참조 형식을 제대로 사용해야 합니다. 검색할 셀 범위는 절대 참조로 지정하고, 조건 셀은 그 내용에 따라 절대 참조와 상대 참조를 구분하여 사용합니다.

예를 들어, 앞의 예에서 '점포=서울 본점'은 공통 검색 기준이므로 절대 참조로 지정합니다. 한편, 다른 검색 조건인 상품명은 행마다 다르므로 상대 참조로 지정합니다.

= COUNTIFS (B5:B10, G4, C5:C10, H8)

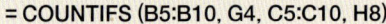
↓ 절대 참조로 바꾼다.

= COUNTIFS ($B$5:$B$10, G4, $C$5:$C$10, $H$8)

이렇게 참조 형식을 지정하면 [H4] 셀을 다른 셀에 복사하는 것만으로 빠르게 각 개수를 계산할 수 있습니다. 셀 복사는 채우기 핸들을 더블 클릭합니다.

참조 형식을 적절히 지정하여 단번에 입력하기

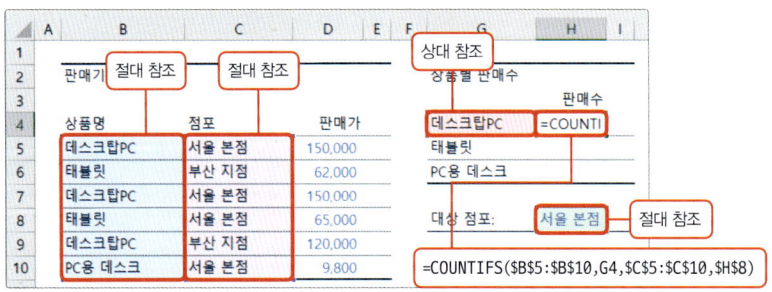

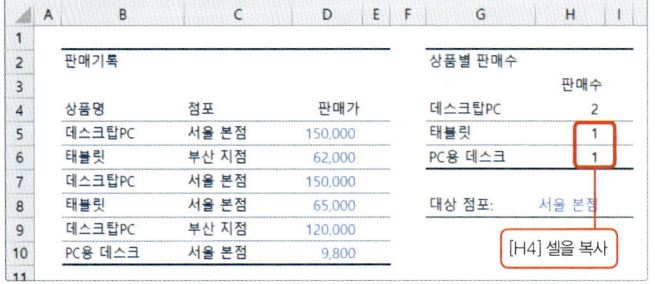

항상 같은 범위(값)를 참조하려면 절대 참조로 지정합니다. 셀을 복사하는 것만으로 원하는 표를 빠르게 완성할 수 있습니다.

서울과 영업을 모두 포함하는지 판정하기

COUNTIFS 함수는 일반적으로 여러 셀에서 조건에 맞는 셀의 개수를 세기 위해 사용하지만, 하나의 셀을 대상으로 조건을 만족하는지 판정하는 데도 사용할 수 있습니다.

예를 들어, 어떤 셀이 '서울'과 '영업' 두 문자열을 모두 포함하는지 판정하고 싶다면 아래 그림처럼 판정할 조건 셀을 준비한 후 ❶, 다음과 같이 COUNTIFS 함수를 지정하면 됩니다.

대상 셀에 2개의 문자열이 포함될 때만 '1'로 표시되므로 그 셀이 지정한 조건에 맞는지 한눈에 확인할 수 있습니다. 이 방식으로 필요한 데이터를 찾거나 집계할 수 있습니다.

2개 이상의 조건식으로 단일 셀의 내용 판정하기

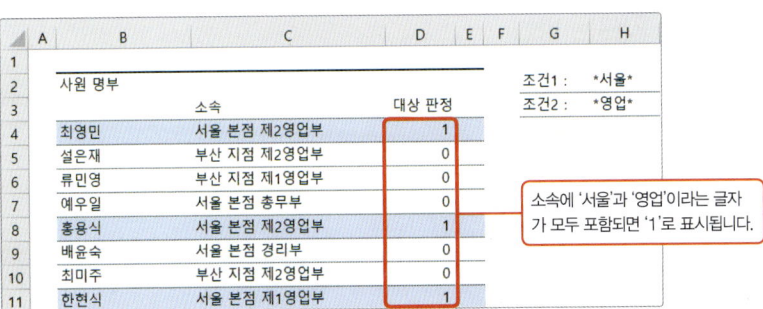

소속 열에 있는 각 셀에 대해 확인할 조건을 [H2], [H3]에 작성했습니다. 와일드 카드 문자열(110쪽)을 사용하여 두 문자열을 모두 포함하면 1이라고 표시되도록 했습니다.

점포별, 성별, 연도별 데이터를 집계하여 비율 구하기

COUNTIFS 함수를 사용하면 점포별, 성별, 연도별로 인원수와 비율을 계산하는 **크로스 탭**을 간단히 만들 수 있습니다.

여기에서는 판매 기록 데이터를 바탕으로 점포별, 성별, 연도별 데이터의 개수를 산출하여 각각의 비율을 계산하는 방법을 알아보겠습니다.

COUNTIFS 함수를 사용하여 크로스 탭을 통해 비율 구하기

	A	B	C	D	E	F	G	H	I	J	K	L	M	N	O
1															
2		판매기록						판매비율 집계							
3										2020		2021			
4		점포	성별	연도	판매액					인원수	비율	인원수	비율		
5		대전	남성	2020	264,300					인	%	인	%		
6		서울	남성	2020	152,900			서울	남성	4	40%	14	67%		
7		부산	남성	2020	203,100				여성	6	60%	7	33%		
8		부산	남성	2020	247,100			부산	남성	8	44%	10	50%		
9		부산	여성	2020	102,700				여성	10	56%	10	50%		
10		서울	여성	2020	262,900			대전	남성	7	41%	11	79%		
11		대전	여성	2020	215,700				여성	10	59%	3	21%		
12		대전	여성	2020	171,200										
13		대전	여성	2020	157,500										
14		대전	여성	2020	272,500							❶			
15		부산	여성	2020	247,100										
16		대전	여성	2020	176,100										
17		대전	남성	2020	205,300										
18		서울	여성	2020	173,200										
19		대전	남성	2020	97,400										

집계할 조건들을 오른쪽 표의 H열과 I열, 3행에 정리하고 크로스 탭을 작성했습니다. 먼저 COUNTIFS 함수로 특정 점포, 성별, 연도의 3가지 조건을 충족하는 데이터의 수를 집계하고, 결과를 바탕으로 비율을 산출했습니다.

크로스 탭을 빠르게 만드는 방법

크로스 탭을 만들 때의 포인트는 검색 조건이 되는 값을 표의 왼쪽(H열과 I열)과 상단(3행)에 기재하는 것과 항목 수가 많은 것을 열 방향(세로 방향)으로 나열하는 것입니다.

그리고 크로스 탭을 빠르게 만들려면 열 전체를 검색 조건 범위로 지정하고, 셀 특성에 따라 참조 형식을 구분하여 사용하는 것도 중요합니다. 이들은 다른 함수를 만들 때도 적용할 수 있는 공통 원리이므로 제대로 익혀 둡니다.

인원수를 세는 [J6] 셀과 비율을 계산하는 [K6] 셀에 입력된 식은 각각 다음과 같습니다.

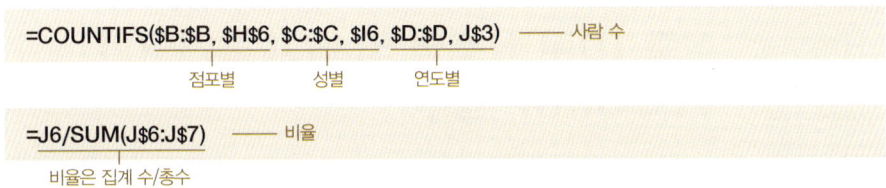

크로스 탭

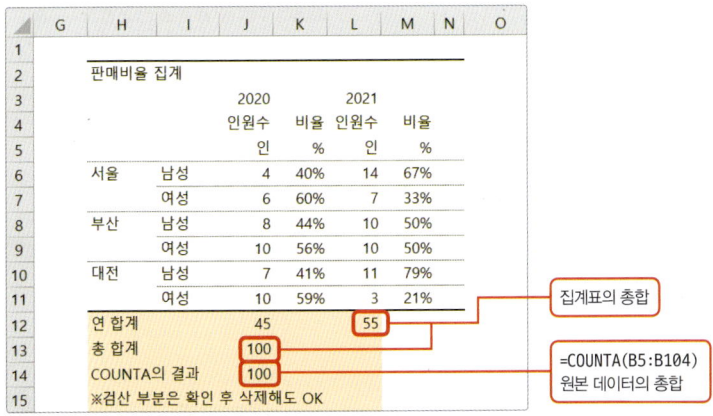

우선 하나의 수식을 참조 형식에 구애받지 않고 만든 다음, 참조 형식을 설정한 후 복사해서 입력합니다.

또한 크로스 탭 같은 복잡한 표를 만들 때는 제대로 입력되어 있는지 반드시 검산합니다. 보통은 **SUM 함수**나 **COUNTA 함수**(비어 있지 않은 셀의 개수를 세는 함수)를 사용하여 크로스 탭의 각 집계의 합과 원본 데이터의 개수가 일치하는지 확인합니다.

크로스 탭을 작성할 때는 검산이 필수

관련 항목 셀 범위 지정과 개별 지정 ⇒ 94쪽 / IF 함수 ⇒ 102쪽 / COUNTIF 함수 ⇒ 118쪽

12 실수 없이 빠르게 계산하기

예제 파일 3-12.xlsx

상품 ID로 상품명 및 단가 불러오기 VLOOKUP 함수

다른 표의 값을 불러오는 구조 이해하기

견적서에 상품 정보를 입력할 때 상품 ID를 입력하면 자동으로 상품명이나 가격이 표시되도록 만들면 매우 편리합니다. 이러한 방식을 다른 표의 값 불러오기라고 합니다.

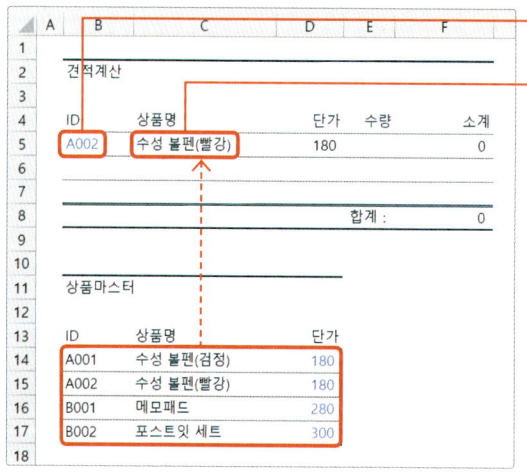

❶ 견적서 작성 시 상품 ID만 입력합니다.

❷ ID를 입력하면 상품명과 단가는 마스터 데이터에 입력된 값이 자동으로 입력됩니다.

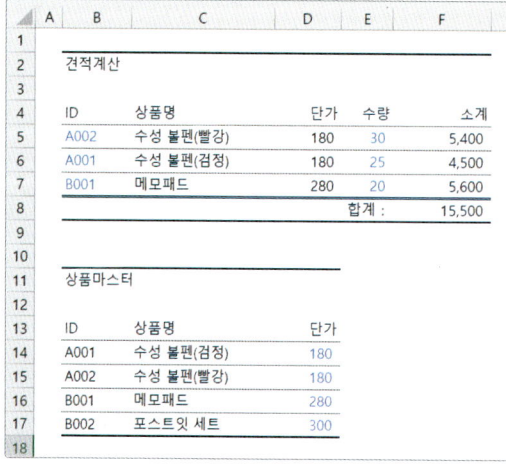

❸ 이어서 수량을 넣고 소계와 합계 수식을 입력하면 표가 완성됩니다. 상품명과 단가가 자동으로 입력되었기 때문에 입력 실수를 방지할 수 있습니다.

다른 표의 값을 불러오기 위한 VLOOKUP 함수

VLOOKUP 함수를 사용하면 다른 표의 값을 불러올 수 있습니다.

> =VLOOKUP(검색 값, 검색할 표의 범위, 열 번호, FALSE)

첫 번째 인수에는 상품 ID 등의 **검색 값**을 지정합니다. 두 번째 인수에는 **마스터 데이터가 입력된 표의 셀 범위**를 지정합니다. 그리고 세 번째 인수에는 **마스터 데이터의 몇 번째 열의 값을** 표시할지 지정합니다. 네 번째 인수에는 **데이터의 검색 방법**을 지정할 수 있지만 일반적으로 FALSE를 지정하여 사용합니다.

구체적인 예를 살펴보겠습니다. 아래 그림에서는 [B5] 셀에 입력된 값(상품 ID)을 검색 값으로 삼고, 마스터 데이터(셀 범위 [B13:D17])를 검색하여 그에 해당하는 상품명(2번째 열)과 단가(3번째 열)가 자동으로 입력되도록 하였습니다.

> =VLOOKUP(B5, B13:D17, **2**, FALSE) ──── 상품명
> 　　　　　　　　　　　　마스터 데이터에서 2번째 열의 값을 불러온다.

> =VLOOKUP(B5, B13:D17, **3**, FALSE) ──── 단가
> 　　　　　　　　　　　　마스터 데이터에서 3번째 열의 값을 불러온다.

VLOOKUP 함수를 사용하여 다른 표의 값 불러오기

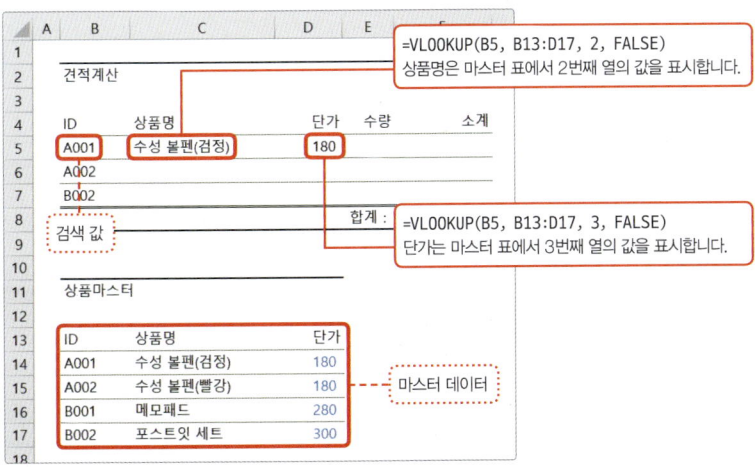

마스터 데이터는 첫 번째 열에 검색 값을 배치합니다.

오류 표시의 의미와 오류 값 숨기기

VLOOKUP 함수는 검색 값이 마스터 데이터에 없으면 대상을 찾을 수 없다는 뜻의 **#N/A** 오류를 표시합니다. 이 오류는 수식에 VLOOKUP 함수로 다른 표의 값을 불러온 셀을 참조하는 경우에도 표시됩니다.

처리 결과에 오류가 있으면 #N/A가 표시된다

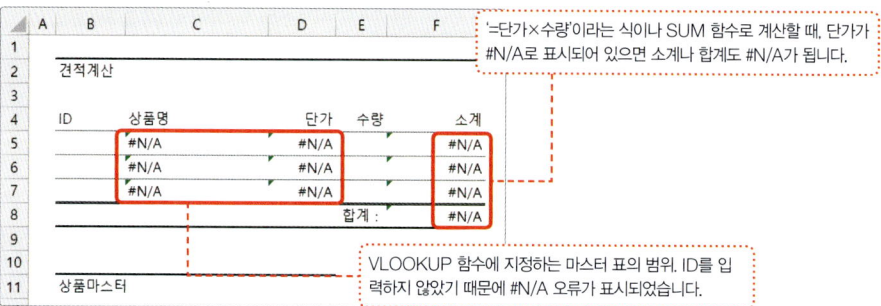

IF 함수나 IFERROR 함수를 사용하면 오류 부분을 공백으로 바꿔 #N/A를 숨길 수 있습니다.

=IF(B5<>"", VLOOKUP(B5, B13:D17, 2, FALSE), "")

B5 셀이 공백이 아닐 때만 VLOOKUP 함수를 수행하고, 공백이면 공백 문자를 반환합니다.

=IFERROR(D5*E5, "")

D5*E5가 오류라면, 공백 문자를 표시합니다.

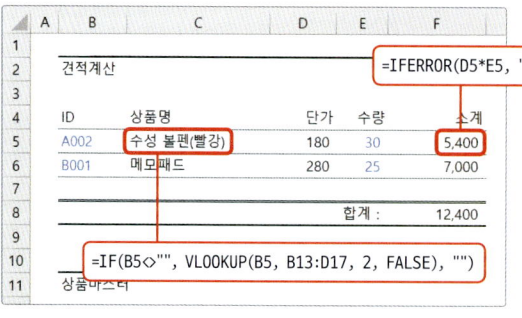

필요한 값이 입력되지 않으면 VLOOKUP 함수가 '#N/A' 오류를 표시합니다. 이런 오류를 표시하고 싶지 않다면 IF 함수나 IFERROR 함수를 사용합니다.

> **Note** 마스터 데이터를 추가할 때는 표의 중간에 행을 삽입한다
>
> 마스터 데이터에 새로운 행을 추가한다면 VLOOKUP 함수의 두 번째 인수로 지정한 범위 아래에 새로운 행을 입력하는 것이 아니라 범위의 중간에 행을 삽입합니다. 그러면 지정한 범위가 자동으로 확장되므로 VLOOKUP 함수를 수정할 필요가 없습니다. 예를 들어 앞서 살펴본 마스터 데이터에 행을 추가하고 싶다면 14행부터 17행 중 어느 행에 커서를 이동한 상태로 새로운 행을 추가합니다(행 추가 방법 ⇒ 38쪽).

마스터 데이터의 중복을 체크하는 방법

VLOOKUP 함수가 참조하는 마스터 데이터에 중복된 값이 존재하면 항상 위에 있는 데이터가 사용됩니다. 그러나 애초에 값이 중복되는 것 자체가 잘못이며, 그런 상황은 위험합니다. 미리 COUNTIF 함수나 조건부 서식으로 **중복 값**이 있는지 확인해 두는 습관을 들입니다.

COUNTIF 함수를 사용하여 중복 값 체크하기

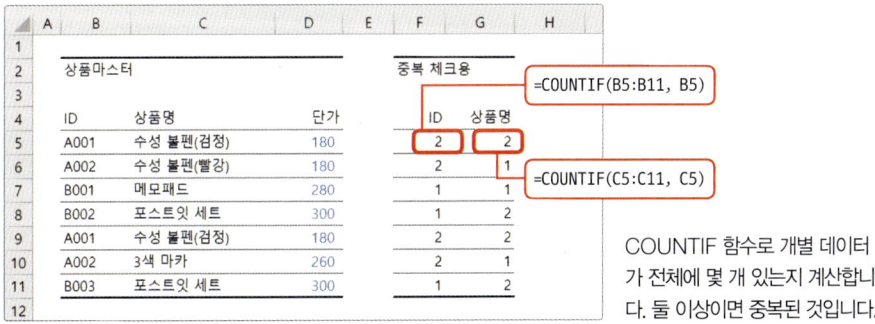

COUNTIF 함수로 개별 데이터가 전체에 몇 개 있는지 계산합니다. 둘 이상이면 중복된 것입니다.

조건부 서식을 사용하여 중복 값 체크하기

[홈] 탭-[조건부 서식]-[셀 강조 규칙]-[중복 값]을 클릭해서 중복된 셀에 색을 넣습니다. 열별로 서식을 바꾸면 더욱 알기 쉽습니다.

관련 항목 COUNTIF 함수 ⇒ 118쪽 / 조건부 서식 ⇒ 69쪽 / IF 함수 ⇒ 102쪽 / IFERROR 함수 ⇒ 101쪽

13 실수 없이 빠르게 계산하기

예제 파일 3-13.xlsx

마스터 데이터에서 일부를 추출한다
XLOOKUP 함수

임의의 마스터 데이터 항목에서 데이터 추출하기

엑셀 2021 및 최신 마이크로소프트 365에서 사용할 수 있는 XLOOKUP 함수를 소개합니다.

앞서 설명한 VLOOKUP 함수를 사용하면 마스터 데이터에 등록된 상품 ID를 바탕으로 상품명과 가격을 추출할 수 있지만, 이 함수에는 불편한 점이 있습니다. 그것은 VLOOKUP 함수에서는 왼쪽 끝의 열만 검색할 수 있다는 제약입니다. 예를 들어 아래와 같은 상품 마스터 데이터라면, VLOOKUP 함수로 검색할 수 있는 것은 왼쪽 끝에 기재된 ID뿐입니다. 즉, 상품명이나 단가로 검색할 수는 없습니다.

VLOOKUP 함수로 검색 가능한 범위

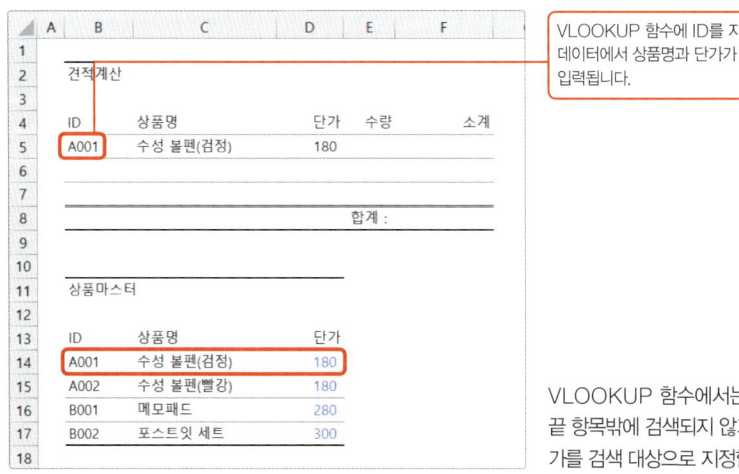

VLOOKUP 함수에 ID를 지정하면 상품 마스터 데이터에서 상품명과 단가가 추출되어 자동으로 입력됩니다.

VLOOKUP 함수에서는 검색 범위의 왼쪽 끝 항목밖에 검색되지 않기에, 상품명이나 단가를 검색 대상으로 지정할 수는 없습니다.

이런 VLOOKUP 함수의 불편함을 해소하고자 새로 추가된 기능이 XLOOKUP 함수입니다. XLOOKUP 함수를 사용하면 검색 범위에 포함된 모든 열을 검색 대상으로 지정할 수 있습니다.

XLOOKUP 함수의 편리한 사용 방법

XLOOKUP 함수는 다음과 같이 사용합니다.

=XLOOKUP(검색 값, 검색 범위, 반환 범위)

첫 번째 인수에는 **검색 값**을 지정합니다. 상품 ID나 상품명 등 마스터 데이터 안에서 중복된 값이 없는 항목을 지정합니다. 가격은 다른 상품에 같은 가격도 존재할 수 있으므로 검색 값으로 적절하지 않습니다. 두 번째 인수에는 **마스터 데이터 안에서 검색 대상이 되는 범위**를 지정합니다. 세 번째 인수에는 **추출하고 싶은 값의 범위**를 지정합니다. 두 번째 인수와 세 번째 인수가 XLOOKUP의 핵심이 되는 인수입니다.

예를 들어 앞 페이지의 상품 마스터 데이터에서 상품명을 통해 ID를 추출한다면 아래와 같이 지정합니다.

=XLOOKUP(C5, C14:C17, B14:B17)

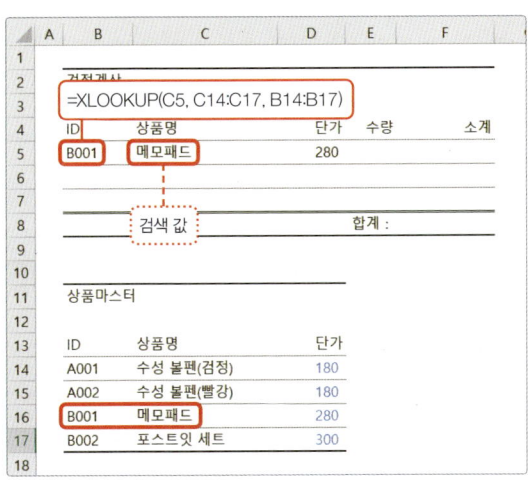

견적 계산표에 입력된 상품명(메모패드)을 검색 값으로 삼고, 상품 마스터 데이터를 검색하여 ID 'B001'이 표시됩니다.

검색 범위와 반환 범위의 행의 개수는 반드시 통일한다

XLOOKUP 함수를 사용할 때의 주의점은 검색 범위와 반환 범위의 행의 수를 통일해야 한다는 점입니다. 예를 들어 아래 그림처럼 검색 범위가 4행, 반환 범위가 3행과 같이 서로 다른 행의 개수를 지정하면 **#VALUE!** 오류가 발생합니다.

검색 범위와 반환 범위의 행의 개수가 다르면 #VALUE! 오류가 발생한다

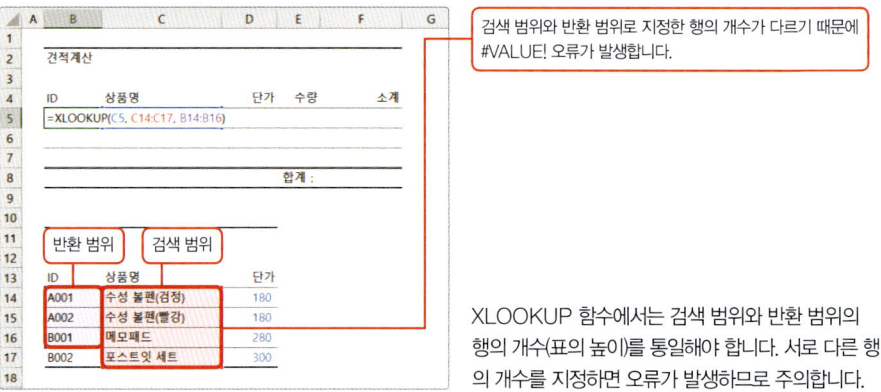

검색 값을 찾지 못한 경우의 대처 방법

XLOOKUP 함수에는 다른 기능도 있습니다. 그것은 검색 값을 마스터 데이터에서 찾지 못한 경우의 표시 방법입니다.

앞서 말한 것처럼 VLOOKUP 함수에서 검색 값을 찾지 못했다면 **#N/A** 오류가 표시되며, 이 경우 일일이 IF 함수나 IFERROR 함수로 처리해야만 합니다. 이에 비해 XLOOKUP 함수에서는 네 번째의 인수에 '값을 찾지 못한 경우의 표시 내용'을 지정할 수 있습니다.

=XLOOKUP(검색 값, 검색 범위, 반환 범위, 찾지 못한 경우에 표시할 내용)

예를 들어 위의 견적 계산에서 상품 마스터 데이터에 등록되지 않은 상품을 지정한다면, ID 란에 '해당 ID 없음'이라고 표시하고 싶을 때는 아래처럼 지정합니다.

=XLOOKUP(C6, C14:C17, B14:B17, "해당 ID 없음")

데이터를 찾지 못했을 때의 대처 방법

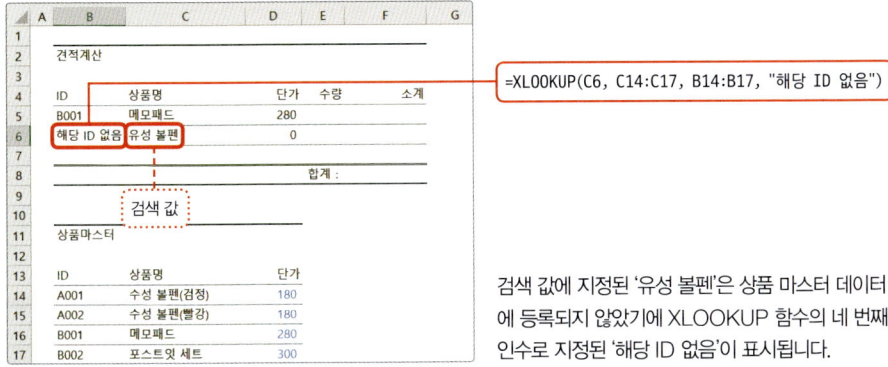

검색 값에 지정된 '유성 볼펜'은 상품 마스터 데이터에 등록되지 않았기에 XLOOKUP 함수의 네 번째 인수로 지정된 '해당 ID 없음'이 표시됩니다.

여러 데이터를 단번에 추출하기

XLOOKUP 함수에서는 세 번째 인수 **반환 범위**에 여러 열을 지정할 수 있습니다. 예를 들어 검색 값에 '상품 ID'를 지정하고 반환 범위에 '상품명'과 '가격'을 지정하는 방식입니다. VLOOKUP 함수는 개별로 지정하고 복사했지만, XLOOKUP 함수에서는 하나의 식으로 지정할 수 있습니다.

=XLOOKUP(B5, B14:B17, C14:D17, "해당 ID 없음")

반환 범위에 여러 열을 지정

여러 데이터를 단번에 추출

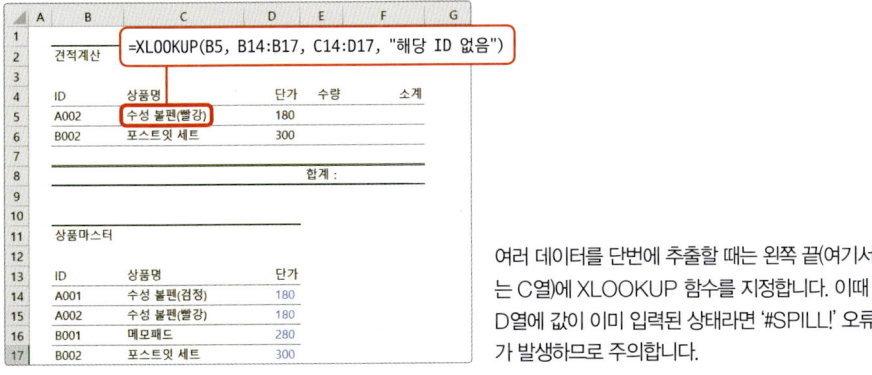

여러 데이터를 단번에 추출할 때는 왼쪽 끝(여기서는 C열)에 XLOOKUP 함수를 지정합니다. 이때 D열에 값이 이미 입력된 상태라면 '#SPILL!' 오류가 발생하므로 주의합니다.

위와 같이 여러 데이터가 인접하면 그 값들을 단번에 추출하여 인접한 셀에 배치하는 기능을 자동 채우기라고 합니다. 이 XLOOKUP 함수의 특징적인 기능입니다.

관련 항목 ▶ 오류 목록 ⇒ 55쪽 / VLOOKUP 함수 ⇒ 128쪽

14 실수 없이 빠르게 계산하기

예제 파일 3-14.xlsx

달의 마지막 날짜를 자동으로 입력하기
EOMONTH 함수

마감일을 정확하게 입력하는 방법

거래처에 대금을 청구할 때는 계약일을 기준으로 월말 지불 혹은 다음 달 말일 지불 등의 방식을 이용하는 경우가 많습니다. 달의 마지막 날짜는 EOMONTH 함수를 사용하면 쉽게 표시할 수 있습니다.

=EOMONTH(기준일, 개월 수)

EOMONTH 함수의 첫 번째 인수에는 기준이 되는 날짜를 지정하고, 두 번째 인수에는 기준일로부터 몇 개월 후의 월말을 구할지 지정합니다. '0'을 지정하면 당월, '-1'을 지정하면 지난달 말일이 표시됩니다. 아래 그림에서는 [F2] 셀에 입력된 청구일(기준일)을 바탕으로 다음 달 말일을 산출하고 있습니다. 해가 넘어가더라도 정확하게 계산됩니다.

EOMONTH 함수로 다음 달 말의 날짜를 산출

A	B	C	D	E	F	G
1						
2	청구서				2022년 1월 20일	청구일
3	A사 귀하					
4						
5	ID	상품명		단가	수량	소계
6	A002	수성 볼펜(빨강)		180	30	5,400
7	B001	메모패드		280	25	7,000
8					합계 :	12,400
9					부가세 :	1,240
10					총계 :	13,640	=EOMONTH(F2, 1)
11		2022년 2월 28일 까지 입금 부탁드립니다.				
12						

EOMONTH 함수를 사용하는 셀에는 날짜 서식을 설정해야 합니다. 이때 청구일 날짜를 적는 서식도 같은 서식으로 통일합니다.

관련 항목 현재 날짜와 시간 입력 ⇒ 80쪽 / 경과 일수와 일련번호 ⇒ 85쪽 / 절대 참조와 상대 참조 ⇒ 152쪽

4장

실수를 줄이는 노하우와
셀 참조 방식 제대로 이해하기

01 검산의 기술

예제 파일 4-01.xlsx

F2를 사용하여
작업 실수 줄이기

F2를 사용하여 셀 내용 확인하기

실수 없이 표를 작성하기 위해서는 셀에 입력한 내용을 제대로 확인해야만 합니다. 셀에 입력된 값을 신속하게 확인하려면 셀을 선택한 상태에서 F2를 누르면 됩니다. 그러면 셀이 편집 모드로 전환되어 직접 입력한 값은 그대로 표시되며, 수식은 입력한 수식과 수식에서 참조한 셀들이 테두리로 묶여 표시됩니다.

F2를 누르면 셀 편집 모드로 전환된다

F2를 누르면 셀 편집 모드로 전환됩니다. 셀에 입력된 값이 수식이라면, 수식과 수식이 참조하는 셀이 테두리로 묶여 표시됩니다. 셀을 더블 클릭해도 되지만 F2를 누르는 편이 빠르고 편리합니다.

이 기능을 이용하여 수시로 각 셀의 내용을 확인합니다. 우선 수식은 참조된 셀이 정확한지 확인해야 하며, 직접 입력한 숫자와 계산된 결과를 색으로 구분하는 규칙이 올바로 적용되었는지도 확인합니다. 규칙에 맞지 않는 셀이 있다면 단순한 입력 실수인지, 혹은 다른 이유로 규칙과 어긋나 있는지를 확인하여 올바로 수정합니다.

ESC로 셀 편집 모드 해제, Tab/Enter/화살표 키로 이동

셀에 입력된 내용을 확인할 때는 마우스보다 키보드만 이용하는 편이 훨씬 효율적입니다.

F2 를 눌러 셀의 내용을 확인한 후 오른쪽으로 이동하려면 Tab 을 누르고, 아래로 이동하려면 Enter 를 누릅니다. 위쪽이나 왼쪽으로 이동한다면 ESC 를 눌러 셀 편집 모드를 해제한 후, 화살표 키(↑나 ←)로 원하는 셀로 이동합니다.

F2와 Tab을 반복해서 누르면 가로 방향으로 빠르게 이동할 수 있다

영업계획		계획A	계획B
매출	원	=F5*F6	4,800,000
단가	원	800	800
판매수	개	400	600
비용	원	23,200	34,800
인건비	원	19,200	28,800
직원수	인	2	3
1인당 인건비	원	9,600	9,600
임대료	원	4,000	6,000
이익	원	296,800	4,765,200

Tab 을 누름

영업계획		계획A	계획B
매출	원	320,000	=G5*G11
단가	원	800	800
판매수	개	400	600
비용	원	23,200	34,800
인건비	원	19,200	28,800
직원수	인		참조 셀을 잘못 지정했습니다.
1인당 인건비	원	9,600	9,600
임대료	원	4,000	6,000
이익	원	296,800	4,765,200

F2 를 누름

F2 를 눌러 셀의 내용을 확인하고 Tab 을 눌러 오른쪽 셀로 이동한 후 다시 F2 를 눌러 셀의 내용을 확인했습니다. 이 예에서는 계획B의 매출 계산에 실수가 있었음을 알 수 있습니다.

셀을 가로 방향으로 이동하며 확인할 때(표가 가로로 긴 경우)는 미리 손가락을 F2 와 Tab 위에 올려놓고 번갈아 누르며 빠르게 확인합니다. 마찬가지로, 세로 방향으로 확인할 때(표가 세로로 긴 경우)는 F2 와 Enter 위에 올려놓고 번갈아 누르며 확인합니다. 익숙해지면 마우스를 사용할 때와는 비교가 되지 않을 정도로 빠르게 셀의 내용을 확인할 수 있습니다.

한편, 셀의 내용을 확인할 때는 표의 **계산 흐름**에 맞춰 셀을 이동하며 확인하는 것이 좋습니다. 그러면 잘못된 내용의 셀을 발견할 가능성이 높아집니다(다른 셀과 같은 계산식을 사용해야 함에도 참조하는 셀의 위치나 크기가 다른 경우 등). 참조하는 셀의 범위가 갑자기 달라진다면 수식을 주의 깊게 살펴볼 필요가 있습니다.

> **관련 항목** 가로 방향 데이터 빨리 입력 ⇒ 140쪽 / 추적 기능 ⇒ 142쪽 / 효과적인 파일 저장 ⇒ 148쪽

02 계산의 기술　　　　　　　　　　　예제 파일 4-02.xlsx

가로 방향 데이터 빨리 입력하기

데이터 입력 방향에 따라 키 설정 바꾸기

엑셀의 기본 설정은 셀에 값을 입력하고 Enter 를 누르면 한 칸 밑의 셀로 이동합니다. 이 설정은 세로 방향으로 값을 입력할 때는 편리하지만, 가로 방향으로 값을 입력할 때는 불편합니다. 따라서 가로 방향으로 데이터를 입력한다면 미리 [Excel 옵션]의 [고급] 탭에 있는 [Enter 키를 누른 후 다음 셀로 이동]에서 [방향]을 [오른쪽]으로 선택하거나 체크를 해제합니다. 방향을 오른쪽으로 설정하면 입력 후 Enter 를 누르면 자동으로 오른쪽 셀로 이동합니다. 체크를 해제하면 Enter 를 눌렀을 때 입력한 값만 확정될 뿐 셀이 바뀌지 않습니다. 값을 입력한 후 방향키를 눌러야 셀을 이동할 수 있지만, 이동 방향이 자주 바뀔 때는 오히려 편리할 수도 있으므로, 적절하게 설정합니다. 중요한 것은 Enter 를 눌렀을 때 셀이 이동하는 방향을 작업 스타일에 맞게 바꿔 사용하면 편리하다는 점입니다.

Enter를 눌렀을 때의 셀 이동 방향 변경하기

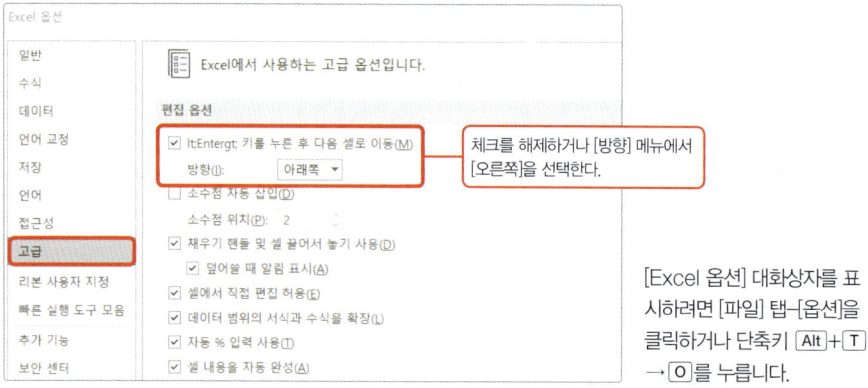

체크를 해제하거나 [방향] 메뉴에서 [오른쪽]을 선택한다.

[Excel 옵션] 대화상자를 표시하려면 [파일] 탭-[옵션]을 클릭하거나 단축키 Alt + T → O 를 누릅니다.

Enter를 사용하여 셀 내용 확인하기

앞에서 셀의 입력 값을 가로 방향으로 확인하는 방법으로 F2와 Tab을 사용하는 방법을 소개했습니다. 익숙해지면 매우 효율적인 방법이지만, F2와 Tab이 모두 키보드의 왼쪽 위에 배치되어 있기 때문에 조금 불편한 것도 사실입니다.

이때 Enter의 설정을 바꾸면 더욱 편리하게 조작할 수 있습니다. [Excel 옵션]에서 [Enter 키를 누른 후 다음 셀로 이동]의 [방향]을 [오른쪽]으로 선택한다면 F2와 Enter로 내용을 확인할 수 있고, 체크를 해제한다면 F2와 Enter 그리고 →를 눌러 셀의 내용을 확인할 수 있습니다.

Enter를 누른 후 다음 셀로 이동을 오른쪽으로 설정한 경우

영업계획		계획A	계획B
매출	원	=F5*F6	480,000
단가	원	800	800
판매수	개	400	600
비용	원	23,200	34,800
인건비	원	19,200	28,800
직원수	인	2	3
1인당 인건비	원	9,600	9,600
임대료	원	4,000	6,000

F2 → Enter → →

→

영업계획		계획A	계획B
매출	원	320,000	=G5*G6
단가	원	800	800
판매수	개	400	600
비용	원	23,200	34,800
인건비	원	19,200	28,800
직원수	인	2	3
1인당 인건비	원	9,600	9,600
임대료	원	4,000	6,000

F2를 누름

Enter 설정을 변경하면 F2와 Enter를 반복으로 입력하며 효율적으로 셀의 내용을 확인할 수 있습니다.

Enter와 관련된 설정은 사소한 것처럼 보이지만, 확인해야 할 셀이나 시트의 수가 많다면 ==작은 설정에도 업무 효율에 큰 차이가 발생합니다.== 자신의 업무에는 어떤 스타일이 맞는지 확인한 후, 미리 적절하게 설정한 후에 업무를 진행하는 습관을 들입니다.

> **Note** Enter 설정은 수식 복사에도 편리하다
> 셀의 내용을 입력한 후 Enter를 눌러도 셀이 이동하지 않도록 설정하면 수식을 복사할 때도 편리합니다. 수식을 입력한 후 Enter를 눌러도 셀의 위치가 변하지 않기 때문에 그 자리에서 Ctrl+C를 눌러 곧바로 수식을 복사할 수 있습니다.

관련 항목 ▶ 셀 범위 지정과 개별 지정 ⇒ 94쪽 / F2 사용법 ⇒ 138쪽 / 추적 기능 ⇒ 142쪽

03 검산의 기술

예제 파일 4-03.xlsx

추적 기능으로 참조 셀 확인하기

추적 기능으로 실수 확인하기

추적 기능을 사용하면 각 수식이 참조한 셀을 한눈에 확인할 수 있습니다. 아래 표는 추적 기능으로 참조 관계를 확인하고 있습니다. 참조 관계는 파란색 화살표와 '•'로 표시됩니다. '•'가 **참조하는 셀**, 화살표가 가리키는 부분이 **수식이 입력된 셀**입니다. [F4] 셀이 [F5] 셀과 [F6] 셀을 참조하고 있음을 한눈에 알 수 있습니다. 즉, 매출은 단가와 판매수를 참조한 계산식에 의해 산출된 것입니다. 이처럼 빠르게 수식의 참조가 올바른지 확인할 수 있습니다.

추적 기능을 사용하면 참조 관계를 확인할 수 있다

	A	B	C	D	E	F	G	H	I	J	K
1											
2			영업계획			추적 기능					
3						계획A	계획B	계획C			
4			매출		원	320,000	480,000	640,000			
5				단가	원	800	800	800			
6				판매수	개	400	600	800			
7			비용		원	23,200	34,800	57,600			
8				인건비	원	19,200	28,800	48,000			
9				직원수	인	2	3	5			
10				1인당 인건비	원	9,600	9,600	9,600			
11				임대료	원	4,000	6,000	10,000			
12			이익		원	296,800	445,200	582,400			

추적 기능을 사용하면 수식이 어떤 셀을 참조하는지 쉽게 확인할 수 있습니다.

추적 화살표 표시하기

추적 화살표를 표시하려면 수식이 입력된 셀을 선택한 상태에서 [수식] 탭의 [참조되는 셀 추적]을 클릭합니다. 단축키는 Alt → M → P 입니다. 이 단축키는 동시에 누르지 말고 차례로 누릅니다.

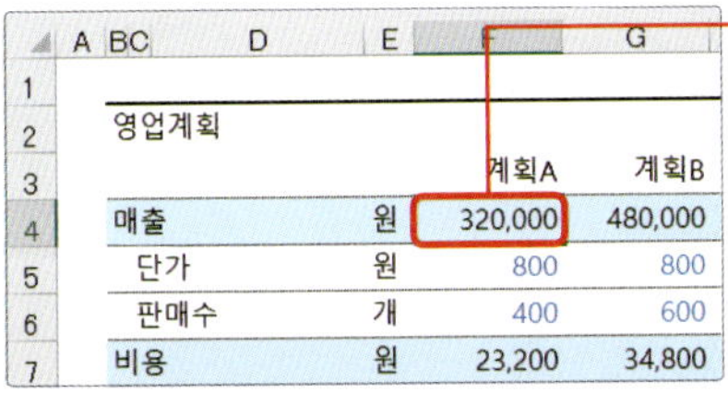

❶ 추적하고 싶은 셀을 선택합니다.

TIP 수식이 참조하는 셀을 확인하고 싶다면 수식이 입력된 셀을 선택합니다.

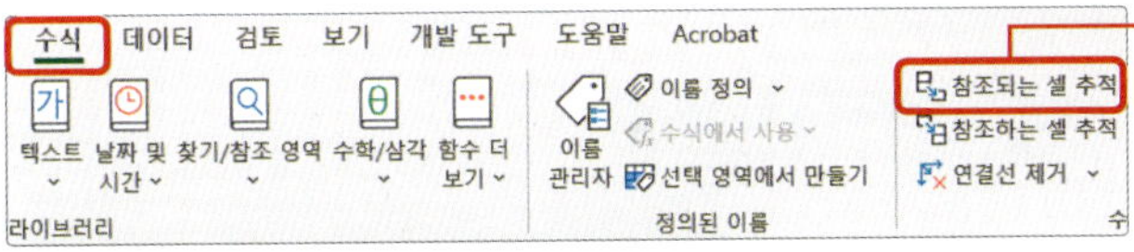

❷ [수식] 탭 → [참조되는 셀 추적]을 클릭합니다.

TIP [참조하는 셀 추적]과 [연결선 제거]는 다음 페이지에서 설명합니다.

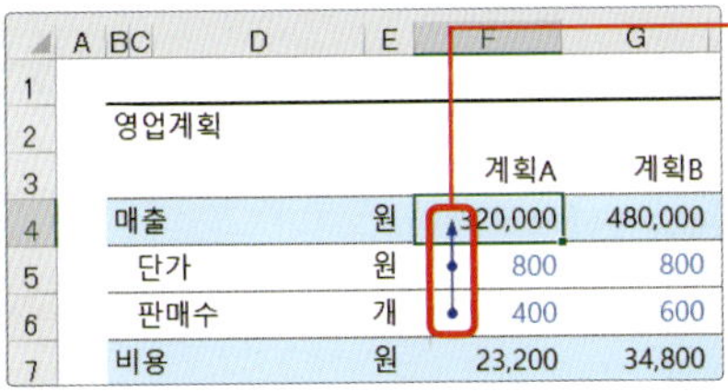

❸ 추적 화살표가 표시됩니다.

TIP 여러 셀을 선택하더라도 오직 커서가 위치한 활성 셀에만 추적 화살표가 나타납니다. 여러 셀에 추적 화살표를 표시하려면 셀을 옮겨 가며 반복합니다.

> **Note 다른 워크시트의 값을 참조하는 경우**
> 다른 워크시트의 값을 참조하는 수식은 검은 화살표와 워크시트 아이콘이 표시됩니다.

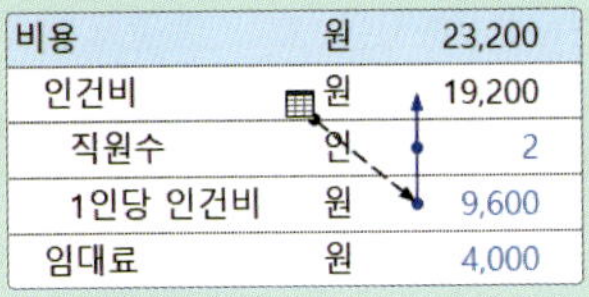

효과적인 추적 기능 사용법

<mark>여러 셀에 추적 표시를 하면 숨어 있는 실수를 발견하기 쉽습니다.</mark> 다음 표에서는 [F7], [G7], [H7] 셀에 참조되는 셀을 표시했는데, 다른 열의 화살표에 비해 [H7] 셀의 추적 선이 짧고 '•'의 위치가 어긋나 있다는 점을 단번에 알 수 있습니다.

같은 계산을 하는 여러 셀에 추적 기능을 동시에 표시한다

	A	B	C	D	E	F	G	H	I	J	K
1											
2		영업계획									
3						계획A	계획B	계획C			
4		매출			원	320,000	480,000	640,000			
5		단가			원	800	800	800			
6		판매수			개	400	600	800			
7		비용			원	23,200	34,800	57,600			
8		인건비			원	19,200	28,800	48,000			
9		직원수			인	2	3	5			
10		1인당 인건비			원	9,600	9,600	9,600			
11		임대료			원	4,000	6,000	10,000			
12		이익			원	296,800	445,200	582,400			

같은 수식이 입력되어야 하는 셀을 동시에 선택해서 추적 화살표를 표시했습니다.

추적 화살표의 길이가 다른 [H7] 셀의 수식을 살펴보니, 비용이 '인건비 [H8]+임차료 [H11]'가 아닌 '인건비 [H8]+1인당 인건비 [H10]'로 계산되고 있었습니다. <mark>이런 참조 셀 지정 실수는 수식을 복사하거나, 도중에 행과 열을 삽입하거나 삭제할 때 발생할 수 있습니다.</mark> 따라서 복잡한 수식이 포함된 표를 편집한 후에는 반드시 추적 기능을 사용하여 이런 실수가 발생하지 않았는지 확인하는 것이 좋습니다. 그리고 확인이 완료되었으면 [**수식**] 탭의 [**연결선 제거**]를 눌러 불필요한 화살표 표시를 지웁니다. 단축키는 Alt → M → A 입니다. 동시에 누르지 말고 차례로 누릅니다.

특정 셀의 값을 참조하는 셀 확인하기

[참조되는 셀 추적](143쪽) 버튼의 아래에 있는 [참조하는 셀 추적]을 클릭하면 특정 셀을 참조하고 있는 셀들을 확인할 수 있습니다. 아래 그림과 같이 [B4] 셀을 선택한 후에 [수식] 탭-[참조하는 셀 추적]을 누르면 부가세율 '1.1'를 참조하는 셀이 모두 표시됩니다. 이 예에서는 합계 열인 D열의 모든 셀이 [B4] 셀을 참조하고 있습니다. 이를 통해 의도치 않은 셀을 참조하고 있지는 않은지 확인할 수 있습니다.

참조하는 셀 추적

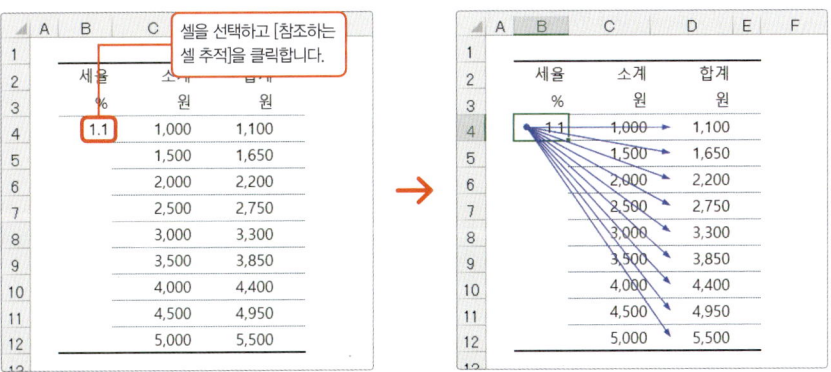

[B4] 셀을 선택한 상태에서 [참조하는 셀 추적]을 표시했습니다. 부가세율 '1.1'를 참조하는 셀들이 화살표로 표시됩니다.

이와 같이 참조 셀 추적 기능을 이용하면 계산식의 참조 관계를 쉽게 파악할 수 있습니다. 복잡한 수식을 사용하거나 시트를 반복해서 수정하면 참조 셀이 잘못 지정될 수 있습니다. 실수를 빠르게 확인하기 위해 수식을 입력할 때는 참조 셀 추적 기능을 적극 활용합니다.

> **Note** 참조 셀 반복 추적
>
> [참조되는 셀 추적]이나 [참조하는 셀 추적]을 여러 번 클릭하면 기준 셀의 계층 구조에 따라 추적 화살표가 추가됩니다. 어떤 계산식의 결과를 또 다른 계산식에 사용한다면 추적 버튼을 여러 번 눌러 계산의 흐름을 파악할 수 있습니다.

관련 항목 F2 사용법 ⇒ 138쪽 / 가로 방향 데이터 빨리 입력 ⇒ 140쪽

04 검산의 기술

예제 파일 4-04.xlsx

꺾은선형 차트로 비정상 값 찾기

차트로 비정상 값 확인하기

일별, 월별, 연도별처럼 연속성이 있는 데이터를 확인할 때, 꺾은선형 차트로 작성하면 데이터에 이상한 값이 있는지 신속하게 판단할 수 있습니다.

아래 그림은 월별 매출/비용/이익 데이터를 바탕으로 작성한 꺾은선형 차트입니다. 수치상으로는 쉽게 확인하기 어렵지만, 차트로 보면 비정상으로 의심되는 부분이 한눈에 보입니다.

꺾은선형 차트를 작성해서 시각적으로 확인한다

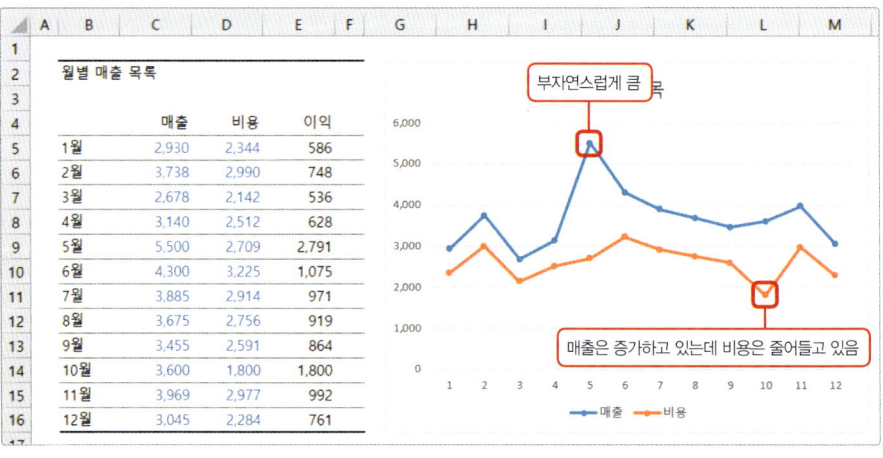

차트를 그려 보면 전체 흐름에서 벗어난 부분이 한눈에 보입니다.

차트를 통해 비정상 값을 찾을 때는 크게 2가지 특징에 주목합니다. 첫 번째는 ==다른 부분에 비해 매우 크거나 작은 부분==입니다. 위 그림의 경우 5월 매출 데이터가 이에 해당합니다. 두 번째는 ==상관관계가 맞지 않는 부분==입니다. 예를 들어, 위 그림의 10월에는 매출은 증가했는데 비용은 줄어들었습니다. 이러한 부분은 데이터가 잘못 입력되었을 가능성이 큽니다.

확인용 차트를 만드는 방법

데이터 확인용 차트는 보고용 차트를 만들 때처럼 외형에 신경 쓸 필요가 없습니다. 그저 차트 종류를 <u>꺾은선형 차트</u>로 선택하는 것과 비정상 값의 위치와 값을 빠르게 확인할 수 있도록 <u>표식을 붙이는 것</u>만 신경 쓰면 됩니다. 표식을 붙이면 마우스를 표식 위에 올려놓는 것만으로 계열 내의 번호와 값을 확인할 수 있습니다. 차트에 비정상 값이 보이면 표식 정보를 바탕으로 셀을 파악하여 수정하면 됩니다.

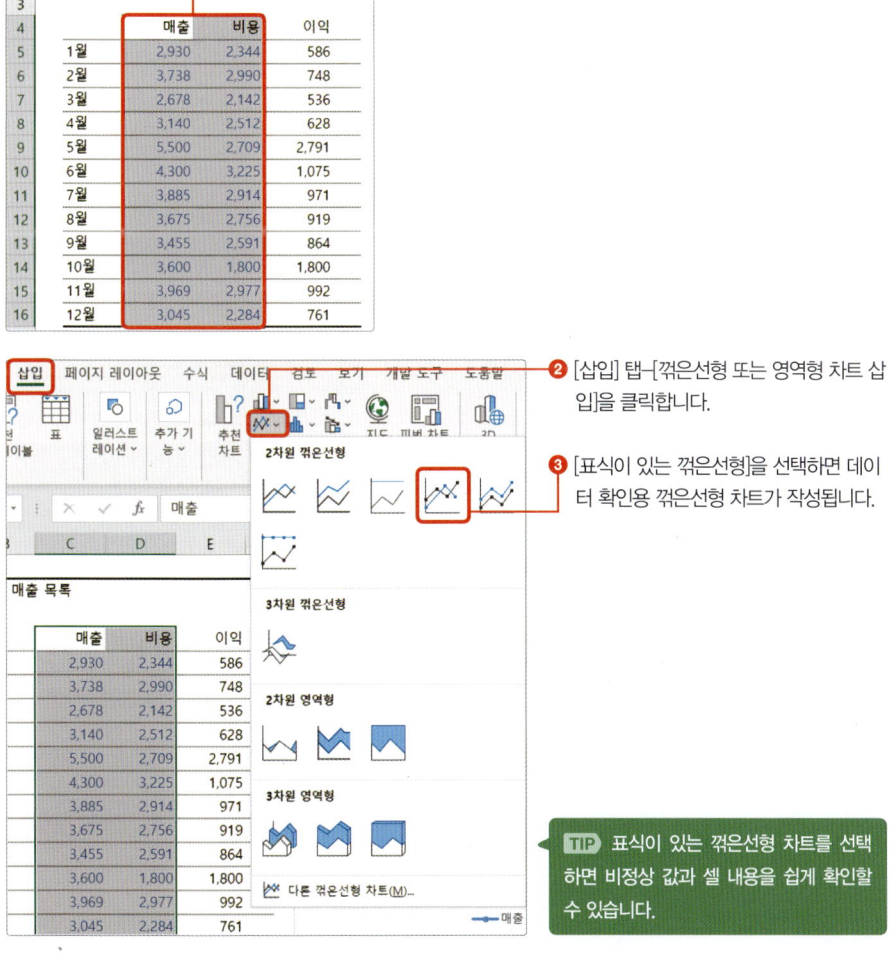

❶ 차트로 확인하려는 셀 범위를 선택합니다.

❷ [삽입] 탭-[꺾은선형 또는 영역형 차트 삽입]을 클릭합니다.

❸ [표식이 있는 꺾은선형]을 선택하면 데이터 확인용 꺾은선형 차트가 작성됩니다.

TIP 표식이 있는 꺾은선형 차트를 선택하면 비정상 값과 셀 내용을 쉽게 확인할 수 있습니다.

관련 항목 F2 사용법 ⇒ 138쪽 / 추적 기능 ⇒ 142쪽 / 차트의 기본 기능 ⇒ 292쪽

05 실수 예방하기

예제 폴더 4-05

작업을 시작하기 전에
반드시 파일을 복사해 둔다

언제든지 이전 상태로 돌아갈 수 있어야 한다

엑셀 파일을 편집하다 보면 조작 실수나 시스템 오류로 다시 작업을 해야 하는 경우가 발생할 수 있습니다. 이러한 불상사로 인한 재작업을 막는 가장 좋은 방법은 작업 시작 전에 파일을 복사하는 것입니다. 이때, 복사한 파일의 이름에는 날짜와 관리 번호를 입력하고 old 등 별도의 폴더에 저장함으로써 현재 작업 중인 파일과 구분합니다. 그러면 작업 중에 문제가 발생해도 이전 파일을 찾아서 쉽게 복구할 수 있습니다.

올바른 파일 저장 예

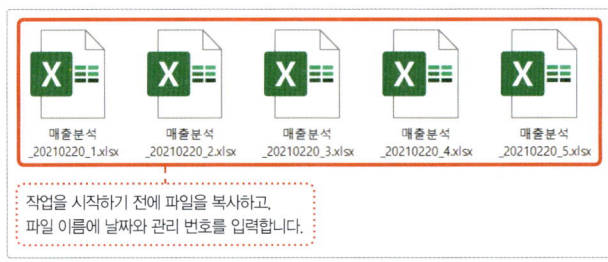
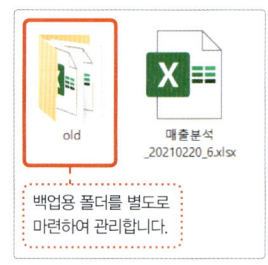

조작 실수나 파일의 손상을 대비하여 작업을 시작하기 전에 파일을 복사해 둡니다. 복사한 파일 이름은 그 파일이 어느 시점의 파일인지 알 수 있도록 이름을 붙이고, 백업 전용 폴더에 저장하는 것이 관리하기에 좋습니다.

파일을 복사하는 시점은 작업을 시작하기 전뿐만 아니라 비교적 큰 변경 작업을 수행한 후에도 **다른 이름으로 저장**을 통해 복사본을 만들어 두는 것이 좋습니다.

작업 흐름에 따라 파일 저장하기

실제 작업 흐름을 살펴보겠습니다. 먼저, 처음으로 문서를 만들 때 파일 이름을 '내용_날짜_버전 번호'라는 규칙에 따라 만듭니다. 가령 2021년 2월 20일에 매출 분석 파일을 작성한다면 '매출분석_20210220_1.xlsx'로 저장합니다. 이어서 백업 폴더(아래 예에서는 'old')를 만들고 작업을 시작합니다.

작업 흐름에 따른 파일 저장 예

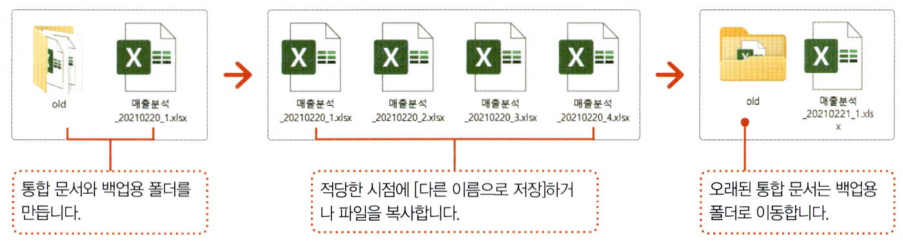

작업을 할 때는 필요에 따라 저장하면서 진행하고, 작업이 일단락되면 [다른 이름으로 저장]을 클릭하여 파일명을 '매출분석_20210220_2.xlsx'로 저장합니다. 이전 버전인 '매출분석_20210220_1.xlsx'은 old 폴더로 옮깁니다. 이후에도 동일한 방법으로 진행합니다.

그리고 다음 날에는 전날 작업한 최종 파일을 복사하여 파일 이름을 '매출분석 20210221_1'로 바꾼 후 전날 작업한 최종 파일은 old 폴더로 이동합니다. old 폴더는 주기적으로 별도의 저장 매체에 백업하면 더욱 안정적입니다.

> **Note** **다른 이름으로 저장하는 빈도**
> 다른 이름으로 저장하는 빈도는 작업 내용에 따라 적절히 결정합니다. 일반적인 상황이라면 한두 시간에 한 번씩 다른 이름으로 저장하면 되지만, 실수할 가능성이 큰 복잡한 작업을 할 때는 작업 시간과 관계없이 어느 정도 큰 작업이 끝난 시점마다 다른 이름으로 저장합니다.

관련 항목 파일 작성자 이름 삭제 ⇒ 84쪽 / 파일 자동 저장 ⇒ 88쪽

06 실수 예방하기

파일 이름에 날짜와 버전 번호 붙이기

효율적인 파일 이름 짓기

엑셀 작업을 할 때 파일 이름은 효율적인 관리를 위해 매우 중요합니다. 그때그때 되는대로 이름을 붙이면 파일을 효율적으로 관리할 수 없으므로 **명명 규칙**을 미리 정하는 것이 좋습니다. 명명 규칙은 팀으로 작업할 때뿐만 아니라 혼자서 작업할 때도 지키도록 합니다. 명명 규칙을 정할 때 중요한 점은 파일 이름을 통해 그 파일이 언제 만들어졌는지 알 수 있어야 하며, 파일들을 의도한 대로 정렬할 수 있어야 한다는 점입니다. 추천하는 명명 규칙은 다음과 같습니다.

- 내용_날짜_해당일의 버전 번호.xlsx

날짜는 yyyymmdd 형식으로, 월과 일이 한 자리라면 앞에 0을 채워 두 자리로 만듭니다.

- 2022년 3월 16일 → 20220316

이렇게 해 두면 파일 이름으로 정렬했을 때 작업한 시간순으로 정렬됩니다. 또한, 날짜 뒤에 붙이는 **버전 번호**는 매일 새롭게 1부터 시작하는 것이 좋습니다.

명명 규칙에 따라 저장된 파일들

탐색기 표시 방법 바꾸기

윈도우 탐색기를 사용하여 파일이나 폴더를 확인할 때 **탐색기의 표시 방법**을 적절히 바꾸면 (아이콘의 크기 및 표시하는 정보의 종류 등) 보다 효율적으로 작업할 수 있습니다. 탐색기의 표시 방법은 다음 그림처럼 [**보기**] 탭에서 바꿀 수 있습니다.

탐색기의 [보기] 탭

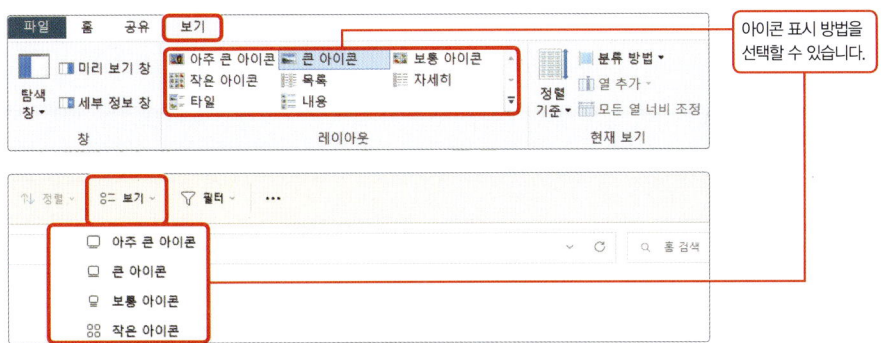

윈도우 11의 탐색기 보기 탭

추천하는 레이아웃은 [**자세히**]지만, 마우스를 많이 사용하는 사람은 [**큰 아이콘**]으로 설정하는 것이 조작하기 편할 수 있습니다. 하지만 파일의 이력을 확인하고 싶다면 [**작은 아이콘**]이나 [**자세히**]로 표시한 후 이름순으로 정렬하는 편이 보기 좋습니다.

여러 표시 방법

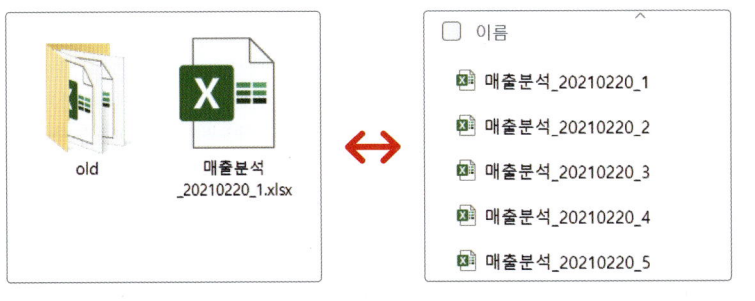

[큰 아이콘] 표시

[자세히] 표시는 위쪽의 [이름] 부분을 클릭하면 이름순으로 정렬됩니다.

관련 항목 파일 작성자 이름 삭제 ⇒ 84쪽 / 파일에 암호 설정 ⇒ 89쪽

07 실수 예방하기

예제 파일 4-07.xlsx

상대 참조와 절대 참조 이해하기

복사를 할 때 참조가 움직이는 셀과 움직이지 않는 셀

엑셀을 잘 다루기 위해서는 상대 참조와 절대 참조를 반드시 이해해야 합니다. 수식의 상대 참조는 그 수식을 복사하여 다른 셀에 붙여 넣으면 참조 위치가 자동으로 바뀝니다. 예를 들어, [D4] 셀에 =D5+D6라고 입력하고, 이 수식을 복사하여 [E4] 셀에 붙여 넣으면 자동으로 =E5+E6으로 바뀝니다.

반면, 절대 참조를 사용하면 어떠한 경우에도 참조하는 셀이 바뀌지 않습니다. 절대 참조로 지정하는 방법은 기호 '$'를 열이나 행 앞에 추가하면 됩니다. 예를 들어, [J5] 셀을 절대 참조로 하려면 $J$5라고 입력합니다. 또한, 열만 고정($J5)하거나 행만 고정(J$5)하는 혼합 참조도 가능합니다.

상대 참조와 절대 참조

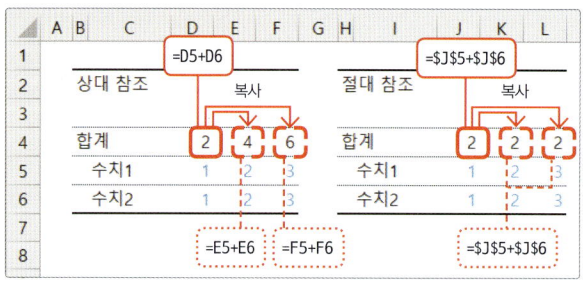

[D4] 셀에는 '=D5+D6'라고 상대 참조를 사용하여 수식을 입력하고 [J4] 셀에는 '$J$5+$J$6'라고 절대 참조를 사용하여 수식을 입력했습니다. 이 수식을 각각 가로 방향으로 복사했을 때 상대 참조를 사용하면 참조가 자동으로 변하여 합계 결과도 변합니다. 반면, 절대 참조를 사용하면 참조가 고정되어 합계 결과가 모두 같습니다.

제품별 매출액과 그 비중을 표로 작성한다고 생각해 보겠습니다. 다음의 그림을 보면 제품A의 매출액이 전체에서 차지하는 비중을 계산하기 위해 **제품A 매출÷총매출**을 의미하는 수식 =D6/D5를 [E6] 셀에 입력했습니다.

이어서 [E7], [E8], [E9] 셀에는 [E6] 셀의 수식을 복사했습니다. 자동 완성 기능 등을 사용하여 아래 방향으로 복사하면 될 것이라고 생각할 수 있지만, [E6] 셀에서 [D5] 셀에 대한 참조를 상대 참조로 지정했기 때문에 계산 실수가 발생합니다.

상대 참조를 사용한 상태에서 복사했기 때문에 발생한 계산 실수

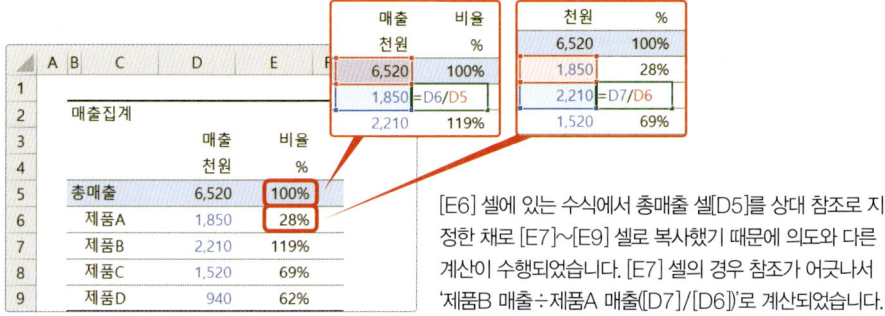

[E6] 셀에 있는 수식에서 총매출 셀[D5]를 상대 참조로 지정한 채로 [E7]~[E9] 셀로 복사했기 때문에 의도와 다른 계산이 수행되었습니다. [E7] 셀의 경우 참조가 어긋나서 '제품B 매출÷제품A 매출([D7]/[D6])'로 계산되었습니다.

고정 셀이나 셀 범위는 절대 참조로 지정한다

수식에 있는 상대 참조를 절대 참조로 바꾸고 싶으면, 식에서 바꾸고 싶은 부분을 선택하고 F4를 누릅니다. 여러 계산에서 공통으로 사용하는 고정 셀이나 셀 범위는 절대 참조로 지정해야 합니다. 한편, F4는 누를 때마다 참조 방식이 서로 바뀝니다.

F4로 상대 참조와 절대 참조 전환

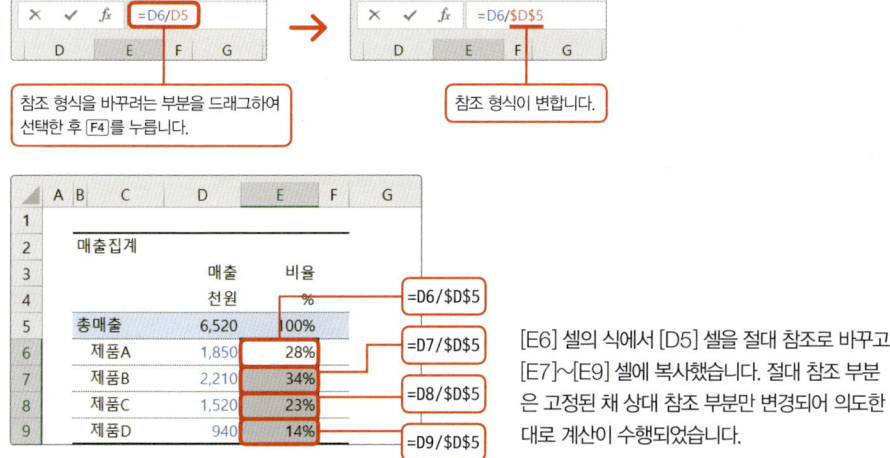

[E6] 셀의 식에서 [D5] 셀을 절대 참조로 바꾸고 [E7]~[E9] 셀에 복사했습니다. 절대 참조 부분은 고정된 채 상대 참조 부분만 변경되어 의도한 대로 계산이 수행되었습니다.

관련 항목 ▶ 셀 범위 지정과 개별 지정 ⇒ 94쪽 / 혼합 참조 ⇒ 154쪽 / 다른 시트 참조 ⇒ 156쪽

08 실수 예방하기   예제 파일 4-08.xlsx

혼합 참조 이해하기

행 또는 열만 절대 참조인 경우

이전 페이지에서 설명한 절대 참조는 행과 열을 모두 고정하는 참조 방식입니다. 혼합 참조는 ==행과 열 중 하나만 고정하는 참조== 방식입니다. 혼합 참조는 세로축에 판매수, 가로축에 가격을 기재한 매출표처럼, 행과 열 각각에 계산의 기준이 되는 값을 나열하고 교차하는 위치에 계산 결과를 표시하는 매트릭스 표를 만들 때 편리합니다.

혼합 참조를 사용하는 구체적인 예를 살펴보겠습니다. 아래 그림에서는 C열에 판매개수를 배치하고, 4행에 가격을 배치하여 매출 계산표를 만들었습니다. 두 종류의 데이터가 교차하는 셀 범위 [D5:G10]에는 '판매개수×가격'으로 수식이 입력되어 있습니다. 이 셀 범위의 수식도 ==[D5] 셀에 입력한 혼합 참조 수식을 복사해서 붙여넣기로 일괄 입력할 수 있습니다.== 즉, 아래 그림과 같은 매트릭스도, 혼합 참조를 사용하면 수식 하나만으로 나머지 범위의 수식을 일괄 입력할 수 있습니다.

혼합 참조를 이용해서 만든 표

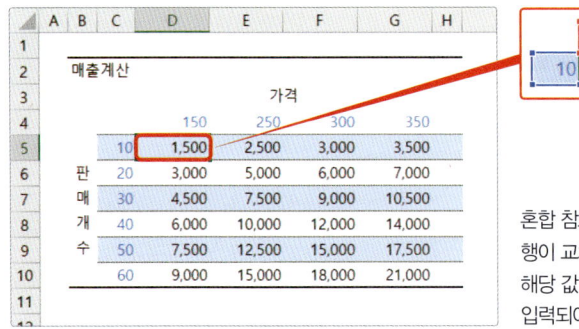

혼합 참조를 이용하여 만든 매출 계산표. 열과 행이 교차하는 [D5:G10]의 각 셀에는 'C열의 해당 값 × 4행의 해당 값'이 계산되도록 수식이 입력되어 있습니다.

F4를 여러 번 눌러 참조 형식 변환하기

참조 방식을 혼합 참조로 바꾸려면, 바꾸고 싶은 부분을 선택한 상태에서 F4를 반복해서 클릭합니다. 그러면 참조 방식이 **상대 참조 → 절대 참조 → 혼합 참조(행만 고정) → 혼합 참조 (열만 고정)** 순서로 바뀝니다. 원하는 참조 형식이 될 때까지 F4를 누르면 됩니다.

앞 페이지의 매출 계산표를 만들 때, [D5] 셀에 =C5*D4를 입력한 후 [C5] 부분을 $C5(열만 고정)로, [D4] 부분을 D$4(행만 고정)로 설정합니다. 그리고 이 셀을 [D5:G10]의 다른 셀에 복사하면 완성됩니다.

혼합 참조를 사용해서 매출 계산표를 작성하는 방법

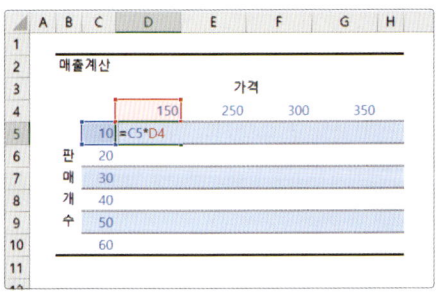

❶ =C5*D4라는 식을 입력합니다.

❷ F4를 여러 번 눌러 =$C5*D$4로 변환하여 C열과 4행을 고정시킨다.

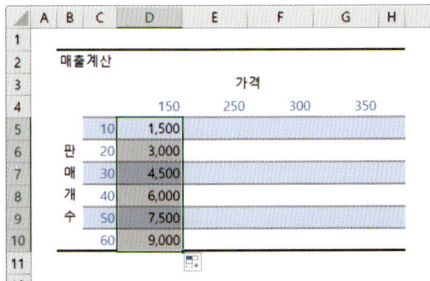

❸ 세로 방향으로 복사합니다.

❹ 이어서 가로 방향으로 복사해서 완성합니다.

> **Note** 참조를 고정하는 기호는 왜 $일까?
>
> 절대 참조나 혼합 참조에서는 고정하는 기호로 $를 사용합니다. 왜 $일까요? 일설로는 $의 모양이 배를 고정하는 닻을 닮았기 때문이라고 합니다.

관련 항목 절대 참조와 상대 참조 ⇒ 152쪽 / 다른 시트 참조 ⇒ 156쪽

09 실수 예방하기

예제 파일 4-09.xlsx

다른 시트의 데이터 참조하기

다른 시트의 데이터를 참조하는 방법

엑셀에서는 다른 시트의 셀도 참조할 수 있습니다. 수식을 입력할 때 시트를 전환하여 원하는 셀을 선택하면 됩니다. 그러면 '시트이름!셀주소' 형식으로 셀 주소가 지정됩니다.

> sheet1!B4

키보드로 직접 '시트이름!셀주소' 형식으로 입력해도 됩니다. 또한, 다른 시트의 셀을 참조할 때도 절대 참조나 혼합 참조를 사용할 수 있습니다. 아래 그림은 상품 시트에 입력한 내용을 견적 계산 시트에서 VLOOKUP 함수(128쪽)를 통해 참조하고 있습니다.

> =VLOOKUP($B5, 상품!$B$4:$D$9, 2, FALSE)
>
> '상품' 시트의 셀 범위 [B4:D9]를 참조하고 있다.

다른 시트의 값을 참조하는 예

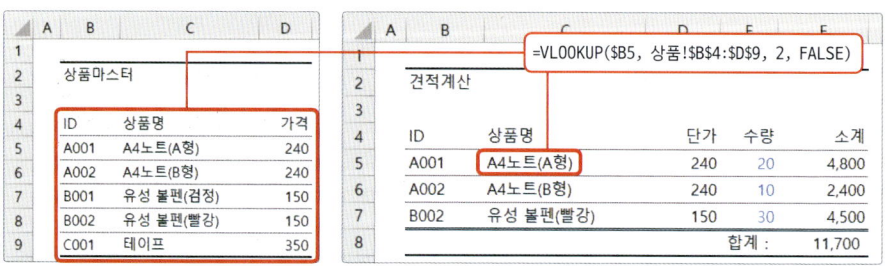

상품 시트에 입력된 상품명과 가격을 다른 시트에서 참조합니다.

> **Note** 시트 이름이 숫자로 시작한다면 작은따옴표로 둘러싼다
> 시트 이름이 숫자로 시작하거나 사이에 공백이 있다면 '1월 매출'!A1처럼 시트 이름 전체를 작은따옴표(')
> 로 감싸야 합니다.

자주 벌어지는 실수

데이터를 입력하는 과정에서 오탈자 등 입력 실수는 아무리 주의를 기울여도 발생합니다. 이런 실수는 찾기도 어렵고, SUMIF 함수 등의 집계 결과에 포함되지 않습니다.

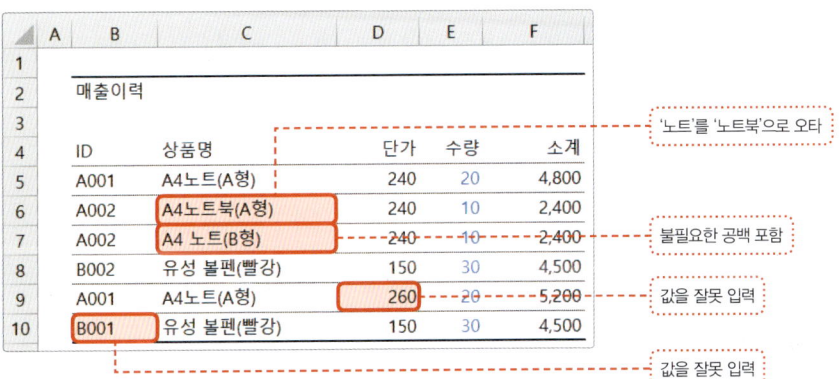

입력 실수는 쉽게 알아차리기 어렵습니다. 나중에 집계 결과가 이상해서 원인을 찾으려고 하면 해결하는 데 시간이 많이 필요합니다.

위와 같은 단순한 입력 실수를 방지하기 위해서는 ==여러 번 사용되는 데이터(예를 들어 상품이나 서비스의 목록 등)를 별도의 시트에 모아 놓고 해당 시트에서 참조하는 것이 좋습니다.==

또한, 데이터를 수정해야 할 때도 한 곳만 수정하면 통합 문서 전체에 적용되므로 편리합니다. 만약 시트마다 직접 입력했다면 전부 일일이 찾아서 수정해야 하며, 해당 과정에서 수정을 빠뜨리거나 오탈자 같은 실수가 발생하기 쉽습니다.

사소한 입력 실수라도 집계 결과에 크게 영향을 미칠 수 있으므로 엑셀 문서를 만드는 단계부터 다른 시트 참조 기능을 적극적으로 사용합니다.

관련 항목 셀 범위 지정과 개별 지정 ⇒ 94쪽 / 절대 참조와 상대 참조 ⇒ 152쪽 / 혼합 참조 ⇒ 154쪽

10 실수 예방하기

예제 파일 4-10.xlsx

셀에 이름 붙이기

셀 주소 대신 셀 이름 사용하기

엑셀에서 임의의 셀 또는 셀 범위에 이름을 지정할 수 있으며, 이렇게 붙인 이름을 수식에서 그대로 사용할 수 있습니다. 예를 들어, 특정 셀에 부가세율을 나타내는 '0.1'이라는 값을 입력하고, 해당 셀에 '부가세'라는 이름을 붙였다면, 다음과 같이 수식을 사용할 수 있습니다.

= B1*부가세

셀에 붙인 이름을 수식에서 사용하면 훨씬 의미를 파악하기 쉽습니다.

셀에 이름 붙이기

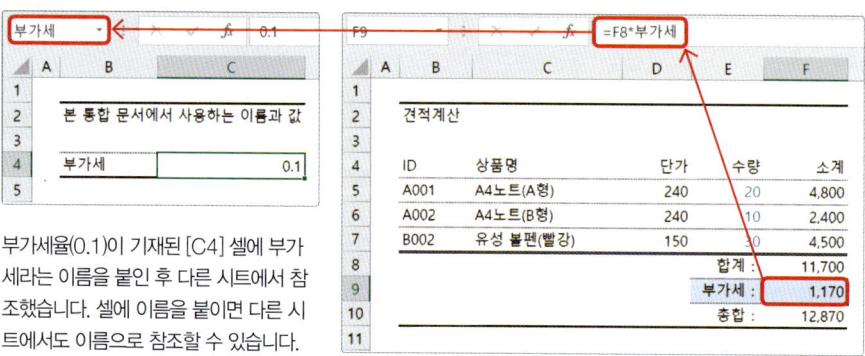

부가세율(0.1)이 기재된 [C4] 셀에 부가세라는 이름을 붙인 후 다른 시트에서 참조했습니다. 셀에 이름을 붙이면 다른 시트에서도 이름으로 참조할 수 있습니다.

이름을 붙여 편리하게 사용할 수 있는 수치는 부가세율 이외에도 자릿수를 나타내는 데 사용하는 수치(천 원, 만 원, 백만 원 등)나 환율, 사업별로 독립된 단위(1로트=300개) 등이 있습니다. 이름을 잘 붙이면 수식의 내용을 훨씬 알기 쉽습니다.

첫 번째 시트에 셀 이름을 정리한다

어느 시트의 어느 위치에도 셀 이름을 붙일 수 있지만, 다양한 시트에 이름을 설정해 놓으면 관리가 어려우며 실수로 같은 이름을 설정할 위험도 있습니다. 설정한 이름은 다른 시트에서도 참조할 수 있으므로 셀의 이름은 첫 번째 시트에 모아 두는 것을 추천합니다.

셀에 이름을 지정하려면 이름을 붙일 셀을 선택한 후 시트 왼쪽 위에 있는 이름 상자에 이름을 입력하고 Enter 를 누릅니다.

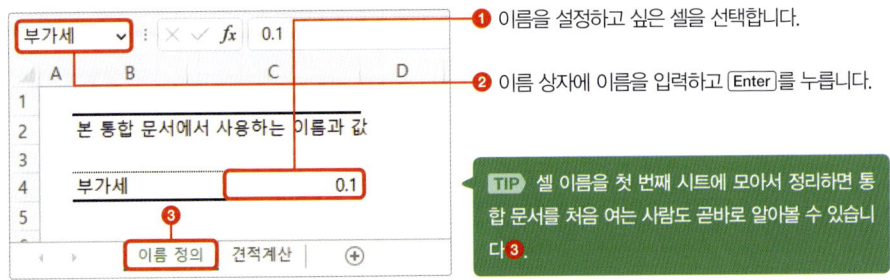

❶ 이름을 설정하고 싶은 셀을 선택합니다.
❷ 이름 상자에 이름을 입력하고 Enter 를 누릅니다.

TIP 셀 이름을 첫 번째 시트에 모아서 정리하면 통합 문서를 처음 여는 사람도 곧바로 알아볼 수 있습니다 ❸.

Note 값 자체에 이름을 붙일 수도 있다

엑셀에서는 셀이 아닌 값 자체에도 이름을 붙일 수 있습니다. 값 자체에 이름을 지정하려면 [수식] 탭의 [이름 정의]를 클릭합니다. '새 이름' 대화상자에서 [이름] 란에 이름을 입력하고 ❶ [참조 대상]에 값을 입력한 후 ❷ [확인]을 누릅니다.
하지만 [이름 관리자] 메뉴를 모르는 사람은 이름이 어디에 정의되어 있고 어떤 값인지 찾기 어렵기 때문에, 이 방법보다는 첫 번째 시트에 모든 이름과 값을 정리하는 방식을 쓰는 것이 좋습니다. 명확하게 첫 번째 시트에 이름과 값이 정의되어 있으면 누구나 쉽게 이름에 해당하는 값을 확인하고 수정할 수 있습니다.

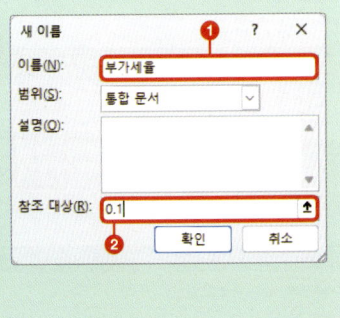

관련 항목 셀에 노트 작성 ⇒ 68쪽 / 셀에 붙인 이름 해제 ⇒ 160쪽

11 실수 예방하기

예제 파일 4-11.xlsx

셀 이름 삭제하기

이름 관리자 대화상자 사용하기

통합 문서에서 사용하는 이름을 확인하거나 수정하려면 **[수식]** 탭의 **[이름 관리자]**를 클릭하여 대화상자를 표시합니다. 특히 이름을 포함한 수식을 다른 통합 문서나 신규 통합 문서에 복사했다면 반드시 이름 관리자를 통해 확인해야 합니다.

엑셀에서는 다른 통합 문서에서 복사해 온 수식에 이름이 사용된 경우, 원본 통합 문서에 대한 링크가 설정된 상태로 이름 정보도 복사됩니다. 하지만 통합 문서 간 링크는 가능한 한 사용하지 말고 하나의 통합 문서 안에서 동작하도록 만드는 것이 안전합니다. 따라서 다른 통합 문서에 링크가 설정된 이름이 있으면 **[이름 관리자]** 대화상자에서 편집하거나 삭제하는 것이 좋습니다.

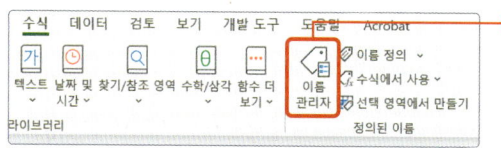

❶ **[수식]** 탭-**[이름 관리자]**를 클릭합니다.

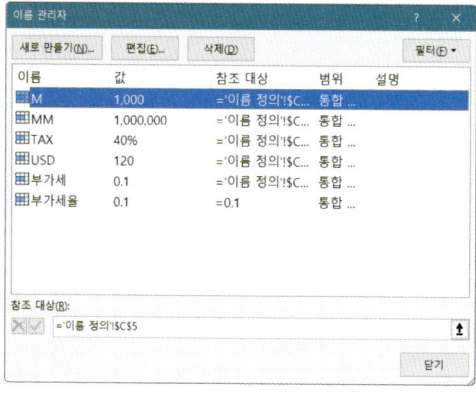

❷ **[이름 관리자]** 대화상자가 표시됩니다. 이 대화상자에서 지금까지 정의한 이름 목록을 확인, 편집, 삭제할 수 있습니다.

이름 편집 및 삭제하기

이름을 편집 및 삭제하려면 [이름 관리자] 대화상자에서 이름을 선택한 후, 대화상자의 맨 위에 있는 [편집] 또는 [삭제]를 클릭합니다. [편집]을 클릭하여 새로운 셀이나 셀 범위를 재지정할 수 있습니다.

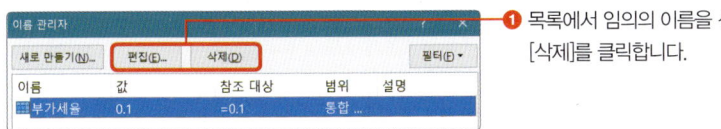

❶ 목록에서 임의의 이름을 선택한 후 [편집]이나 [삭제]를 클릭합니다.

이름을 삭제하면 그 이름을 사용하는 수식 셀에 [#NAME?] 오류가 표시됩니다. 이름의 정의를 찾지 못해 발생한 오류입니다. 이 오류를 수정하려면 삭제한 이름과 동일한 이름을 다시 정의하거나 수식의 이름 부분을 셀 주소로 고쳐야 합니다.

이름을 삭제하면 그 이름을 사용하고 있는 수식에 오류가 발생한다

상품명	단가	수량	소계
A4노트(A형)	240	20	4,800
A4노트(B형)	240	10	2,400
유성 볼펜(빨강)	150	30	4,500
		합계 :	11,700
		부가세 :	1,170
		총합 :	12,870

→ =F8*부가세

상품명	단가	수량	소계
A4노트(A형)	240	20	4,800
A4노트(B형)	240	10	2,400
유성 볼펜(빨강)	150	30	4,500
		합계 :	1,700
		부가세 :	#NAME?
		총합 :	#NAME?

'부가세'라는 이름을 삭제하면 그 이름을 사용하고 있는 수식에서 이름의 정의를 찾을 수 없어 '#NAME' 오류가 발생합니다.

> **Note** 자동으로 정의되는 이름
> 인쇄 범위를 정의하면 'Print_Area'라는 이름이 자동으로 지정됩니다. 또한, 외부 데이터를 가져올 때도 자동으로 이름이 추가될 수 있습니다.

관련 항목 셀에 노트 작성 ⇒ 68쪽 / 셀 이름 지정 ⇒ 158쪽

12 실수 예방하기

예제 파일 4-12.xlsx

데이터 유효성 검사하기

자주 사용하는 데이터를 목록에서 선택하기

입력 실수를 방지하려면 데이터를 셀에 직접 입력하지 말고 입력 가능한 목록에서 선택하는 것이 좋습니다. 그러면 오탈자 등 입력 실수를 방지할 수 있으며, 띄어쓰기도 통일할 수 있습니다.

셀에 입력할 수 있는 데이터를 제한하려면 **데이터 유효성 검사** 기능을 사용합니다. 자주 사용하는 데이터에 사용하면 매우 효과적입니다.

데이터 유효성 검사로 셀에 입력할 수 있는 값을 제한한다

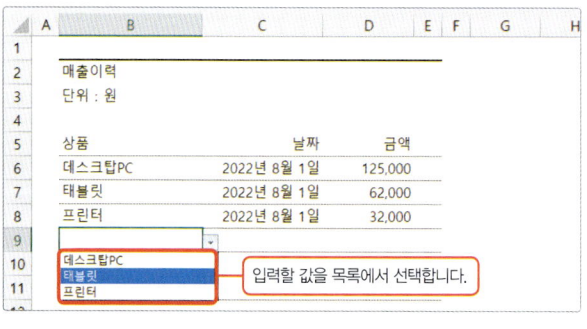

입력할 값을 목록에서 선택합니다.

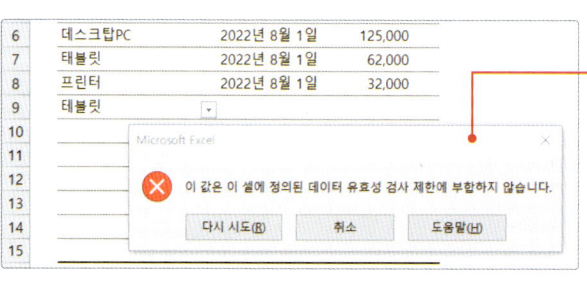

목록에 없는 항목은 입력할 수 없습니다.

데이터 유효성 검사 기능을 사용하여 입력 가능한 값을 목록에서 선택하도록 했습니다. 목록에 없는 값을 입력하면 경고 메시지가 표시됩니다.

목록의 값을 직접 입력하여 설정하기

임의의 셀 또는 셀 범위에 **[데이터 유효성 검사]**를 설정하면 해당 셀에는 지정된 값만 입력할 수 있습니다. 데이터 유효성 검사 기능을 설정하려면 아래의 절차를 따릅니다.

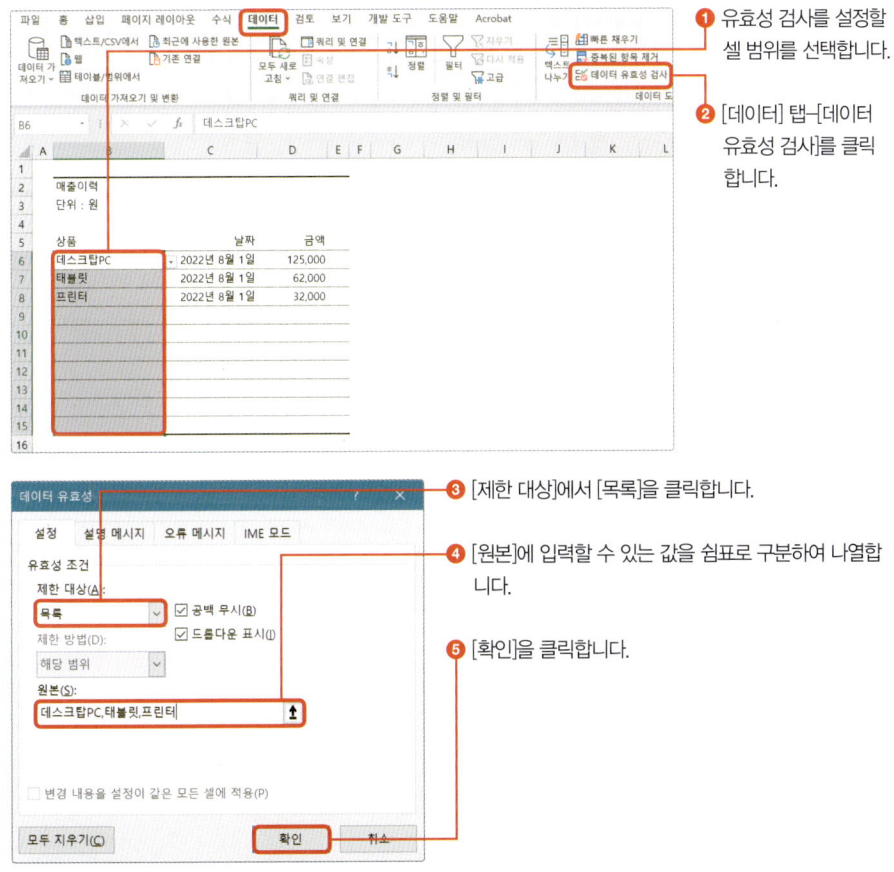

❶ 유효성 검사를 설정할 셀 범위를 선택합니다.

❷ [데이터] 탭–[데이터 유효성 검사]를 클릭합니다.

❸ [제한 대상]에서 [목록]을 클릭합니다.

❹ [원본]에 입력할 수 있는 값을 쉼표로 구분하여 나열합니다.

❺ [확인]을 클릭합니다.

> **Note** **데이터 유효성 검사 해제 방법**
> [데이터 유효성 검사]를 해제하려면 [데이터 유효성 검사] 대화상자의 왼쪽 아래에 있는 [모두 지우기]를 클릭합니다.

셀 범위로 지정하여 목록 만들기

유효성 검사에서 사용할 데이터의 목록은 쉼표로 구분하여 직접 입력할 수도 있지만 셀 범위로 지정할 수도 있습니다. [데이터 유효성] 대화상자의 [원본]에 셀 범위를 절대 참조로 지정하면 됩니다. 이때 셀에 붙인 이름을 사용할 수도 있는데, '=' 다음에 셀의 이름을 넣으면 됩니다.

유효성 검사의 제한 대상을 셀 범위로 지정

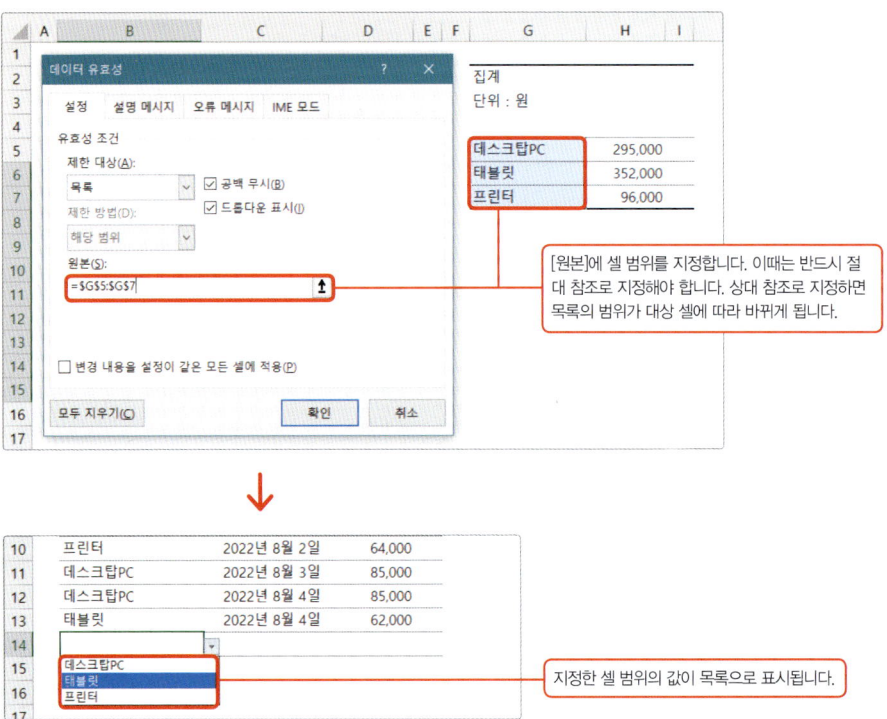

Note 키보드로 목록을 선택하는 단축키

[데이터 유효성 검사]가 설정된 셀에서는 드롭다운 목록을 여는 단축키인 Alt + ↓ 로 목록을 열고 ↑ 나 ↓ 로 값을 선택할 수 있습니다. 선택 후 Enter 를 누르면 입력됩니다.
한편, [데이터 유효성 검사]가 설정되지 않은 셀에서 드롭다운 목록을 열면, 엑셀이 같은 열의 값을 바탕으로 자동으로 만든 '입력 후보 목록'이 표시됩니다. 이 기능도 활용하면 편리하므로 아울러 익혀 둡니다.

목록 이외의 값도 입력할 수 있도록 설정하기

[데이터 유효성 검사]를 설정하면 기본적으로 목록 이외의 값은 입력할 수 없습니다. 하지만 때때로 목록에 없는 값도 입력하고 싶은 경우가 있습니다. 그럴 때는 [오류 메시지]의 [스타일]을 바꿔서 목록 외의 값도 입력할 수 있도록 설정하면 됩니다. 오류 메시지의 스타일을 바꾸려면 아래의 절차를 따릅니다.

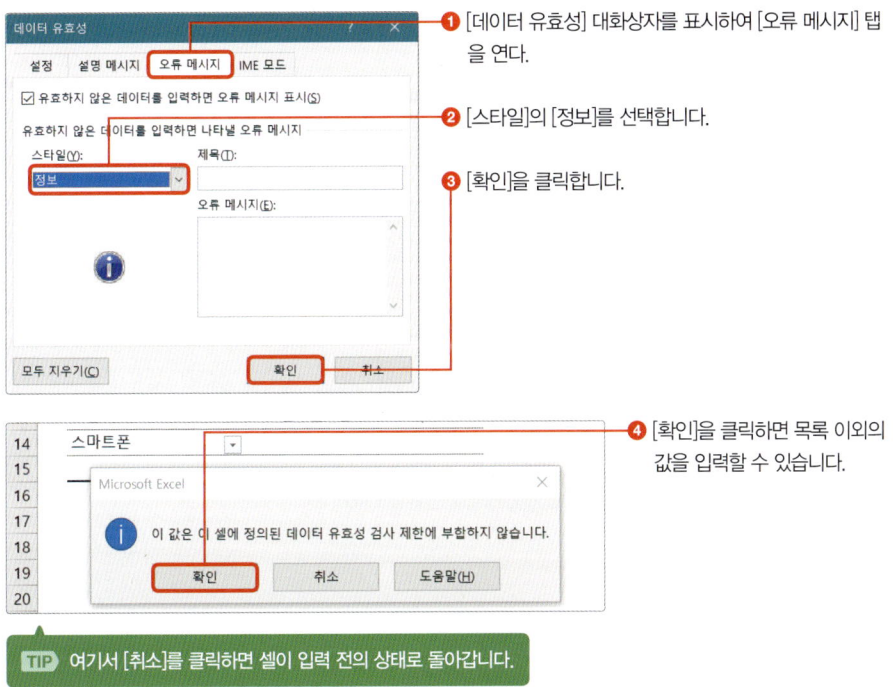

❶ [데이터 유효성] 대화상자를 표시하여 [오류 메시지] 탭을 연다.

❷ [스타일]의 [정보]를 선택합니다.

❸ [확인]을 클릭합니다.

❹ [확인]을 클릭하면 목록 이외의 값을 입력할 수 있습니다.

TIP 여기서 [취소]를 클릭하면 셀이 입력 전의 상태로 돌아갑니다.

Note 오류 메시지의 [스타일]에 설정 가능한 항목

[오류 메시지] 탭의 [스타일]에는 [정보] 외에 [중지], [경고]를 선택할 수 있습니다. [중지]를 선택하면 목록 이외의 값을 입력할 수 없습니다. 또한, [경고]를 선택하면 [예], [아니오], [취소] 등 버튼이 나열된 대화상자가 표시됩니다. [예]를 선택하면 잘못된 값을 그대로 입력할 수 있고, [아니오]를 선택하면 잘못된 값을 수정할 수 있는 상태로 돌아갑니다. 또한, [취소]를 선택하면 입력을 취소하고 셀의 원래의 상태로 돌아갑니다.

관련 항목 ▸ 셀 범위 지정과 개별 지정 ⇒ 94쪽 / 절대 참조와 상대 참조 ⇒ 152쪽 / 혼합 참조 ⇒ 154쪽

13 파일 참조와 원본 데이터 — 예제 폴더 4-13

다른 통합 문서는 참조하지 않는다

통합 문서는 단독으로 사용한다

엑셀에서는 아래와 같은 방식으로 다른 통합 문서의 셀을 참조할 수 있습니다.

- 두 개의 통합 문서를 연 채로 수식을 입력할 때 다른 통합 문서의 셀을 선택한다
- 셀 참조를 '[**통합문서이름.xlsx**]**시트이름**'!**셀주소** 형식으로 지정한다
- VLOOKUP 함수 등으로 다른 시트의 값을 참조하는 표를 별도의 통합 문서에 복사한다

다른 통합 문서를 참조하는 기능(링크)은 얼핏 편리해 보이지만, 참조된 통합 문서가 없어지거나 문서 이름이 변경되면 오류가 발생합니다. 또한, 통합 문서를 열 때마다 외부 참조에 대한 경고 메시지가 나타나고, 링크된 데이터에 대한 업데이트도 수행해야 합니다. 따라서 ==다른 통합 문서를 참조하지 않는 것이 좋습니다.== 기본적으로 통합 문서는 단독으로 사용하는 것이 바람직합니다.

다른 통합 문서를 참조한 예

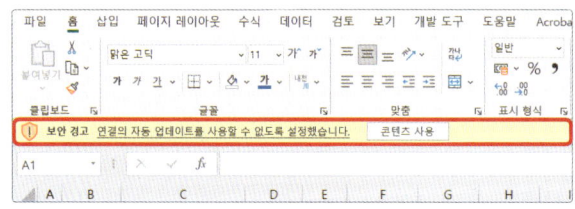

다른 통합 문서를 참조하면, 통합 문서를 열 때 경고 메시지가 표시됩니다.

다른 통합 문서의 데이터를 복사한 후 참조한다

때때로 다른 통합 문서에 있는 데이터나 집계/분석한 결과를 활용해야 하는 경우도 있습니다. 이미 다른 통합 문서에서 충분히 작업하고 검증한 결과를 그대로 활용하는 것이 빠르고 정확하기 때문입니다. 이럴 때는 다른 통합 문서의 값을 일단 빈 통합 문서에 복사한 후 참조하는 것이 좋습니다. 특히, 수식을 이용할 필요가 없다면 **값 붙여넣기** 기능을 사용하여 수식을 제외한 값만 복사하는 것이 안전합니다.

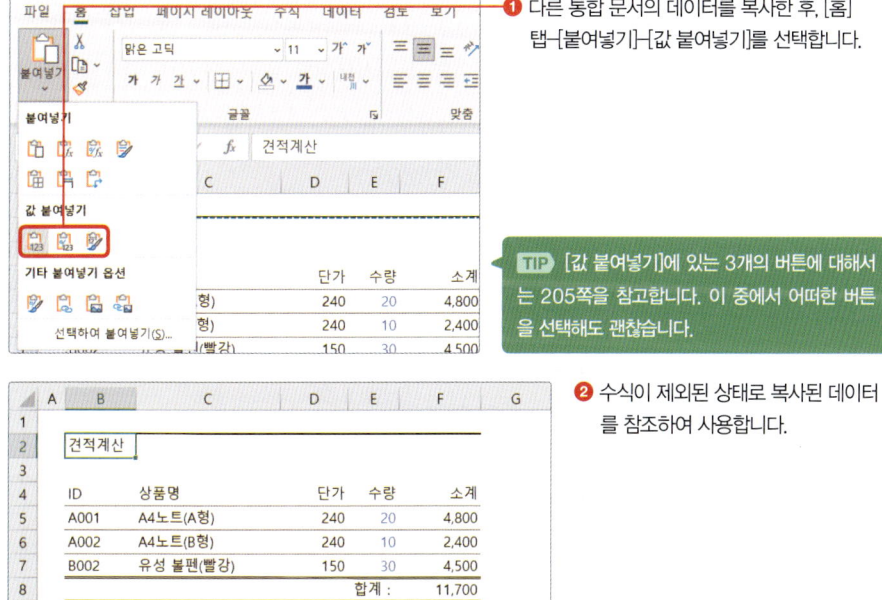

❶ 다른 통합 문서의 데이터를 복사한 후, [홈] 탭-[붙여넣기]-[값 붙여넣기]를 선택합니다.

TIP [값 붙여넣기]에 있는 3개의 버튼에 대해서는 205쪽을 참고합니다. 이 중에서 어떠한 버튼을 선택해도 괜찮습니다.

❷ 수식이 제외된 상태로 복사된 데이터를 참조하여 사용합니다.

> **Note** 다른 통합 문서의 수식까지 복사하고 싶은 경우
> 다른 통합 문서에서 수식까지 복사해서 사용하고 싶다면, 수식이 참조하고 있는 시트를 모두 복사해야 합니다. 예를 들어 다른 통합 문서의 '견적 계산' 시트의 값을 복사하고 싶다면, '견적 계산' 시트와 '견적 계산' 시트 안의 수식이 참조한 '상품' 시트도 전부 복사합니다.

관련 항목 절대 참조와 상대 참조 ⇒ 152쪽 / 다른 시트 참조 ⇒ 156쪽

14 파일 참조와 원본 데이터

예제 폴더 4-14

다른 통합 문서를 참조하는지 확인하는 방법

찾기 및 바꾸기 기능으로 확인하기

다른 통합 문서를 참조한 수식이 있는지 일일이 확인하면서 찾기란 매우 번거롭습니다. 다른 통합 문서를 참조할 때는 항상 '**[통합문서이름.xlsx]시트이름**'!**셀주소**와 같이 대괄호(**[ ]**)를 사용한다는 점을 이용해서 **찾기 및 바꾸기** 기능으로 대괄호가 포함된 식을 검색하면 좀 더 쉽게 다른 통합 문서를 참조하는 수식을 찾을 수 있습니다.

다른 통합 문서를 참조하고 있는 수식을 찾는 방법

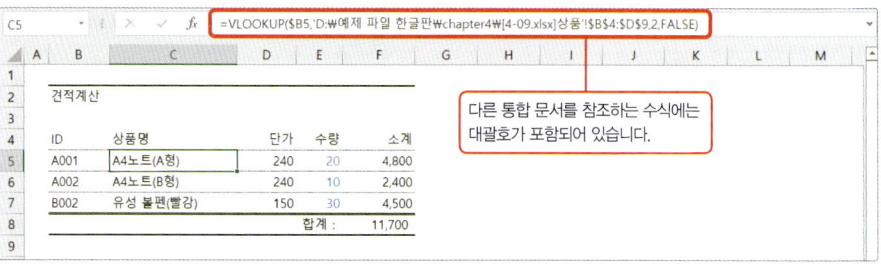

다른 통합 문서를 참조하는 수식에는 대괄호가 포함되어 있습니다.

> **Note 이름 정의도 확인한다**
>
> 다른 통합 문서를 참조하는 식을 찾을 때는 이름 정의 목록도 반드시 확인합니다(168쪽). 이름을 사용한 수식을 다른 통합 문서에서 복사하면 해당 문서에도 이름이 정의됩니다. 하지만 이 이름은 원본 통합 문서를 그대로 참조하고 있습니다. 따라서 모든 수식에서 다른 통합 문서 참조를 제거해도 경고 메시지가 사라지지 않는다면 이름 정의도 확인해 보기 바랍니다.

통합 문서 전체를 대상으로 찾기

다른 통합 문서에 대한 참조가 있는지 확인할 때 **Ctrl**+**F**를 눌러 **[찾기 및 바꾸기]** 대화상자를 표시한 다음, **[옵션]**을 표시한 상태에서 범위를 '통합 문서'로, 찾는 위치는 '수식'으로 설정합니다. 또한, '전체 셀 내용 일치' 항목의 체크를 해제합니다.

위와 같이 설정한 후 찾을 내용에 **대괄호([)**를 입력하고 **[모두 찾기]** 버튼을 클릭합니다. 그러면 다른 통합 문서를 참조하고 있는 셀의 목록이 표시됩니다. 이 셀의 수식을 그대로 사용하려면 참조된 시트를 통째로 현재 통합 문서 내에 복사한 후, 해당 수식에서 기존 통합 문서 이름 부분을 삭제하여 수식을 현재 통합 문서의 시트를 참조하는 상태로 만듭니다. 검색 결과로 나열된 목록을 클릭하면 해당 셀로 이동하므로 빠르게 수정할 수 있습니다.

[찾기 및 바꾸기]로 다른 통합 문서 참조 찾기

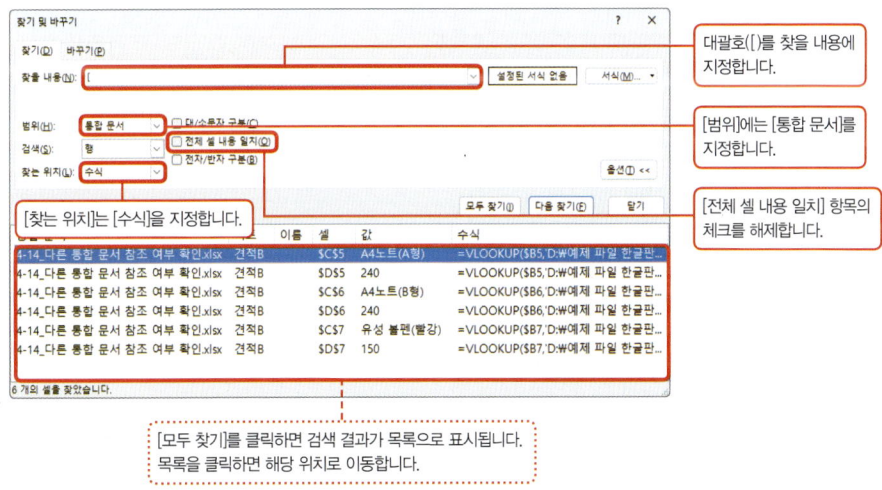

[모두 찾기]를 클릭하면 검색 결과가 목록으로 표시됩니다. 목록을 클릭하면 해당 위치로 이동합니다.

> **Note 연결 끊기 기능**
> 다른 통합 문서에 대한 참조는 [데이터] 탭의 [연결 편집]에서 한꺼번에 해제할 수 있습니다. 연결이 끊어진 셀은 연결이 끊어지기 전에 표시된 값으로 남습니다. 수식인 채로 남겨 둘 필요가 없다면 이렇게 연결을 끊는 것이 간단합니다.

관련 항목 절대 참조와 상대 참조 ⇒ 152쪽 / 다른 시트 참조 ⇒ 156쪽 / 다른 통합 문서 참조 ⇒ 166쪽

15 파일 참조와 원본 데이터

예제 파일 4-15.xlsx

데이터 출처 명시하기

수치의 타당성 및 근거를 위한 정보 남기기

표를 작성할 때는 수치의 출처를 가능한 한 자세히 기록하는 습관을 들이는 것이 좋습니다. 보통 정부 발표 자료나 회계 자료 등 다양한 출처를 바탕으로 자료를 작성합니다. 그런데 출처가 기재되어 있지 않으면 나중에 수치의 타당성을 확인할 수 없어서 근거가 빈약한 자료가 될 수 있고, 반대로 출처가 제대로 기대되어 있으면 신빙성 있는 자료가 됩니다.

출처를 기재할 때는 출처 기재를 위한 열을 삽입하거나, 문자 수가 많다면 각주를 사용하여 표기하면 더 쉽게 알아볼 수 있습니다.

데이터의 출처를 기재한다

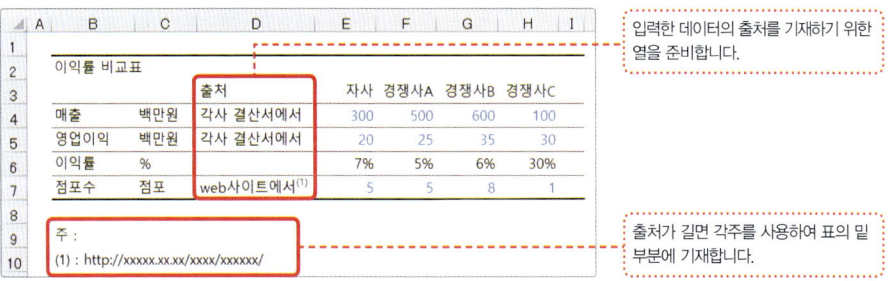

입력한 데이터의 출처를 기재하기 위한 열을 준비합니다.

출처가 길면 각주를 사용하여 표의 밑부분에 기재합니다.

> **Note** 위 첨자를 사용하는 방법
> 주석 번호처럼 위 첨자를 사용하려면 위 첨자를 적용할 내용을 선택한 후 [셀 서식]-[글꼴] 탭-[효과]-[위 첨자]를 체크합니다.

관련 항목 숫자의 색상 ⇒ 51쪽 / 다른 시트 참조 ⇒ 156쪽

5장

단축키 활용으로 작업 속도 높이기

01 단축키 사용하기

단축키는 필수!

단축키를 사용하여 빠르게 작업하기

엑셀에는 작업 효율을 높이기 위한 기능이 많은데, 가장 중요한 것이 **단축키**입니다. 단축키 몇 개를 기억하는 것만으로 사람에 따라서는 작업 속도가 10배, 20배나 빨라지기도 합니다.

엑셀은 마우스를 사용하지 않을수록 작업 속도가 빨라집니다. 작업 중간중간 손으로 마우스를 옮기고, 또 마우스 커서를 이동시키는 것은 분명 시간과 에너지가 소비되는 일입니다. 엑셀을 사용하는 시간이 긴 사람은 되도록 마우스를 사용하지 않는 편이 좋습니다.

단축키를 사용하면 평소 마우스로 하던 작업을 키보드 입력만으로 빠르게 수행할 수 있습니다. 대표적인 단축키로는 복사하기([Ctrl]+[C])와 붙여넣기([Ctrl]+[V])가 있습니다. 엑셀에는 모든 기능에 단축키가 할당되어 있습니다. 따라서 자주 사용하는 기능을 중심으로 단축키를 기억해 두면 키보드 조작만으로도 많은 작업을 수행할 수 있습니다.

컨텍스트 메뉴(팝업 메뉴)도 키보드로 표시한다

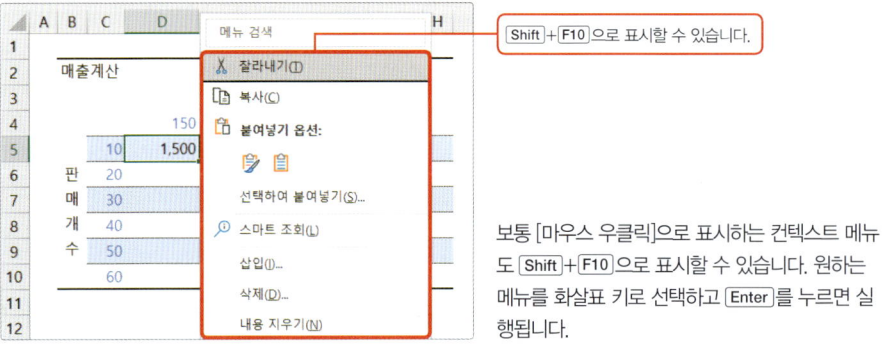

[Shift]+[F10]으로 표시할 수 있습니다.

보통 [마우스 우클릭]으로 표시하는 컨텍스트 메뉴도 [Shift]+[F10]으로 표시할 수 있습니다. 원하는 메뉴를 화살표 키로 선택하고 [Enter]를 누르면 실행됩니다.

작업 효율을 개선하면 실수도 줄어든다

단축키를 활용함으로써 얻는 최대의 장점은 **작업 속도 향상**이지만, 그로 인해 입력 내용을 확인하기 위한 시간적인 여유를 얻게 되어 결과적으로 더 정확하고 실수가 없는 표를 작성할 수 있습니다.

새로운 통합 문서를 만드는 작업은 단축키가 훨씬 빠르다

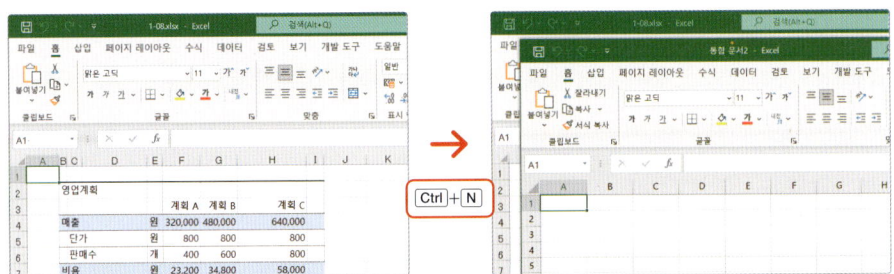

마우스로 새로운 통합 문서를 만들려면 리본 메뉴의 [파일]→[새로 만들기]→[새 통합 문서]를 클릭해야 하므로 총 3단계가 필요합니다. 단축키를 사용하면 Ctrl+N 을 한 번 누르기만 하면 끝입니다.

단축키 기능의 대부분은 표를 보기 좋게 하는 데 도움이 됩니다. 직접 입력한 값과 계산식의 색 구분, 테두리 설정 등의 번거로운 조작도 단축키를 기억하면 손쉽게 설정하거나 바꿀 수 있습니다. 약간의 노력으로 업무 효율을 향상시킬 수 있습니다.

이 장에서는 반드시 기억해야 하는 필수 단축키를 엄선하여 소개합니다. 또한, 여기에 언급되지 않은 단축키 중에도 각자의 업무에 필요한 단축키가 있다면 꼭 기억해 두었다가 사용해 봅니다.

> **Note** 오른쪽 Ctrl 사용하기
>
> 보통 컴퓨터의 키보드에는 오른쪽에도 Ctrl 가 있습니다. 손이 작은 사람은 왼손만으로 Ctrl+T 같은 단축키를 누르는 것이 힘들 수도 있습니다. 이때는 오른손으로 오른쪽 Ctrl 를 누르고 왼손으로 T 를 누르는 게 더 편합니다.

관련 항목 Alt 사용법 ⇒ 174쪽 / 수고나 실수를 대폭 줄이는 단축키 ⇒ 196쪽

02 단축키 사용하기

Alt 는 최고의 파트너

단축키는 Ctrl 과 Alt 로 시작한다

엑셀의 단축키는 크게 Ctrl 을 사용하는 것과 Alt 를 사용하는 2가지 유형으로 분류할 수 있습니다. Ctrl 계열의 단축키는 Ctrl 을 누른 채 다른 키를 동시에 눌러 특정 기능을 수행합니다. 예를 들어, Ctrl + C 는 Ctrl 을 누른 상태로 C 를 누르는 것입니다.

Ctrl 계열의 단축키 예

단축키	기능과 설명
Ctrl + C	복사. Copy의 'C'입니다. 붙여넣기는 V , 잘라내기는 X 입니다.
Ctrl + S	저장. Save의 'S'입니다. 다른 이름으로 저장은 F12 입니다.
Ctrl + F	검색. Find의 'F'입니다. 바꾸기는 H 입니다.
Ctrl + : (Ctrl + Shift + ;)	현재 시각 입력. 12:00처럼 시간 표시에 쓰는 : 입니다. 날짜 입력은 ; 입니다.
Ctrl + Home	[A1] 셀로 이동. Home Position(기본 위치)의 Home입니다. 사용 중인 최종 셀로 이동하는 단축키는 End 입니다.

위 표를 보면 알 수 있듯이, Ctrl 계열의 단축키는 기능의 머리글자나 관련 기호가 단축키로 할당된 경우가 많습니다. 예를 들어, 복사(Copy)는 C , 검색(Find)은 F 입니다. 또한, 어떤 단축키와 비슷한 기능이거나 연관성이 있는 단축키는 해당 단축키 주변의 키에 단축키가 할당될 때도 많습니다. 예를 들어, 복사 C 의 오른쪽 옆에는 붙여넣기 V , 왼쪽 옆에는 잘라내기 X 가 할당되어 있습니다.

Alt 를 누르면 단축키 힌트가 표시된다

Alt 를 사용하면 리본 메뉴를 호출할 수 있습니다. Alt 를 한 번 누르면 리본 메뉴의 탭 부분에 다음 그림과 같이 **단축키 힌트**가 표시됩니다. 표시된 문자의 키보드 버튼을 누르면 이번에는 해당 탭 내의 각 버튼에 문자가 표시됩니다.

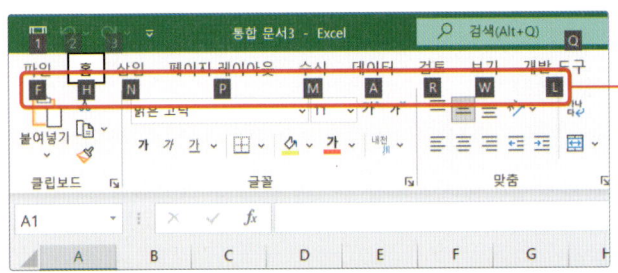

❶ Alt 를 한 번 누르면, 리본 메뉴 탭 부분에 문자가 표시됩니다.

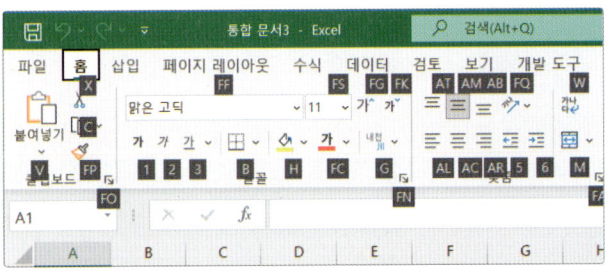

❷ [홈] 탭을 의미하는 H 를 누르면, 홈 탭 안의 각 명령어에 다시 문자가 표시됩니다.

❸ 원하는 키를 입력하면 해당 기능이 실행됩니다.

예를 들어, [홈] 탭에서 [글꼴 유형]을 바꾸려면, Alt → H → F → F 를 차례로 누르면 됩니다. 여기서 주의해야 할 점은 Alt 계열의 단축키는 키를 차례대로 하나씩 눌러야 한다는 점입니다. Ctrl 계열 단축키처럼 동시에 입력하는 것과 다릅니다. 이 책에서는 Ctrl 계열 단축키를 표시할 때 +를 사용하고, Alt 계열의 단축키를 표기할 때는 →를 사용했습니다. 또한, Alt 계열의 단축키를 입력하다가 취소하려면 ESC 를 누르면 됩니다.

Alt 계열 단축키의 가장 큰 장점은 **외울 필요가 없다**는 점입니다. Alt 를 눌러서 나타나는 문자를 보면서 원하는 기능을 실행할 수 있습니다.

관련 항목 표 디자인을 수정하는 단축키 ⇒ 176쪽 / 행과 열을 조작하는 단축키 ⇒ 180쪽

03 단축키 사용하기-고급

예제 파일 5-03-1.xlsx, 5-03-2.xlsx

필수 단축키 6개로 표 다루기

표 및 모든 셀 선택하기 Ctrl + A

값이 입력된 하나의 셀을 선택하고 Ctrl + A 를 누르면, ==그 셀에 인접해 있으면서 값이 입력된 셀==이 모두 선택됩니다. 또한, 다시 한번 Ctrl + A 를 누르면 전체 셀이 선택됩니다.

표 선택/모든 셀 선택 단축키

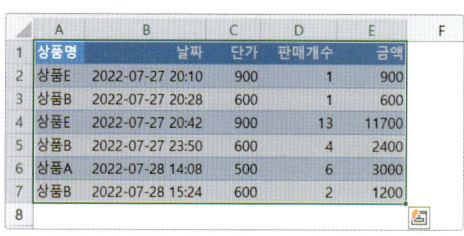

값이 입력된 셀을 선택하고 Ctrl + A 를 누르면, 해당 셀 주위에 있는 값이 입력된 셀이 전부 선택됩니다.

TIP 여기서 다시 한번 Ctrl + A 를 누르면 전체 셀이 선택됩니다.

텍스트 맞춤
Alt → H → A → L / Alt → H → A → R / Alt → H → A → C

셀의 텍스트를 왼쪽으로 맞추려면 Alt → H → A → L 을 누르고(버전에 따라서는 Alt → H → L → 1), 오른쪽으로 맞추려면 Alt → H → A → R 을 누릅니다(버전에 따라서는 Alt → H → R). 문자는 왼쪽에, 숫자는 오른쪽에 맞추는 것이 보기 좋습니다. 텍스트를 가운데로 맞추려면 Alt → H → A → C 를 누릅니다(버전에 따라서는 Alt → H → C → 2).

오른쪽 맞춤/왼쪽 맞춤 단축키

	A	BC	D	E	F	G	H	I
1								
2		영업계획						
3					계획A	계획B	계획C	
4		매출		원	320,000	480,000	640,000	
5		단가		원	800	800	800	
6		판매수		개	400	600	800	

숫자가 입력된 열을 선택해서 Alt → H → A → R 을 누르면, 한꺼번에 오른쪽 맞춤으로 설정됩니다.

문자색 바꾸기 [Alt] → [H] → [F] → [C]

문자색을 바꾸려면 [Alt] → [H] → [F] → [C]를 눌러 팔레트를 표시하고(버전에 따라서는 [Alt] → [H] → [F] → [1]), 화살표 키로 색상을 선택한 후 [Enter]를 눌러 결정합니다. 처음에는 팔레트 위쪽의 **[자동]**으로 선택되어 있으므로, [↓]를 눌러 팔레트로 이동한 후 색을 선택합니다.

문자색 변경

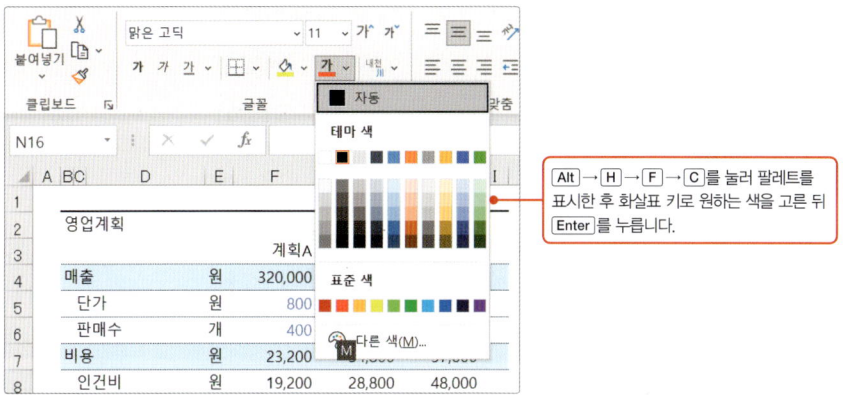

[Alt] → [H] → [F] → [C]를 눌러 팔레트를 표시한 후 화살표 키로 원하는 색을 고른 뒤 [Enter]를 누릅니다.

배경색 바꾸기 [Alt] → [H] → [H]

셀의 배경색을 설정하려면 [Alt] → [H] → [H]를 눌러 팔레트를 표시하고, 화살표 키로 색상을 선택한 후 [Enter]를 눌러 결정합니다. <mark>배경색은 되도록 옅은 색상을 설정하는 것이 좋습니다</mark>. 원색에 가까운 색을 설정하면 표를 알아보기 어렵습니다.

배경색 변경

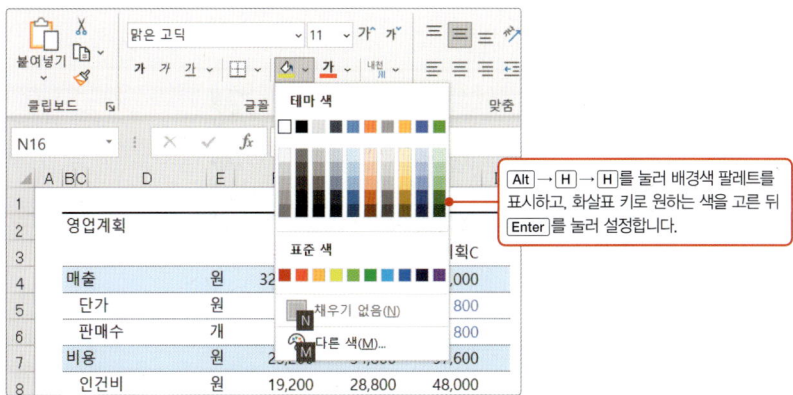

[Alt] → [H] → [H]를 눌러 배경색 팔레트를 표시하고, 화살표 키로 원하는 색을 고른 뒤 [Enter]를 눌러 설정합니다.

글꼴 바꾸기 Alt → H → F → F

글꼴을 바꾸려면 Alt → H → F → F 를 누릅니다. 글꼴 드롭다운 박스가 활성화되면 ↓ 를 눌러 목록을 열고, 원하는 글꼴을 선택한 후 Enter 를 누릅니다. 목록을 연 후에 글꼴의 첫 글자를 입력하면 해당 문자로 시작하는 글꼴로 이동합니다. 예를 들어, 목록을 연 후에 '바'를 입력하면 **바탕** 글꼴로 이동합니다. 목록을 열지 않고 직접 글꼴 이름을 입력하여 설정할 수도 있습니다.

글꼴 변경

① Alt → H → F → F 를 누르면 [글꼴] 드롭다운 박스가 선택됩니다.

② 글꼴을 선택하고 Enter 를 누르면 글꼴이 설정됩니다.

셀 서식 대화상자 표시 Ctrl + 1

표시 형식, 맞춤, 글꼴, 테두리 등의 서식을 설정할 수 있는 **[셀 서식]** 대화상자를 표시하려면, Ctrl + 1 을 누릅니다. 대화상자에서 탭 간 이동이나 설정도 단축키로 조작할 수 있으며, 단축키는 아래 그림을 참조합니다.

[셀 서식] 대화상자의 단축키

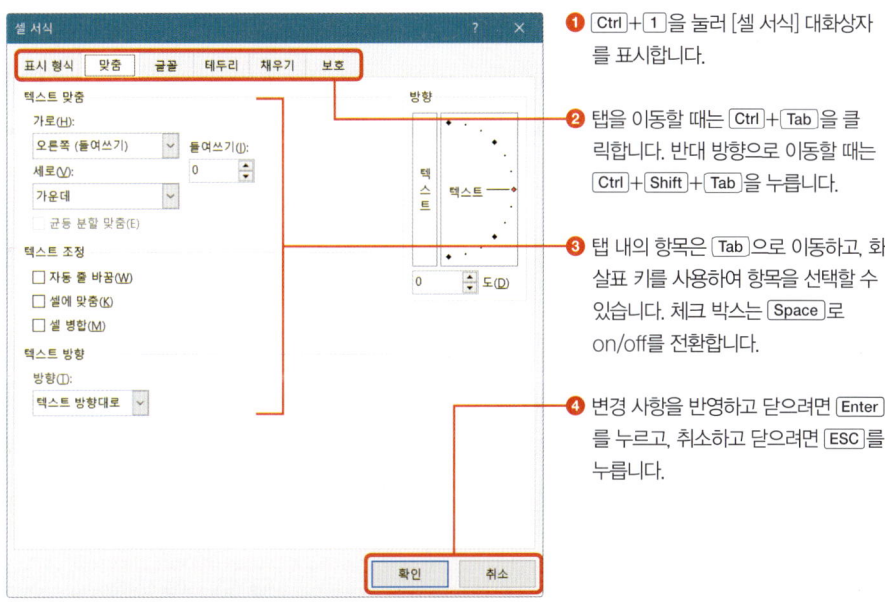

❶ Ctrl + 1 을 눌러 [셀 서식] 대화상자를 표시합니다.

❷ 탭을 이동할 때는 Ctrl + Tab 을 클릭합니다. 반대 방향으로 이동할 때는 Ctrl + Shift + Tab 을 누릅니다.

❸ 탭 내의 항목은 Tab 으로 이동하고, 화살표 키를 사용하여 항목을 선택할 수 있습니다. 체크 박스는 Space 로 on/off를 전환합니다.

❹ 변경 사항을 반영하고 닫으려면 Enter 를 누르고, 취소하고 닫으려면 ESC 를 누릅니다.

키보드의 단축키를 사용해서 메뉴나 탭을 이동하고 조작하는 것이 얼핏 어려워 보일 수도 있지만, 기본적인 조작은 3~4가지 키가 전부입니다. 따라서 일단 익숙해지면 원하는 작업을 단축키를 사용하여 매우 빠르게 수행할 수 있으므로, 마우스보다 키보드를 사용하는 습관을 조금씩 들여 봅니다.

> **Note** 숫자 키 패드의 1은 단축키로 동작하지 않는다
>
> Ctrl + 1 에서 1은 키보드 왼쪽 위에 있는 1을 사용합니다. 숫자 키패드의 1은 단축키로 동작하지 않습니다. 단축키에 포함된 숫자를 숫자 키패드로 입력하면 동작하지 않거나 아예 다른 동작이 수행되기도 하니 주의합니다.

관련 항목 행과 열을 조작하는 단축키 ⇒ 180쪽 / 수고나 실수를 줄이는 단축키 ⇒ 196쪽

04 단축키 사용하기-고급

단축키 10개로 행/열 다루기

행 전체/열 전체 선택하기 [Shift]+[Space] / [Ctrl]+[Space]

행 전체를 선택하는 단축키는 [Shift]+[Space]이고, 열 전체를 선택하는 단축키는 [Ctrl]+[Space]입니다. 행이나 열 단위로 서식을 설정할 때 자주 사용되는 단축키입니다.

행 전체/열 전체 선택

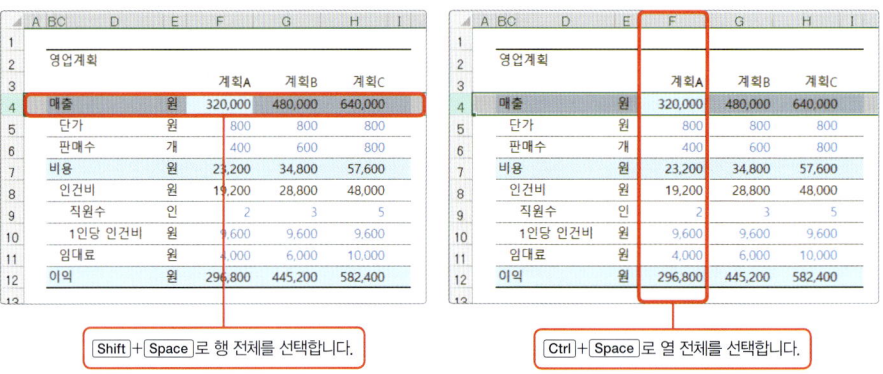

셀/행/열 삽입하기 [Ctrl]+[+]

셀을 삽입하려면 [Ctrl]+[+] (즉, [Ctrl]+[Shift]+[=])를 눌러 **[삽입]** 대화상자를 표시합니다. 삽입 대화상자가 표시되면 화살표 키나 단축키([I], [D], [R], [C])를 사용하여 삽입 방식을 선택한 후 [Enter]를 누릅니다.

[삽입] 대화상자

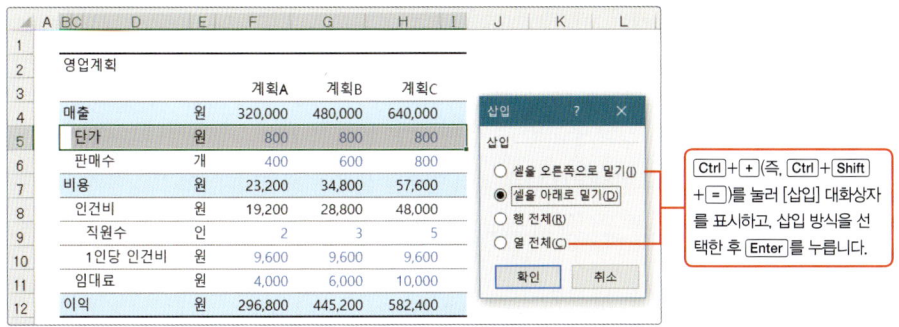

행 전체 삭제하기 Shift + Space → Ctrl + -

Ctrl + - 를 누르면 [삭제] 대화상자가 표시됩니다. 이 대화상자에서 셀의 삭제 방법을 지정할 수 있습니다. 사전에 Shift + Space 를 눌러 행 전체를 선택해 두면, 대화상자를 표시하지 않고 행 전체를 삭제할 수 있습니다.

열 전체 삭제하기 Ctrl + Space → Ctrl + -

열 전체를 삭제하려면 Ctrl + Space 로 열 전체를 선택하고 Ctrl + - 를 누릅니다.

이렇게 행 또는 열 전체를 선택하고 삭제하면 대화상자 없이 바로 삭제할 수 있는데, 이는 삽입 시에도 마찬가지입니다. Ctrl + Space 를 눌러 열 전체를 선택한 상태에서 Ctrl + + 를 누르면 [삽입] 대화상자 없이 열을 삽입할 수 있습니다.

> **Note** 행이나 열을 삽입하는 또 다른 단축키
>
> 엑셀에는 전체 행이나 열을 선택하지 않고도 행이나 열을 삽입할 수 있는 또 다른 단축키가 있습니다. 행을 삽입하려면 Alt → I → R, 열을 삽입하려면 Alt → I → L → C 를 누르면 됩니다. 이 단축키는 엑셀의 구 버전에서 사용하던 것이지만 호환성을 위해 엑셀 2013 이후 버전에서도 사용할 수 있습니다. 정식 단축키가 아니기 때문에 Alt 를 눌러도 단축키 힌트가 표시되지는 않지만, 행이나 열을 쉽게 삽입할 수 있어 편리합니다.

데이터가 입력된 마지막 셀로 이동하기 Ctrl + 화살표

데이터가 입력된 셀을 선택한 상태에서 Ctrl + 화살표 키를 누르면 해당 방향의 '연속으로 데이터가 입력된 마지막 셀'로 이동합니다. 예를 들어, Ctrl + ↓를 누르면 그 열의 가장 아래쪽 셀이 선택되고 Ctrl + →를 누르면 그 행의 가장 오른쪽 셀이 선택됩니다. 그리고 바로 옆 셀이 비어 있다면 해당 방향에서 다음 값이 입력된 셀로 이동합니다. 이 특징을 이용하면 표에서 항목과 항목 사이를 빠르게 이동할 수 있습니다.

열을 달리하여 내역을 기재해 두면 보다 편리하다

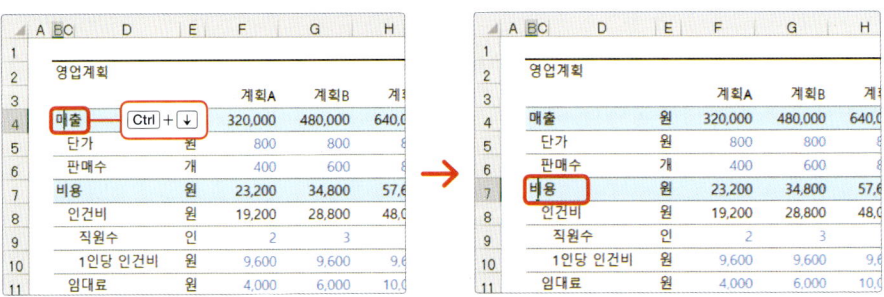

Ctrl + ↓로 셀을 이동할 때, 현재 셀의 바로 다음 셀이 공백이면 값이 처음 입력된 셀까지 이동합니다.

그러나 이 단축키로 셀을 이동하다 보면 행과 열에 데이터가 없으면 시트의 끝까지 이동해 버립니다. 이럴 때는 표 오른쪽 끝이나 아래쪽에 ▼ 등의 기호로 더미 값을 입력해서 여기가 표의 마지막이라는 것을 알 수 있도록 표시하는 것이 좋습니다. 표가 완성된 후에는 바꾸기 기능으로 더미 값을 일괄 삭제하는 것도 잊지 않습니다(189쪽).

더미 값을 입력하여 표의 끝을 표시한다

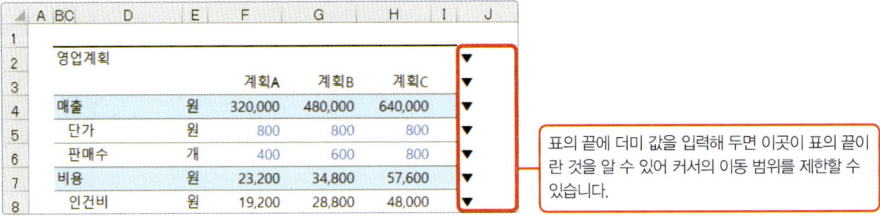

표의 끝에 더미 값을 입력해 두면 이곳이 표의 끝이란 것을 알 수 있어 커서의 이동 범위를 제한할 수 있습니다.

데이터의 끝까지 선택하기 Shift + Ctrl + 화살표

Shift를 누른 상태에서 화살표 키를 조작하면 연속한 셀 범위를 선택할 수 있습니다. 예를 들어, [F5] 셀에서 시작하여 Shift를 누른 채로 ↓ → →를 누르면 위아래 2행, 좌우 3열 만큼의 셀 범위인 [F5:H6]를 선택할 수 있습니다.

Shift를 누른 채로 화살표 키를 누르면 셀 범위를 선택할 수 있다

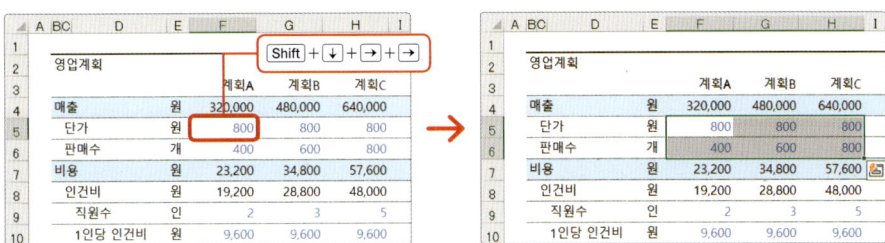

Shift, Ctrl, 화살표 키를 조합하면 연속으로 입력된 데이터를 한번에 끝까지 선택할 수 있습니다. 즉, Shift를 누른 채로 여러 번 화살표 키를 누르는 대신 한번에 선택할 수 있습니다. Ctrl + Shift + ↓를 누른 후 Ctrl + Shift + →를 누르면 데이터가 입력된 연속적인 셀 범위를 한 번에 선택할 수 있습니다.

데이터의 끝에서 끝까지 한번에 선택

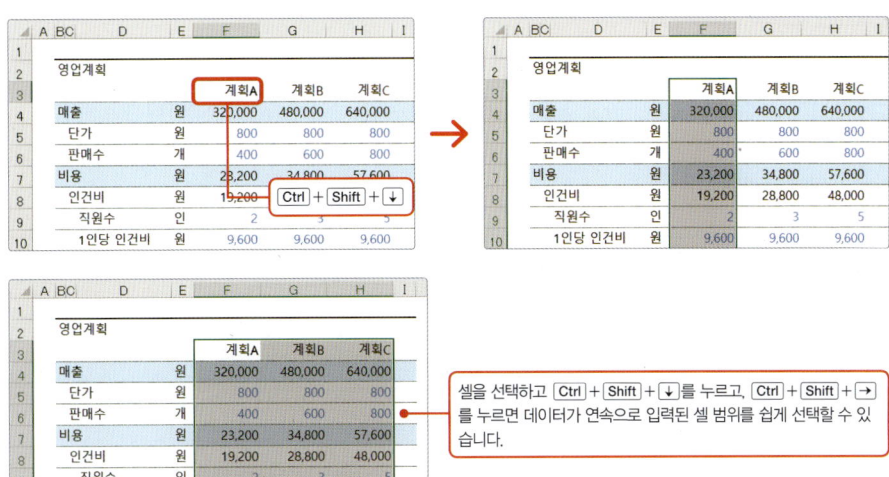

셀을 선택하고 Ctrl + Shift + ↓를 누르고, Ctrl + Shift + →를 누르면 데이터가 연속으로 입력된 셀 범위를 쉽게 선택할 수 있습니다.

열 너비 자동 조정하기 Alt → H → O → I

셀의 문자 수에 맞추어 열 너비를 자동으로 조정하려면 Alt → H → O → I 를 누릅니다. 여러 셀을 선택해서 동시에 조정할 수도 있습니다. 단, 자동 조정한 셀의 너비가 좁게 느껴진다면 자동 조정한 셀 너비를 참고로 하여 조금 더 넓게 셀 너비를 바꾸면 됩니다.

열 너비 자동으로 조정하기

[A1] 셀로 이동하기 Ctrl + Home

다른 사람에게 엑셀 문서를 보낼 때는 <mark>선택된 셀의 위치를 [A1] 셀로 지정해서 보내는 것이 좋습니다.</mark> 그래야 상대방이 엑셀을 열었을 때 [A1] 셀, 즉 시트의 첫 부분부터 볼 수 있기 때문입니다.

[A1] 셀로 이동하려면 Ctrl + Home 을 누릅니다. 그러면 현재 커서가 시트의 어느 위치에 있더라도 즉각 [A1] 셀로 이동합니다. 또한, 동시에 스크롤바도 초기 위치로 돌아갑니다. 커다란 표를 첫 부분부터 확인하고 싶을 때도 이 단축키를 기억해 두면 편리합니다.

[A1] 셀로 이동하기

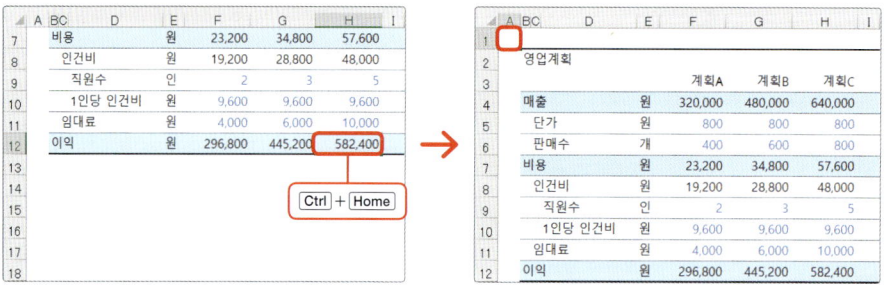

그룹화하기 [Shift]+[Alt]+[-]

셀 그룹화(63쪽) 기능을 단축키로 실행하려면, 셀 범위를 선택한 상태에서 [Shift]+[Alt]+[→]를 누릅니다. [그룹] 대화상자가 나타나면 열 또는 행을 선택하고 [Enter]를 누릅니다.

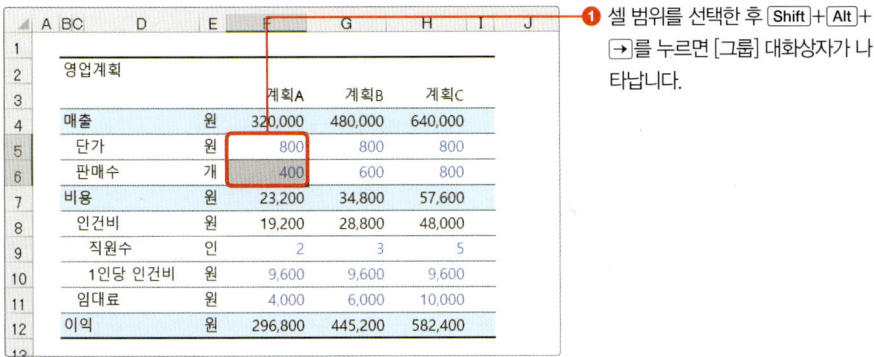

❶ 셀 범위를 선택한 후 [Shift]+[Alt]+[→]를 누르면 [그룹] 대화상자가 나타납니다.

❷ [R] 또는 [C]를 눌러 행이나 열을 선택한 후 [Enter]를 누릅니다.

❸ 셀 범위가 그룹화됩니다.

> **TIP** 사전에 열 전체/행 전체를 선택해 두면, [그룹] 대화상자가 나타나지 않고 곧바로 그룹화가 실행됩니다(63쪽).

Note 그룹화 해제 방법

그룹 해제를 위한 단축키는 [Shift]+[Alt]+[←]입니다. 그룹화 단축키와 화살표 방향이 반대입니다.

관련 항목 ▸ 표의 디자인을 조작하는 단축키 ⇒ 176쪽 / 데이터를 조작하는 단축키 ⇒ 186쪽

05 단축키 사용하기-고급

단축키 10개로 데이터 다루기

숫자에 천 단위 구분 쉼표 입력하기 Ctrl + Shift + 1

숫자에 천 단위 구분을 위한 쉼표(,)를 입력하려면 Ctrl + Shift + 1 을 누릅니다(키보드 오른쪽의 1은 사용할 수 없음). 이 기능은 4자리 이상의 숫자를 다룰 때 사용 빈도가 높아 작업 속도 향상에 크게 기여합니다.

숫자에 천 단위 구분 쉼표 넣기

숫자 끝에 % 추가하기 Ctrl + Shift + 5

숫자의 끝에 퍼센트 기호(%)를 추가하려면 Ctrl + Shift + 5 를 누릅니다. Shift +화살표 키로 셀 범위를 선택하거나 Shift + Space 또는 Ctrl + Space 로 행 전체 또는 열 전체를 선택하여 사용하면 더욱 편리합니다.

숫자 끝에 % 기호 추가하기

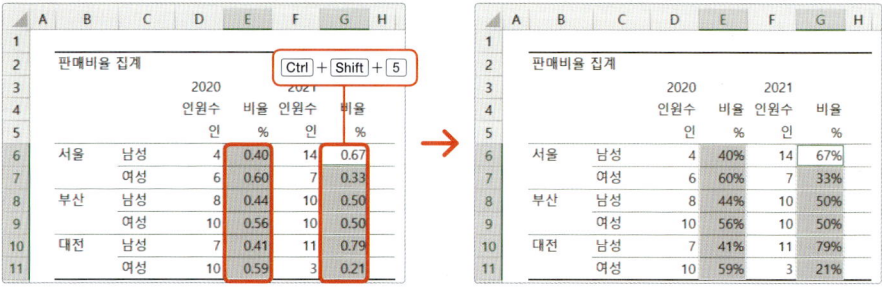

소수점 자릿수 조정하기 Alt → H → 0 / 9

소수점 이하 자릿수를 한 자리 늘리려면 Alt → H → 0 을 누릅니다. 서식에 관한 단축키이므로 Alt → H 가 시작점이 되고(175쪽), **'0 이하의 소수점 자릿수'**를 조정하므로 0을 누른다고 기억하면 간단합니다.

반대로 소수점을 한 자리 줄이려면 Alt → H → 9 를 누릅니다. 9는 자릿수를 늘리는 0의 왼쪽에 있습니다. 키 위치에 따라 소수점 자릿수를 늘리려면 0, 줄이려면 9를 누른다고 기억합니다.

소수점 이하 자릿수 바꾸기

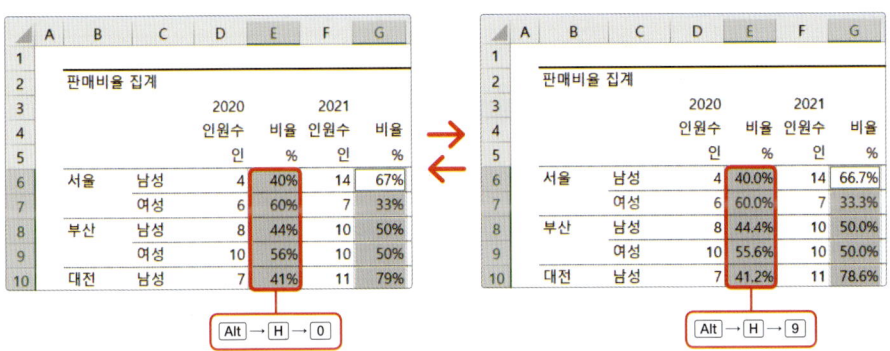

실행 취소와 다시 실행 Ctrl + Z / Ctrl + Y

실수로 잘못 실행한 내용을 취소(undo)하려면 Ctrl + Z 를 누릅니다. 또한, 취소한 실행을 다시 실행(redo)하려면 Ctrl + Y 를 누릅니다. 이 기능은 엑셀 창 가장 위에 있는 [**빠른 실행 도구 모음**]에도 준비되어 있습니다.

실행 취소 및 다시 실행

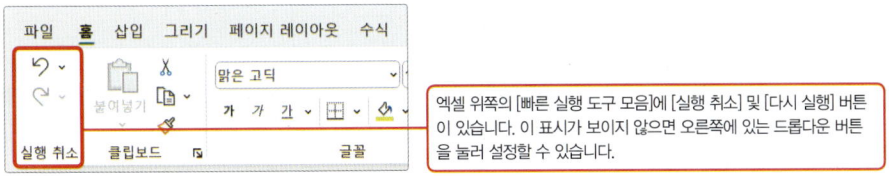

통합 문서나 시트에서 찾기 Ctrl + F

통합 문서나 시트에 입력된 내용을 찾으려면 Ctrl+F를 눌러서 **[찾기 및 바꾸기]** 대화상자를 표시합니다. 이 대화상자를 제대로 활용하면 데이터를 빠르게 찾을 수 있습니다.

[찾기 및 바꾸기] 대화상자

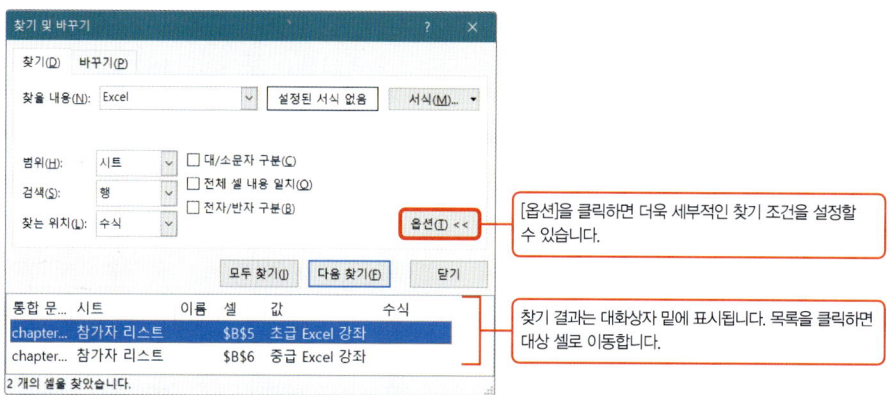

[옵션]을 클릭하면 더욱 세부적인 찾기 조건을 설정할 수 있습니다.

찾기 결과는 대화상자 밑에 표시됩니다. 목록을 클릭하면 대상 셀로 이동합니다.

[찾기 및 바꾸기] 대화상자 설정 항목

설정 항목	내용
찾을 내용	찾을 값을 입력한다.
서식	지정한 셀 서식이 적용된 셀에서만 찾습니다.
범위	찾을 범위를 시트, 통합 문서 중에서 선택할 수 있습니다. 현재 시트에서만 찾으려면 시트를 선택합니다.
검색	찾기 진행 방향을 행과 열 중에서 선택할 수 있습니다. 검색 결과 목록이 표시되는 순서에 영향을 미칩니다.
찾는 위치	검색 데이터의 종류를 수식, 값, 메모 중에서 선택할 수 있습니다.
체크박스 3개	각각의 내용에 따라 검색 조건을 제한할 수 있습니다. [전체 셀 내용 일치]를 체크하면 셀의 전체 내용과 일치해야만 검색이 됩니다.

> **Note** 찾기 결과 목록에서 범위로 선택하기
>
> [찾기 및 바꾸기] 대화상자의 찾기 결과 목록에서 셀을 여러 개 선택하려면 Shift를 누른 채 선택하거나 Ctrl을 누르고 선택합니다. Ctrl+A를 누르면 전체 결과를 선택할 수 있습니다.

특정 문자를 다른 문자로 바꾸기 Ctrl+H

셀의 값이나 수식 내의 일부를 바꾸려면 Ctrl+H를 누릅니다. 그러면 [찾기 및 바꾸기] 대화상자가 [바꾸기] 탭이 선택된 상태로 표시됩니다.

[찾기 및 바꾸기] 대화상자의 [바꾸기] 탭

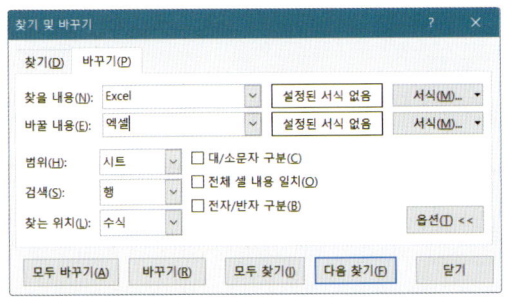

Ctrl+H를 누르면 [바꾸기] 탭이 열린 상태로 [찾기 및 바꾸기] 대화상자가 표시됩니다.

[찾을 내용]에 찾을 값을 입력하고, [바꿀 내용]에는 바꿀 내용을 입력한 후 [모두 바꾸기]를 클릭하면 대상의 값이 바뀝니다. [옵션]을 클릭하면 [찾기]와 마찬가지로 범위나 검색 조건 등을 구체적으로 설정할 수 있습니다.

'Excel'을 '엑셀'로 한꺼번에 바꾸기

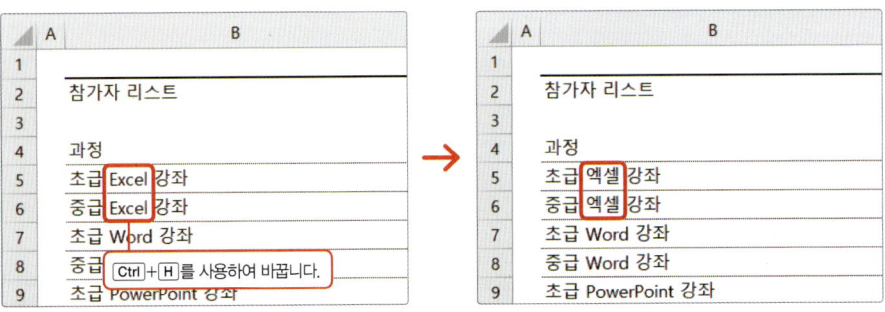

> **Note** 특정 데이터를 한꺼번에 지우기
> [찾기 및 바꾸기] 대화상자에서 [바꿀 내용]을 공란으로 비우고 바꾸기를 실행하면, 찾을 내용에 해당하는 셀이 공란이 됩니다. 즉, 특정 조건에 해당하는 셀의 내용을 일괄 삭제할 수 있습니다.

선택하여 붙여넣기 [Alt]→[H]→[V]→[S]

복사를 위한 단축키는 [Ctrl]+[C]이고, 붙여넣기는 [Ctrl]+[V]입니다. 그런데 이렇게 복사하면 **값**뿐만 아니라 **서식**이나 **수식** 등이 함께 복사됩니다. 해당 셀의 값만 복사하기 위해서는 [Alt]→[H]→[V]를 눌러 붙여넣기 옵션을 표시합니다.

단축키로 붙여넣기 옵션 표시하기

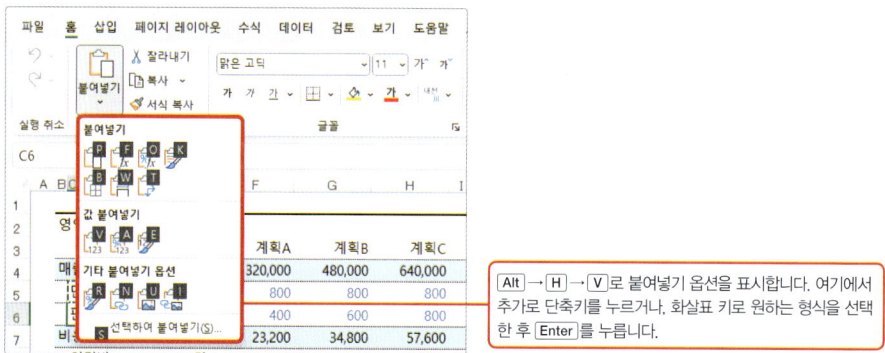

[Alt]→[H]→[V]로 붙여넣기 옵션을 표시합니다. 여기에서 추가로 단축키를 누르거나, 화살표 키로 원하는 형식을 선택한 후 [Enter]를 누릅니다.

[Alt]→[H]→[V]에 이어서 [S]를 누르면 **[선택하여 붙여넣기]** 대화상자가 표시됩니다. 값을 붙여 넣을 방법을 구체적으로 지정할 수 있습니다. [Ctrl]+[Alt]+[V] 또는 [Alt]→[E]→[V]로도 대화상자를 표시할 수 있습니다.

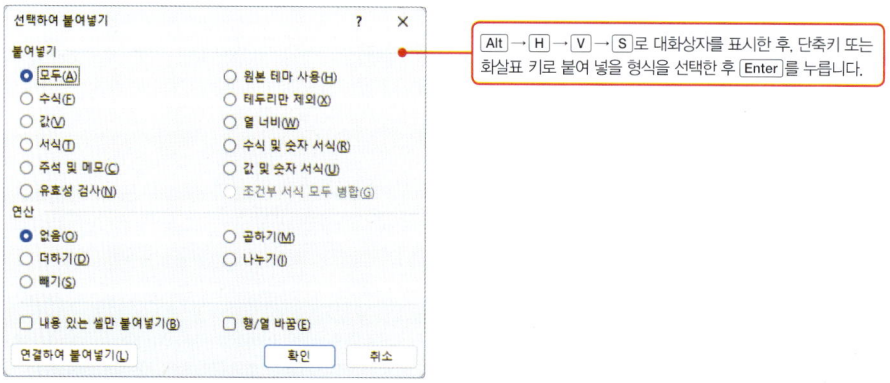

[Alt]→[H]→[V]→[S]로 대화상자를 표시한 후, 단축키 또는 화살표 키로 붙여 넣을 형식을 선택한 후 [Enter]를 누릅니다.

> **Note** **Ctrl 로 붙여넣기 옵션 표시하기**
>
> [Ctrl]+[V]로 붙여 넣은 직후에 [Ctrl]을 누르면 '붙여넣기' 옵션이 표시됩니다. 여기서 화살표 키로 원하는 형식을 선택하는 방법도 편리합니다.

데이터 목록에 필터 설정하기 Ctrl + Shift + L

데이터 목록에 필터를 설정하려면, 대상 목록표에 커서를 위치하고 Ctrl + Shift + L 을 누릅니다. 필터의 화살표가 표시된 셀에서 Alt + ↓ 를 누르면 필터 옵션을 표시할 수 있습니다.

필터 설정하기

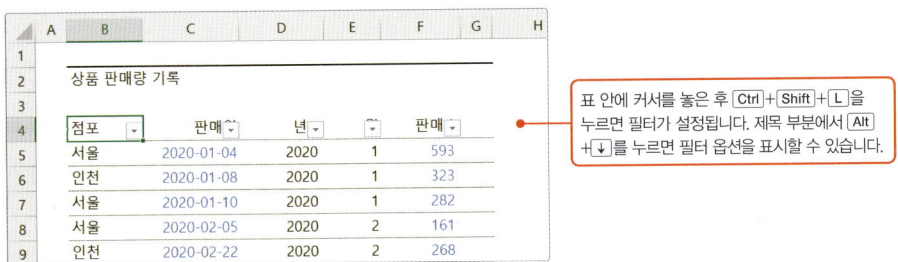

표 안에 커서를 놓은 후 Ctrl + Shift + L 을 누르면 필터가 설정됩니다. 제목 부분에서 Alt + ↓ 를 누르면 필터 옵션을 표시할 수 있습니다.

꺾은선형 차트 만들기 Alt → N → N → 1

꺾은선형 차트를 작성하려면 데이터를 선택한 후 Alt → N → N → 1 을 누릅니다(일부 버전 Alt → N → N). Alt → N → C → 1 은 세로 **막대형 차트**(일부 버전 Alt → N → C), Alt → N → Q 는 **원형 차트**를 삽입할 때 사용합니다.

꺾은선형 차트 만들기

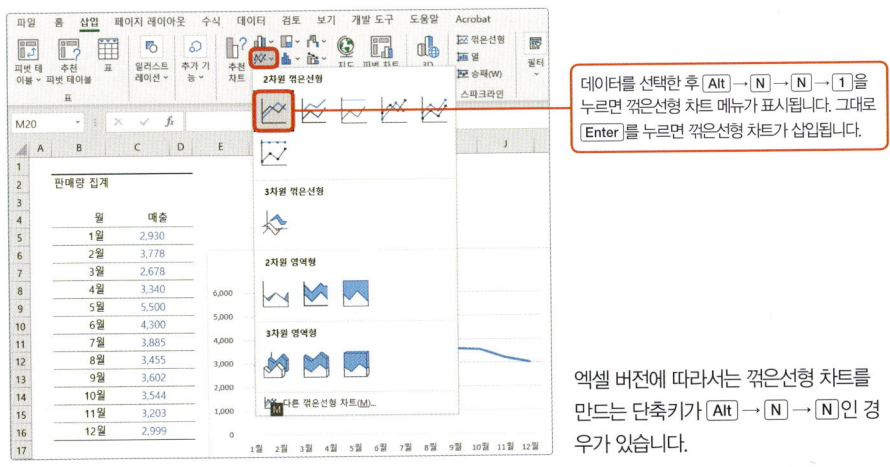

데이터를 선택한 후 Alt → N → N → 1 을 누르면 꺾은선형 차트 메뉴가 표시됩니다. 그대로 Enter 를 누르면 꺾은선형 차트가 삽입됩니다.

엑셀 버전에 따라서는 꺾은선형 차트를 만드는 단축키가 Alt → N → N 인 경우가 있습니다.

관련 항목 표의 디자인을 조작하는 단축키 ⇒ 176쪽 / 파일을 다루는 단축키 ⇒ 192쪽

06 단축키 사용하기-고급

단축키 8개로 파일 다루기

다른 시트로 이동하기 [Ctrl] + [PageDown] / [PageUp]

통합 문서 내에 시트가 여러 개 있는 경우 [Ctrl]+[PageDown]을 누르면 오른쪽 시트로 이동하고 [Ctrl]+[PageUp]을 누르면 왼쪽 시트로 이동합니다.

다른 시트로 이동하는 단축키

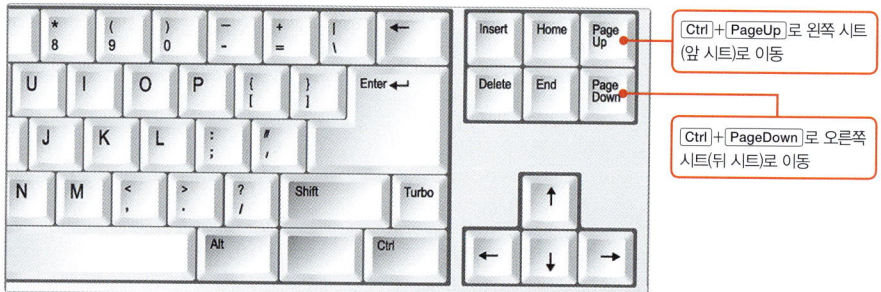

[Ctrl]+[PageUp]로 왼쪽 시트 (앞 시트)로 이동

[Ctrl]+[PageDown]로 오른쪽 시트(뒤 시트)로 이동

다른 통합 문서로 이동하기 [Ctrl] + [Tab]

통합 문서가 동시에 여러 개 열려 있다면 [Ctrl]+[Tab]을 누르면 다른 통합 문서로 이동할 수 있습니다. 3개 이상의 통합 문서가 열려 있다면 [Ctrl]+[Tab]으로 파일을 연 순서에 따라 다른 통합 문서로 이동할 수 있고, [Shift]+[Ctrl]+[Tab]으로 역순으로 이동할 수 있습니다.

> **Note** 키보드의 종류에 따라 작업 효율이 다르다
>
> 키보드에 따라서는 숫자 키패드나 [PageDown], [PageUp]이 없을 때도 있지만, 숫자나 데이터를 취급하는 일이 많은 엑셀 작업을 할 때는 이러한 키의 유무에 따라 작업 효율이 크게 달라집니다. 작업 효율을 생각한다면 다양한 키가 있는 키보드를 사용하는 것이 좋습니다.

다른 이름으로 저장하기 F12

파일을 덮어쓰는 [저장]이 아닌 [다른 이름으로 저장]하려면 F12 를 누릅니다. 큰 작업일수록 일정한 시간의 간격을 두고 [다른 이름으로 저장]을 실행해서 백업 파일을 만드는 습관을 들입니다.

[다른 이름으로 저장] 대화상자

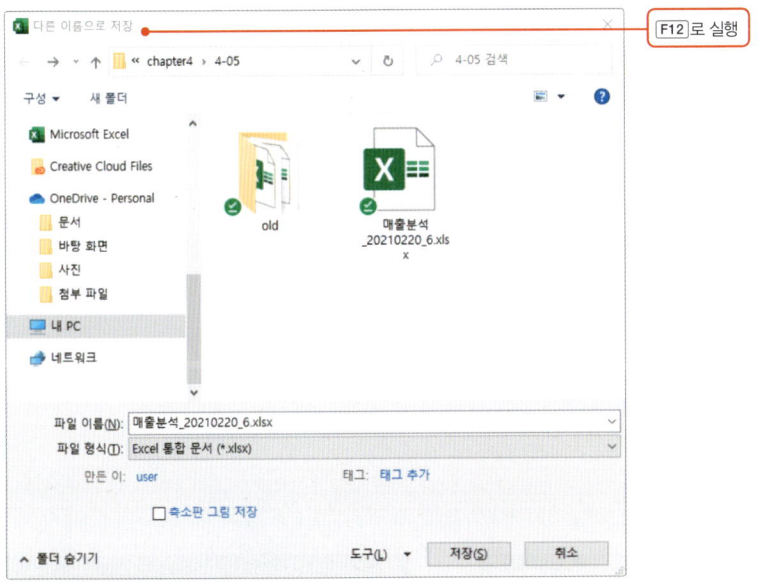

저장하기 Ctrl + S

대표적인 단축키인 [저장]을 실행하려면 Ctrl + S 를 누릅니다. 저장을 자주 하면 어떤 문제가 발생하여 엑셀이 갑자기 작동되지 않아도 문제가 생기기 직전의 상태로 돌아가 작업을 다시 할 수 있습니다.

> **Note** [다른 이름으로 저장] 대화상자의 아이콘 표시 형식 설정하기
> [다른 이름으로 저장] 대화상자의 아이콘 표시 형식을 탐색기처럼 보통 아이콘, 자세히 등으로 바꿀 수 있습니다. 표시 형식을 바꾸려면 대화상자의 빈 부분을 [마우스 우클릭] 후 [보기]를 클릭합니다.

여러 문서 중에서 현재 작성 중인 문서 닫기 Ctrl + W

여러 개의 통합 문서가 열려 있는 상황에서 현재 작성 중인 통합 문서만을 닫으려면 Ctrl + W를 클릭합니다. 이때 저장하지 않은 변경 사항이 있으면 확인 메시지가 표시됩니다.

여러 문서 중 현재 작성 중인 문서 닫기

통합 문서 모두 닫기 Alt → F → X

여러 개의 통합 문서가 열려 있는 상황에서 모든 통합 문서를 한꺼번에 닫아 엑셀을 종료하려면 Alt → F → X를 누릅니다.

엑셀 종료하기

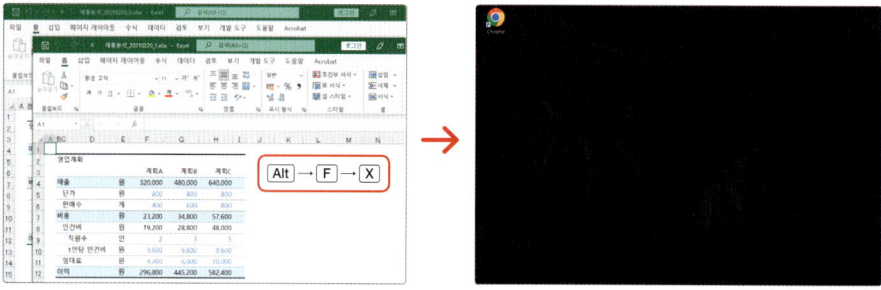

> **Note 엑셀은 그대로 두고 모든 통합 문서를 닫는 방법**
>
> 엑셀 자체는 종료하지 않고 열려 있는 모든 통합 문서를 닫으려면, 통합 문서의 수만큼 Ctrl + W를 누릅니다. 그러면 마지막 통합 문서를 닫은 후에도 빈 엑셀이 남습니다. 이 방법은 새로 다른 작업을 시작할 때 도움이 됩니다. 이 상태에서 저장된 별도의 통합 문서를 열려면 Ctrl + O를 누릅니다.

새 통합 문서 만들기 Ctrl + N

신규 통합 문서를 열려면 Ctrl + N 을 누릅니다. 단축키 N 은 'New'의 머리글자로 기억하면 됩니다. 신규 통합 문서를 연 후 Ctrl + S (저장)를 누르면 **다른 이름으로 저장** 대화상자가 표시됩니다. 신규 통합 문서를 열자마자 파일을 저장하는 것을 추천합니다.

신규 통합 문서 열기

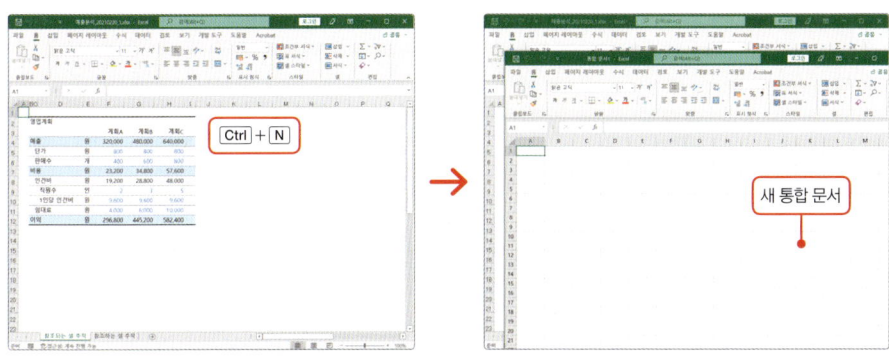

실행 중인 응용프로그램 전환하기 Alt + Tab

엑셀과 파워포인트가 모두 실행 중일 때 엑셀 표를 파워포인트로 복사해서 붙여 넣으려면, Alt + Tab 을 눌러 화면을 파워포인트로 전환합니다.

Alt + Tab 을 누르면 실행 중인 응용프로그램 목록이 표시되는데, Alt 를 누른 상태에서 Tab 을 눌러 원하는 응용프로그램을 선택한 후 Alt 를 놓습니다. 그러면 선택된 응용프로그램이 표시됩니다.

실행 중인 응용프로그램 화면 전환하기

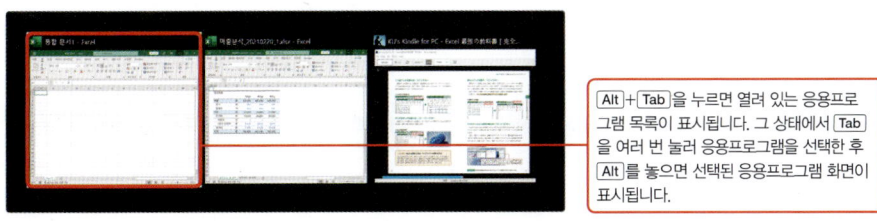

관련 항목 ▶ 표 디자인 관련 단축키 ⇒ 176쪽 / 데이터 관련 단축키 ⇒ 186쪽

5장 단축키 활용으로 작업 속도 높이기 **195**

07 단축키 사용하기-고급

예제 파일 5-07-1.xlsx, 5-07-2.xlsx

단축키 10개로 작업 시간 줄이기

시트 확대 및 축소 [Ctrl]+마우스 휠

시트를 확대하거나 축소하고 싶다면 [Ctrl]을 누른 상태에서 마우스 휠을 스크롤합니다.

확대 및 축소

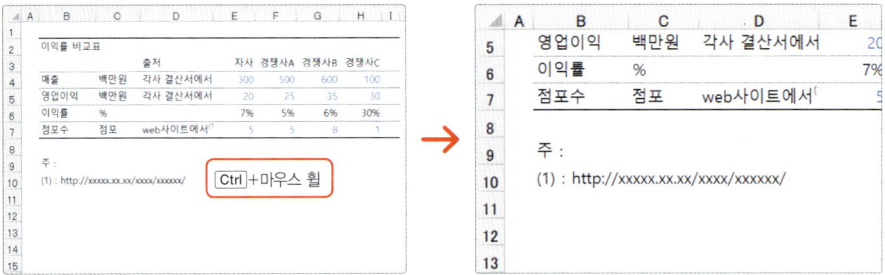

틀 고정 [Alt]→[W]→[F]→[F]

틀을 고정하려면 기준이 되는 셀을 선택하고 [Alt]→[W]→[F]→[F]를 누릅니다. 다시 한 번 같은 단축키를 누르면 설정한 틀 고정이 해제됩니다.

틀 고정

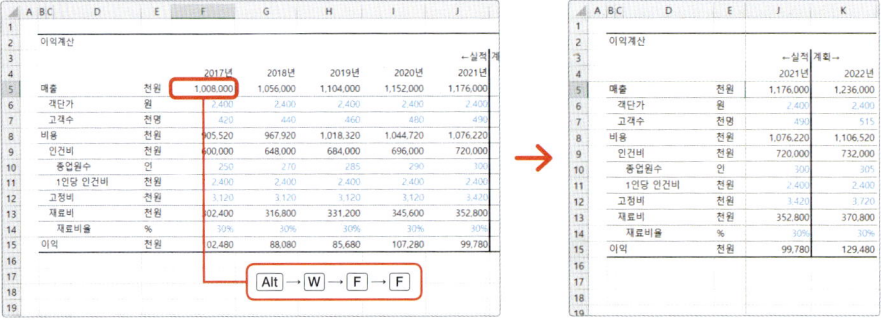

같은 동작 반복하기 F4

같은 동작을 반복하려면 F4를 누릅니다. 예를 들어, 셀 범위를 선택한 후 색상 팔레트를 표시하여 배경색으로 옅은 파랑을 설정(53쪽)했다면, 그 후 다른 셀 범위를 선택하고 F4를 누르면 배경색을 같은 색으로 바꿀 수 있습니다. 이와 같이 F4는 같은 동작을 반복할 때 작업 효율을 대폭 향상시킬 수 있습니다. 그중에서도 색상 팔레트처럼 평소 마우스로 조작하는 일이 많은 사람이라면 F4가 더욱 유용할 것입니다.

F4로 같은 동작을 반복한다

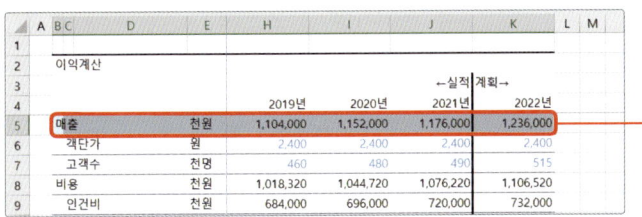

❶ 임의의 셀 범위에 배경색을 설정합니다.

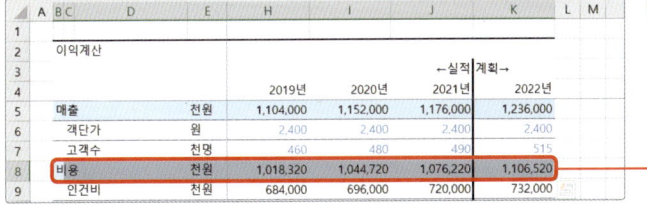

❷ 다른 셀 범위를 선택한 후 F4를 누르면, 방금 수행한 동작이 반복되어 배경색이 똑같이 설정됩니다.

> **Note** [빠른 실행 도구 모음]을 이용한 단축키 설정
>
> 리본 메뉴에 없는 일부 기능은 단축키가 할당되어 있지 않습니다. 대표적으로 표 확대 및 축소 기능이 그러합니다. 이러한 기능에 단축키를 설정하려면 화면 왼쪽 위에 있는 [빠른 실행 도구 모음] 아이콘 중 하나를 [마우스 우클릭]해서 [빠른 실행 도구 모음]을 클릭합니다. 대화상자에서 [명령 선택]을 [리본 메뉴에 없는 명령]으로 하고 ❶ 단축키를 등록하고 싶은 기능을 선택 ❷ 및 추가 ❸를 하면 빠른 실행 도구 모음 아이콘으로 등록됩니다. 그러면 등록된 순서대로 단축키 Alt → 1 ~ 9 에 할당됩니다.

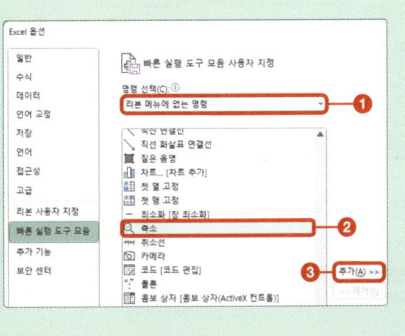

참조하는 셀 선택하기 Ctrl + [

수식이 입력된 셀을 선택하고 Ctrl + [를 누르면 해당 수식이 참조하고 있는 셀이 선택됩니다. 수식이 여러 개의 셀을 참조하면 여러 셀 범위가 선택됩니다. 반대로 Ctrl +]를 누르면 **해당 셀을 수식에서 참조하는 셀**이 선택됩니다.

참조하는 셀 선택하기

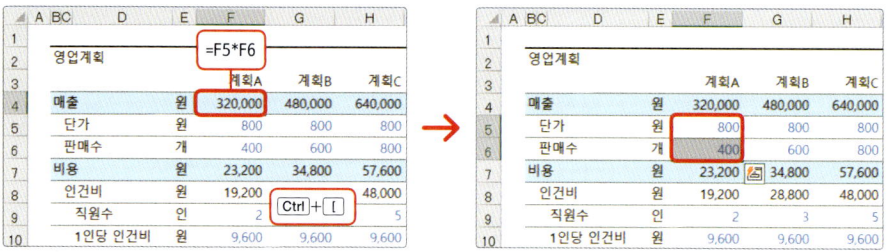

현재 셀이 참조하는 셀 추적하기 Alt → M → P

선택한 셀이 참조하는 셀에 추적 선을 표시하려면 Alt → M → P를 누릅니다. 이 기능은 각 셀마다 지정해야 합니다. 또한, 이 동작은 F4로 반복 조작할 수 없다는 점에 주의합니다.

현재 셀이 참조하는 내용 추적 표시

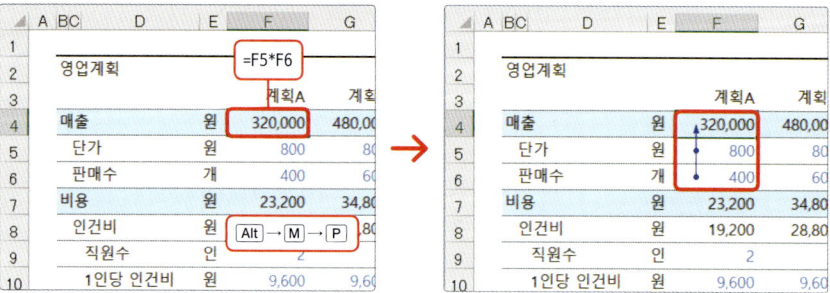

현재 셀을 참조하는 셀 추적하기 [Alt]→[M]→[D]

현재 셀을 참조하는 셀에 대한 추적 선을 표시하려면 [Alt]→[M]→[D]를 누릅니다. 이 기능은 고정 값(부가세율 등)이 어느 곳에서 이용되며, 올바르게 이용되는지 확인할 때 사용합니다.

현재 셀을 참조하는 내용 추적 표시

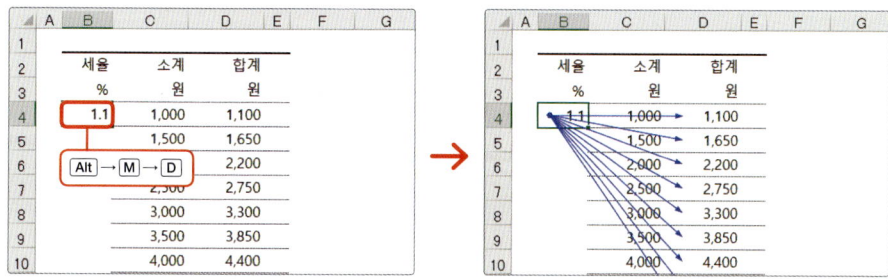

추적 화살표 삭제하기 [Alt]→[M]→[A]→[A]

셀 추적 화살표를 모두 삭제하려면 [Alt]→[M]→[A]→[A]를 누릅니다. 이 단축키를 누르면 현재 커서의 위치에 상관없이 시트 내의 추적 화살표가 전부 삭제됩니다.

추적 화살표 삭제

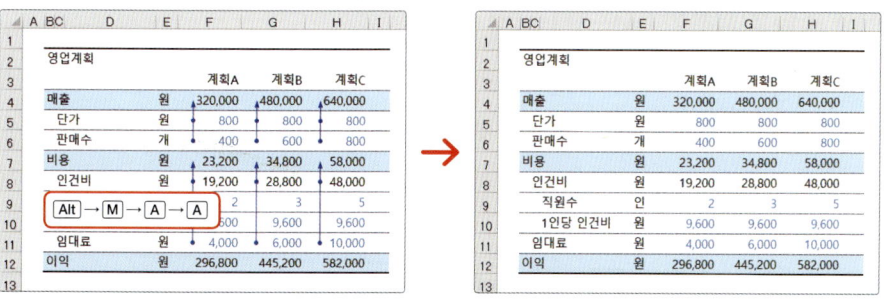

> **Note** 선택 범위의 추적 화살표만 삭제하기
> 시트 내의 모든 추적 화살표를 삭제하지 않고 선택한 셀 범위에 대한 추적 화살표만 제거하고 싶다면 [Alt]→[M]→[A]→[P](현재 셀이 참조하는 내용 추적 화살표 삭제) 또는 [Alt]→[M]→[A]→[D](현재 셀을 참조하는 내용 추적 화살표 삭제)를 실행합니다.

인쇄하기 Ctrl + P

Ctrl + P를 누르면 [인쇄] 화면이 표시됩니다. 인쇄 범위나 용지 크기 등을 설정한 후 Enter를 누르거나 [인쇄]를 클릭하면 인쇄가 시작됩니다.

시트 인쇄하기

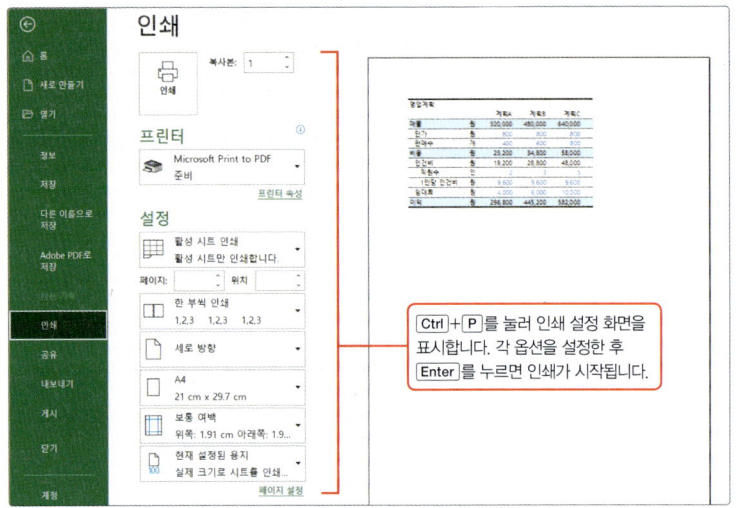

인쇄 범위 지정하기 Alt → P → R → S

인쇄 범위를 지정하려면 셀 범위를 선택한 후 Alt → P → R → S를 누릅니다. 고객이나 동료에게 엑셀 파일을 전달하기 전에 인쇄 범위를 미리 설정해 두면 상대방이 자료를 쉽게 인쇄할 수 있습니다.

페이지 설정 대화상자 Alt → P → S → P

인쇄 설정을 바꾸려면 Alt → P → S → P를 클릭합니다. 그러면 [페이지 설정] 대화상자가 표시됩니다. 이 대화상자에서 인쇄와 관련하여 상세한 설정 항목을 바꿀 수 있습니다.

관련 항목 ▶ 행이나 열을 조작하는 단축키 ⇒ 180쪽 / 파일 관련 단축키 ⇒ 192쪽

6장
복사해서 붙여넣기, 자동 채우기, 정렬 기능

01 복사/붙여넣기 마스터하기

예제 파일 6-01.xlsx

복사/붙여넣기 기능으로 작업 효율성 높이기

복사/붙여넣기의 다양한 기능 이해하기

엑셀에는 하나의 셀에도 다양한 요소가 담겨 있습니다. 값의 종류만 해도 문자, 숫자, 수식, 날짜 등 다양한 값이 있고, 그 밖에도 서식, 배경색, 테두리, 글꼴, 문자 크기, 너비 등 여러 속성이 있습니다. 따라서 셀을 복사해서 붙여 넣을 때 무엇을 복사하는지에 따라 결과가 달라집니다. 값만 붙여 넣을 수도 있고, 배경색이나 테두리 설정을 함께 붙여 넣을 수도 있습니다.

엑셀에서 복사하여 붙여 넣으면([Ctrl]+[C] → [Ctrl]+[V]) 기본적으로 모든 설정이 복사됩니다. 이 때문에 값만 복사하고 싶은데 의도치 않게 서식까지 바뀌거나, 수식 결괏값만 복사하고 싶은데 수식 자체가 복사되어 엉뚱한 값이 표시되기도 합니다.

의도하지 않은 설정까지 붙여 넣어진 예

서식이 다른 셀을 복사하여 붙여 넣으면 서식까지 복사되어 애써 정리한 표 디자인이 달라집니다.

따라서 **복사해서 붙여넣기**를 제대로 사용하기 위해서는 먼저 그 기능을 정확히 이해해야 합니다. 엑셀에서는 **셀의 다양한 설정 중 무엇을 붙여 넣을지**를 지정할 수 있습니다.

무엇을 붙여 넣을지 판단하기

셀을 복사한 후 [홈] 탭의 [붙여넣기] 아래의 ▼를 클릭하면 다양한 **붙여넣기 방식**을 선택할 수 있습니다. 또한, 아래쪽의 [**선택하여 붙여넣기**]를 클릭하면 대화상자가 표시되어 붙여넣기 방식을 선택할 수 있습니다.

붙여넣기 옵션과 [선택하여 붙여넣기] 대화상자

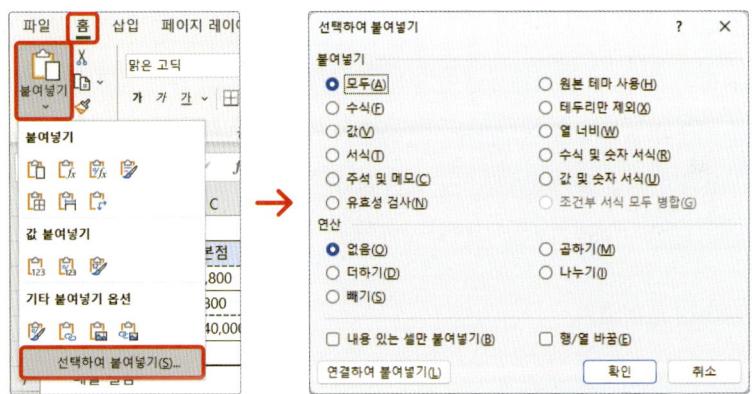

복사해서 붙여 넣을 때는 ==우선 무엇을 붙여 넣고 싶은지 생각==해야 합니다. 값인지 수식인지 서식인지 생각하고, 만약 서식이면 배경색, 숫자 형식, 테두리 등을 붙여 넣을지 결정해야 합니다. 이제부터 여러 가지 붙여넣기 방법을 하나씩 자세히 설명하므로, ==각 설정 방법을 익혀 필요에 따라 적절하게 사용하는 습관을 들입니다.==

> **Note 셀의 너비는 복사되지 않는다**
> 일반적으로 복사해서 붙여넣기([Ctrl]+[C] → [Ctrl]+[V])를 하면 값, 수식, 서식이 모두 복사되지만 셀의 너비(열 너비)만은 복사되지 않습니다. 셀의 너비를 복사해서 붙여 넣으려면 [선택해서 붙여넣기] 대화상자에서 '열 너비'를 선택해야 합니다.

02 복사/붙여넣기 마스터하기

예제 파일 6-02.xlsx

값 붙여넣기

서식 그대로 문자나 숫자 복사하기

서식이 다른 표나 웹의 데이터를 복사해서 붙여 넣을 때, 서식 없이 값만 붙여 넣고 싶을 때는 값 붙여넣기를 이용합니다. 값 붙여넣기를 사용하면 오로지 문자나 숫자만 복사됩니다. 수식이 있는 셀을 복사하고 '값 붙여넣기'를 하면 **계산 결과인 숫자**만 복사됩니다. (값 붙여넣기가 아닌 기본 Ctrl + C → Ctrl + V 를 하면 수식과 셀 디자인이 모두 복사됩니다.)

값 붙여넣기로 데이터 붙여넣기

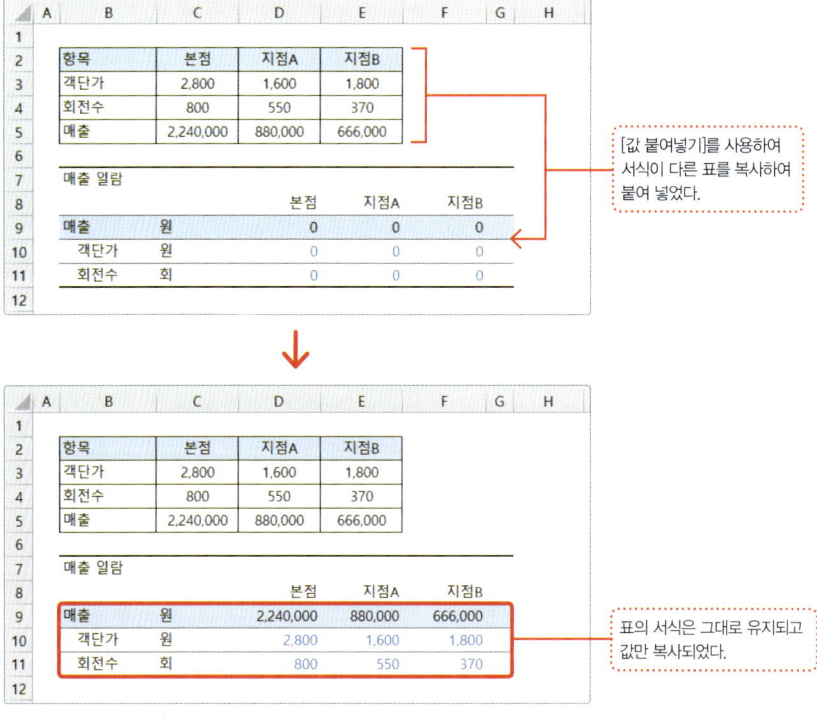

값 붙여넣기 실행 방법

값 붙여넣기는 셀을 복사한 다음 [붙여넣기] 옵션의 값 붙여넣기 란에 있는 3개의 버튼 중에서 왼쪽의 2개 중 하나를 클릭하거나 Ctrl + Alt + V 를 눌러 [선택하여 붙여넣기] 대화상자를 표시한 뒤 [값]을 선택하고 [확인]을 클릭합니다.

값 붙여넣기

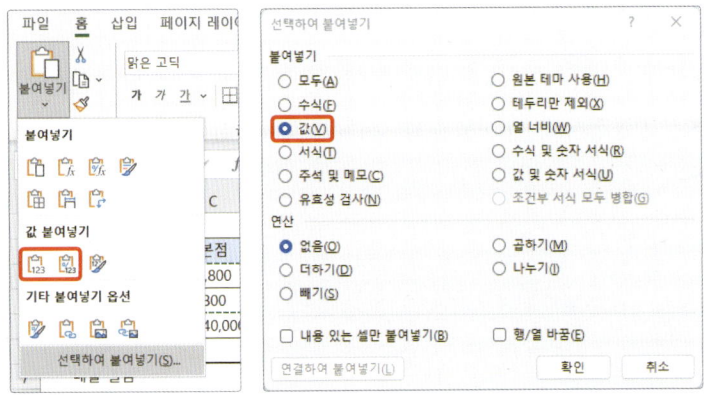

값 붙여넣기의 버튼 3가지

버튼	설명
값	오로지 값만 붙여 넣습니다. 숫자 표시 형식이나 문자색, 배경색 등은 변하지 않습니다.
값 및 숫자 서식	값과 숫자 표시 형식까지 붙여 넣습니다. 문자색, 배경색 등은 변하지 않습니다.
값 및 원본 서식	값과 숫자 표시 형식 등 모든 서식을 붙여 넣습니다.

수식 결과만 복사하기

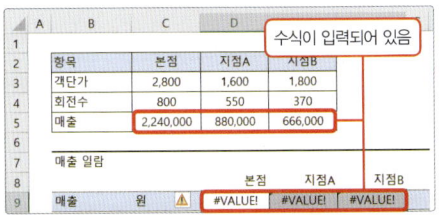
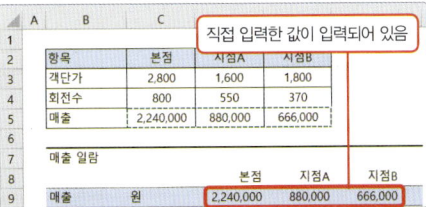

보통의 [복사해서 붙여넣기]는 수식까지 넣어지기 때문에 참조 위치가 어긋나 오류가 발생할 수 있습니다.

[값 붙여넣기]를 실행하면 오로지 숫자 값만 복사됩니다. 객단가나 회전수가 바뀌어도 값이 변경되지 않습니다.

관련 항목 ▶ 서식 붙여넣기 ⇒ 206쪽 / 수식 붙여넣기 ⇒ 208쪽 / 나누기 붙여넣기 ⇒ 210쪽

03 복사/붙여넣기 마스터하기

예제 파일 6-03.xlsx

서식 붙여넣기

값은 제외하고 서식만 붙여넣기

표나 셀의 값은 그대로 두고, 글꼴 종류나 문자색, 셀 배경색, 테두리 등 서식만을 복사하고 싶다면 **서식 붙여넣기**를 사용합니다. 이 기능은 보고서처럼 정해진 서식을 맞춰야 할 때 유용합니다.

서식만 붙여넣기

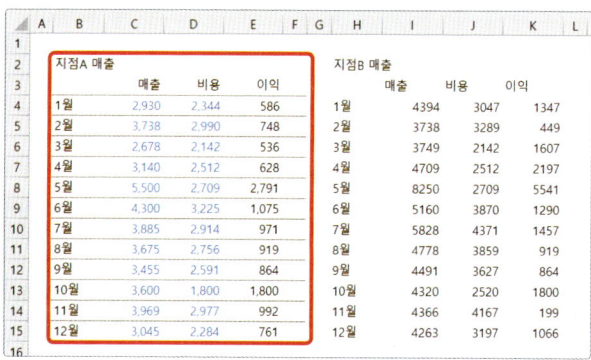

데이터는 그대로 놔둔 채 왼쪽 표의 문자색이나 숫자 표시 형식과 같은 서식만을 복사해서 오른쪽 표에 붙여 넣으려고 합니다.

서식만 붙여 넣음

[서식 붙여넣기]를 실행하면 데이터는 바뀌지 않고 서식만 붙여 넣어집니다.

서식 붙여넣기 실행 방법

서식을 복사할 셀 범위를 복사한 후 붙여 넣을 셀 범위를 선택하고 [붙여넣기] 옵션-[기타 붙여넣기 옵션]에서 [서식] 버튼을 클릭합니다. 또는 Ctrl+Alt+V를 눌러 [선택하여 붙여넣기] 대화상자를 표시한 후 [서식]을 선택하고 [확인]을 클릭합니다.

서식 붙여넣기 실행 방법

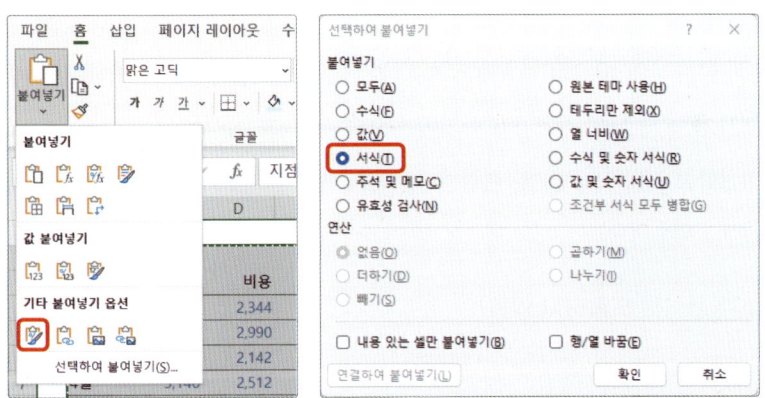

이 방법 외에도 [홈] 탭의 [서식 복사]를 사용해도 서식을 붙여 넣을 수 있습니다. 셀 범위를 선택하고 [서식 복사]를 클릭한 후 붙여 넣을 셀을 클릭하면 서식이 복사됩니다. 다른 방법과 달리, 복사할 때만 버튼을 클릭하고 붙여 넣을 때는 셀 범위를 선택하기만 하면 붙여넣기가 수행됩니다.

[서식 복사] 버튼

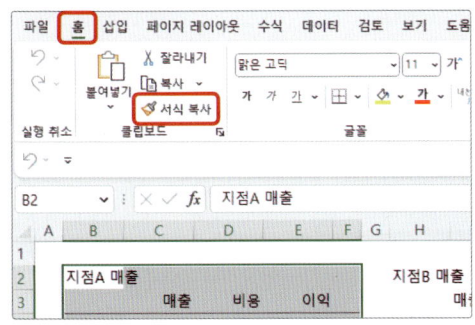

복사 대상 셀 범위를 선택하고 [홈] 탭의 [서식 복사] 버튼을 클릭한 후, 붙여 넣을 표의 셀을 선택하면 서식만 붙여 넣어집니다.

관련 항목 값 붙여넣기 ⇒ 204쪽 / 수식 붙여넣기 ⇒ 208쪽 / 나누기 붙여넣기 ⇒ 210쪽

04 복사/붙여넣기 마스터하기

예제 파일 6-04.xlsx

수식 붙여넣기

수식만 복사하기

서식은 복사하지 않고 수식만 붙여 넣으려는 경우에는 [수식 붙여넣기]를 사용합니다. 이때 주의할 점은 수식 내에 다른 셀 참조가 포함되어 있으면, 셀 참조 방식에 따라 자동으로 참조 주소가 변경된다는 것입니다. 또한, 직접 입력한 값은 [수식 붙여넣기]를 통해 값이 그대로 복사되어 붙여 넣어집니다.

수식만 붙여넣기(서식은 포함하지 않음)

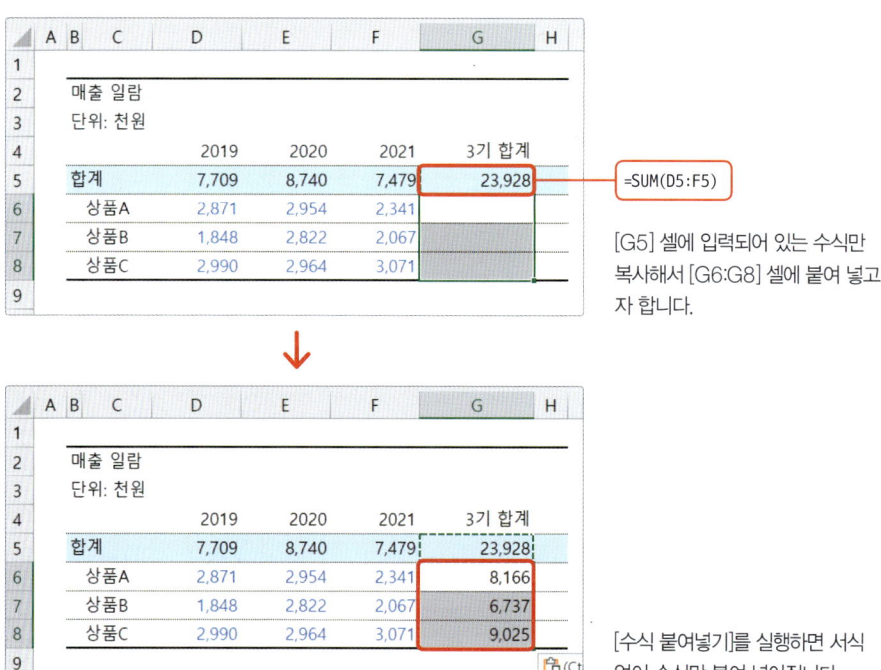

숫자 서식을 수식과 함께 복사하기

[수식 붙여넣기]를 실행하려면 대상 셀을 복사한 후 붙여 넣을 셀을 선택하고 [붙여넣기] 옵션–[붙여넣기]–[수식] 버튼을 클릭합니다. 혹은 Ctrl+Alt+V 를 눌러 [선택하여 붙여넣기] 대화상자에서 [수식]을 선택한 후 [확인]을 클릭합니다.

[수식 붙여넣기] 실행 방법

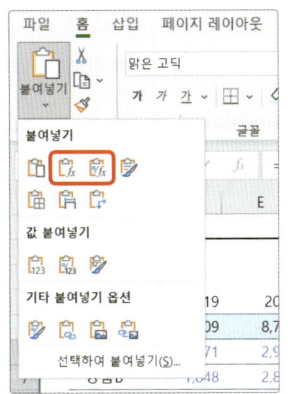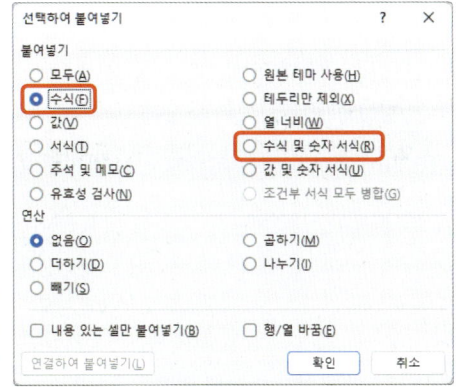

이때 수식뿐만 아니라 계산 결과의 표시 형식(% 표기나 천 단위 구분 등)도 붙여 넣으려면 [수식] 버튼 옆에 있는 [수식 및 숫자 서식] 버튼이나 [선택하여 붙여넣기] 대화상자의 [수식 및 숫자 서식]을 사용합니다. 이 방법을 사용하면 셀의 배경색이나 테두리 등은 무시되고 수식과 표시 형식만 복사됩니다.

> **Note** 서식 없이 자동 채우기
>
> 자동 채우기 기능(214쪽)으로 수식을 복사할 때 [서식 없이 채우기]를 클릭하면 서식 없이 수식만 복사할 수 있습니다.
>
>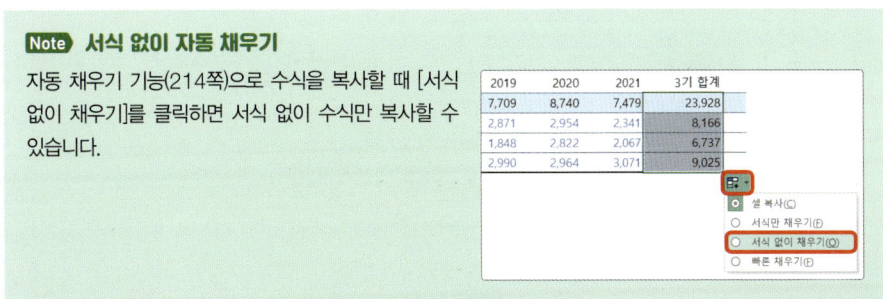

관련 항목 값 붙여넣기 ⇒ 204쪽 / 서식 붙여넣기 ⇒ 206쪽 / 나누기 붙여넣기 ⇒ 210쪽

05 복사/불여넣기 마스터하기

예제 파일 6-05.xlsx

나누기 붙여넣기로 표 단위 바꾸기

원 단위 숫자를 천 원 단위로 바꾸기

[나누기 붙여넣기]나 [곱하기 붙여넣기]를 사용하면 입력이 끝난 숫자의 단위를 빠르게 바꿀 수 있습니다. [나누기 붙여넣기]는 입력된 숫자를 특정 값으로 나눈 결과로 덮어쓰는 기능입니다. 예를 들면, 1000이 입력된 셀을 복사해서 원 단위로 입력된 셀에 [나누기 붙여넣기]를 하면 각 셀의 값이 1000으로 나눈 값으로 변경됩니다. 즉, 원 단위 값이 천 원 단위 값이 되는 것입니다.

[곱하기 붙여넣기]는 입력된 숫자를 특정 값으로 곱한 결과로 덮어쓰는 기능입니다. [나누기 붙여넣기]와는 반대로 천 원 단위로 입력된 값을 원 단위 값으로 변환할 수 있습니다.

숫자의 단위를 한꺼번에 변환하기

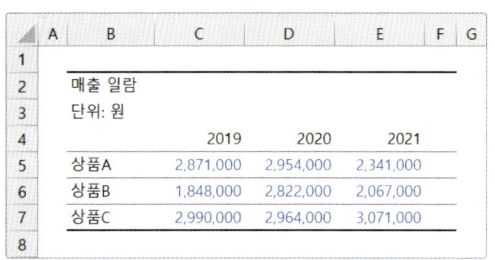

원 단위로 표기된 경우, 자릿수가 많아 읽기 어렵기에 천 원 단위로 바꾸고자 합니다.

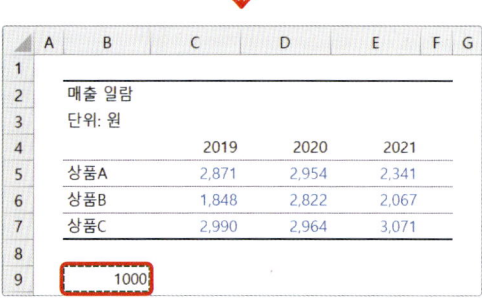

적당한 위치의 [B9] 셀에 1000을 입력한 후, 이 셀을 복사하여 대상 셀에 [나누기 붙여넣기]를 하면, 모든 값이 1/1000이 됩니다.

나누기 붙여넣기 실행 방법

[나누기 붙여넣기]를 실행하려면 우선 적당한 셀에 나눌 숫자(1000이나 10000000 등)를 입력한 후 복사합니다. 이어서 단위를 바꾸고자 하는 셀 범위를 선택하고 [선택하여 붙여넣기] 대화상자를 엽니다. 대화상자에서 [붙여넣기]–[값]을 선택하고 [연산]–[나누기]를 선택한 후 [확인]을 클릭하면 나누기 붙여넣기가 적용됩니다.

==표시 단위를 변경했으면 단위 표기를 '단위: 원'에서 '단위: 천원'으로 수정하는 것을 잊지 않도록 합니다.== 또한, 나눗셈을 위해 사용한 1000이나 10000000 등의 값은 삭제해도 됩니다.

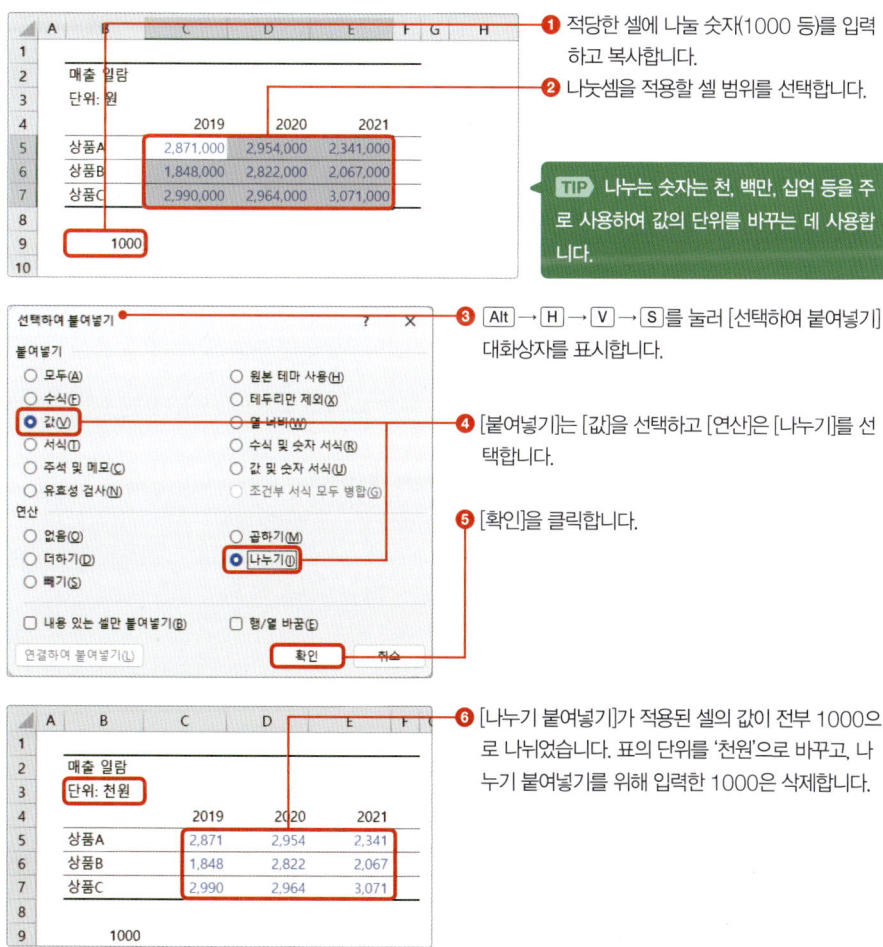

관련 항목 값 붙여넣기 ⇒ 204쪽 / 서식 붙여넣기 ⇒ 206쪽 / 수식 붙여넣기 ⇒ 208쪽

06 알아 두면 편리한 기능

예제 파일 6-06.xlsx

행과 열 바꾸기

행과 열을 바꾸면 새로운 관점으로 볼 수 있다

세로 방향으로 배치된 데이터를 가로 방향으로 정렬하거나 가로 방향으로 배치된 데이터를 세로 방향으로 정렬하면, 지금까지와는 조금 다른 형태로 데이터를 확인할 수 있어 데이터 비교가 조금 더 쉬워지거나 지금까지 보지 못한 새로운 관점을 깨닫기도 합니다. 또한, 그 밖에도 필터 기능으로 추출한 항목을 세로 방향으로 정렬하는 등 작업 내용이나 목적, 용도에 따라 데이터의 방향을 바꾸고 싶을 때도 있습니다. 이럴 때는 **[선택하여 붙여넣기]** 대화상자의 **[행/열 바꿈]**을 사용합니다.

표의 행과 열을 바꾸는 가장 간단한 방법

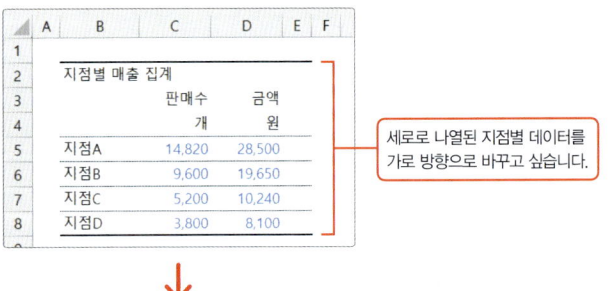

데이터를 복사한 후 [행/열 바꿈]을 사용하여 붙여 넣으면 데이터의 방향을 바꿔 붙여 넣을 수가 있습니다.

[행/열 바꿈] 옵션에 체크하기

행과 열을 바꿔 데이터를 붙여 넣으려면, 셀 범위를 복사하고 붙여 넣을 셀을 선택한 다음 [선택하여 붙여넣기] 대화상자를 표시한 뒤 [행/열 바꿈]에 체크합니다. 이때 표의 제목은 복사 대상에 포함하지 말고 데이터 부분만 복사합니다. 표의 테두리는 붙여 넣은 후에 다시 설정해야 합니다.

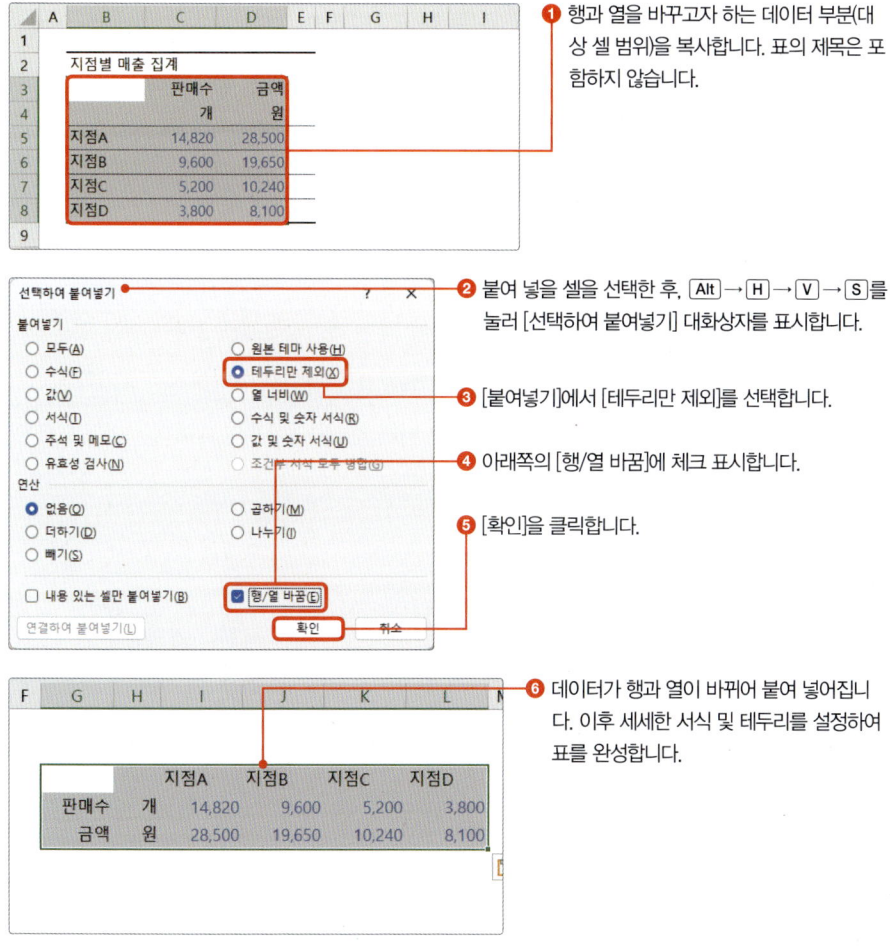

❶ 행과 열을 바꾸고자 하는 데이터 부분(대상 셀 범위)을 복사합니다. 표의 제목은 포함하지 않습니다.

❷ 붙여 넣을 셀을 선택한 후, [Alt]→[H]→[V]→[S]를 눌러 [선택하여 붙여넣기] 대화상자를 표시합니다.

❸ [붙여넣기]에서 [테두리만 제외]를 선택합니다.

❹ 아래쪽의 [행/열 바꿈]에 체크 표시합니다.

❺ [확인]을 클릭합니다.

❻ 데이터가 행과 열이 바뀌어 붙여 넣어집니다. 이후 세세한 서식 및 테두리를 설정하여 표를 완성합니다.

관련 항목 자동 채우기 ⇒ 214쪽 / 정렬 기능 ⇒ 219쪽 / 필터 기능 ⇒ 223쪽

07 알아 두면 편리한 기능

예제 파일 6-07.xlsx

자동 채우기

엑셀의 입력 기능 중 가장 편리한 자동 채우기 기능

자동 채우기는 엑셀이 제공하는 다양한 기능 중에서도 특히 편리한 입력 기능입니다. 이 기능을 사용하면 다음과 같은 조작을 마우스만으로 간단히 실행할 수 있습니다.

- 5부터 100까지 5단위로 숫자 입력하기
- 같은 수식이나 서식을 열 전체에 복사하기

자동 채우기 기능을 사용하려면 먼저 **기본 규칙**이 되는 데이터 2개를 2개의 셀에 입력합니다. 예를 들면, 5단위로 숫자를 입력하려면 5와 10을, 100단위로 입력하려면 100과 200처럼 처음 2개의 값을 입력합니다. 이 기본 규칙에 따라 세 번째 이후의 데이터는 자동으로 입력됩니다.

❶ 셀에 기본이 되는 값 2개를 입력하고 그 2개의 셀을 모두 선택합니다.

❷ 오른쪽 밑의 채우기 핸들(■)을 아래 방향으로 드래그한 후 마우스에서 손을 뗍니다.

❸ 연속 데이터가 만들어졌습니다. 숫자가 5단위로 드래그한 범위에 입력되었습니다.

수식이나 서식을 열 전체에 빠르게 복사하기

다른 셀을 참조하는 수식을 자동 채우기 기능으로 복제하면, 수식을 복사할 때와 마찬가지로 **참조 방식**에 따라 자동으로 참조하는 셀이 변경됩니다.

❶ 수식이 입력된 셀을 선택합니다.

❷ 셀 오른쪽 밑에 보이는 채우기 핸들(■)을 오른쪽 방향으로 드래그한 후 마우스에서 손을 뗍니다.

❸ 수식이 복사되어 계산 결과가 표시되며, 셀 참조도 갱신되었습니다.

> **Note** 자동 채우기의 [서식만 채우기]와 [서식 없이 채우기]
>
> 일반적으로 자동 채우기로 입력하면 서식과 데이터가 모두 복사됩니다. 서식만 복사하고 싶거나 서식 없이 복사하고 싶을 때는 자동 채우기 직후에 표시되는 옵션 메뉴를 클릭하여 [서식만 채우기](218쪽) 또는 [서식 없이 채우기]를 선택합니다.
>
> 또한, [빠른 채우기]는 기존에 입력된 패턴을 자동으로 인식해서 그 패턴에 따라 값을 채웁니다. 예를 들어, 성과 이름을 별도의 열에 입력한 후 그 둘을 합친 열을 만든다면, 몇 개의 예를 입력한 후 [빠른 채우기]를 하면 나머지 셀에 전부 반영됩니다.
>
> 서식을 복사하고 싶지 않으면 자동 채우기 이후에 표시되는 옵션 메뉴에서 [서식 없이 채우기]를 클릭합니다.

관련 항목 행과 열 바꾸기 ⇒ 212쪽 / 날짜와 요일을 한 번에 입력하기 ⇒ 216쪽 / 필터 기능 ⇒ 223쪽

08 알아 두면 편리한 기능

예제 파일 6-08.xlsx

날짜와 요일 쉽게 입력하기

자동 채우기 기능으로 쉽게 입력하는 방법

자동 채우기(214쪽)를 사용하면 날짜와 요일을 빠르고 정확하게 입력할 수 있습니다. 날짜는 월말을 넘으면 자동으로 다음 달 1일이 되며, 연말을 넘으면 다음 해의 1월 1일이 정확하게 입력됩니다. 이때 윤년도 정확하게 반영됩니다. 또한, 요일도 일요일 다음에는 월요일이 정확하게 입력됩니다. 일별 매출이나 영업실적표, 근무표 등을 만들 때 등 ==연속된 날짜와 요일을 입력할 때 자동 채우기 기능을 사용하면 편리합니다.==

날짜나 요일은 자동 채우기 기능으로 입력한다

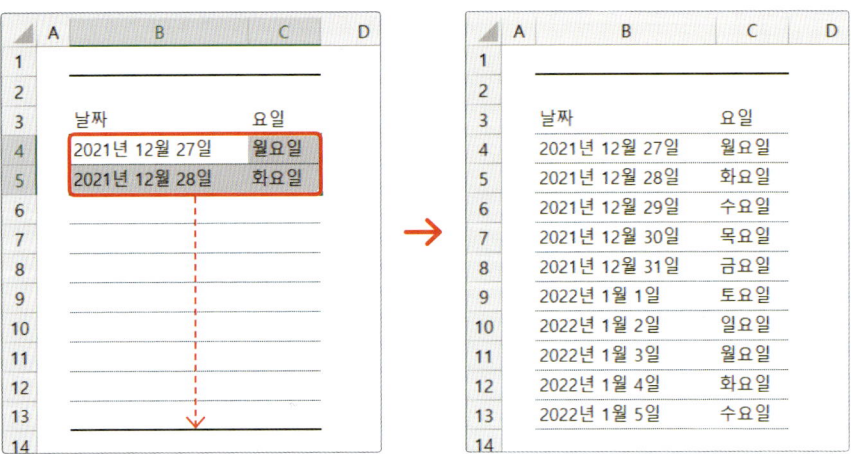

날짜와 요일을 자동 채우기 기능으로 입력했습니다. 월말을 넘으면 다음 달 1일이 입력되고, 일요일 다음에는 월요일이 입력됩니다.

매월 마지막 날짜를 쉽게 입력하는 방법

자동 채우기로 날짜를 입력한 후 **[자동 채우기 옵션]** 버튼을 클릭하면 **[일 단위 채우기]**, **[월 단위 채우기]**, **[연 단위 채우기]** 등 날짜 값 전용 메뉴가 표시됩니다. 이를 선택하면 특정 조건을 지정하여 날짜를 채워 넣을 수 있습니다.

예를 들어, 1월 31일, 2월 29일(윤년)처럼 말일을 입력하고 자동 채우기를 사용한 후, 옵션에서 **[월 단위 채우기]**를 선택하면 매월 말일을 순식간에 입력할 수 있습니다.

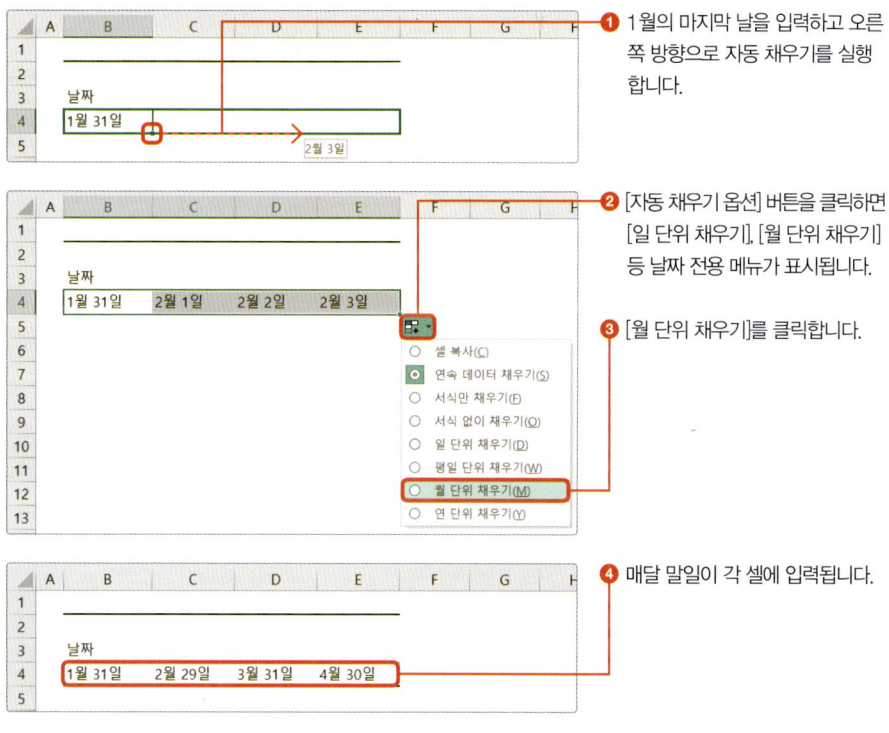

① 1월의 마지막 날을 입력하고 오른쪽 방향으로 자동 채우기를 실행합니다.

② [자동 채우기 옵션] 버튼을 클릭하면 [일 단위 채우기], [월 단위 채우기] 등 날짜 전용 메뉴가 표시됩니다.

③ [월 단위 채우기]를 클릭합니다.

④ 매달 말일이 각 셀에 입력됩니다.

> **Note** 마우스 우클릭으로 드래그하여 자동 채우기 옵션 메뉴 표시하기
>
> 자동 채우기 기능을 사용할 때 마우스 왼쪽 버튼이 아니라 오른쪽 버튼을 누르면서 드래그하면 버튼에서 손을 뗄 때 자동으로 옵션 메뉴가 표시됩니다.

관련 항목 자동 채우기 ⇒ 214쪽 / 정렬 기능 ⇒ 219쪽 / 필터 기능 ⇒ 223쪽

09 알아 두면 편리한 기능

예제 파일 6-09.xlsx

셀 배경색을 한 줄 간격으로 바꾸는 방법

자동 채우기 기능으로 서식만 복사하기

자동 채우기 기능으로 값을 복사하지 않고 **서식만** 복사하는 것도 가능합니다. 예를 들면, 표를 보기 좋게 만들기 위해 셀 배경색을 한 줄 간격으로 바꾸려면 다음 단계를 수행합니다.

자동 채우기로 서식을 복사한다

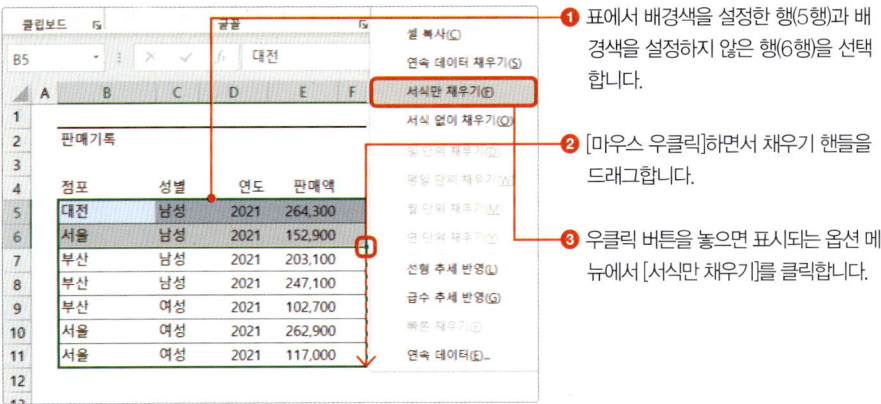

❶ 표에서 배경색을 설정한 행(5행)과 배경색을 설정하지 않은 행(6행)을 선택합니다.

❷ [마우스 우클릭]하면서 채우기 핸들을 드래그합니다.

❸ 우클릭 버튼을 놓으면 표시되는 옵션 메뉴에서 [서식만 채우기]를 클릭합니다.

❹ 셀의 배경색이 한 줄 간격으로 설정됩니다.

> **Note** 데이터를 정렬할 필요가 있을 때는 주의해서 사용한다
> 표의 배경색을 한 줄 간격으로 설정한 후에 필터를 적용하거나 데이터를 정렬하면 배경색이 뒤섞여 버립니다. 이럴 때는 배경색을 설정하지 않거나 조건부 서식으로 배경색을 설정해야 합니다(74쪽).

10 알아 두면 편리한 기능

예제 파일 6-10.xlsx

정렬 기능
완벽하게 마스터하기

목적에 따라 데이터 정렬하기

다양한 데이터가 입력된 표는 아무런 규칙 없이 제각각인 상태에서는 데이터의 관련성이나 특징을 파악하기 어렵습니다. 이때 <mark>특정 필드를 기준으로 정렬</mark>해 보면 데이터 간의 관련성과 특징을 파악할 수 있는 경우가 많습니다. 엑셀을 사용하면 다양한 필드를 기준으로 쉽게 데이터를 정렬할 수 있어 매우 효율적입니다.

데이터를 정렬하면 관련성과 특징을 파악하기 쉽다

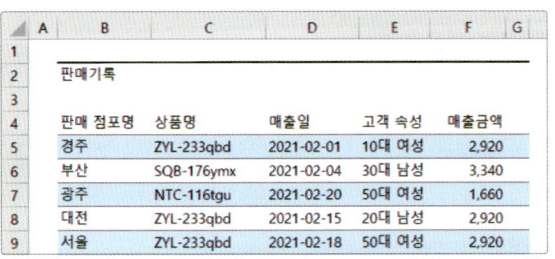

데이터를 정렬하기 전. 데이터가 그저 입력한 순으로 나열되어 있기에 의미나 특징을 파악하기 어렵습니다.

데이터를 점포명과 매출일 순으로 정렬했더니 점포별 판매 기록과 그 추이를 쉽게 파악할 수 있게 되었습니다.

오름차순으로 정렬하기

데이터를 오름차순(작은 값→큰 값)으로 정렬하려면, 정렬 기준이 되는 열의 **제목 셀**을 선택하고 **[데이터]** 탭의 **[텍스트 오름차순 정렬]** 버튼을 클릭합니다. 그러면 표의 데이터가 **행 단위**로 정렬됩니다.

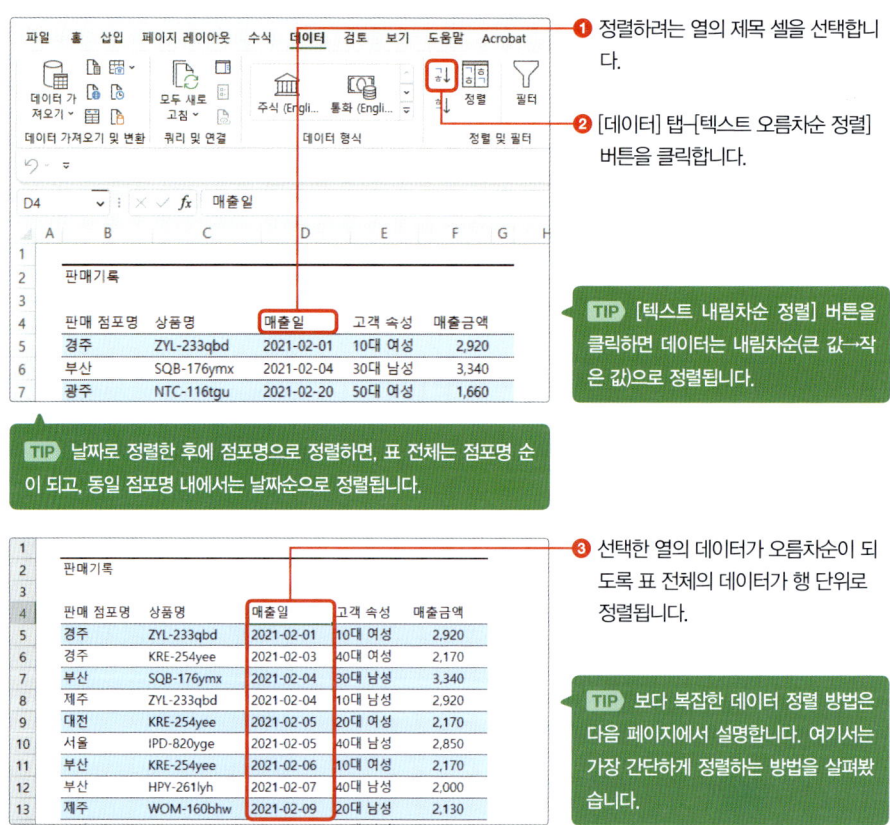

❶ 정렬하려는 열의 제목 셀을 선택합니다.

❷ [데이터] 탭-[텍스트 오름차순 정렬] 버튼을 클릭합니다.

TIP [텍스트 내림차순 정렬] 버튼을 클릭하면 데이터는 내림차순(큰 값→작은 값)으로 정렬됩니다.

TIP 날짜로 정렬한 후에 점포명으로 정렬하면, 표 전체는 점포명 순이 되고, 동일 점포명 내에서는 날짜순으로 정렬됩니다.

❸ 선택한 열의 데이터가 오름차순이 되도록 표 전체의 데이터가 행 단위로 정렬됩니다.

TIP 보다 복잡한 데이터 정렬 방법은 다음 페이지에서 설명합니다. 여기서는 가장 간단하게 정렬하는 방법을 살펴봤습니다.

> **Note** 정렬하기 전에 반드시 원본 데이터를 남겨 둔다
>
> 데이터를 정렬할 때는 사전에 [다른 이름으로 저장]하거나 파일을 백업하여 변경 전의 원본 데이터를 확보해 둡니다. 일단 정렬을 수행하면 다시 원래의 상태로 돌아가기 힘든 상황도 있기 때문입니다. 기존 파일의 정렬 순서에 무언가 의미가 있었다는 사실을 나중에 깨닫더라도 원래대로 돌아가지 못해서 낭패를 볼 수도 있습니다. 따라서 정렬을 수행하기 전에 원본 데이터를 따로 저장해 두는 습관을 들입니다.

정렬 대화상자에서 정렬 기준 자세히 지정하기

정렬 조건을 세밀하게 지정하려면 [데이터] 탭의 [정렬]을 클릭하여 [정렬] 대화상자를 표시하고 다음과 같은 흐름으로 설정합니다.

❶ 정렬 기준 열을 지정합니다.
❷ 기준 열의 정렬 규칙(오름차순/내림차순)을 지정합니다.
❸ 기준 열이 여러 개일 경우에는 [기준 추가]를 클릭해서 추가로 설정합니다.
❹ 기준 열의 우선 순위는 [▲], [▼] 버튼으로 바꿀 수 있습니다.

또한, 표 전체가 아닌 일부 데이터만 정렬한다면 **대상 셀 범위**를 선택한 후 정렬 대화상자를 열면 됩니다.

정렬 대화상자의 기본 조작 방법

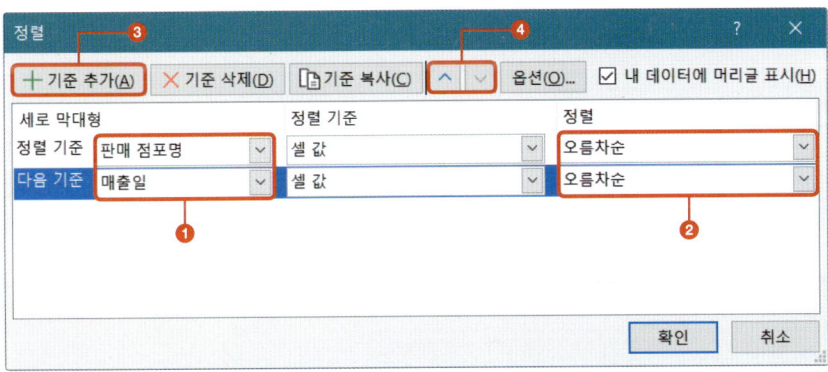

> **Note** 첫 번째 행을 정렬 대상에 포함하고 싶을 때
>
> 일반적으로 표의 첫 번째 행에는 항목명이 배치되기 때문에 정렬 대상에 포함시키지 않습니다. 첫 번째 행을 정렬 대상에 포함시킬지 여부는 정렬 대화상자의 오른쪽 위에 있는 [내 데이터에 머리글 표시] 체크 박스로 설정할 수 있습니다.

정렬 실행 단축키와 주의점

정렬 기능 단축키

정렬 방법	단축키
[오름차순 정렬] 버튼 실행	Alt → A → S → A
[내림차순 정렬] 버튼 실행	Alt → A → S → D
[정렬] 버튼 실행(대화상자 표시)	Alt → A → S → S

Alt+A로 **[데이터]** 탭을 선택하고 S로 정렬 기능을 선택한 후 마지막으로 오름차순(Ascending)의 A, 내림차순(Descending)의 D, 정렬(Sort) 대화상자 표시의 S 중 하나를 선택합니다.

한편, 데이터를 정렬할 때 주의할 점이 몇 가지 있습니다. 첫 번째는 정렬할 데이터 내에 다른 셀을 참조하는 수식이 포함된 경우에는 오류가 발생할 수 있다는 점입니다. 그러므로 미리 수식의 참조 형식을 확인하는 것이 좋습니다.

두 번째는 엑셀의 정렬 기능은 행을 한 덩어리의 데이터로 취급한다는 점입니다. 따라서 아래 그림과 같이 열 방향으로 나열된 데이터를 정렬하면 표가 망가져 버립니다. 이때는 필요에 따라 행과 열을 바꾼 후에 정렬을 수행합니다.

열 방향으로 나열된 데이터는 정렬할 수 없다

	A	B	C	D	E	F	G
1							
2		매출 일람					
3				본점	지점A	지점B	
4		매출	원	2,240,000	880,000	666,000	
5		객단가	원	2,800	1,600	1,800	
6		회전수	회	800	550	370	
7							

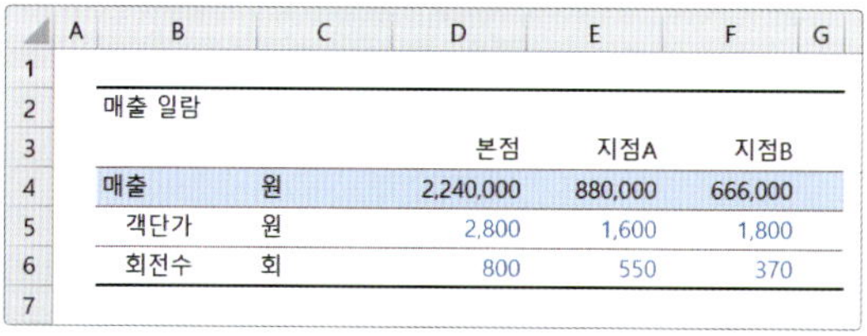

열 방향(세로 방향)으로 데이터가 늘어서 있는 표

	A	B	C	D	E	F	G
1							
2		매출 일람					
3				본점	지점A	지점B	
4		매출	원	800	550	370	
5		객단가	원	2,800	1,600	1,800	
6		회전수	회	=D7*D8	0	0	
7							
8							
9							

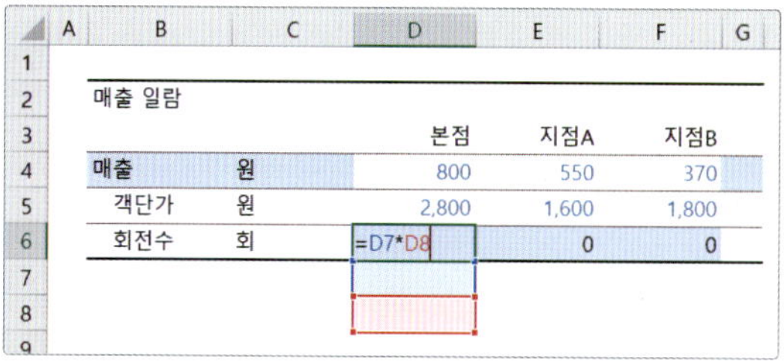

정렬 기능은 행 방향으로 데이터를 취급하기 때문에 열 방향으로 입력된 데이터를 정렬하면 데이터가 깨집니다.

관련 항목 값 붙여넣기 ⇒ 204쪽 / 자동 채우기 ⇒ 214쪽 / 필터 기능 ⇒ 223쪽

11 알아 두면 편리한 기능

예제 파일 6-11.xlsx

필터 기능과 SUBTOTAL 함수

특정 조건을 만족하는 데이터만 표시하기

엑셀의 **필터** 기능을 사용하면 대량의 데이터 중에서 특정 조건을 만족하는 데이터만을 표시할 수 있습니다. 필터링 조건을 여러 열에 지정할 수도 있습니다. 예를 들면, '점포=서울, 매출일=2021년, 성별=여성' 등 여러 조건을 지정하여 표시되는 데이터의 범위를 축소할 수 있습니다.

필터 기능으로 필요한 데이터만 표시한다

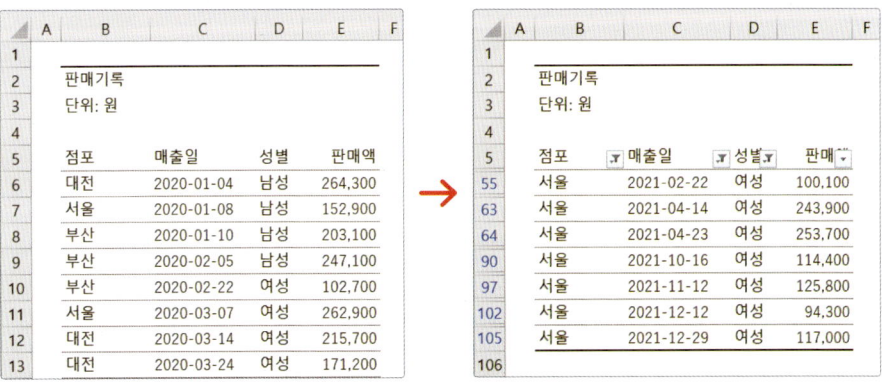

필터 기능을 사용해서 대량의 데이터 중에서 '점포=서울, 매출일=2021년, 성별=여성'인 데이터만 표시했습니다.

하지만 필터 기능은 어디까지나 표시하는 데이터의 범위를 일시적으로 좁히는 기능입니다. 바꿔 말하면, 조건에 일치하지 않은 행을 표시하지 않는 기능이기 때문에 데이터가 삭제되는 것이 아닙니다. 필터가 적용된 시트를 보면 행 번호가 군데군데 비어 있는 것을 확인할 수 있는데, 이것은 표시되지 않은 데이터가 존재한다는 뜻입니다. 데이터는 언제든지 원상태로 되돌아갈 수 있습니다.

기본적인 필터 사용 방법

필터 기능을 사용해서 표시할 데이터 범위를 좁히려면, 우선 [데이터] 탭의 [필터]를 클릭합니다. 그러면 표의 제목 셀에 **필터 화살표** 버튼이 표시됩니다. 이 버튼을 누르면 그 열의 추출 조건을 지정할 수 있습니다(단축키는 191쪽 참조).

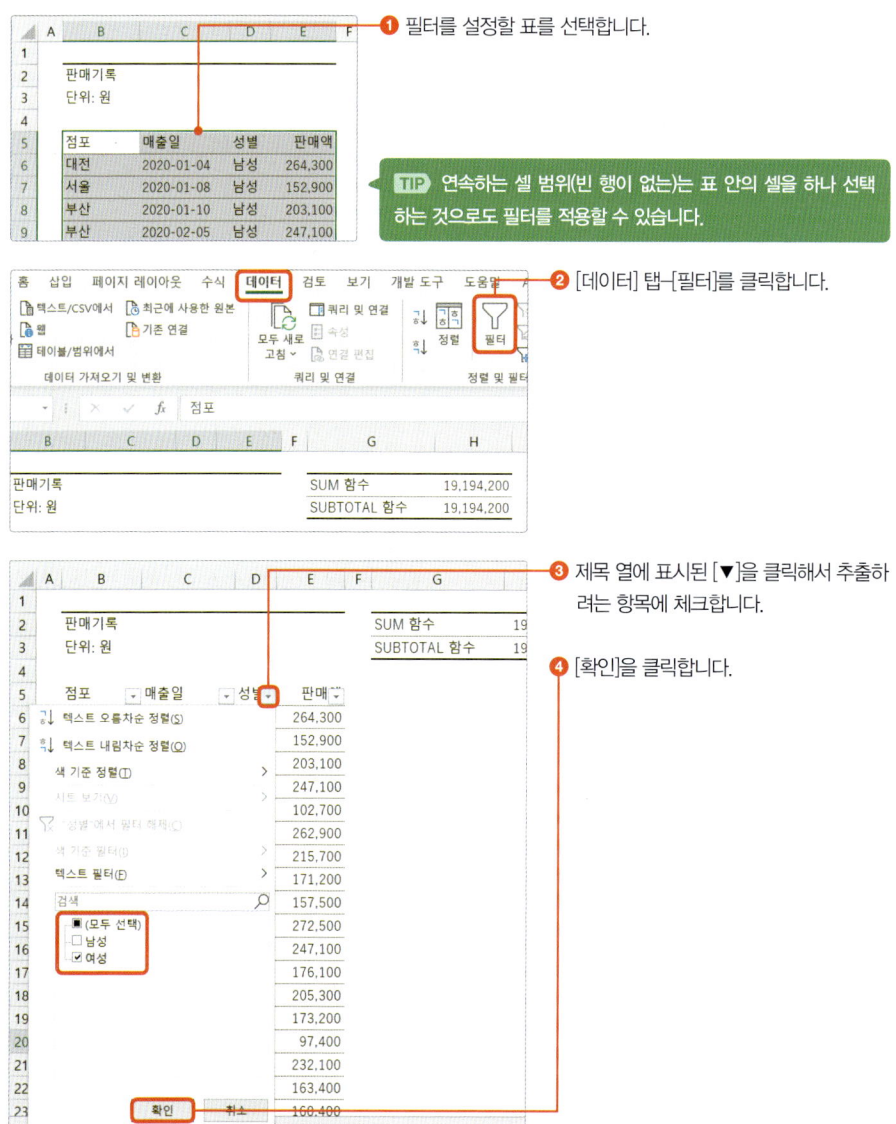

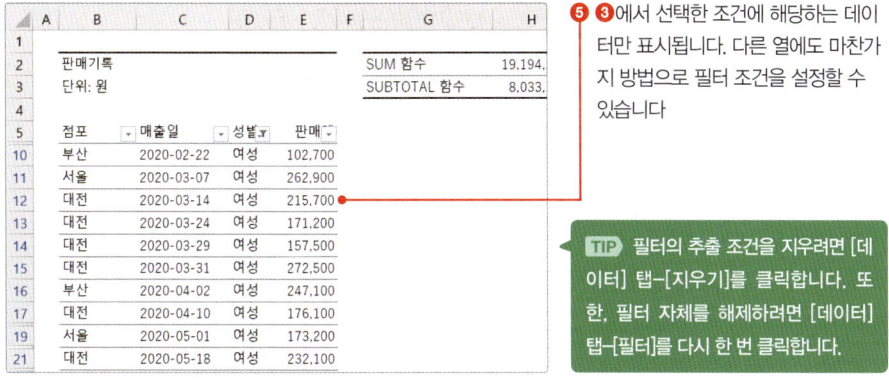

> TIP 필터의 추출 조건을 지우려면 [데이터] 탭-[지우기]를 클릭합니다. 또한, 필터 자체를 해제하려면 [데이터] 탭-[필터]를 다시 한 번 클릭합니다.

더 자세한 조건으로 필터링하기

날짜나 숫자가 입력된 열은 더욱 상세한 조건을 지정하여 데이터를 필터링할 수 있습니다. 예를 들어, 판매수 등 숫자가 적힌 열이라면 지정한 숫자보다 큰 데이터만을 추출하거나 [상위 10개]이나 [평균 초과] 등 상대적인 조건을 지정할 수도 있습니다. 날짜가 적힌 열은 [이번 주], [지난 달], [지난 분기] 등의 조건으로 데이터를 추출할 수 있습니다.

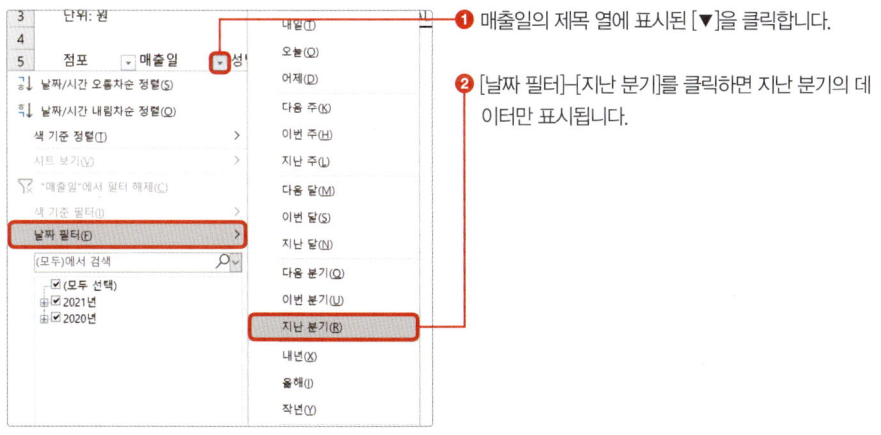

필터를 사용할 때의 팁

필터 기능에 의해 추출된 데이터만 복사하려면 표시된 셀들을 선택하여 그대로 복사해서 붙여 넣으면 됩니다. 그러면 필터링이 된 셀들만 복사됩니다.

한편, 필터링 기능과 집계 함수를 함께 사용할 때는 주의해야 합니다. 필터링이 된 데이터에 대해 SUM 함수나 COUNT 함수를 사용하면 필터링이 된 데이터가 아닌 전체 데이터가 집계 대상이 됩니다. 필터링이 된 데이터에 대해서만 집계하려면 먼저 필터링이 된 데이터를 복사해서 다른 위치에 붙여 넣은 다음에 집계해야 합니다. 또는 SUBTOTAL 함수를 사용하는 방법도 있습니다. SUBTOTAL 함수의 첫 번째 인수에 적용할 **계산 방법**을 지정하고, 두 번째 인수에 **집계 셀 범위**를 지정하면 필터링이 된 데이터만 집계할 수 있습니다.

=SUBTOTAL(계산 방법, 셀 범위)

SUBTOTAL 함수와 SUM 함수의 집계 결과 차이

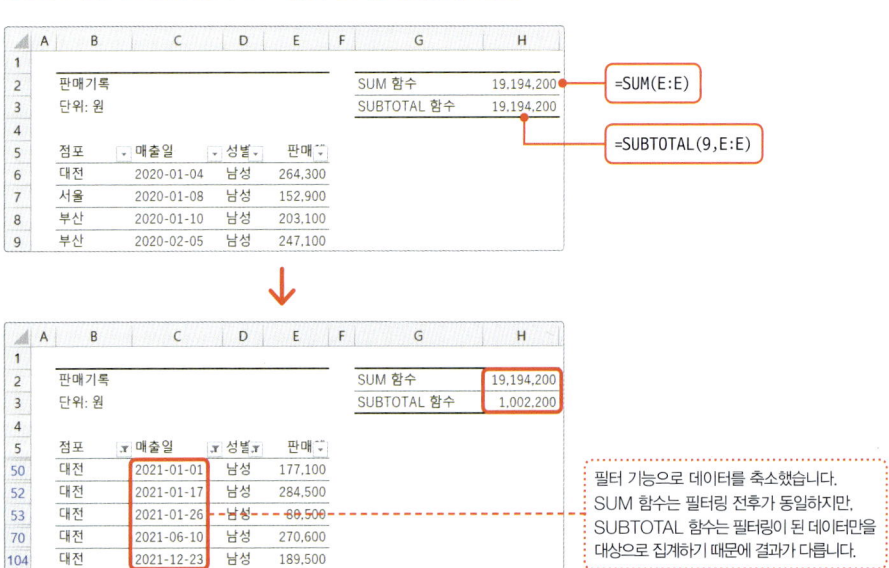

> **Note** **SUBTOTAL 함수의 첫 번째 인수에 계산 방법을 지정하는 번호가 있다**
> SUBTOTAL 함수의 첫 번째 인수에는 계산 방법을 지정하는데, 이 계산 방법은 1부터 11까지의 숫자로 지정합니다. 예를 들면, SUM 함수와 동일한 처리(합계 산출)를 하려면 9를 지정합니다. COUNT 함수와 동일한 처리(요소 개수를 산출)를 하려면 2를 지정합니다. 이와 같이 SUBTOTAL 함수는 하나의 함수로 여러 가지 집계 처리를 할 수 있어 매우 편리합니다. 다른 번호에 부여된 계산 방법에 대해서는 엑셀의 도움말이나 마이크로소프트의 웹사이트 등을 참고합니다.

관련 항목 값 붙여넣기 ⇒ 204쪽 / 자동 채우기 ⇒ 214쪽 / 정렬 기능 ⇒ 219쪽

7장

실전 데이터 분석의 시작

01 데이터 테이블 마스터하기

예제 폴더 7-01

데이터 테이블을 활용한 민감도 분석

여러 조건의 변화에 따른 계산 결과 검토하기

영업 계획을 세우거나 장비 임대 요금을 비교 검토할 때는 여러 조건을 변경해 보면서 충분히 검토하여 의사 결정을 해야 합니다. 이때 유용한 기능이 **데이터 테이블**입니다. 데이터 테이블을 사용하면 간단하게 **민감도 분석**을 실시할 수 있습니다. 민감도 분석이란, 여러 조건을 바꿔 가면서 결과를 분석하는 것을 말합니다.

여기서는 데이터 테이블을 사용해 은행 대출금과 월 상환금을 검토해 보겠습니다. 조건은 아래와 같습니다.

- 총 상환 기간은 3, 4, 5년 중 하나
- 총 차입 금액은 1,000만 원, 1,300만 원, 1,500만 원 중 하나
- 금리는 연 2%, 매월 상환 금액은 30만 원 이내

상환 기간에 3가지 선택지가 있고 차입 금액도 3가지 선택지가 있으므로 총 9가지 선택지가 있습니다. 만약, 매월 상환 금액을 30만 원 이내로 설정한 채 가장 큰 금액을 대출하고 싶다면 어떤 조건을 선택해야 할까요?

대출/상환 계획

	차입 금액 (이자율 연리 2%)		
	1,000만 원	1,300만 원	1,500만 원
3년	1,000만 원을 3년간 상환	1,300만 원을 3년간 상환	1,500만 원을 3년간 상환
4년	1,000만 원을 4년간 상환	1,300만 원을 4년간 상환	1,500만 원을 4년간 상환
5년	1,000만 원을 5년간 상환	1,300만 원을 5년간 상환	1,500만 원을 5년간 상환

이 문제를 해결하기 위해 각기 다른 조건을 하나씩 입력해서 그 결과를 검토해 보는 방법이 있습니다. 이를테면 다음과 같습니다.

상환 기간 4년, 차입 금액(대출 금액) 1,000만 원의 경우

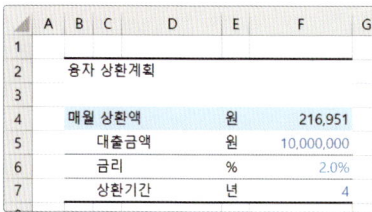

상환 기간 4년, 차입 금액 1,000만 원에 대해 계산해 보니 매월 상환액은 216,951원입니다.

하지만 이 방법을 이용하면 계산 한 번에 딱 1가지 결과만 확인할 수 있어서 다른 계획을 확인하려면 셀 데이터를 몇 번이고 바꿔서 적어야만 합니다. 또한 계산한 내용을 별도로 메모해 두어야 하므로 조건이 많을수록 더욱 번거롭습니다. 엑셀에는 이러한 계산을 효율적으로 수행해 주는 **데이터 테이블** 기능이 있습니다.

여러 조건에 대한 계산 결과를 하나의 표에 표시

데이터 테이블을 사용하면 수식에 포함된 하나 또는 두 개의 값이 변할 때, 그 계산 결과가 어떻게 변하는지 하나의 표로 확인할 수 있습니다. 앞의 예에서는 9개의 조건에 따라 매월 상환액이 하나의 표에 표시됩니다.

데이터 테이블을 이용한 상환 계획 계산하기

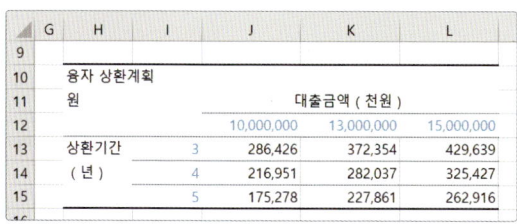

데이터 테이블을 사용하면 9개의 조건에 대한 월별 상환 금액이 하나의 표에 표시됩니다.

데이터 테이블 작성 방법

그러면 실제로 데이터 테이블을 만들어 보겠습니다. 우선 9개의 조건 중 1개를 임의로 선택해서 조건과 그에 따른 계산식이 포함된 표를 완성합니다. 그리고 그중에서 계산할 때 값이 변경되는 셀을 선택합니다. 이번에는 [F5] 셀과 [F7] 셀의 숫자를 바꿔서 계산합니다.

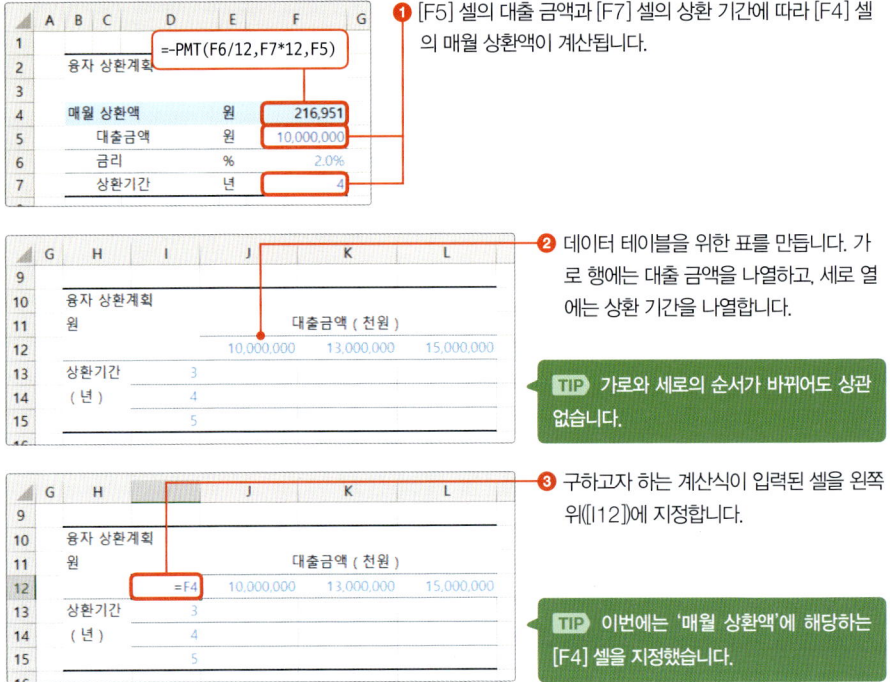

❶ [F5] 셀의 대출 금액과 [F7] 셀의 상환 기간에 따라 [F4] 셀의 매월 상환액이 계산됩니다.

❷ 데이터 테이블을 위한 표를 만듭니다. 가로 행에는 대출 금액을 나열하고, 세로 열에는 상환 기간을 나열합니다.

TIP 가로와 세로의 순서가 바뀌어도 상관없습니다.

❸ 구하고자 하는 계산식이 입력된 셀을 왼쪽 위([I12])에 지정합니다.

TIP 이번에는 '매월 상환액'에 해당하는 [F4] 셀을 지정했습니다.

> **Note 월별 상환 금액 계산 방법**
>
> PMT 함수는 이자율(첫 번째 인수), 지불 횟수(두 번째 인수), 차입 금액(세 번째 인수) 순으로 세 숫자를 입력하여 1회당 지불 금액을 계산하는 함수입니다. PMT 함수의 결과는 음수로 표시되므로 양수로 표시하고 싶으면 '=' 뒤에 '-' 기호를 추가합니다.

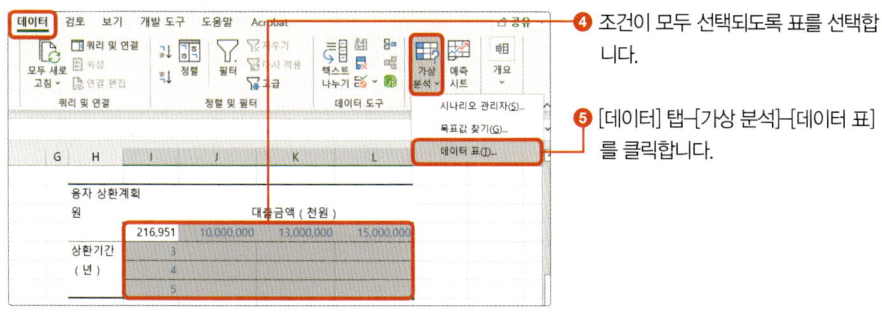

④ 조건이 모두 선택되도록 표를 선택합니다.

⑤ [데이터] 탭-[가상 분석]-[데이터 표]를 클릭합니다.

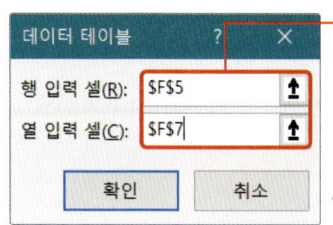

⑥ [행 입력 셀]에는 가로로 나열한 조건에 해당하는 셀을 지정하고, [열 입력 셀]에는 세로로 나열한 조건에 해당하는 셀을 각각 절대 참조로 지정합니다. 그리고 [확인]을 클릭합니다.

TIP 절대 참조는 153쪽을 참조합니다.

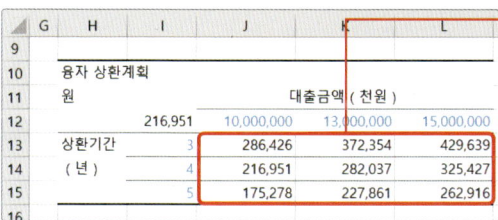

⑦ 데이터 테이블의 계산 결과가 표시됩니다. 결과를 보면 매월 상환 금액 30만 원 이하이며 대출 금액이 가장 큰 경우는 차입 금액 1,500만 원에 상환 기간 5년임을 알 수 있습니다.

Note 왼쪽 끝의 숫자를 보이지 않게 하는 방법

순서 ❸에서 입력한 숫자는 데이터 테이블을 만들기 위해 꼭 필요한 값으로, 삭제하면 집계 결과가 바뀌어 버리지만 보고용 표 등에서는 표시하지 않는 것이 더 바람직합니다. 문자색을 흰색으로 설정해서 보이지 않게 할 수 있습니다.

용자 상환계획				
원		대출금액 (천원)		
		10,000,000	13,000,000	15,000,000
상환기간	3	286,426	372,354	429,639
(년)	4	216,951	282,037	325,427
	5	175,278	227,861	262,916

관련 항목) 이익 예측 시뮬레이션 ⇒ 232쪽 / 변동 위험 검토 ⇒ 236쪽

02 데이터 테이블 마스터하기

예제 폴더 7-02

영업이익 시뮬레이션

단가를 높일까 판매량을 늘릴까

데이터 테이블은 <mark>영업이익이나 매출 예측을 위한 시뮬레이션</mark>에도 활용할 수 있습니다. 예를 들어, 아래 그림과 같은 수지 계획표가 있다고 하면, 2019년에서 2021년까지 **판매량(판매수)**은 순조롭게 성장했지만, **평균 단가**가 계속 떨어졌다는 것을 알 수 있습니다.

수지 계획표

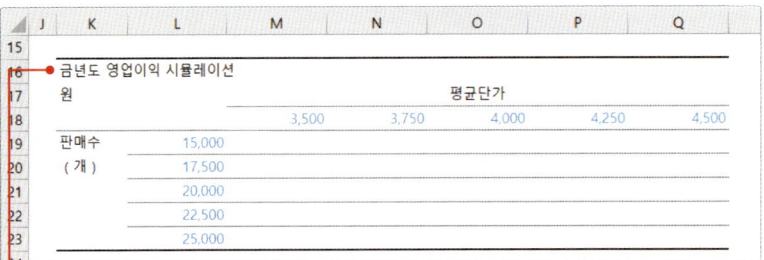

향후 이익을 더욱 키우기 위해 <mark>평균 단가를 낮추더라도 판매량을 늘려야 할지 또는 평균 단가 인상을 우선해야 할지</mark>를 데이터 테이블을 활용하여 시뮬레이션해 봅니다.

❶ 데이터 테이블을 위한 틀을 만듭니다. 세로에는 판매수, 가로에는 평균 단가를 나열합니다.

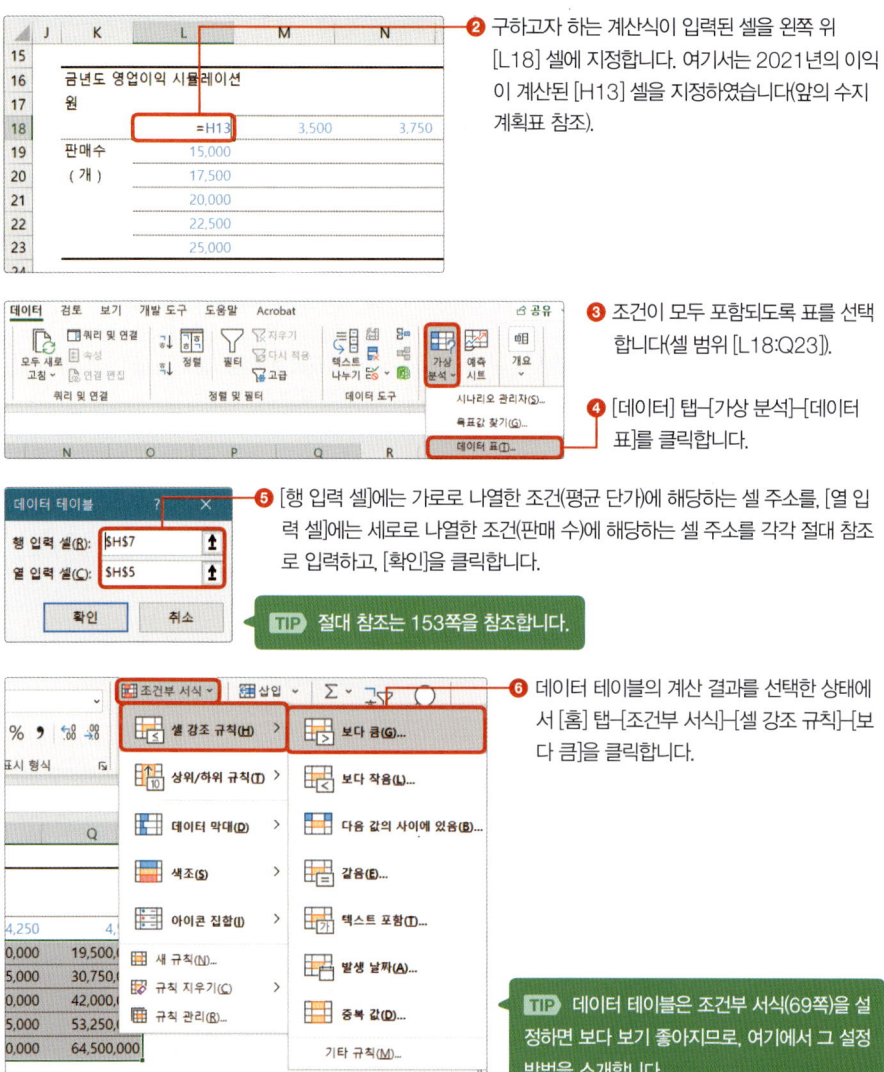

❷ 구하고자 하는 계산식이 입력된 셀을 왼쪽 위 [L18] 셀에 지정합니다. 여기서는 2021년의 이익이 계산된 [H13] 셀을 지정하였습니다(앞의 수지계획표 참조).

❸ 조건이 모두 포함되도록 표를 선택합니다(셀 범위 [L18:Q23]).

❹ [데이터] 탭-[가상 분석]-[데이터 표]를 클릭합니다.

❺ [행 입력 셀]에는 가로로 나열한 조건(평균 단가)에 해당하는 셀 주소를, [열 입력 셀]에는 세로로 나열한 조건(판매 수)에 해당하는 셀 주소를 각각 절대 참조로 입력하고, [확인]을 클릭합니다.

TIP 절대 참조는 153쪽을 참조합니다.

❻ 데이터 테이블의 계산 결과를 선택한 상태에서 [홈] 탭-[조건부 서식]-[셀 강조 규칙]-[보다 큼]을 클릭합니다.

TIP 데이터 테이블은 조건부 서식(69쪽)을 설정하면 보다 보기 좋아지므로, 여기에서 그 설정 방법을 소개합니다.

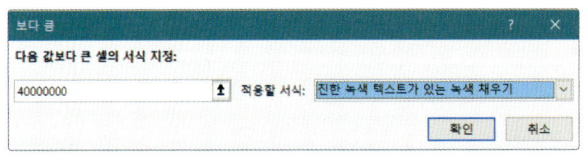

❼ 입력란에 기준 값을 지정하고 적용할 서식을 선택한 후 [확인]을 클릭합니다. 기준 값을 초과한 셀들의 서식이 변경됩니다.

TIP 4천만 원 이상인 셀은 녹색 배경에 진한 녹색 글자 색이 적용됩니다.

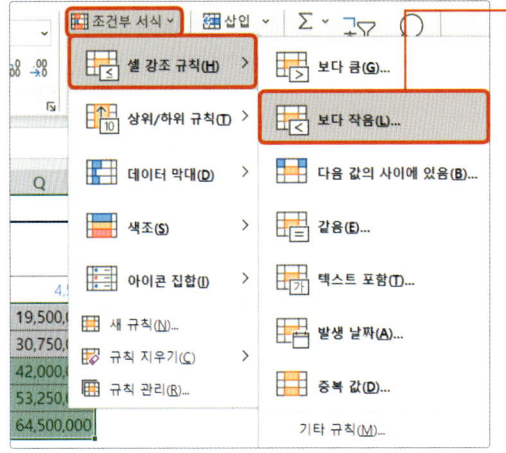

❽ 또 다른 조건부 서식을 설정합니다. 데이터 테이블의 계산 결과를 선택한 상태에서 [홈] 탭-[조건부 서식]-[셀 강조 규칙]-[보다 작음] 을 클릭합니다.

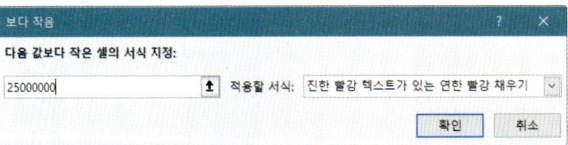

❾ 입력란에 기준 값을 지정하고 적용할 서식을 선택한 후 [확인]을 클릭합니다. 기준 값 미만인 셀들의 서식이 변경됩니다.

TIP 2천 5백만 원 이하의 셀들은 빨간 배경에 진한 붉은 글자 색이 적용됩니다.

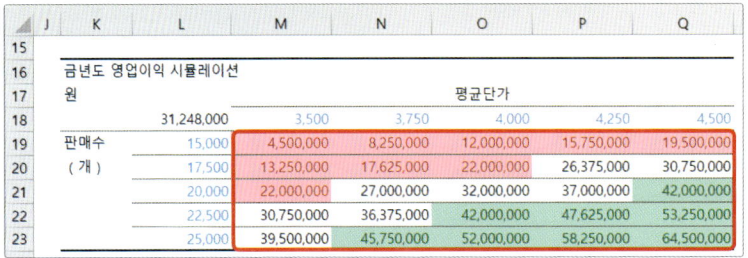

❿ 데이터 테이블이 완성되었습니다. 판매수가 15,000개 이하이면 평균 단가와 상관없이 모두 붉은색입니다. 즉, 이익이 낮습니다. 따라서 평균 단가를 올리기보다는 판매수 확대에 주력하는 편이 이익 확대에 효과적임을 알 수 있습니다.

데이터 테이블 사용 시 주의점

데이터 테이블은 두 개의 변수를 바꿔 가며 계산식을 자동으로 수행합니다. 값을 바꿀 변수는 [데이터 테이블] 대화상자에서 지정하는데, 이때 **수식**이 입력된 셀을 지정하지 않도록 주의합니다. 데이터 테이블의 변수로 지정할 수 있는 것은 숫자가 직접 입력된 셀뿐입니다. 또한 데이터 테이블은 원본 표와 같은 시트에 작성되어야 합니다. 다른 시트의 값을 참조하는 것은 불가능합니다.

따라서 데이터 테이블의 위치를 고민해야 합니다. 원본 표의 오른쪽에 배치하면, 원본 표의 행이 증감할 때 문제가 발생할 수 있습니다. 그렇다고 원본 표의 아래쪽에 배치하면 열 너비 조정이 어려워집니다. 이를 고려하면, 데이터 테이블은 원본 표의 대각선 오른쪽 아래에 배치하는 것이 좋습니다(아래 그림 참조). 대각선 오른쪽 아래에 배치하면 원본 표의 행과 열이 바뀌거나 열 너비의 변화에 영향을 받지 않습니다. 엑셀을 사용해 데이터를 분석할 때는 이처럼 나중에 표가 바뀔 경우를 생각하여 문제가 발생하지 않도록 작성하는 것이 좋습니다.

데이터 테이블은 원본 표의 대각선 아래에 작성한다

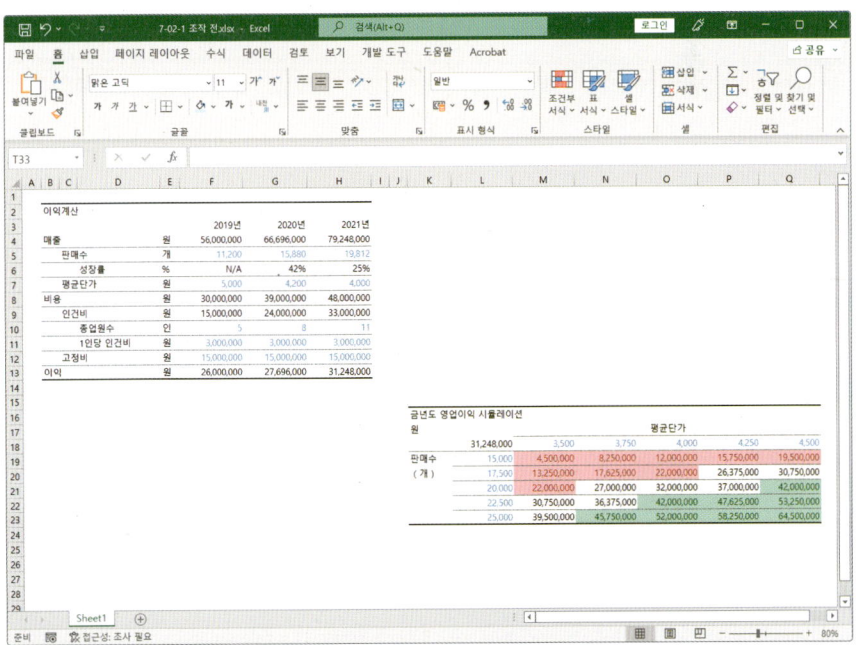

관련 항목 데이터 테이블을 활용한 민감도 분석 ⇒ 228쪽 / 변동 위험 검토 ⇒ 236쪽

03 데이터 테이블 마스터하기

예제 폴더 7-03

비용 변동 요인에 따른 상품 단가 검토

재료비 상승에 따라 상품 단가를 조절했을 때의 이익 검토

소매업이나 요식업 등 필요 경비(제조원가, 재료비 등)가 상품 원가의 대부분을 차지하는 업계에서는 기후 변화나 환율 변동 등으로 인한 경비 상승이 비즈니스에 큰 위험 요인이 됩니다. 비용이 오르면 그만큼 이익이 줄어들기 때문에 상품 가격을 인상하거나 고액 상품의 투입을 통해 상품 단가나 객단가의 향상을 검토해야 합니다.

그렇기에 이번에는 데이터 테이블을 사용하여 상품 단가나 객단가가 달라지면 이익이 어떻게 변하는지 확인하는 방법을 알아보고자 합니다. 데이터 테이블을 사용하면 간단하게 확인할 수 있습니다.

원본 표

	항목	단위	2020년	2021년	2022년
				←실적 계획→	
	매출	천원	12,480,000	12,760,000	14,260,000
	객단가	원	2,400	2,200	2,300
	고객수	천명	5,200	5,800	6,200
	비용	천원	9,514,000	10,104,000	11,404,000
	인건비	천원	2,650,000	2,856,000	3,406,000
	종업원수	인	1,060	1,190	1,310
	1인당 인건비	천원	2,500	2,400	2,600
	고정비	천원	3,120,000	3,420,000	3,720,000
	재료비	천원	3,744,000	3,828,000	4,278,000
	재료비율	%	30%	30%	30%
	이익	천원	2,966,000	2,656,000	2,856,000

'객단가'와 '재료 비율'이 바뀌면 '이익'이 어떻게 변하는지 2022년 계획을 계산해 봅니다.

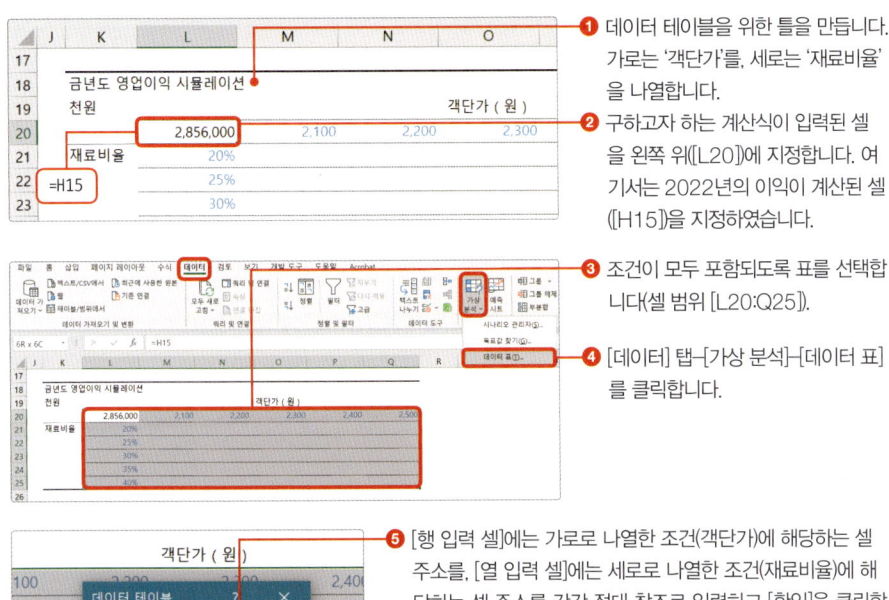

❶ 데이터 테이블을 위한 틀을 만듭니다. 가로는 '객단가'를, 세로는 '재료비율'을 나열합니다.

❷ 구하고자 하는 계산식이 입력된 셀을 왼쪽 위([L20])에 지정합니다. 여기서는 2022년의 이익이 계산된 셀([H15])을 지정하였습니다.

❸ 조건이 모두 포함되도록 표를 선택합니다(셀 범위 [L20:Q25]).

❹ [데이터] 탭-[가상 분석]-[데이터 표]를 클릭합니다.

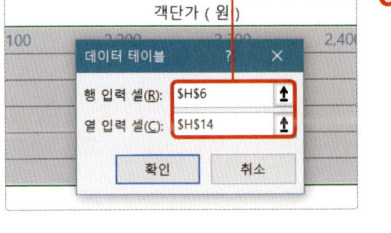

❺ [행 입력 셀]에는 가로로 나열한 조건(객단가)에 해당하는 셀 주소를, [열 입력 셀]에는 세로로 나열한 조건(재료비율)에 해당하는 셀 주소를 각각 절대 참조로 입력하고 [확인]을 클릭합니다.

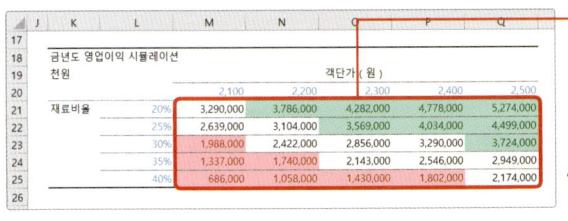

❻ 데이터 테이블의 계산 결과가 표시됩니다. 제목 행의 맨 왼쪽 숫자의 문자 색을 흰색으로 설정합니다(231쪽). 조건부 서식을 설정하면 완성됩니다.

> **TIP** 데이터 테이블의 계산 결과에 조건부 서식을 설정하는 방법은 233쪽을 참조합니다.

Note 데이터 테이블과 조건부 서식 함께 활용하기

셀의 값에 따라 서식을 자동으로 바꿔 주는 조건부 서식 기능(69쪽)을 데이터 테이블과 함께 사용하면 매우 편리합니다. 지금까지 살펴본 예에서도 알 수 있듯이, 데이터 테이블은 여러 결괏값이 계산되어 하나의 표로 만들어지므로 한눈에 결과를 파악하기 어려울 수 있습니다. 이때 조건부 서식을 사용하면 특징적인 결과를 쉽게 파악할 수 있습니다.

관련 항목 데이터 테이블을 활용한 민감도 분석 ⇒ 228쪽 / 이익 예측 시뮬레이션 ⇒ 232쪽

04 데이터 테이블 마스터하기

예제 파일 7-04.xlsx

데이터 테이블이 클 때는 자동 계산 기능 해제하기

데이터 테이블을 업데이트하느라 엑셀의 동작이 무거워진다면

데이터 테이블은 매우 편리한 기능이지만 조건이 늘어날수록 엑셀의 동작이 무거워집니다. 예를 들어, 각각 10개의 조건으로 데이터 테이블을 만든다면 총 100번의 계산을 수행하게 됩니다. 그리고 그 계산이 끝날 때까지 엑셀을 조작할 수 없습니다. 이러한 계산이 데이터 테이블을 만들 때 딱 한 번뿐이라면 괜찮지만, 엑셀은 원본 표의 숫자가 변경될 때마다 계산을 수행합니다. 따라서 조건이 많은 데이터 테이블을 다루다 보면 엑셀을 조작할 수 없는 시간이 점점 늘어나게 됩니다.

데이터 테이블은 계산량이 많다

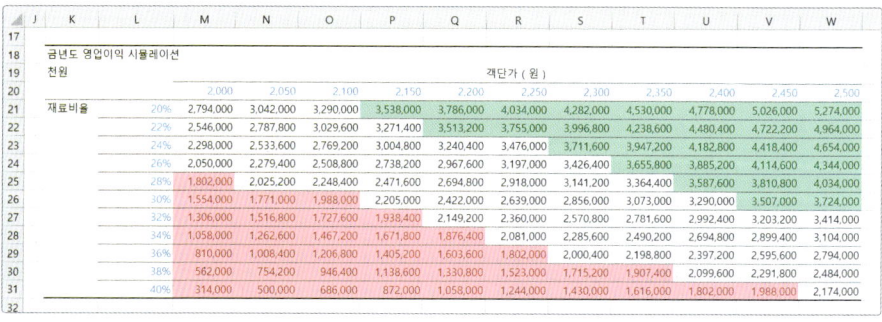

이 표는 총 121번의 계산이 필요합니다.

따라서 데이터 테이블의 자동 계산 기능을 해제하는 것이 좋습니다.

다음 내용을 참고하여 데이터 테이블을 포함한 다른 기능의 자동 업데이트를 필요에 따라 해제해 놓도록 합니다.

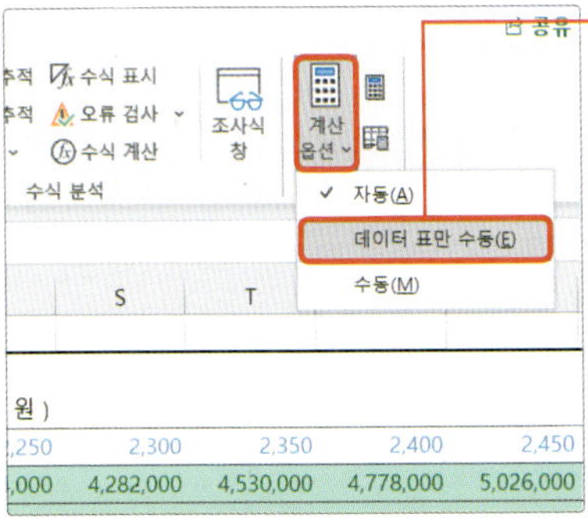

❶ 자동 계산을 해제하려면 통합 문서를 열고 [수식] 탭-[계산 옵션]-[데이터 표만 수동]을 클릭합니다.

TIP 엑셀에 설정된 모든 자동 업데이트 기능을 중지하려면 [수동]을 클릭합니다.

	J	K	L	M	N	O	P	Q	R
17									
18		금년도 영업이익 시뮬레이션							
19		천원							객단가 (원)
20				2,000	2,050	2,100	2,150	2,200	2,250
21		재료비율	20%	2,794,000	3,042,000	3,290,000	3,538,000	3,786,000	4,034,000
22			22%	2,546,000	2,787,800	3,029,600	3,271,400	3,513,200	3,755,000
23			24%	2,298,000	2,533,600	2,769,200	3,004,800	3,240,400	3,476,000
24			26%	2,050,000	2,279,400	2,508,800	2,738,200	2,967,600	3,197,000
25			28%	1,802,000	2,025,200	2,248,400	2,471,600	2,694,800	2,918,000
26			30%	1,554,000	1,771,000	1,988,000	2,205,000	2,422,000	2,639,000
27			32%	1,306,000	1,516,800	1,727,600	1,938,400	2,149,200	2,360,000
28			34%	1,058,000	1,262,600	1,467,200	1,671,800	1,876,400	2,081,000
29			36%	810,000	1,008,400	1,206,800	1,405,200	1,603,600	1,802,000

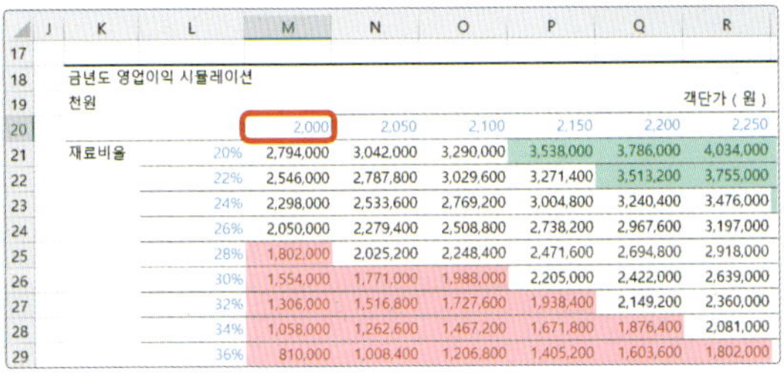

❷ 데이터 테이블의 자동 계산이 해제되었습니다.

	J	K	L	M	N	O	P	Q	R
17									
18		금년도 영업이익 시뮬레이션							
19		천원							객단가 (원)
20				1,500	2,050	2,100	2,150	2,200	2,250
21		재료비율	20%	2,794,000	3,042,000	3,290,000	3,538,000	3,786,000	4,034,000
22			22%	2,546,000	2,787,800	3,029,600	3,271,400	3,513,200	3,755,000
23			24%	2,298,000	2,533,600	2,769,200	3,004,800	3,240,400	3,476,000
24			26%	2,050,000	2,279,400	2,508,800	2,738,200	2,967,600	3,197,000
25			28%	1,802,000	2,025,200	2,248,400	2,471,600	2,694,800	2,918,000
26			30%	1,554,000	1,771,000	1,988,000	2,205,000	2,422,000	2,639,000
27			32%	1,306,000	1,516,800	1,727,600	1,938,400	2,149,200	2,360,000
28			34%	1,058,000	1,262,600	1,467,200	1,671,800	1,876,400	2,081,000
29			36%	810,000	1,008,400	1,206,800	1,405,200	1,603,600	1,802,000

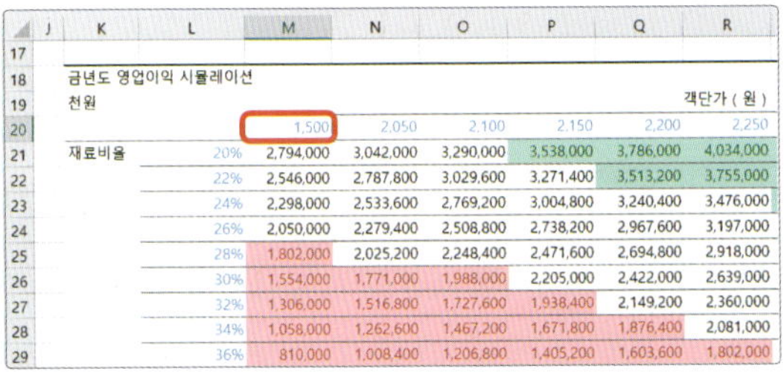

❸ 조건이 되는 값을 변경해도 다시 계산되지 않습니다.

❹ 다시 계산을 수행하려면 [수식] 탭의 [지금 계산]을 클릭합니다.

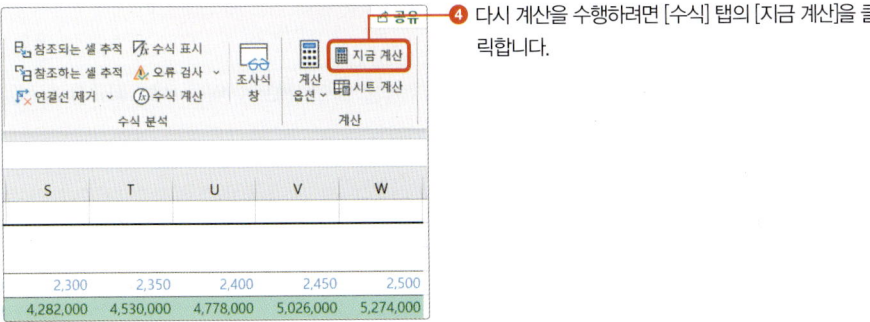

관련 항목 데이터 테이블을 활용한 민감도 분석 ⇒ 228쪽 / 이익 예측 시뮬레이션 ⇒ 232쪽

05 목표값 찾기 활용법

예제 폴더 7-05

목표값 찾기

식의 결과로부터 거꾸로 계산을 해야 할 때

목표값 찾기 기능은 원하는 계산 결과를 얻기 위해 필요한 값을 역산하는 기능입니다. 음식점 매출을 예로 생각해 보겠습니다. 평균 객단가가 500원이고 하루에 방문하는 고객 수가 200명이면 하루 매출은 10만 원(=500원×200명)입니다. 그렇다면 하루 매출 12만 원을 달성하려면 고객 수는 몇 명이 되어야 할까요? 이러한 계산을 쉽게 해 주는 기능이 바로 목표값입니다.

일반적인 엑셀 계산

위와 같은 계산은 엑셀의 수식을 이용하여 쉽게 구할 수 있습니다.

> 평균 객단가 [500원] × 고객 수 [200명] = 매출 [???원]

목표값 찾기를 이용한 시뮬레이션

수식과 그 결과가 있는 상황에서 수식의 요소를 역산하려면 목표값 기능을 이용합니다.

> 평균 객단가 [500원] × 고객 수 [???명] = 매출 [12만 원]

목표값 찾기 기능은 폭넓게 응용할 수 있습니다. 예를 들어, **목표 이익을 위해 필요한 회전율 산출**(243쪽)이나 **총 예산으로 조달 가능한 인원 산출**(248쪽) 등에 사용할 수 있습니다. 목표값 찾기 기능은 방정식의 해를 찾는 것처럼 어떤 수식과 그 결괏값이 주어졌을 때 수식의 요소를 찾아 주는 기능입니다. 업무에 충분히 활용할 수 있도록 사용법을 익혀 둡니다.

목표값 찾기를 위한 표 작성하기

목표값을 구하려면 먼저 **역산용 수식이 사용된 표**를 작성해야 합니다. 이럴 때는 평균 객단가와 고객 수, 그리고 두 값을 곱한 매출이 작성된 간단한 표로 충분합니다. 고객 수에는 임의의 숫자로 200이라고 입력했습니다.

목표값 찾기용 표 만들기

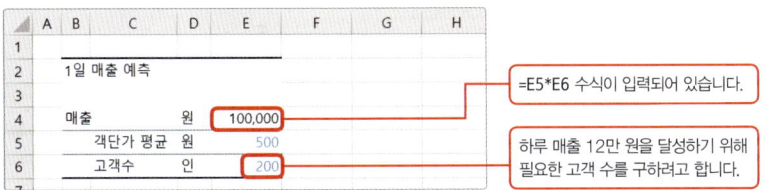

표가 준비되었으면 [데이터] 탭-[가상 분석]-[목표값 찾기]를 클릭하여 [목표값 찾기] 대화상자를 엽니다. 이 대화상자에는 3개의 입력란이 있습니다. 각각 입력할 값은 다음과 같습니다.

[목표값 찾기] 대화상자

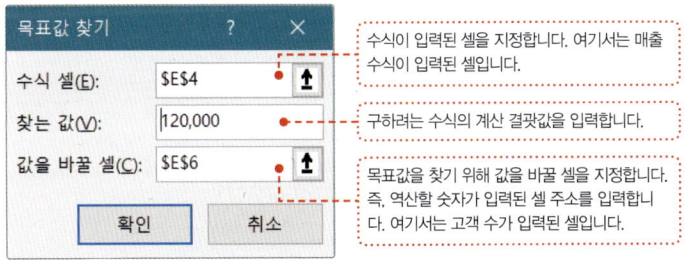

> **Note** [찾는 값] 항목에 셀 참조 지정
> [목표값 찾기] 대화상자의 두 번째 입력 항목인 [찾는 값]에는 셀 참조를 사용할 수 없습니다. 직접 숫자로 입력해야 합니다.

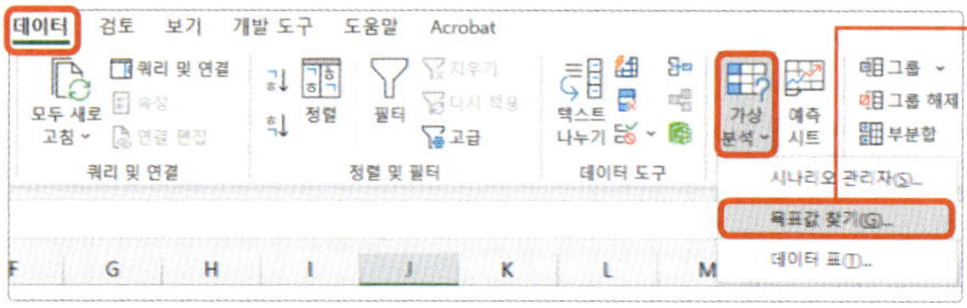

❶ [데이터] 탭–[가상 분석]–[목표값 찾기]를 클릭합니다.

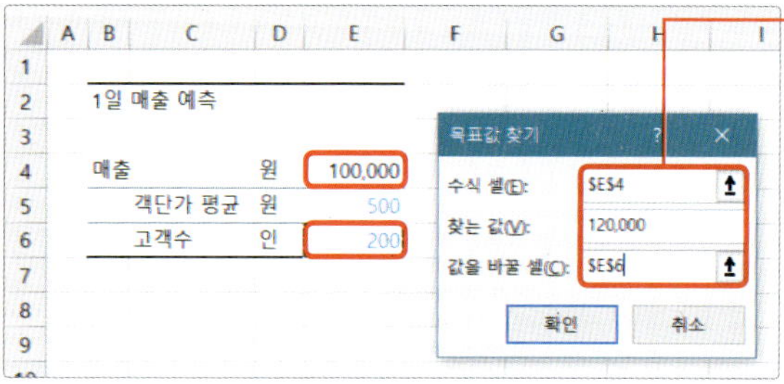

❷ [목표값 찾기] 대화상자가 표시됩니다. 3개의 입력란에 셀 참조와 숫자를 입력하고 [확인]을 클릭합니다.

TIP 각각의 입력 값에 대해서는 앞 페이지를 참고합니다.

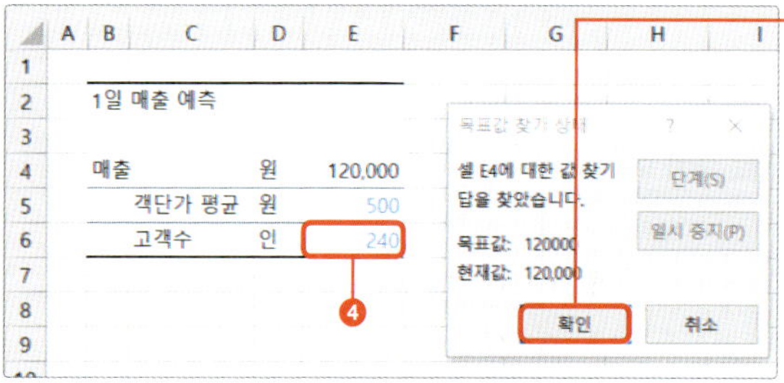

❸ 적절한 값이 발견되면 대화상자에 표시됩니다. [확인]을 클릭하면 고객 수 셀[$E$6]의 수치가 변경됩니다 ❹.

TIP 표에 목표값 결과를 반영하고 싶지 않으면 결과 대화상자에서 [취소]를 클릭합니다.

Note 목표값 사용 시 주의점

목표값 기능을 사용할 때는 2가지 제약 사항을 숙지해야 합니다. 하나는 [찾는 값]에 셀 참조를 지정할 수 없다는 점, 그리고 다른 하나는 [값을 바꿀 셀]에 수식이 입력된 셀을 지정할 수 없는 것입니다. [값을 바꿀 셀]에 수식이 입력되면 다음과 같이 오류가 표시됩니다. 이럴 때는 표 전체를 새 시트에 복사하여 수식을 값으로 바꾼 후 목표값 찾기를 수행합니다.

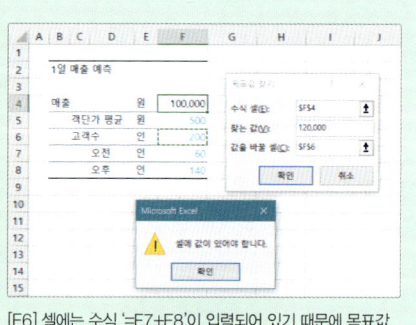

[F6] 셀에는 수식 '=F7+F8'이 입력되어 있기 때문에 목표값 찾기의 [값을 바꿀 셀]에 지정할 수 없습니다.

관련 항목 데이터 테이블을 활용한 민감도 분석 ⇒ 228쪽 / 해 찾기 기능 ⇒ 250쪽

06 목표값 찾기 활용법

예제 폴더 7-06

목표 이익을 위해 필요한 회전율 산출하기

목표값 찾기는 복잡한 계산일 때 더욱 도움이 된다

앞에서 목표값 찾기의 기본적인 사용 방법에 대해 알아보았습니다. 설명에 사용된 사례가 너무 간단해서 이 정도면 직접 계산하는 편이 빠르겠다고 생각한 사람도 있을 것입니다. 실제로 이전 항목에서 구한 고객 수는 '120,000÷500'이라는 간단한 산수로 쉽게 구할 수 있습니다. 다만 이는 어디까지나 목표값 찾기 기능을 쉽게 설명하기 위해 간단한 식을 사용했을 뿐입니다.

<mark>목표값 찾기 기능이 진정으로 빛을 발할 때는 복잡한 계산식이 사용될 때입니다.</mark> 실무에서는 보다 복잡한 식이 사용되므로 이번에는 음식점 영업 계획표를 예로 살펴보겠습니다. 아래 표를 보면서 먼저 월 영업이익 백만 원(단위: 천 원)을 달성하려면 회전율을 몇 % 올려야 하는지 생각해 봅니다.

목표 회전율 구하기

	A	B	C	D	E	F	G	H
1								
2		2021년 12월의 영업계획						
3							2021-12	
4		매출				천원	4,080	
5		고객수				인	2,040	
6		좌석수				석	40	
7		회전율				%	170%	
8		객단가				원	2,000	
9		비용				천원	3,538	
10		원재료비				천원	1,428	
11			고객 1인당 원재료비			원	700	
12			원재료비율			%	35%	
13		인건비				천원	1,020	
14			매출 대비 비율			%	25%	
15		임대료				천원	510	
16		기타				천원	580	
17		영업이익				천원	542	

영업이익 백만 원(1,000천 원)을 달성하려면 회전율을 몇 % 올려야 할까?

회전율은 다양한 값과 연관되어 있다

회전율이 올라가면 고객이 늘어나므로 당연히 매출이 증가합니다. 하지만 고객이 늘어나면 원재료비나 인건비도 증가합니다. 즉, 회전율이 올라가면 매출과 비용이 모두 늘어나므로 영업이익과 회전율은 단순히 정비례하지 않습니다. 회전율이 바뀌면 다음과 같은 지표가 영향을 받습니다.

- 회전율이 높아지면 고객 수가 늘어난다
- 고객 수가 늘어나면 매출과 원재료비가 증가한다
- 매출이 늘어나면 인건비도 증가한다(매출의 25%를 인건비로 사용하므로)
- 인건비와 원재료비가 증가하면 비용이 증가한다
- 영업이익은 매출에서 비용을 뺀 값이다

이렇게 값들이 서로 연결되어 있기 때문에 목표 회전율을 구하는 것은 쉽지 않습니다. 이렇게 한 수치가 다른 수치에 영향을 미칠 때 편리하게 사용할 수 있는 기능이 바로 목표값 찾기입니다. 목표값 찾기 기능을 사용하여 회전율을 구하려면 아래의 절차를 따릅니다.

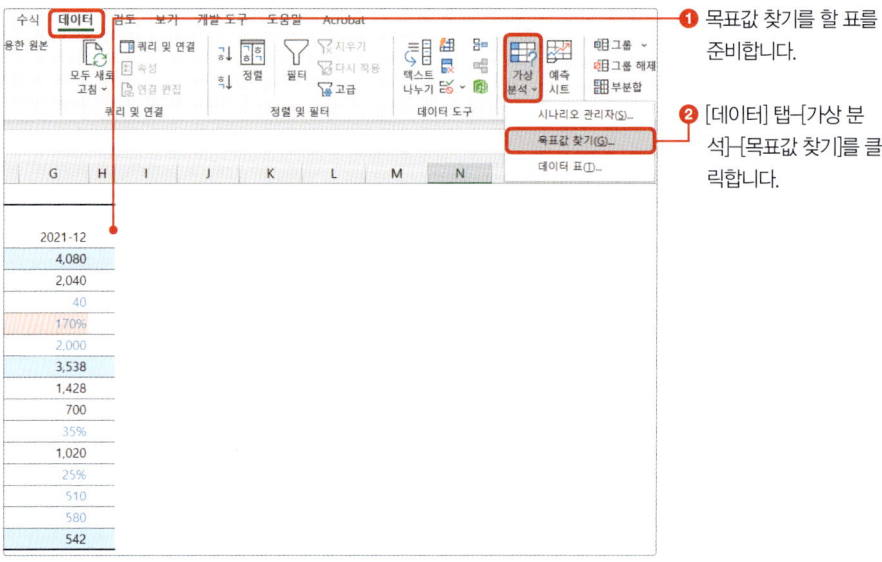

❶ 목표값 찾기를 할 표를 준비합니다.

❷ [데이터] 탭–[가상 분석]–[목표값 찾기]를 클릭합니다.

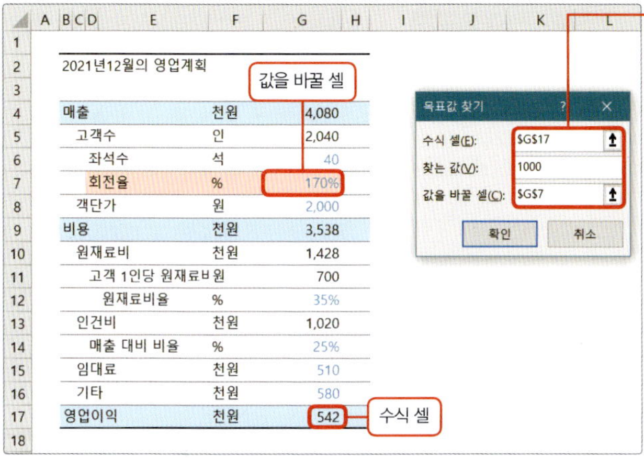

❸ [목표값 찾기] 대화상자가 표시됩니다. [수식 셀]에 [$G$17](영업이익 셀), [찾는 값]에 1000, [값을 바꿀 셀]에 [$G$7](회전율 셀)을 입력하고 [확인]을 클릭합니다.

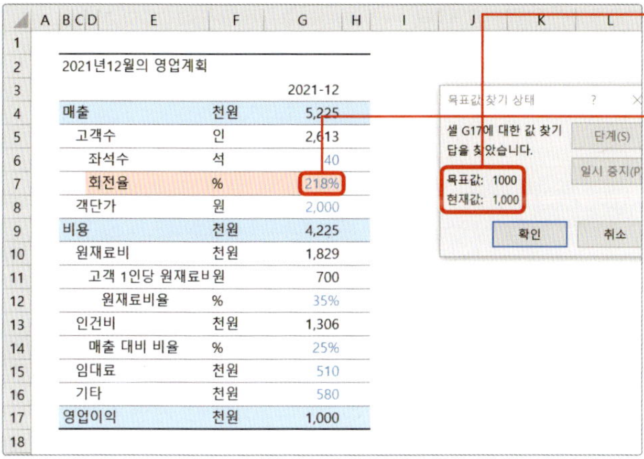

❹ 적절한 값이 발견되면 대화상자에 표시됩니다.

❺ 영업이익 1,000천 원을 위해서는 회전율이 218%이어야 함을 알 수 있습니다. [확인]을 클릭하면 회전율 셀 [G7]의 값이 변경됩니다.

시나리오 기능으로 여러 계획 비교하기

사업 계획을 수립할 때는 이익에 영향을 미치는 다양한 요인(상품 단가나 판매량, 원재료비, 인건비 등)의 값을 바꾸면서 계산을 거듭할 필요가 있습니다. 여기서 소개하는 **시나리오** 기능은 이러한 **여러 조건과 값들의 조합**을 엑셀에 등록해 두는 기능입니다. 저장한 시나리오를 호출하면 표에 있는 여러 조건이 즉시 반영됩니다.

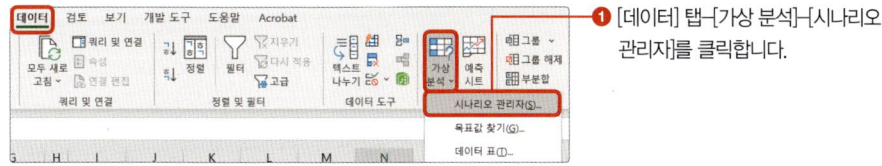

❶ [데이터] 탭-[가상 분석]-[시나리오 관리자]를 클릭합니다.

7장 실전 데이터 분석의 시작 **245**

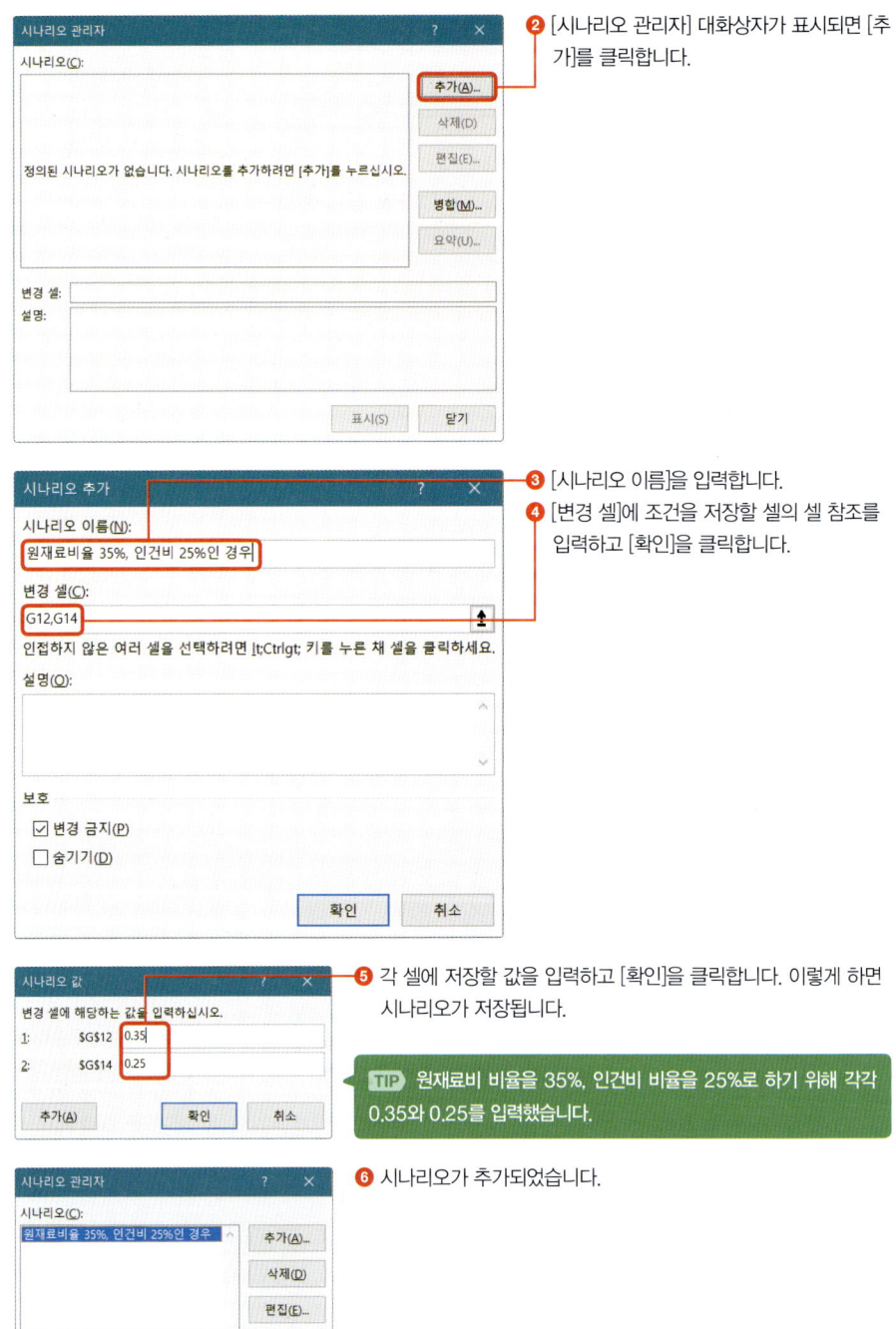

등록한 시나리오를 불러오려면 아래의 절차를 따릅니다.

❶ '원재료 비율'을 35%에서 30%로 낮추고, 반대로 인건비의 '매출 대비 비율'을 25%에서 28%로 올려서 다시 검토했습니다. 이 상태에서 앞서 등록한 시나리오를 불러와서 원재료비 비율과 매출 대비 비율을 원래 조건으로 되돌리는 절차를 설명하겠습니다.

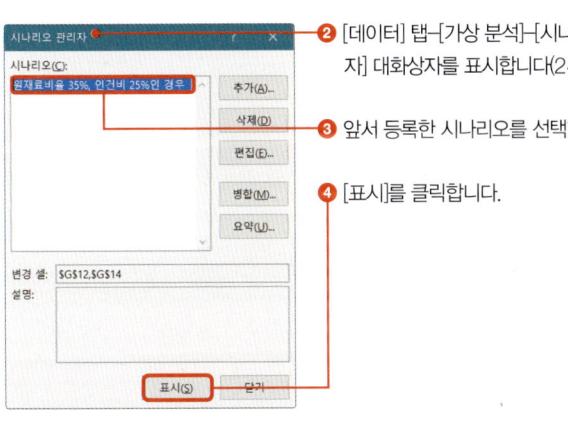

❷ [데이터] 탭-[가상 분석]-[시나리오 관리자]를 클릭하고 [시나리오 관리자] 대화상자를 표시합니다(245쪽).

❸ 앞서 등록한 시나리오를 선택합니다.

❹ [표시]를 클릭합니다.

❺ '원재료 비율'과 인건비의 '매출 대비 비율'의 값이 원래 상태(시나리오에 등록했을 때의 상태)로 바뀌었습니다.

관련 항목 ▶ 목표값 찾기 ⇒ 240쪽 / 해 찾기 기능 ⇒ 250쪽

07 목표값 찾기 활용법

예제 폴더 7-07

총 예산으로 조달할 수 있는 인원 산출하기

예산을 바탕으로 필요한 자원 역산하기

한정된 예산 안에서 자원을 얼마나 확보할 것인지를 검토할 때도 목표값 찾기가 도움이 됩니다. 아래의 표는 어떤 기업의 2021년도 영업계획입니다. 이익은 괜찮지만 관리 인력이 부족한 상태입니다. 그래서 총 매출의 30%까지 인건비를 조정하여 관리 직원을 최대한 늘리기로 했다면 몇 명의 직원을 더 충원할 수 있을까요? 목표값 찾기로 찾아봅니다.

적절한 직원 수 구하기

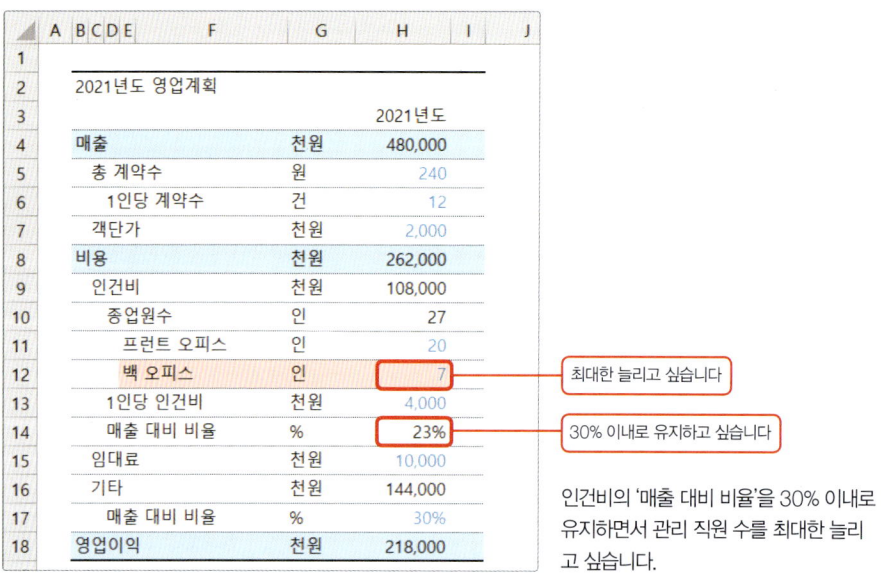

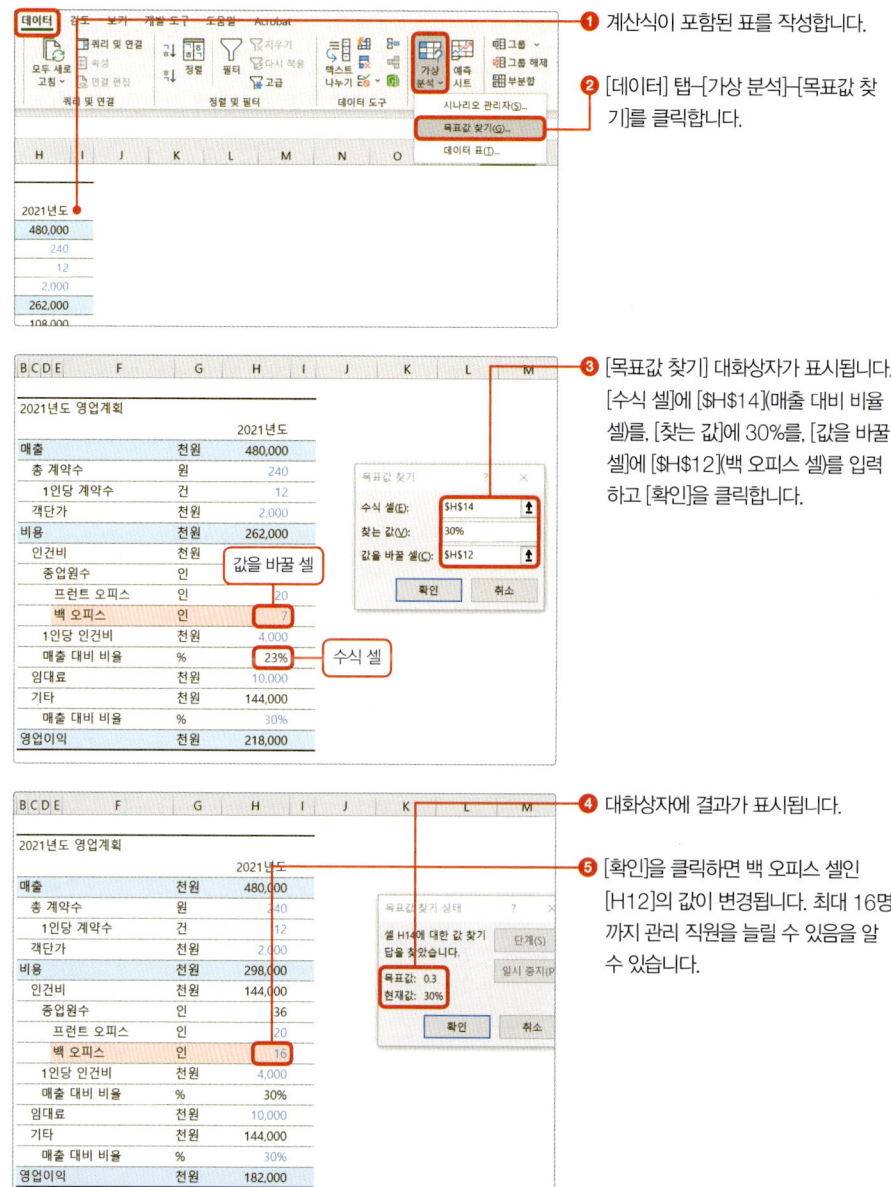

❶ 계산식이 포함된 표를 작성합니다.

❷ [데이터] 탭-[가상 분석]-[목표값 찾기]를 클릭합니다.

❸ [목표값 찾기] 대화상자가 표시됩니다. [수식 셀]에 [$H$14](매출 대비 비율 셀)를, [찾는 값]에 30%를, [값을 바꿀 셀]에 [$H$12](백 오피스 셀)를 입력하고 [확인]을 클릭합니다.

❹ 대화상자에 결과가 표시됩니다.

❺ [확인]을 클릭하면 백 오피스 셀인 [H12]의 값이 변경됩니다. 최대 16명까지 관리 직원을 늘릴 수 있음을 알 수 있습니다.

관련 항목 목표값 찾기 ⇒ 240쪽 / 해 찾기 기능 ⇒ 250쪽

08 가상 분석의 기본

예제 폴더 7-08

해 찾기 기능

목표값 찾기는 2개 이상의 변수를 역산하지 못한다

목표값 찾기 기능은 '매출 30만 원을 달성하기 위해 필요한 회전율은 몇 %인가?'처럼 목표 값과 원하는 변수가 **1 대 1**인 상황에서 유효한 기능으로 원하는 변수가 여러 개 있거나 특정 조건에서 최적값을 구하는 상황에는 사용할 수 없습니다.

예를 들어, 예산 1만 원 이내에서 빵을 사야 한다면 빵의 종류가 하나뿐이라면 쉽겠지만 다음과 같은 조건이 있다고 가정해 보겠습니다.

- 상품의 종류는 소금빵(500원), 크림빵(600원), 단팥빵(450원)
- 상품별 구입 개수의 차이는 최대 3개 이내
- 가능한 한 많은 빵을 구입(예산 1만 원 이내)

위와 같은 조건이 있을 때 각각의 상품을 얼마나 구입해야 할까요? 이럴 때는 고려해야 하는 변수가 3개(소금빵, 크림빵, 단팥빵의 구입 개수)이기 때문에 목표값 찾기를 사용할 수 없습니다. 이때는 **해 찾기** 기능을 사용할 수 있습니다.

해 찾기 기능으로 빵 구입 개수를 계산한다

	A	B	C	D	E	F	G	H	I	J
1										
2		제약 조건								
3		①예산은 1만원 이내								
4		②빵의 개수 차이는 3개 이내로								
5										
6		빵의 개수 계산								
7										
8					소금빵	크림빵	단팥빵	합계		
9		금액		원	1,500	2,400	2,250	6,150		
10		단가		원	500	600	450	1,550	차이	
11		개수		개	3	4	5	12	<=	2

예산 1만 원 이내, 상품별 개수의 차이는 3개 이내라는 조건에서 빵을 가능한 한 많이 사려고 합니다.

해 찾기란?

해 찾기는 주어진 조건에서 어떤 양을 최대화(또는 최소화)하는 선택지나 숫자의 조합을 산출하는 기능입니다. 해 찾기를 사용하면 간단한 조건 지정만으로 최적값을 구할 수 있습니다. 이러한 문제를 푸는 기법을 '수리 계획법' 혹은 '최적화 문제'라고 하지만, 엑셀에서 이 기능을 사용하기 위해 특별히 알아야 할 수학적 지식은 전혀 없습니다.

해 찾기 기능은 ADD-IN이라는 추가 기능으로 제공되고 있으며, 엑셀을 설치한 초기 상태에서는 사용할 수 없습니다. 따라서 다음과 같이 추가 기능을 활성화해야 합니다.

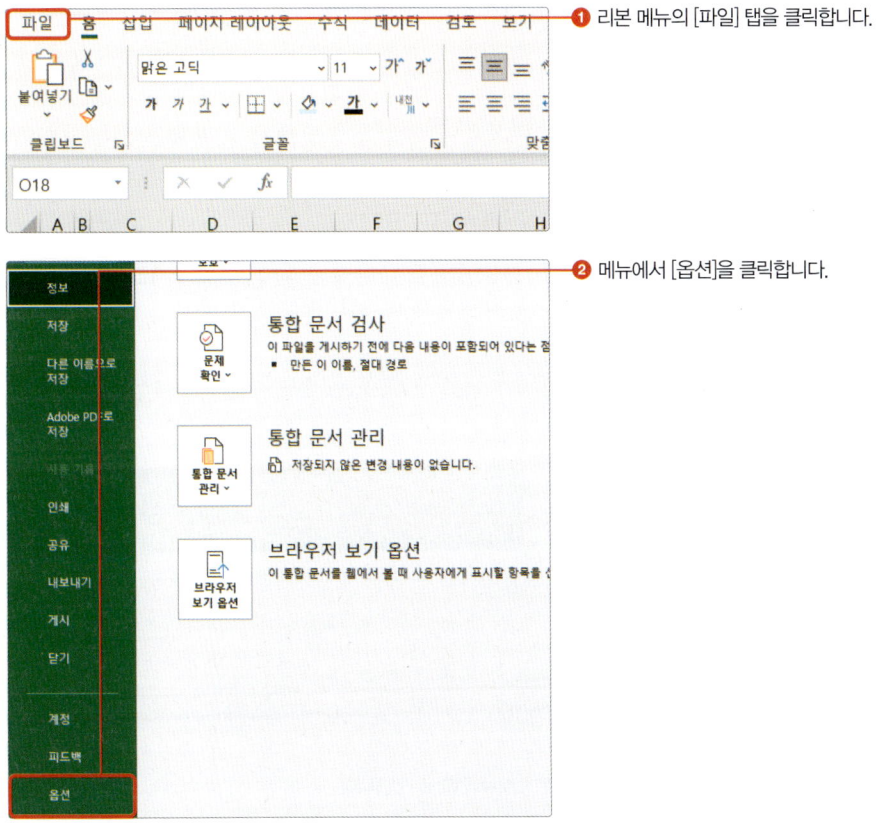

❶ 리본 메뉴의 [파일] 탭을 클릭합니다.

❷ 메뉴에서 [옵션]을 클릭합니다.

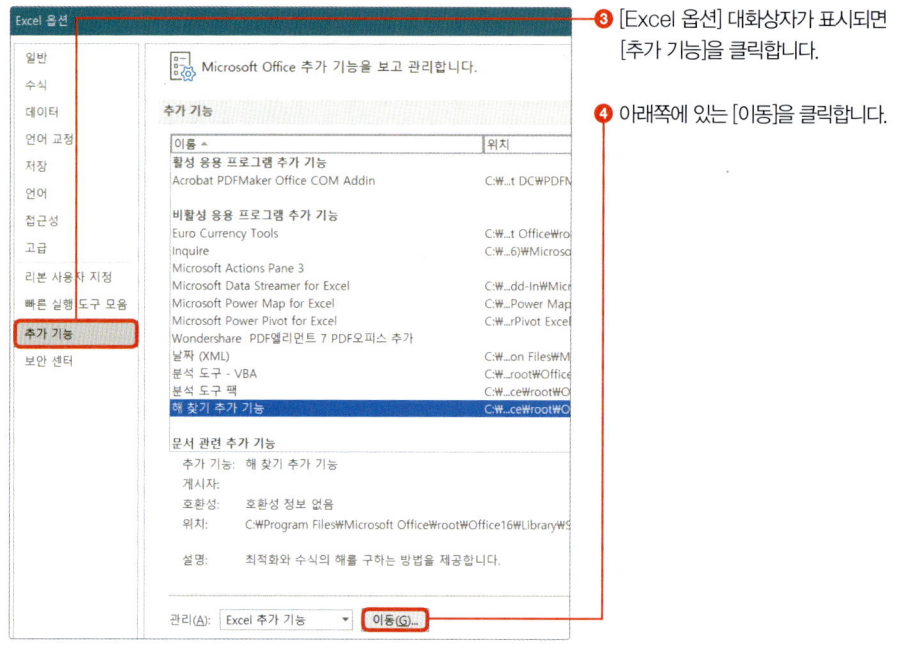

❸ [Excel 옵션] 대화상자가 표시되면 [추가 기능]을 클릭합니다.

❹ 아래쪽에 있는 [이동]을 클릭합니다.

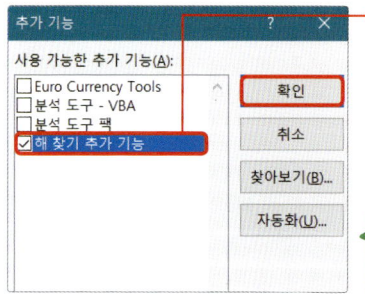

❺ [해 찾기 추가 기능]를 체크하고 [확인]을 클릭합니다.
이제 해 찾기 기능을 사용할 수 있습니다.

TIP 해 찾기 기능을 해제하고 싶을 때는 다시 대화상자를 표시한 다음 [해 찾기 추가 기능]을 체크 해제하고 [확인]을 클릭합니다.

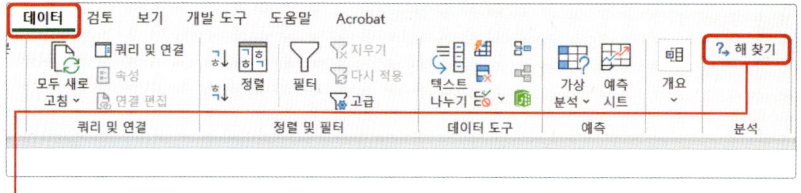

❻ [데이터] 탭을 열면 [해 찾기] 명령이 추가된 것을 확인할 수 있습니다.

해 찾기용 표 만들기

해 찾기를 사용할 때는 <mark>미리 분석할 표를 해 찾기에 적합한 상태</mark>로 준비하는 것이 중요합니다. 구체적으로는 다음 사항에 유의하여 표를 만들고 관리합니다.

- 제약 조건을 표 상단에 기재한다
- 제약 조건과 관련된 숫자는 반드시 계산 결과 셀에 작성한다

제약 조건을 표 상단에 정리하여 작성해 두는 것은 매우 중요합니다. 그러면 나중에 다시 보더라도 어떤 조건으로 데이터를 분석했는지 금방 파악할 수 있습니다. 또한, 제약 조건과 관련된 숫자는 반드시 계산 결과 셀 안에 기재합니다. 아래의 예제에서는 '예산 1만 원'은 [H9] 셀에서, '상품별 개수 차이는 최대 3개'를 [J11] 셀에서 판정하고 있습니다.

물론, <mark>해 찾기 기능을 위한 수식이 입력된 셀도 준비해야 합니다.</mark> 이번 예제에서는 '구입하는 상품의 총 개수'를 구하는 [H11] 셀이 이에 해당합니다.

해 찾기용 표 준비하기

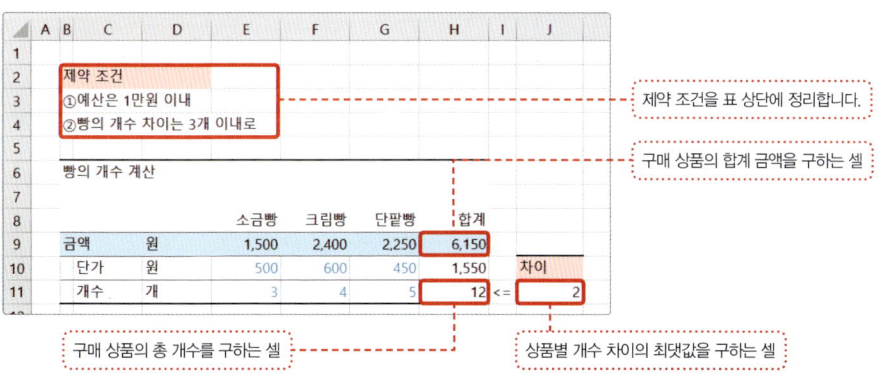

> **Note** **[J11] 셀의 상품별 개수 차이의 최댓값을 구하는 방법**
>
> [J11] 셀에 입력된 '상품별 개수 차이의 최댓값'은 MAX 함수와 MIN 함수를 사용하여 구했습니다. 두 함수의 인수에 셀 범위 [E11:G11]를 지정하여 최댓값에서 최솟값을 빼는 방법입니다.

7장 실전 데이터 분석의 시작 **253**

해 찾기 기능으로 최적의 개수 구하기

해 찾기용 표가 준비되었으니 실제로 해 찾기 기능을 사용해 봅니다. 아래의 절차를 따르면 복잡한 수식을 입력하지 않고도 순식간에 결과가 표시됩니다.

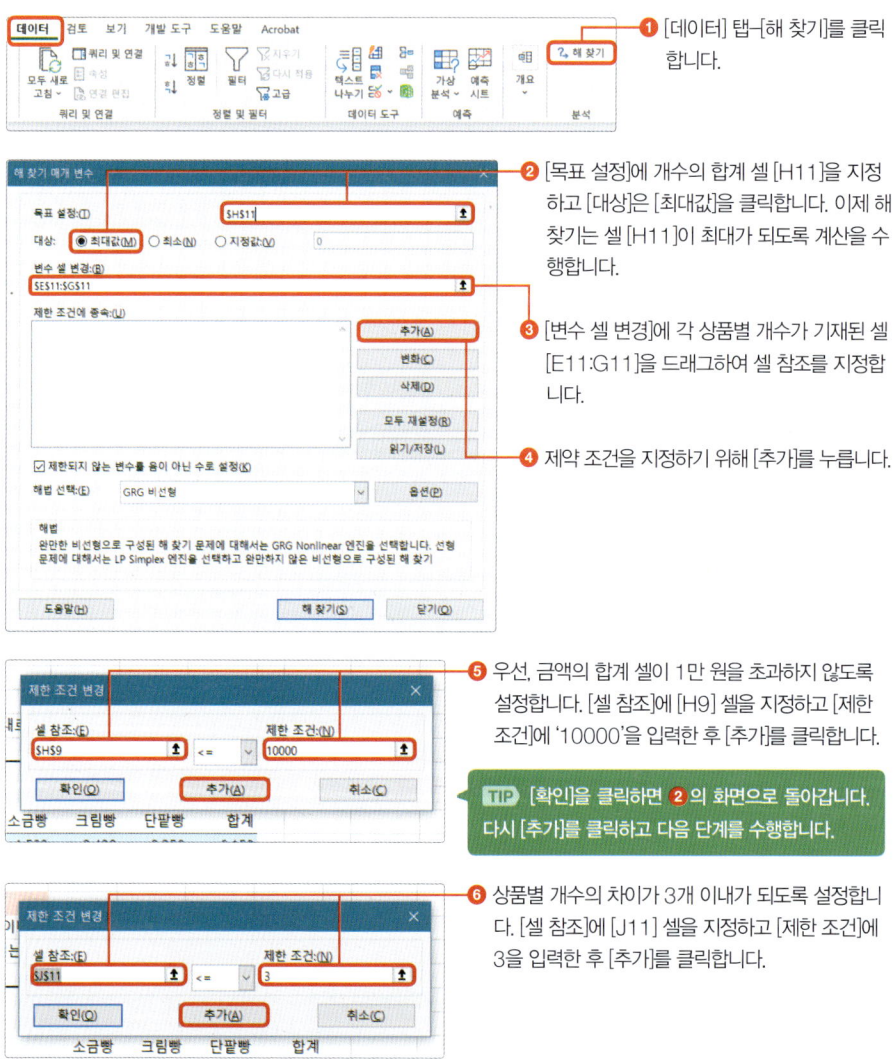

❶ [데이터] 탭-[해 찾기]를 클릭합니다.

❷ [목표 설정]에 개수의 합계 셀 [H11]을 지정하고 [대상]은 [최대값]을 클릭합니다. 이제 해 찾기는 셀 [H11]이 최대가 되도록 계산을 수행합니다.

❸ [변수 셀 변경]에 각 상품별 개수가 기재된 셀 [E11:G11]을 드래그하여 셀 참조를 지정합니다.

❹ 제약 조건을 지정하기 위해 [추가]를 누릅니다.

❺ 우선, 금액의 합계 셀이 1만 원을 초과하지 않도록 설정합니다. [셀 참조]에 [H9] 셀을 지정하고 [제한 조건]에 '10000'을 입력한 후 [추가]를 클릭합니다.

TIP [확인]을 클릭하면 ❷의 화면으로 돌아갑니다. 다시 [추가]를 클릭하고 다음 단계를 수행합니다.

❻ 상품별 개수의 차이가 3개 이내가 되도록 설정합니다. [셀 참조]에 [J11] 셀을 지정하고 [제한 조건]에 3을 입력한 후 [추가]를 클릭합니다.

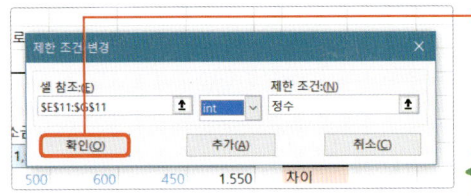

❼ 마지막으로 빵의 개수로 계산되는 값이 정수가 되도록 설정합니다. [셀 참조]에 셀 [E11:G11]을 지정하고 중앙의 혼합 박스에서 [int]를 선택한 후 [확인]을 클릭합니다.

> TIP int는 셀의 값이 정수가 되도록 지시하는 제약 조건입니다.

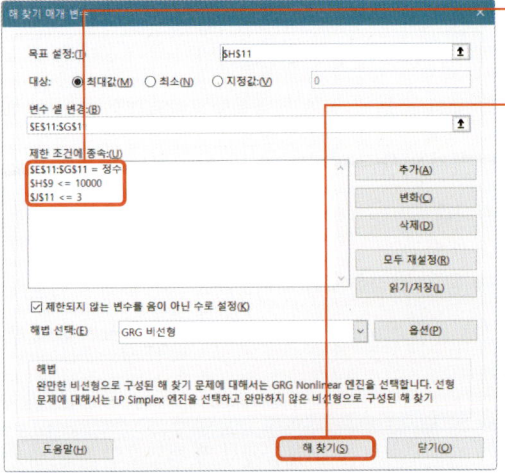

❽ [제한 조건에 종속]에 설정한 조건이 추가된 것을 확인할 수 있습니다.

❾ [해 찾기]를 클릭합니다.

> TIP 해 찾기 기능을 설정할 때는 셀이나 셀 범위가 자동으로 절대 참조(153쪽)로 입력됩니다.

❿ 몇 초 후에 [해 찾기 결과] 대화상자가 표시됩니다. [해 찾기 해 보존]이 선택되었는지 보고 [확인]을 클릭합니다.

> TIP 해를 찾은 결과를 표에 반영하지 않으려면 [원래 값 복원]을 클릭합니다.

⓫ 해 찾기의 계산 결과가 표에 반영됩니다. 소금빵을 5개, 크림빵을 8개, 단팥빵을 6개 사면 됩니다.

관련 항목 목표값 찾기 ⇒ 240쪽 / 비용 조합 분석하기 ⇒ 256쪽

7장 실전 데이터 분석의 시작 **255**

09 가상 분석의 기본

예제 폴더 7-09

해 찾기 기능으로
운송 비용 최적화하기

운송 비용 최적화하기

이전 항목에서 해 찾기 기능을 사용하여 구매할 상품의 최적 개수를 구했습니다. 하지만 빵을 구입하기 위해 엑셀을 이용하는 사람은 많지 않을 것입니다. 이번에는 좀 더 실무와 관련된 문제를 해 찾기 기능으로 해결해 보겠습니다.

아래 그림은 **공장에서 각 점포로 운송하는 비용**을 정리한 표입니다. 공장 A와 B에서 하루에 생산할 수 있는 상품의 개수는 각각 60개와 40개입니다. 이 100개의 상품을 각 점포의 주문 수에 따라 그날 중에 운송해야 합니다.

점포 A, B, C의 주문량은 각각 20개, 30개, 50개입니다. 각 공장에서 각 점포로의 운송 비용이 모두 다를 때 어떻게 운송해야 가장 저렴할까요? 해 찾기 기능을 사용하여 답을 구합니다.

운송 비용 계산을 위한 표

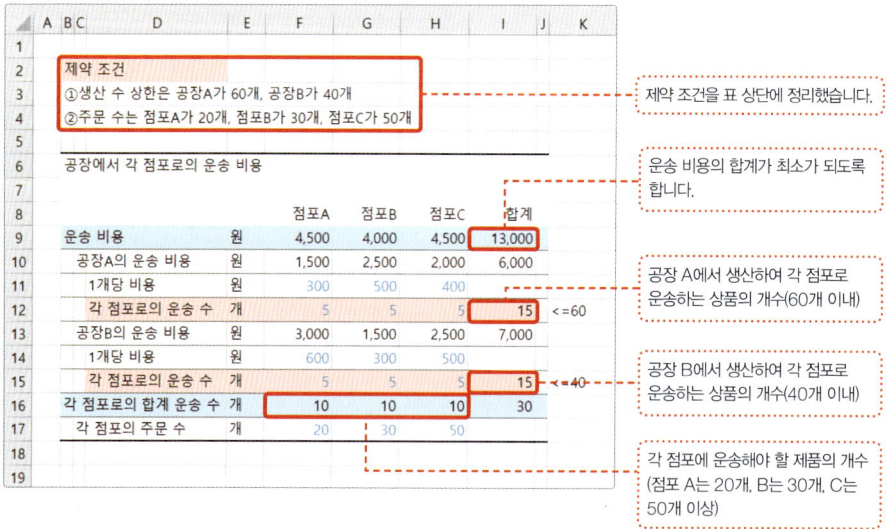

256

복잡한 조건 분해하기

이번 예제는 구하는 셀의 수와 제약 조건이 많아 복잡해 보이지만 근본적으로 이전 항목과 다르지 않습니다. 하나씩 차례로 설정하면 문제없이 산출할 수 있습니다. 제약 조건에 대한 설정은 모두 해 찾기 대화상자에서 설정합니다.

해 찾기 기능으로 각 점포에 운송하는 상품의 수 구하기

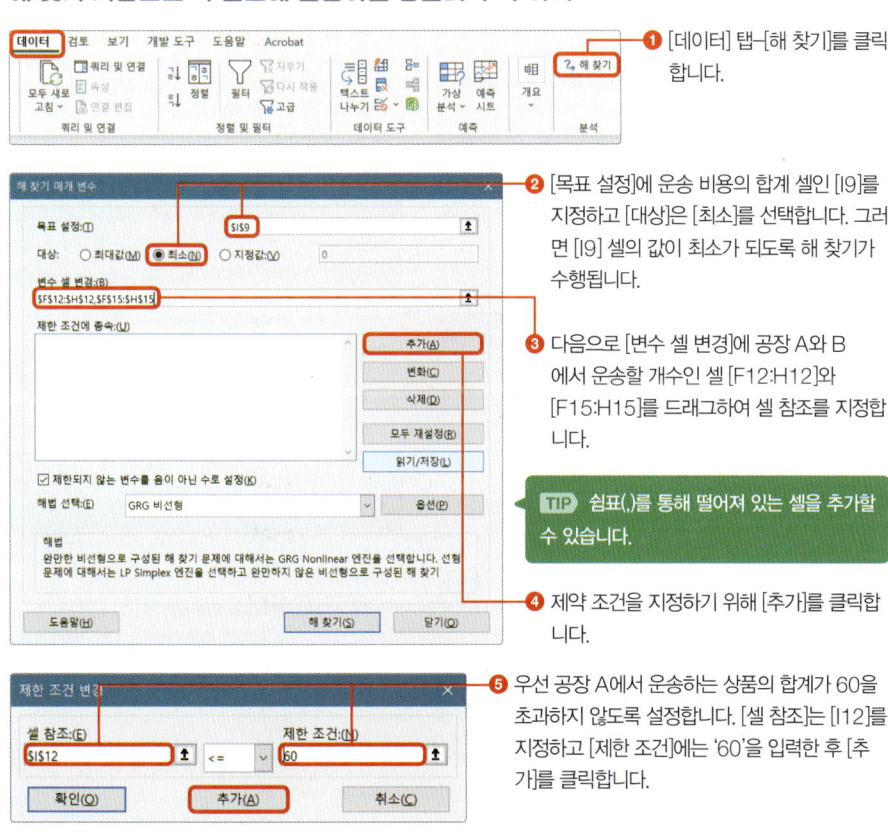

❶ [데이터] 탭-[해 찾기]를 클릭합니다.

❷ [목표 설정]에 운송 비용의 합계 셀인 [I9]를 지정하고 [대상]은 [최소]를 선택합니다. 그러면 [I9] 셀의 값이 최소가 되도록 해 찾기가 수행됩니다.

❸ 다음으로 [변수 셀 변경]에 공장 A와 B에서 운송할 개수인 셀 [F12:H12]와 [F15:H15]를 드래그하여 셀 참조를 지정합니다.

TIP 쉼표(,)를 통해 떨어져 있는 셀을 추가할 수 있습니다.

❹ 제약 조건을 지정하기 위해 [추가]를 클릭합니다.

❺ 우선 공장 A에서 운송하는 상품의 합계가 60을 초과하지 않도록 설정합니다. [셀 참조]는 [I12]를 지정하고 [제한 조건]에는 '60'을 입력한 후 [추가]를 클릭합니다.

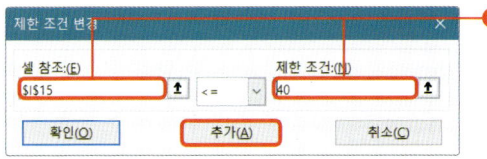

❻ 공장 B에서 운송하는 상품의 합계가 40을 초과하지 않도록 설정합니다. [셀 참조]에 [I15] 셀을 지정하고 [제한 조건]에 '40'을 입력한 후 [추가]를 클릭합니다.

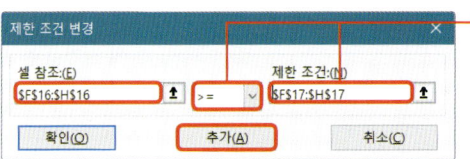

❼ 각 점포로 운송되는 상품 수가 주문 수 이상이 되도록 설정합니다. [셀 참조]에 [F16:H16] 셀을 지정하고 가운데 혼합 박스에는 '>='을 선택, [제한 조건]에는 [F17:H17] 셀을 지정한 후 [추가]를 클릭합니다.

> **TIP** [제한 조건]에는 셀 범위를 지정할 수도 있습니다. 이때 셀 참조 란에 지정한 셀 범위와 동일한 개수의 셀 범위를 지정해야 합니다.

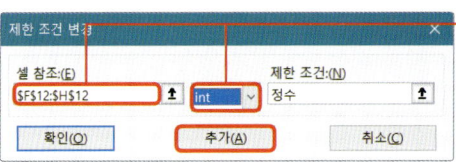

❽ 공장 A에서 각 점포에 운송하는 개수가 정수가 되도록 설정합니다. [셀 참조]에 셀 [F12:H12]를 지정하고 가운데 혼합 박스에서 'int'를 선택한 후 [추가]를 클릭합니다.

> **TIP** int는 셀의 값이 정수가 되도록 지시하는 제한 조건입니다.

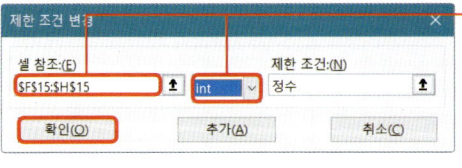

❾ 공장 B에서 각 점포에 운송하는 값이 정수가 되도록 설정합니다. [셀 참조]에 셀 [F15:H15]을 지정하고 가운데 혼합 박스에서 'int'를 선택한 후 [확인]을 클릭합니다.

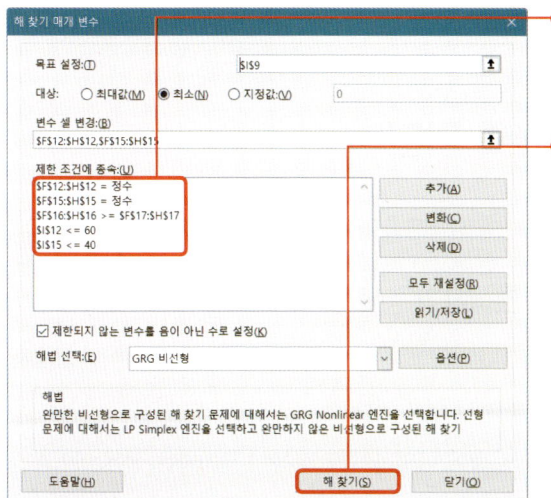

⑩ 제한 조건 항목을 보며 조건이 제대로 설정되었는지 확인합니다. 이것으로 해를 찾기 위한 설정이 끝났습니다.

⑪ [해 찾기]를 클릭합니다.

⑫ 몇 초 후 [해 찾기 결과] 대화상자가 표시됩니다. [해 찾기 해 보존]이 선택되었는지 보고 [확인]을 클릭합니다.

⑬ 해 찾기의 계산 결과가 표에 반영됩니다. 공장 A에서 20개, 0개, 40개, 공장 B에서 0개, 30개, 10개씩 점포 A~C에 운송하면 운송 비용이 가장 저렴합니다.

> **관련 항목** 목표값 찾기 ⇒ 240쪽 / 해 찾기 기능 ⇒ 250쪽

7장 실전 데이터 분석의 시작 **259**

10 크로스 탭의 효율성   예제 폴더 7-10

피벗 테이블의 기본

크로스 탭으로 세밀하게 데이터 분석하기

아래 표를 보면 제품 이름이 가로로 나열되어 있고, 대상 연도가 세로로 나열되어 있습니다. 그리고 열과 행의 교차점에 해당 제품의 해당 연도 판매량이 입력되어 있습니다. 이처럼 두 항목 중 하나를 세로축, 다른 하나를 가로축에 나열하여 두 항목이 교차하는 셀에 데이터를 입력하는 집계법을 **크로스 탭**이라고 합니다.

크로스 탭 예

연도	판매량			
	상품A	상품B	상품C	합계
2020년도	400	400	400	1200
2021년도	300	300	650	1250

==크로스 탭은 데이터 분석을 위한 필수 기술입니다.== 왜냐하면 크로스 집계되지 않은 데이터는 오해를 초래할 수 있기 때문입니다. 예를 들어, 아래 표와 같이 상품군을 하나의 항목으로 정리하면 2020년도보다 2021년도의 판매량이 증가한 것처럼 보입니다. 하지만 위의 표를 보면 실제로는 상품 C 이외에는 판매량이 모두 감소했습니다.

판매량의 합계만 남겼다

연도	판매량
2020년도	1200
2021년도	1250

모든 상품을 합계한 판매량만 보면 지난해 대비 순조롭게 성장하고 있는 것으로 보입니다.

전체적으로 순조로운 성장이 이루어지면 문제가 없으나, 아니라면 상품별로 분석할 필요가 있습니다. 지금처럼 상품을 합계한 판매량 데이터로는 구체적인 상황을 파악할 수 없습니다.

크로스 탭은 데이터 분석에 유용하지만, 직접 하나하나 집계하여 크로스 탭을 만드는 것은 번거롭고 실수할 수도 있습니다. 물론 시간과 노력을 들이면 언젠가 완성은 되겠지만 추천하지 않습니다.

엑셀에서 크로스 탭을 만드는 피벗 테이블

엑셀로 크로스 탭을 수행하려면 **피벗 테이블**이라는 기능을 사용하면 됩니다. 피벗 테이블을 사용하면 아래 그림과 같이 1차원적으로 나열된 데이터를 바탕으로 크로스 탭을 쉽고 빠르게 만들 수 있습니다. 또한 집계할 항목을 바꾸는 것도 매우 간단합니다.

피벗 테이블로 크로스 탭 수행하기

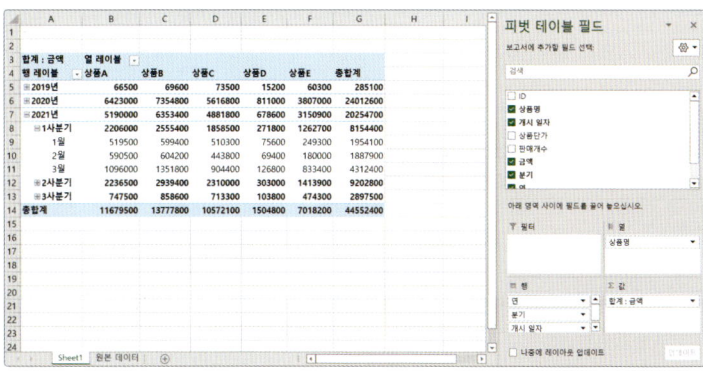

집계하기 전의 1차원 데이터. 이 상태로는 어떤 상품이 언제 얼마나 팔렸는지 분석하기 어렵습니다.

피벗 테이블을 사용하여 집계한 데이터. 세부 항목별 통계 정보를 쉽게 파악할 수 있습니다.

피벗 테이블을 위한 표 준비하기

피벗 테이블을 사용하려면 미리 **대상이 되는 표**를 준비해야 합니다. 구체적으로는 다음과 같이 표를 작성합니다.

- 표의 첫 번째 행에는 반드시 항목명을 입력한다
- 숫자나 날짜의 값은 엑셀에서 잘 인식할 수 있도록 정돈한다

먼저, 표의 첫 번째 행에는 반드시 항목명을 넣습니다. 공백이 있으면 오류가 발생합니다.

이어서 엑셀에서 잘 인식할 수 있도록 정돈한다는 것이 무슨 의미인지 구체적인 예를 살펴보겠습니다. 예를 들어 1개처럼 셀 안에 단위에 해당하는 문자열이 들어가 있거나 2022-01-06T19:01처럼 날짜와 시간 사이에 불필요한 문자열이 입력되어 있으면, 엑셀은 이 값을 숫자나 날짜 값이 아닌 **문자열 데이터**로 인식합니다. 그러면 항목의 합산을 구하거나 기간별 통계를 집계하지 못합니다. 표를 엑셀에서 직접 만든 것이 아니라 CSV 파일 등에서 불러왔다면, 이러한 불필요한 문자가 삽입되어 있을 수 있으므로 주의합니다. 만약 원치 않는 문자가 포함되었다면 아래 그림과 같이 엑셀의 바꾸기 기능(189쪽)을 사용하여 불필요한 문자를 삭제하거나 공백으로 대체합니다.

엑셀의 바꾸기 기능으로 불필요한 문자 삭제

변경 전. C 열의 날짜와 시간 사이에 'T'가 포함되어 있기 때문에 시간이 아니라 문자열 데이터로 취급됩니다. 그러면 피벗 테이블에서 정확한 집계를 할 수 없습니다.

변경 후. 엑셀의 바꾸기 기능으로 날짜와 시간 사이의 'T'를 공백으로 대체했습니다. 이제 엑셀은 C 열을 날짜 및 시간 데이터로 인식합니다.

피벗 테이블의 기본적인 사용법

그러면 피벗 테이블을 사용해 보겠습니다. 5단계만으로 집계 테이블을 얻을 수 있습니다. 여기서는 **제품별 판매 수량**을 집계합니다. 바탕이 되는 데이터는 9,000여 건의 판매 내역 데이터입니다.

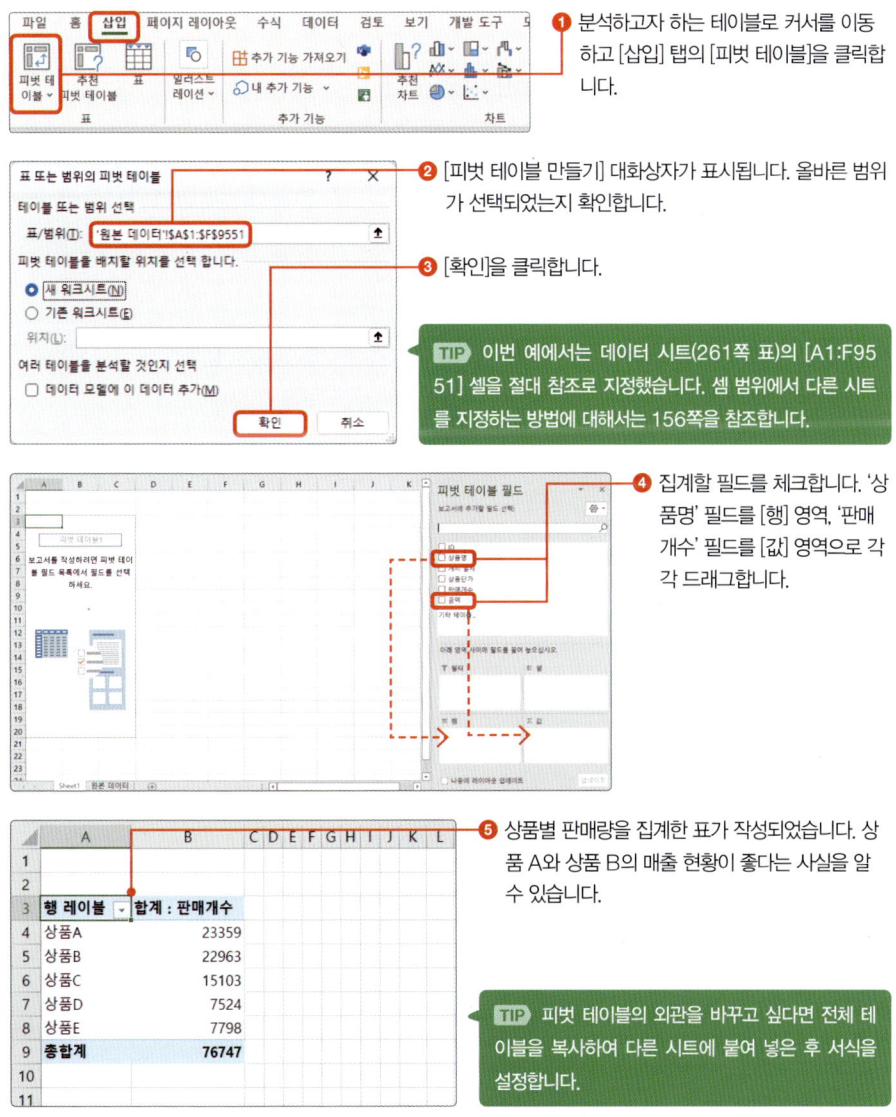

❶ 분석하고자 하는 테이블로 커서를 이동하고 [삽입] 탭의 [피벗 테이블]을 클릭합니다.

❷ [피벗 테이블 만들기] 대화상자가 표시됩니다. 올바른 범위가 선택되었는지 확인합니다.

❸ [확인]을 클릭합니다.

> TIP 이번 예에서는 데이터 시트(261쪽 표)의 [A1:F9551] 셀을 절대 참조로 지정했습니다. 셈 범위에서 다른 시트를 지정하는 방법에 대해서는 156쪽을 참조합니다.

❹ 집계할 필드를 체크합니다. '상품명' 필드를 [행] 영역, '판매개수' 필드를 [값] 영역으로 각각 드래그합니다.

❺ 상품별 판매량을 집계한 표가 작성되었습니다. 상품 A와 상품 B의 매출 현황이 좋다는 사실을 알 수 있습니다.

> TIP 피벗 테이블의 외관을 바꾸고 싶다면 전체 테이블을 복사하여 다른 시트에 붙여 넣은 후 서식을 설정합니다.

관련 항목 데이터 표를 사용한 민감도 분석 ⇒ 228쪽 / 목표값 찾기 ⇒ 240쪽

11 크로스 탭의 효율성

예제 폴더 7-11

피벗 테이블로 데이터 집계/분석하기

데이터의 외관은 집계 방식에 따라 달라진다

데이터를 분석할 때 두 데이터 사이에 어떤 상관관계가 있는지 확인하는 것은 중요합니다. 다시 말하면, 하나의 데이터가 바뀔 때 다른 쪽의 데이터가 어떻게 변하는지 파악하는 것입니다. 예를 들어, 담당자와 상품명으로 판매량을 집계하면 각 담당자가 판매에 주력하는 상품이 보일 것입니다. 또한, 판매 시기와 상품명으로 매출액을 집계하면 어떤 시기에 어떤 제품이 많이 판매되는지 알 수 있을 것입니다. 이처럼 두 데이터의 상관관계를 찾아내려면, 피벗 테이블을 사용하여 다양한 각도에서 데이터를 살펴보는 것이 좋습니다.

크로스 탭을 쉽게 고칠 수 있다

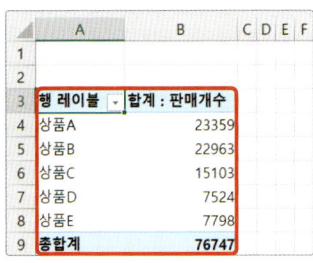

상품명으로 판매량을 집계한 피벗 테이블.

↓

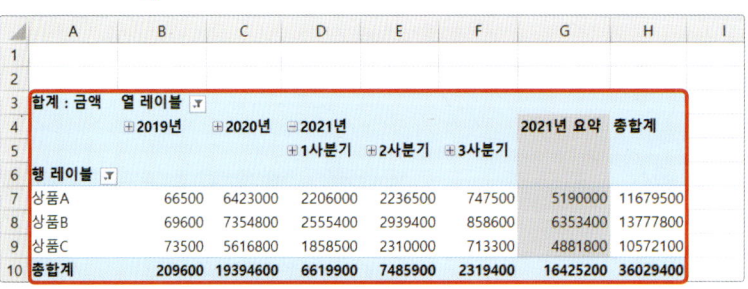

상품명 매출 금액으로 다시 집계했습니다. 행과 열에 넣는 항목이나 집계할 데이터를 바꾸는 등 크로스 탭을 자유자재로 고칠 수 있는 것이 피벗 테이블의 강점입니다.

피벗 테이블을 고치는 방법

여기서는 이전 항목에서 집계한 **상품별 판매량 피벗 테이블을 판매 시기별 판매량 테이블로 바꿔보고자 합니다.** 실습을 위해 예제 파일을 다운로드하고 263쪽을 참고하여 아래의 그림처럼 기본 설정을 완료합니다.

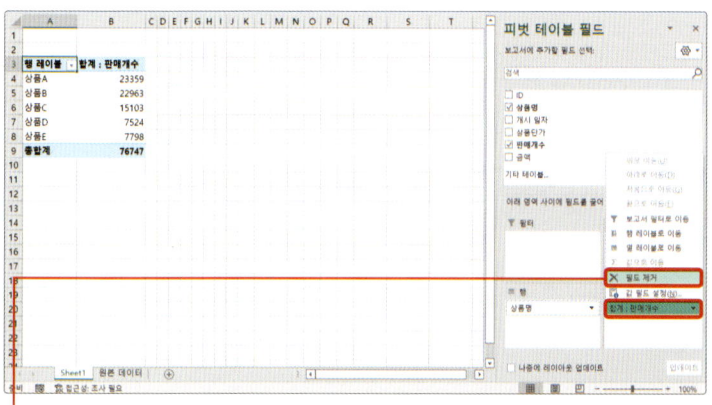

❶ 피벗 테이블에서 [값] 영역의 '합계 : 판매개수'의 [필드 제거]를 클릭하여 필드를 삭제합니다.

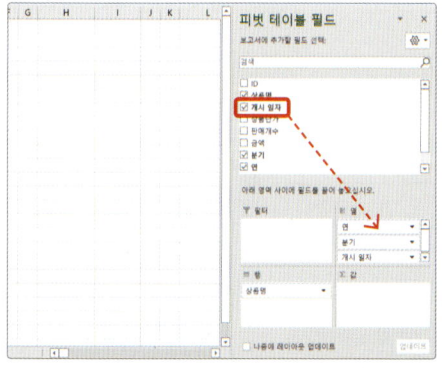

❷ '개시 일자' 필드를 [열] 영역으로 드래그 앤 드롭합니다. 자동으로 '연, 분기' 필드가 추가됩니다.

TIP 이번 예에서도 상품명을 기준으로 집계하므로 행 영역에 추가된 상품명은 수정하지 않습니다.

❸ '금액' 필드를 [값] 영역에 드래그합니다.

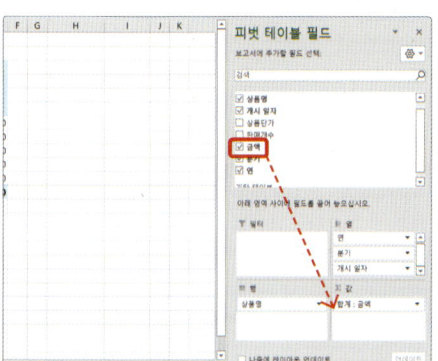

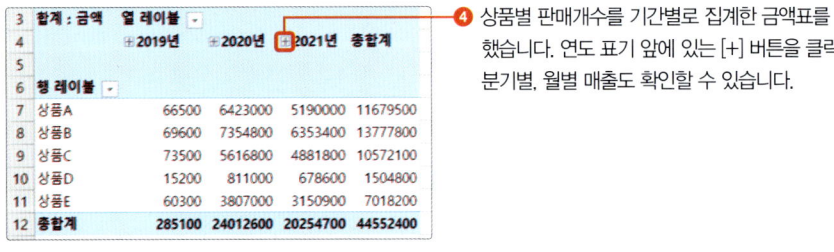

❹ 상품별 판매개수를 기간별로 집계한 금액표를 작성했습니다. 연도 표기 앞에 있는 [+] 버튼을 클릭하면 분기별, 월별 매출도 확인할 수 있습니다.

표시할 데이터 범위 필터링하기

<u>5개 상품 중 3개 상품의 데이터만 분석하고 싶다면</u> [슬라이서] 기능을 이용합니다. 슬라이서를 사용하면 간단하게 표시할 정보의 범위를 필터링할 수 있습니다.

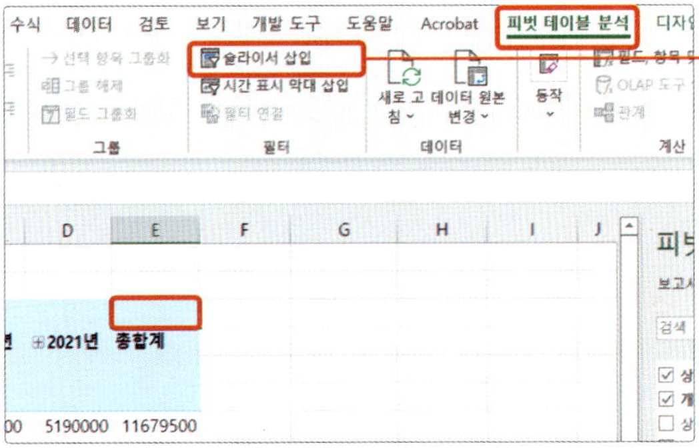

❶ 피벗 테이블의 임의의 셀을 선택한 후 [피벗 테이블 분석] 탭의 [슬라이서 삽입]을 클릭합니다(엑셀 2019 이전은 [분석] 탭).

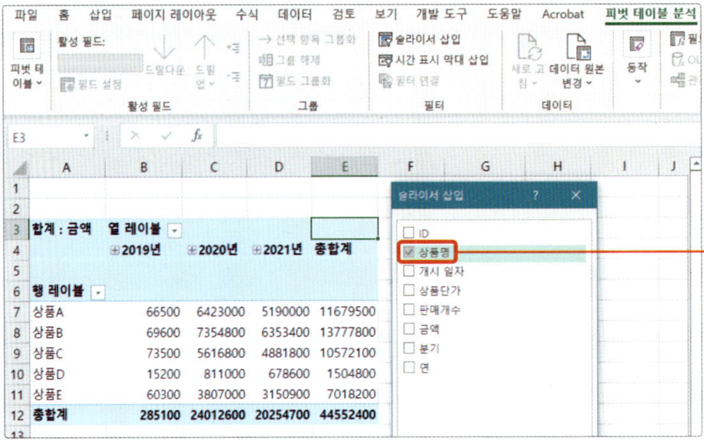

❷ [슬라이서 삽입] 대화상자가 표시됩니다. 검색할 데이터 항목명(상품명)을 선택하고 [확인]을 클릭합니다.

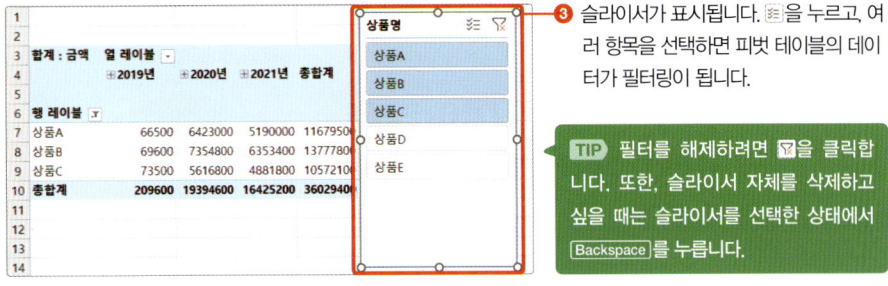

❸ 슬라이서가 표시됩니다. 을 누르고, 여러 항목을 선택하면 피벗 테이블의 데이터가 필터링이 됩니다.

TIP 필터를 해제하려면 을 클릭합니다. 또한, 슬라이서 자체를 삭제하고 싶을 때는 슬라이서를 선택한 상태에서 Backspace 를 누릅니다.

또한, 필터링 대상이 날짜라면 [시간 표시 막대 삽입] 기능이 편리합니다.

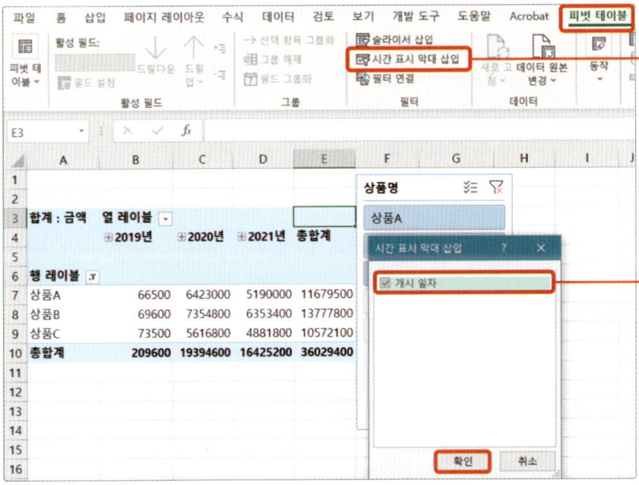

❶ 피벗 테이블의 임의의 셀을 선택하고 [피벗 테이블 분석] 탭의 [시간 표시 막대 삽입]을 클릭합니다(엑셀 2019 이전은 [분석] 탭).

❷ 대화상자에서 필터링 대상을 선택하고 [확인]을 클릭합니다.

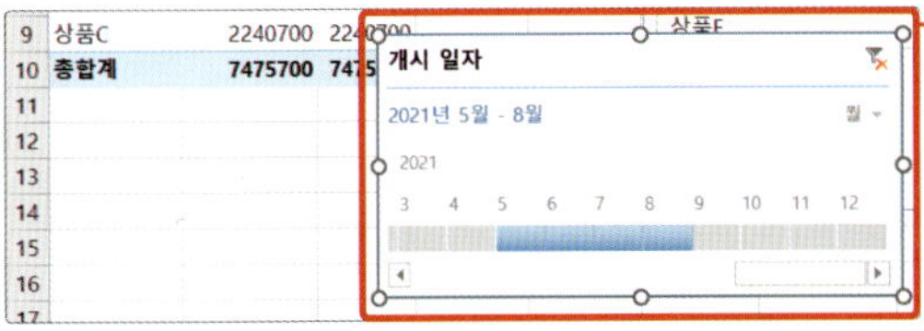

❸ 시간 표시 막대 슬라이서가 표시됩니다. 표시할 기간을 선택하면 피벗 테이블의 데이터가 필터링이 됩니다.

> **Note** 시간 표시 막대 슬라이서의 필터링 단위 바꾸기
>
> 시간 표시 막대 슬라이서의 오른쪽에 보이는 [월]을 클릭하면 필터링 단위를 일, 분기, 년 등으로 바꿀 수 있습니다.
>
>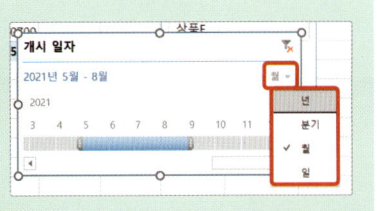

관련 항목 피벗 테이블 사용법 ⇒ 260쪽 / 피벗 차트의 활용 ⇒ 268쪽

12 크로스 탭의 효율성

예제 폴더 7-12

피벗 테이블 데이터를
피벗 차트로

집계 데이터를 차트로 만들면 몰랐던 사실을 발견할 수 있다

데이터의 종류나 내용에 따라서는 집계된 수치를 보는 것만으로는 전체의 흐름을 파악하기 어려운 상황도 있습니다. 그럴 때는 데이터를 차트로 그려 보는 것이 좋습니다. 차트로 만들면 이전까지 몰랐던 중요한 정보를 깨달을 수 있습니다.

엑셀에는 차트를 그리는 방법이 많지만, **피벗 테이블**을 만들었다면 **피벗 차트** 기능을 사용하는 것이 좋습니다. 왜냐면 피벗 테이블의 집계 내용을 바꾸거나 필터링함에 따라 그에 연동하여 차트 내용도 자동으로 바뀌기 때문입니다. 다양한 집계 패턴의 차트를 쉽게 만들 수 있어 데이터의 특징을 파악하는 데 도움이 됩니다.

피벗 테이블과 피벗 차트

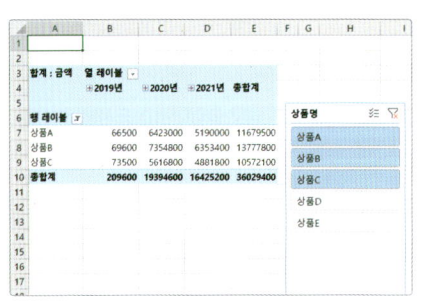

피벗 테이블은 데이터 집계 후, 집계 내용을 바꾸거나 필터링 기능 표시 항목을 필터링할 수 있습니다.

피벗 차트는 피벗 테이블에서 집계한 데이터를 바탕으로 차트를 작성할 수 있습니다.

피벗 차트를 만들려면 피벗 테이블에 임의의 셀을 선택하고 아래의 절차를 따릅니다.

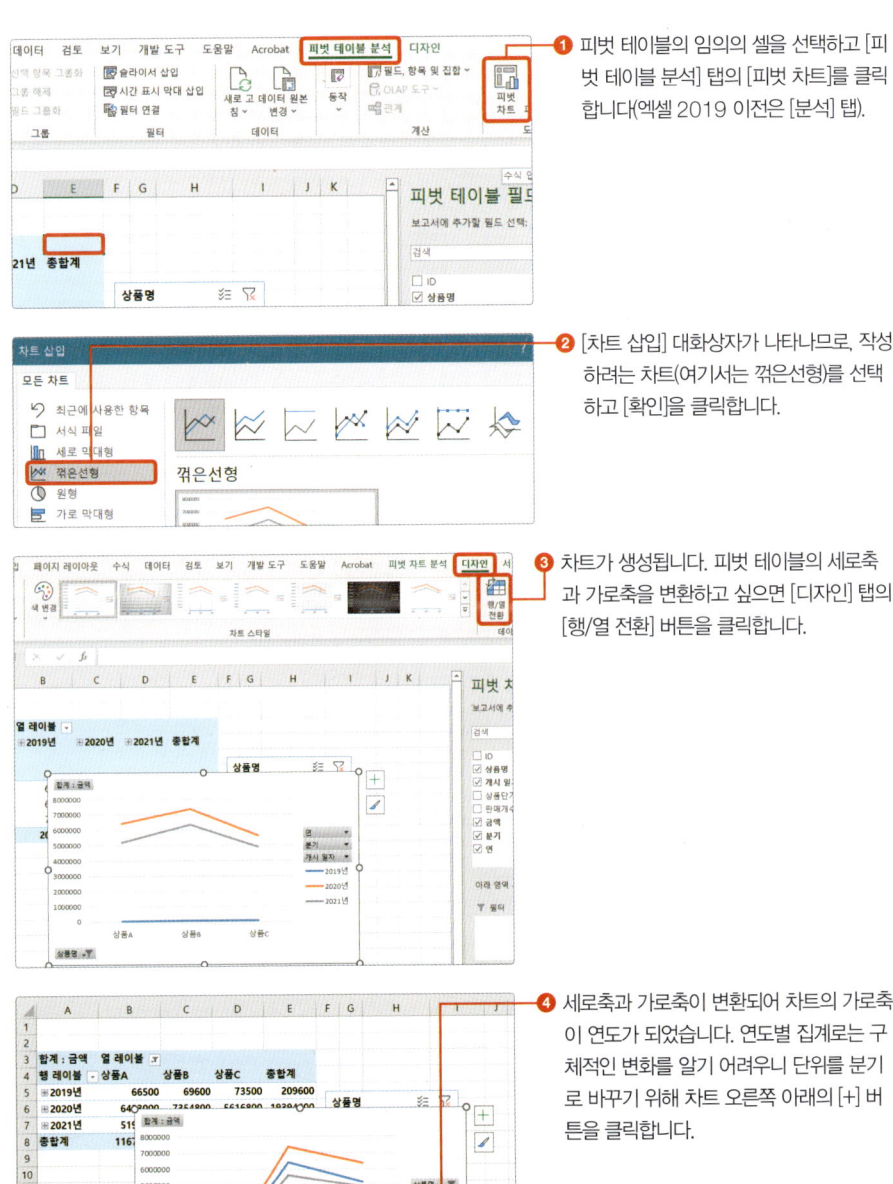

❶ 피벗 테이블의 임의의 셀을 선택하고 [피벗 테이블 분석] 탭의 [피벗 차트]를 클릭합니다(엑셀 2019 이전은 [분석] 탭).

❷ [차트 삽입] 대화상자가 나타나므로, 작성하려는 차트(여기서는 꺾은선형)를 선택하고 [확인]을 클릭합니다.

❸ 차트가 생성됩니다. 피벗 테이블의 세로축과 가로축을 변환하고 싶으면 [디자인] 탭의 [행/열 전환] 버튼을 클릭합니다.

❹ 세로축과 가로축이 변환되어 차트의 가로축이 연도가 되었습니다. 연도별 집계로는 구체적인 변화를 알기 어려우니 단위를 분기로 바꾸기 위해 차트 오른쪽 아래의 [+] 버튼을 클릭합니다.

7장 실전 데이터 분석의 시작 **269**

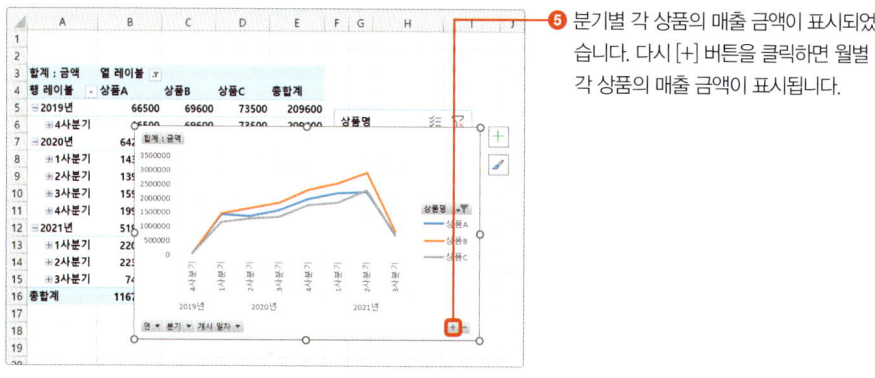

❺ 분기별 각 상품의 매출 금액이 표시되었습니다. 다시 [+] 버튼을 클릭하면 월별 각 상품의 매출 금액이 표시됩니다.

차트에 표시되는 데이터 바꾸기

피벗 테이블의 행 항목과 열 항목, 집계 내용 등을 바꾸면 피벗 차트의 표시 내용이 자동으로 업데이트됩니다. 여기서는 슬라이서 기능(266쪽)으로 필터링을 수행해 봅니다.

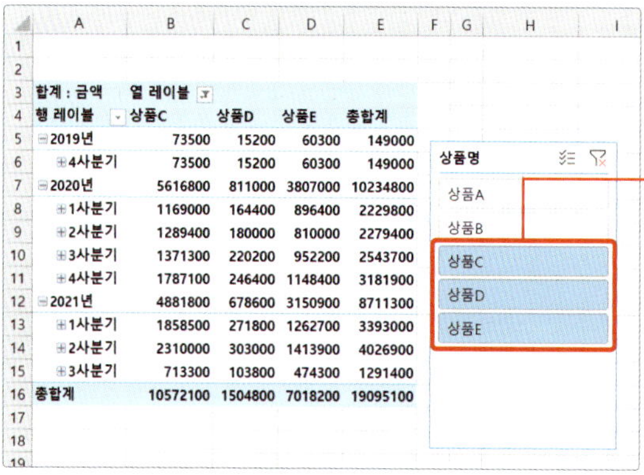

❶ 피벗 테이블의 임의의 셀을 선택하고 [피벗 테이블 분석] 탭의 [슬라이서 삽입]을 클릭합니다.

❷ 슬라이서에서 상품 C~E를 드래그하여 선택합니다.

TIP 슬라이서에서 연속되지 않은 항목들을 선택하려면 Ctrl 을 누른 상태에서 항목을 클릭해도 됩니다.

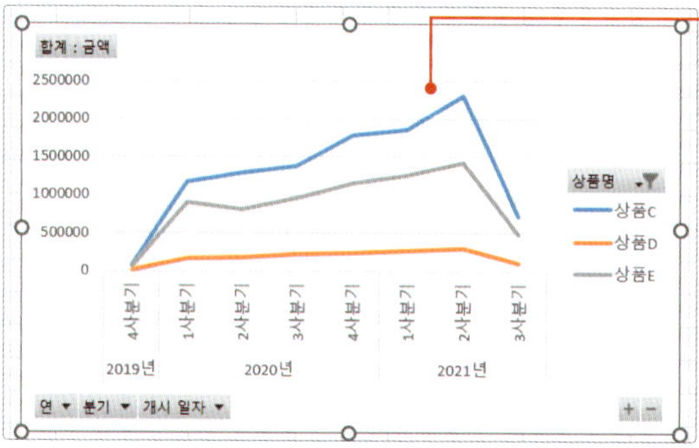

❸ 피벗 테이블에 표시되는 항목이 상품 C~E로 변경되고 이에 따라 피벗 차트에 표시되는 데이터도 상품 C~E로 변합니다.

피벗 테이블을 복사하여 차트 작성하기

피벗 차트는 매우 편리한 기능이지만 디자인적으로 예쁘지 않기 때문에 프레젠테이션이나 기획서 등에 그대로 게재하는 것은 추천하지 않습니다. 피벗 테이블을 다른 시트에 복사한 후 디자인을 꾸며서 사용하는 것이 좋습니다.

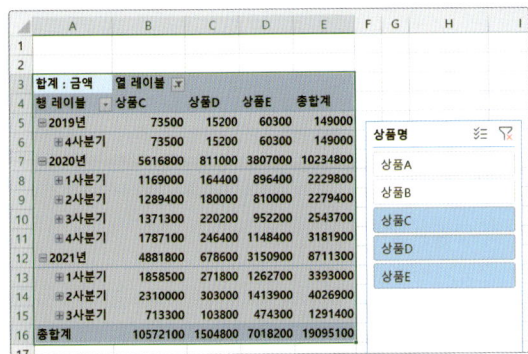

❶ Ctrl+A 로 피벗 테이블을 선택하여 Ctrl+C 를 눌러 복사합니다.

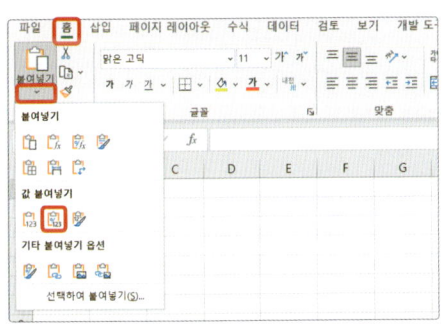

❷ 새 시트를 만들고 [홈] 탭에서 [붙여넣기] 버튼 아래쪽에 있는 [▼]를 클릭하여 [값 및 숫자 서식]으로 붙여 넣습니다. 그 후에 표의 레이아웃과 서식을 정돈합니다.

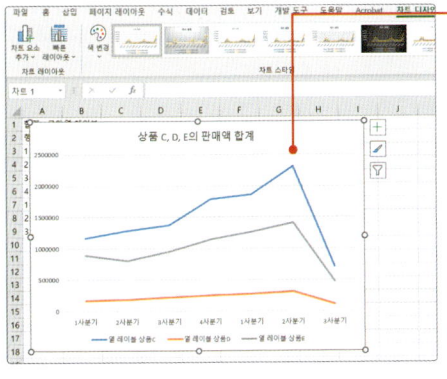

❸ 붙여 넣은 데이터를 선택하고 [삽입] 탭에서 차트를 골라서 작성합니다.

TIP 차트 디자인을 수정하는 방법은 8장을 참고합니다.

관련 항목 피벗 테이블 사용법 ⇒ 263쪽 / 피벗 테이블을 이용한 데이터 분석 ⇒ 264쪽

13 분산형 차트의 실무 응용

예제 폴더 7-13

상관 분석으로 데이터에 숨어 있는 상관관계 찾기

분산형 차트로 데이터 상관관계 검증하기

피벗 테이블과 함께 데이터 분석에 많이 사용되는 것이 **분산형 차트**입니다. 분산형 차트는 가로축과 세로축에 다른 항목과 단위를 설정하고 데이터가 존재하는 곳에 점을 그리는 차트입니다. 분산형 차트를 사용하면 두 항목의 상관관계를 확인할 수 있습니다.

예를 들어, '커피를 주문한 사람은 단가가 높은 더블치즈 버거를 구입하는 경향이 있다'거나 '편의점에서 iTunes 카드나 Google Play 기프트 카드 등의 선불카드를 구입하는 사람은 과자와 청량음료를 함께 구입하는 경향이 있다'처럼 언뜻 보면 상관이 없을 것 같은 두 데이터 사이에 숨어 있는 상관관계를 찾을 수 있습니다.

위와 같은 분석 결과를 얻을 수 있다면 구체적인 전략을 생각해 볼 수 있습니다. 예를 들어, 커피 무료 쿠폰을 뿌리거나 선불카드 옆에 과자와 청량음료를 배치하는 것입니다.

이것은 단순한 예시이므로, 여러분이 담당하고 있는 상품이나 서비스에도 아직 발견되지 않은 어떤 상관관계가 숨어 있을지도 모릅니다. 선입견에 얽매이지 않고 다양한 데이터를 사용하여 유효한 상관관계를 찾아보기 바랍니다. 엑셀을 사용하면 간단한 조작으로 분산형 차트를 만들 수 있습니다.

또한, 분산형 차트는 매출과 비용처럼 상관관계가 있다고 알려진 데이터를 검증하는 데도 도움이 됩니다. 예를 들어, 요식업에서 매출이 늘어나면 손님에게 제공해야 하는 음식이 늘어나기에 원재료비도 올라갑니다. 즉, 매출이 오르면 비용도 오릅니다. 영업 계획을 세울 때는 이러한 기본적인 상관관계도 데이터로 검증해야 합니다. 그렇지 않으면 현실적인 영업 계획을 세울 수 없기 때문입니다.

나열된 숫자를 바라보는 것만으로는 데이터의 상관관계를 찾을 수 없습니다. 데이터의 상관관계를 찾기 위해 분산형 차트를 적극 활용해 봅니다.

수익 계획의 분산형 차트 예

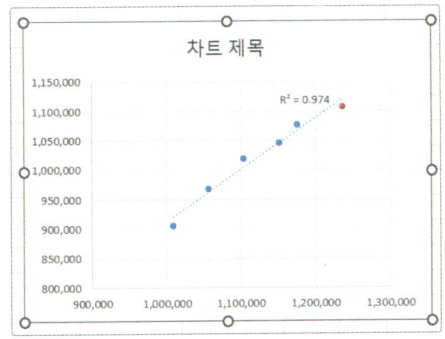

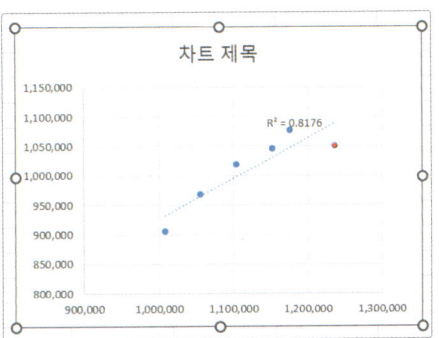

2017년부터 2021년까지의 과거 실적과 2022년의 예상 실적이 다른 색으로 표시되었습니다. 오른쪽 그래프를 보면 2022년에 대한 비용 값이 작기에 과거 데이터의 상관관계와 크게 벗어나 있는 것을 알 수 있습니다.

> **Note** 회귀 직선과 결정계수
>
> 위 분산형 차트에서 점선으로 표시된 선을 회귀 직선이라고 합니다. 회귀 직선은 분산형 차트에 그려진 데이터의 경향을 나타내는 직선입니다. 미래의 예측이 선에 가까울수록 과거 실적의 추세를 따르고 있다고 말할 수 있습니다. 엑셀에서는 회귀 직선을 추세선이라고 합니다.
>
>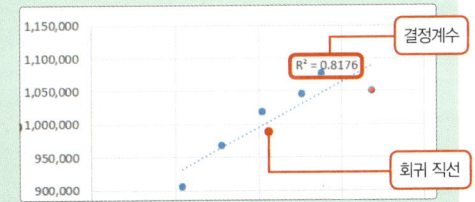
>
> 또한, 그래프에 '$R^2 = 0.8176$'이라고 적힌 숫자를 결정계수라고 합니다. 이 수치가 1에 가까울수록 두 데이터에 강한 상관관계가 있다고 할 수 있습니다. 일반적으로 결정계수가 0.5 이상이면 상관성이 있으며, 0.7 이상이면 강한 상관관계가 있다고 합니다.

분산형 차트 작성 방법

월별 맥주 판매량과 평균 기온의 상관관계를 분산형 차트를 사용하여 확인해 봅니다.

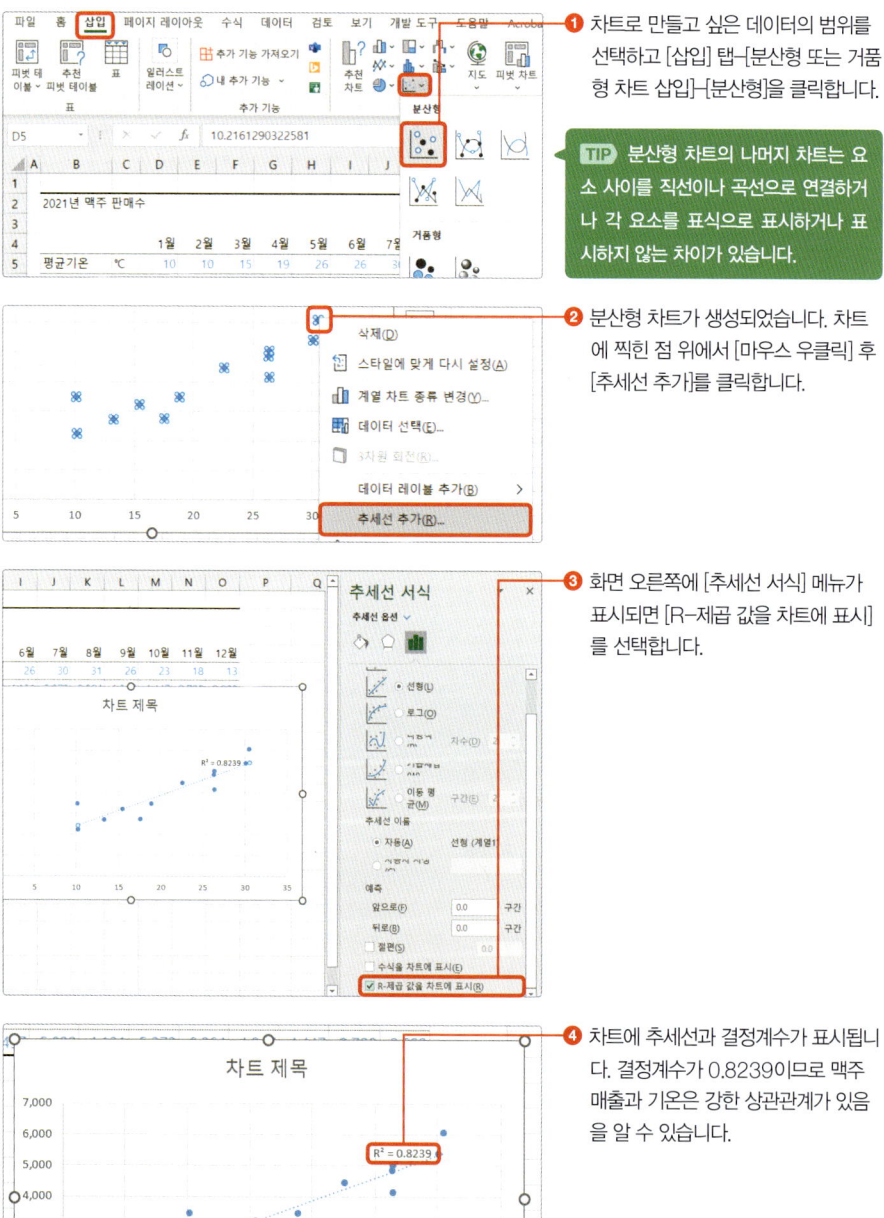

❶ 차트로 만들고 싶은 데이터의 범위를 선택하고 [삽입] 탭-[분산형 또는 거품형 차트 삽입]-[분산형]을 클릭합니다.

TIP 분산형 차트의 나머지 차트는 요소 사이를 직선이나 곡선으로 연결하거나 각 요소를 표식으로 표시하거나 표시하지 않는 차이가 있습니다.

❷ 분산형 차트가 생성되었습니다. 차트에 찍힌 점 위에서 [마우스 우클릭] 후 [추세선 추가]를 클릭합니다.

❸ 화면 오른쪽에 [추세선 서식] 메뉴가 표시되면 [R-제곱 값을 차트에 표시]를 선택합니다.

❹ 차트에 추세선과 결정계수가 표시됩니다. 결정계수가 0.8239이므로 맥주 매출과 기온은 강한 상관관계가 있음을 알 수 있습니다.

분산형 차트의 데이터는 많으면 많을수록 좋다

분산형 차트를 만들 때 고려할 것 중 하나가 **데이터의 양**입니다. 분산형 차트는 차트의 특성상 데이터의 양이 적으면 상관관계를 판단하기 어렵습니다. 예를 들어, 365일 동안 일별로 수집한 맥주 판매량과 기온 데이터를 분산형 차트로 작성하면 다음과 같습니다.

데이터는 많으면 많을수록 좋다

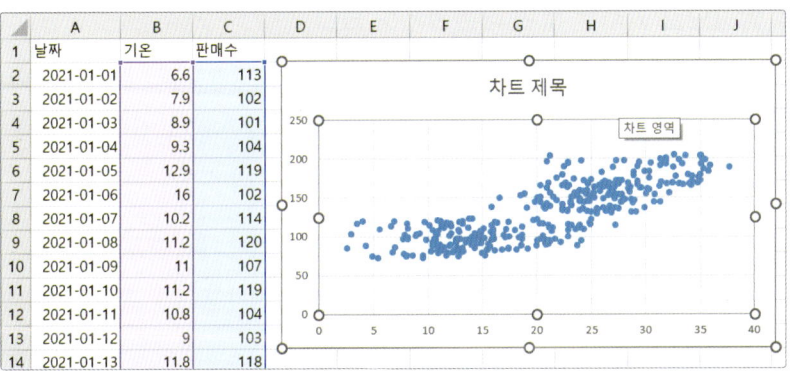

위 그림과 같이 다량의 데이터가 있으면 상관관계를 쉽게 확인할 수 있습니다. 한편, 아래와 같이 데이터가 극단적으로 적으면 상관관계를 판단하기 어렵습니다. 분석을 위해서는 적어도 10개의 데이터는 필요합니다.

데이터의 양이 적으면 상관관계를 판단하기 어렵다

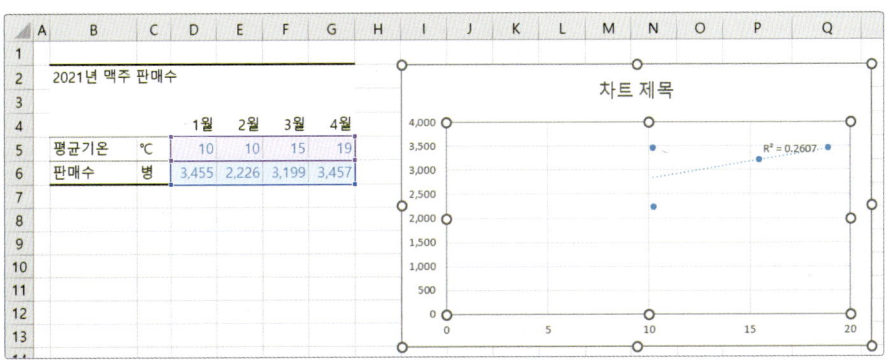

> **관련 항목** 양의 상관관계와 음의 상관관계 ⇒ 276쪽 / 상관 분석으로 예측값 구하기 ⇒ 277쪽

14 분산형 차트의 실무 응용

예제 파일 7-14.xlsx

양의 상관관계와
음의 상관관계

서로 반대 방향으로 커지는 음의 상관관계도 있다

두 개의 데이터 중 한쪽 값이 커질 때 다른 쪽 값도 커진다면, 이를 **양의 상관관계**라고 합니다. 반대로 한쪽 값이 커질 때 다른 쪽 값은 줄어든다면, 이를 **음의 상관관계**라고 합니다. 예를 들어, 일회용 핫팩과 기온의 관계가 이에 해당합니다. 핫팩은 추워야 많이 팔리기 때문입니다.

상관관계를 분석할 때 항상 양의 상관관계가 좋고 음의 상관관계가 나쁜 것은 결코 아닙니다. 대개 경영 관련 데이터에서는 양의 상관관계가 긍정적인 사례가 많지만, 음의 상관관계가 바람직한 사례도 충분히 존재합니다. 이는 순전히 데이터의 특성에 따라 다를 뿐이므로, 어떤 상관관계라도 포착해내는 것이 중요합니다.

음의 상관관계를 나타내는 분산형 차트

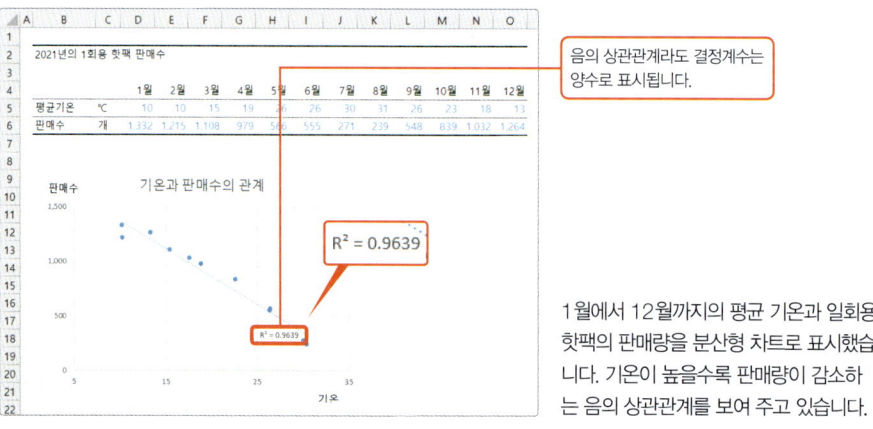

1월에서 12월까지의 평균 기온과 일회용 핫팩의 판매량을 분산형 차트로 표시했습니다. 기온이 높을수록 판매량이 감소하는 음의 상관관계를 보여 주고 있습니다.

관련 항목 상관 분석의 기본 ⇒ 272쪽 / 추세선에서 비정상 값을 제거하는 방법 ⇒ 278쪽

15 분산형 차트의 실무 응용

예제 파일 7-15.xlsx

상관 분석으로 예측하기

추세선으로부터 예측값 계산하기

온도와 맥주 판매량처럼 **강한 상관관계**(274쪽)가 있다면, 이를테면 기온이 30도일 때의 판매량을 대략 예측해 볼 수 있습니다. 예측은 분포형 차트에 표시되는 **추세선**을 바탕으로 합니다. 온도를 변수 x, 판매량을 변수 y로 했을 때, 추세선은 'y=ax+b'라는 수식으로 나타낼 수 있습니다. 즉, 식에서 변수 a와 변수 b의 값을 알면 온도에 따른 판매량을 구할 수 있습니다. 변수 a와 변수 b의 값은 추세선의 식을 표시함으로써 확인할 수 있습니다.

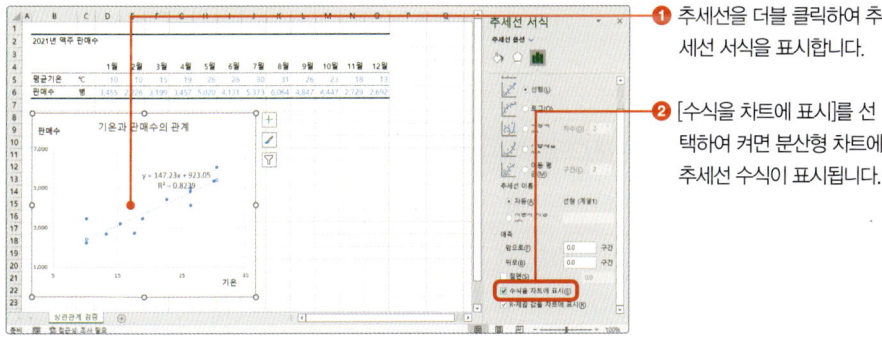

❶ 추세선을 더블 클릭하여 추세선 서식을 표시합니다.

❷ [수식을 차트에 표시]를 선택하여 켜면 분산형 차트에 추세선 수식이 표시됩니다.

여기서는 추세선의 수식이 y=147.23x+923.05으로 표시되었습니다. 따라서 기온이 30도일 때 판매량은 147.23×30+923.05=5,339.95개/월로 예측할 수 있습니다.

> **관련 항목** 상관 분석의 기본 ⇒ 272쪽 / 하나의 분산형 차트에 2개의 그룹 표시하기 ⇒ 280쪽

16 분산형 차트의 실무 응용

예제 폴더 7-16

추세선에서 비정상 값을 제거하는 방법

오해를 부르는 비정상 값

분산형 차트에서는 두 데이터에 상관관계가 있어 보이지만 결정계수가 의외로 낮은 때가 있습니다. 이럴 때는 데이터에 **비정상 값**이 포함되지는 않았는지 확인합니다. 비정상 값은 통계적으로 예측된 데이터의 범위에서 많이 벗어난 아주 작은 값이나 큰 값을 말합니다. 예를 들어, 아래와 같이 일반적이지 않은 요인으로 나타나는 수치라고 할 수 있습니다.

- TV 방송에서 바나나 다이어트가 방영되어 그달에만 바나나의 매출이 비약적으로 늘었다
- 세금이 올라서 그해에만 수익이 크게 하락했다

분산형 차트를 그려 보면 비정상 값은 다른 점들보다 너무 크거나 작은 위치에 있습니다. 따라서 비정상 값을 포함한 상태로 결정계수를 구하면 마땅히 나와야 할 값보다 작게 나옵니다. 정확한 결정계수를 구하기 위해서는 비정상 값을 정상적인 수치와는 다른 그룹에 두어 추세선에 영향을 미치지 않도록 설정해야 합니다.

상관관계를 나타내는 분산형 차트

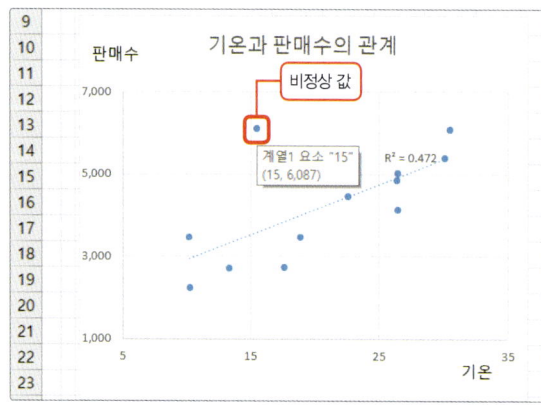

차트상으로는 상관관계가 있어 보이지만 비정상 값이 포함되어 있어 결정계수가 낮습니다. 비정상 값이라고 예상하는 점에 마우스를 올려놓으면 값에 대한 정보를 확인할 수 있습니다.

비정상 값을 별도의 그룹에 두기

결정계수를 계산할 때 비정상 값을 제외하는 가장 쉬운 방법은 비정상 값을 원본 데이터에서 삭제하는 것입니다. 그러나 이 방법은 비정상 값이 처음부터 존재하지 않은 듯한 오해가 생길 수 있으므로 그다지 추천하지 않습니다. 비정상 값의 존재를 보여 주면서도 결정계수의 계산에서 제외하려면 원본 표에 빈 행을 하나 추가하고 그 행으로 비정상 값들을 옮깁니다. 추세선은 행마다 다른 그룹의 데이터로 취급하기 때문에 비정상 값을 제외한 결정계수를 구할 수 있습니다.

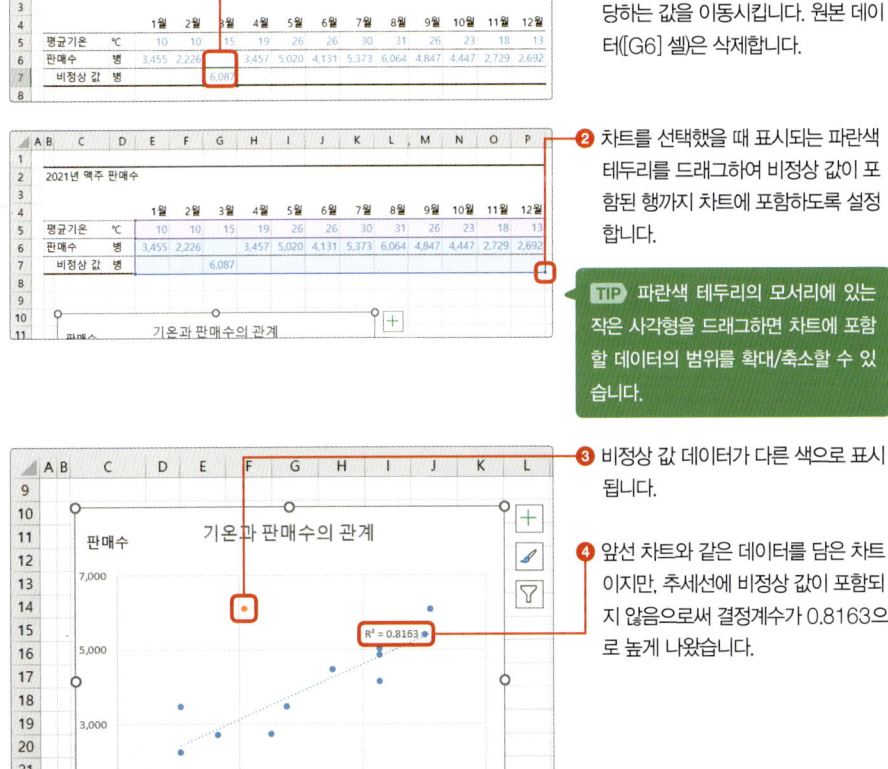

❶ 차트의 원본 표에 빈 행을 추가하고, 추가한 행([G7] 셀)에 비정상 값에 해당하는 값을 이동시킵니다. 원본 데이터([G6] 셀)은 삭제합니다.

❷ 차트를 선택했을 때 표시되는 파란색 테두리를 드래그하여 비정상 값이 포함된 행까지 차트에 포함하도록 설정합니다.

TIP 파란색 테두리의 모서리에 있는 작은 사각형을 드래그하면 차트에 포함할 데이터의 범위를 확대/축소할 수 있습니다.

❸ 비정상 값 데이터가 다른 색으로 표시됩니다.

❹ 앞선 차트와 같은 데이터를 담은 차트이지만, 추세선에 비정상 값이 포함되지 않음으로써 결정계수가 0.8163으로 높게 나왔습니다.

관련 항목 상관 분석의 기본 ⇒ 272쪽 / 양의 상관관계와 음의 상관관계 ⇒ 276쪽 / 상관 분석과 예측값 ⇒ 277쪽

17 분산형 차트의 실무 응용

예제 폴더 7-17

하나의 분산형 차트에 2개의 그룹 표시하기

데이터를 두 그룹으로 나누어 분석하기

데이터에 비정상 값(278쪽)이 존재하지 않음에도 불구하고 결정계수가 예상보다 낮을 때는 데이터가 적절하게 그룹화되지 않았기 때문일 수도 있습니다. 예를 들어, 서울과 부산에 있는 지점들을 대상으로 고객 만족도와 매출액의 상관관계를 조사한다고 가정하겠습니다. 서울에 있는 지점은 고객 수가 많고 부산에 있는 지점은 고객 수가 상대적으로 적다고 한다면, 같은 고객 만족도라도 서울 지역의 지점은 매출이 높고 부산 지역의 지점은 매출이 적을 것입니다. 결과적으로 결정계수가 낮아집니다. 이런 경우는 서울 지점과 부산 지점의 데이터를 서로 다른 행에 분리하여 각각의 상관계수를 계산합니다.

서울과 부산의 지점을 하나의 그룹으로 만들어 분산형 차트로 그린 경우

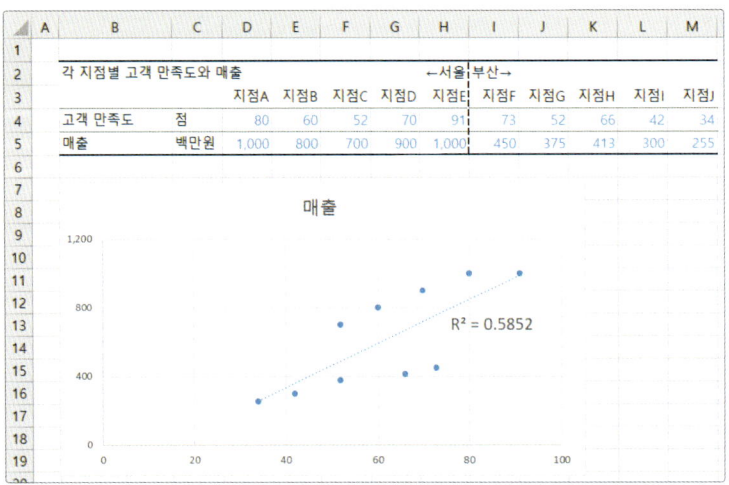

고객 수가 크게 다른 두 그룹을 하나의 분산형 차트에 그렸기 때문에 올바른 결정계수가 나오지 않습니다. 이러한 상황에는 그룹을 나누는 것이 좋습니다.

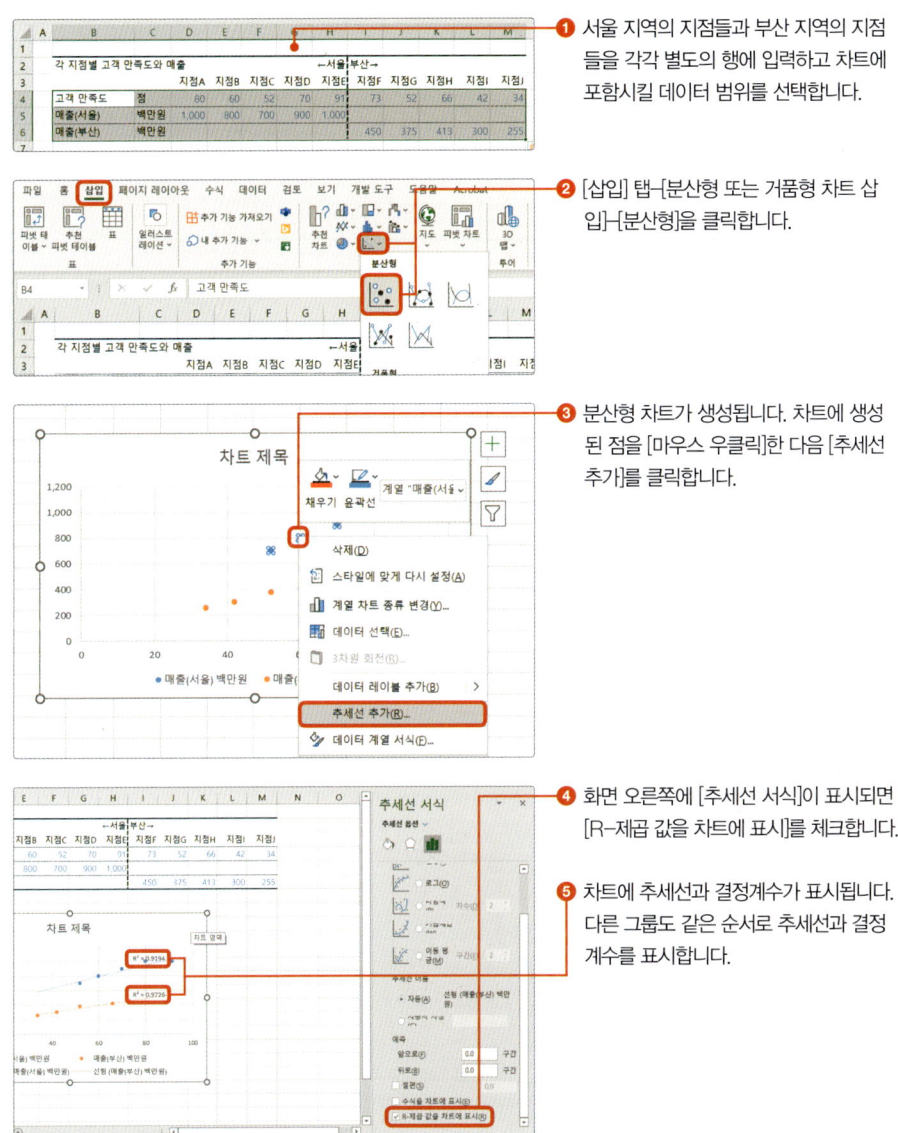

① 서울 지역의 지점들과 부산 지역의 지점들을 각각 별도의 행에 입력하고 차트에 포함시킬 데이터 범위를 선택합니다.

② [삽입] 탭-[분산형 또는 거품형 차트 삽입]-[분산형]을 클릭합니다.

③ 분산형 차트가 생성됩니다. 차트에 생성된 점을 [마우스 우클릭]한 다음 [추세선 추가]를 클릭합니다.

④ 화면 오른쪽에 [추세선 서식]이 표시되면 [R-제곱 값을 차트에 표시]를 체크합니다.

⑤ 차트에 추세선과 결정계수가 표시됩니다. 다른 그룹도 같은 순서로 추세선과 결정계수를 표시합니다.

관련 항목 상관 분석의 기본 ⇒ 272쪽 / 양의 상관관계와 음의 상관관계 ⇒ 276쪽 / 추세선에서 비정상 값을 제거하는 방법 ⇒ 278쪽

18 숫자로 알 수 있는 것

예제 폴더 7-18

평균값과 중앙값 구분하기

평균값은 극단적인 숫자에 쉽게 영향을 받는다

학생들의 평균 시험 점수나 영업 사원들의 평균 영업 수주 건수처럼 평균값은 **데이터 전체의 경향을 파악하는 숫자**로 자주 활용됩니다. 하지만 평균값은 극단적인 수치에 쉽게 영향을 받기 때문에 주의해야 합니다.

아래 그림은 어떤 웹사이트의 일별 접속자 수 데이터입니다. 8월 1일에서 10일까지의 평균 조회 수를 AVERAGE 함수를 사용하여 구하면 3,960이 됩니다. 그러나 8월 8일을 제외하고는 이 평균값을 넘긴 날이 없습니다. 이는 8월 8일의 접속자 수가 다른 날의 10배에 가깝기 때문에 발생한 현상입니다.

일별 접속자 수와 평균

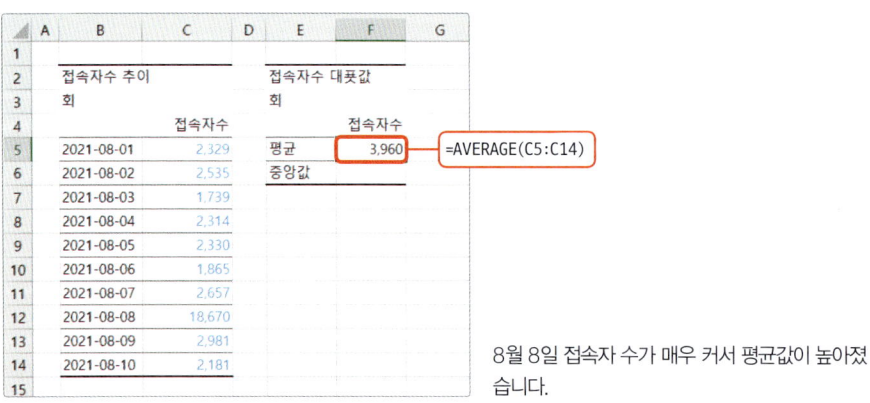

8월 8일 접속자 수가 매우 커서 평균값이 높아졌습니다.

이처럼 평균값은 데이터에 매우 크거나 작은 값이 포함되면 현실과 동떨어진 수치가 됩니다. 정부가 발표하는 평균 연봉이나 평균 저축액 등이 현실보다 높다고 느껴지는 것도 같은 이유입니다.

중간 데이터를 의미하는 중앙값 사용하기

데이터 전체의 경향을 파악하는 수치로는 평균값뿐만 아니라 **중앙값**도 있습니다. 중앙값은 데이터를 크기 순서로 정렬했을 때 중앙에 위치하는 값입니다. 데이터가 5개 있다면 3번째 값, 데이터가 6개 있다면 3번째와 4번째의 평균값이 중앙값입니다. 중앙값은 MEDIAN 함수로 계산할 수 있습니다.

중앙값의 장점은 극단적인 값의 영향을 받지 않는다는 점입니다. 앞 페이지에서 소개한 웹사이트 접속자 수의 중앙값은 2,330으로, 평균값과 1,600 이상이나 차이 납니다. 둘 중 어느 쪽이 데이터를 대표하는 값이라고 할 수 있을까요?

평균값과 중앙값은 둘 다 매우 간단한 대푯값입니다. 각각의 특성을 이해하고 상황에 따라 적절한 값을 사용하여 데이터를 파악합니다.

평균값과 중앙값

중앙값은 매우 큰 값이나 매우 작은 값에 영향을 받지 않으므로 보다 현실에 가까운 대푯값이 될 수 있습니다.

> **Note** 비정상 값은 꺾은선형 차트로 찾는다
>
> 데이터에 포함된 매우 큰 값이나 매우 작은 값을 비정상 값이라고 합니다. 데이터에 숨어 있는 비정상 값을 찾는 가장 쉬운 방법은 표를 꺾은선형 차트로 그려 보는 것입니다. 그러면 다른 숫자와 크게 다른 위치에 있는 비정상 값을 쉽게 찾을 수 있습니다. 이 방법은 취급하는 데이터의 양이 많을수록 더욱 유용합니다(146쪽).

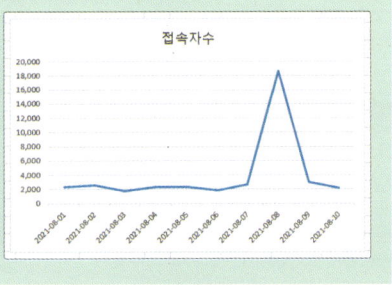

19 숫자로 알 수 있는 것

예제 폴더 7-19

가중 평균 이해하기

데이터를 두 그룹으로 나누어 분석하기

평균값을 계산할 때 주의할 점은 그룹들의 평균값을 개별 평균값을 사용해서 구하면 안 된다는 점입니다. 예를 들어, 혼성으로 구성된 총 40명의 수학 점수가 남자의 평균 점수는 60점, 여자의 평균 점수는 80점이었다면, 이 40명의 전체 평균 점수는 얼마일까요? 깊게 생각하지 않고 70점((60+80)÷2)이라고 답하기 쉽지만, 이것은 남녀가 정확하게 20명씩일 때만 유효한 계산입니다. 40명 중 남자가 30명, 여자가 10명이면 전체 평균은 65점이 됩니다.

$$\frac{[(60 \times 30) + (80 \times 10)]}{40} = 65점$$

이처럼 그룹별로 중요도에 비례한 숫자를 곱하여 계산한 평균값을 **가중 평균**이라고 합니다.

잘못된 평균값과 올바른 평균값(가중 평균)

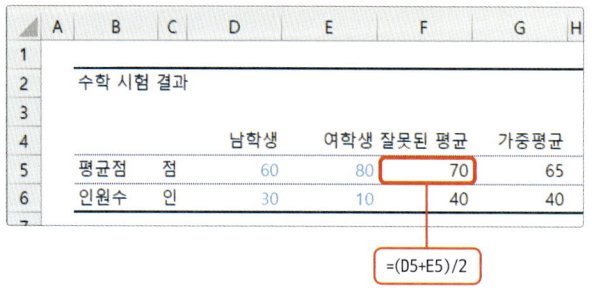

각 성별의 인원수 차이를 고려하지 않고, 개별 평균값에서 전체의 평균값을 산출하면 잘못된 평균값이 됩니다. 가중 평균을 사용해야 합니다.

엑셀에서 가중 평균을 구하는 방법

가중 평균을 구하는 방법 중 하나는 앞에서 소개한 수식처럼 '그룹 평균×그룹 인원수'를 하나씩 구한 후 그 합계를 전체 인원수로 나누는 방법이 있습니다. 하지만 이 방법을 사용하면 그룹의 수가 증가할수록 수식을 만들기 번거로워서 추천하지 않습니다.

엑셀에서 가중 평균을 계산할 때는 **SUMPRODUCT** 함수가 있습니다. SUMPRODUCT 함수는 인수에 동일한 길이의 배열을 2개 이상 지정하여 동일한 위치에 있는 요소를 곱한 값의 합계를 구하는 함수입니다. 가중 평균을 구할 때는 SUMPRODUCT 함수의 결과를 전체 인원수로 나누면 됩니다.

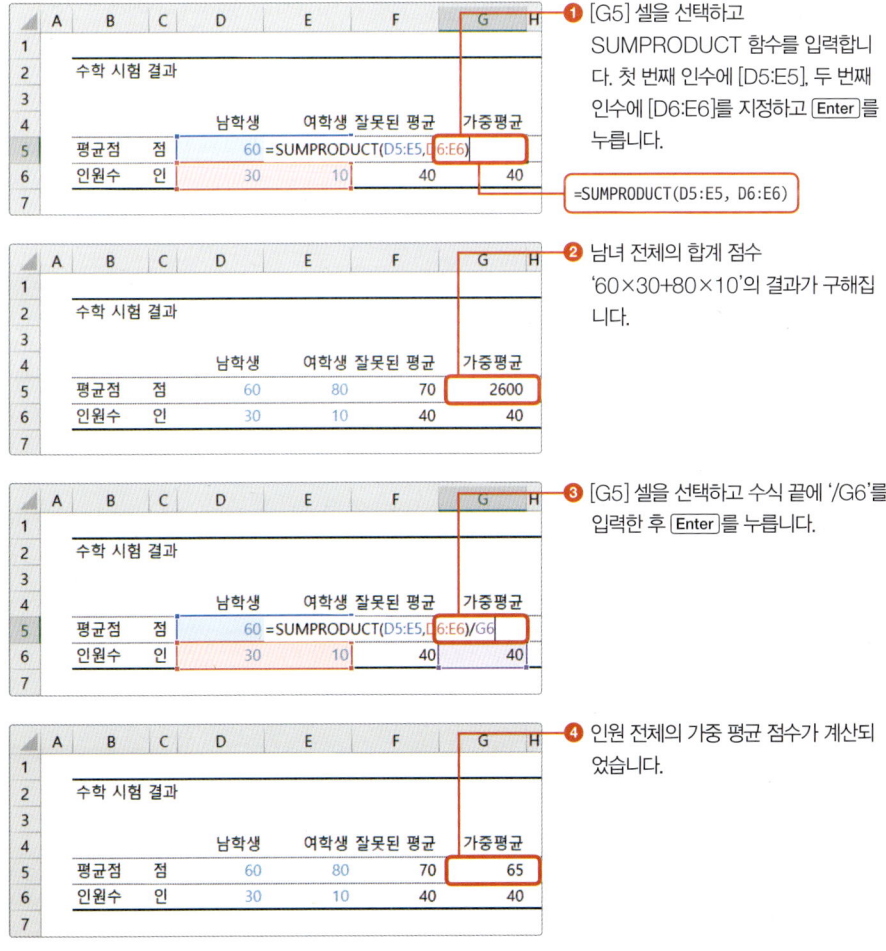

❶ [G5] 셀을 선택하고 SUMPRODUCT 함수를 입력합니다. 첫 번째 인수에 [D5:E5], 두 번째 인수에 [D6:E6]를 지정하고 Enter 를 누릅니다.

❷ 남녀 전체의 합계 점수 '60×30+80×10'의 결과가 구해집니다.

❸ [G5] 셀을 선택하고 수식 끝에 '/G6'를 입력한 후 Enter 를 누릅니다.

❹ 인원 전체의 가중 평균 점수가 계산되었습니다.

관련 항목 평균값과 중앙값 ⇒ 282쪽 / 실제 평균 가격 산출하기 ⇒ 287쪽

20 숫자로 알 수 있는 것

예제 폴더 7-20

구입 단가와 구매 수량의 관계 수치화하기

가중 평균으로 평균값의 함정을 피한다

실무에서는 단순 평균(산술 평균) 대신 가중 평균을 사용하는 경우가 많습니다. 예를 들어, 생선처럼 날마다 들어오는 가격이 다르다면, 일별 구매 단가를 합산하여 일수로 나누는 것만으로는 정확한 평균 매입 가격을 산출할 수 없습니다. 왜냐하면 날마다 구매하는 상품의 수량이 다르기 때문입니다.

이와 같은 상황에는 SUMPRODUCT 함수를 사용하여 '일별 구매 단가×구입 수량'의 합계를 구한 다음, 그 값을 구매한 총 수량으로 나눠서 가중 평균을 구하는 것이 좋습니다.

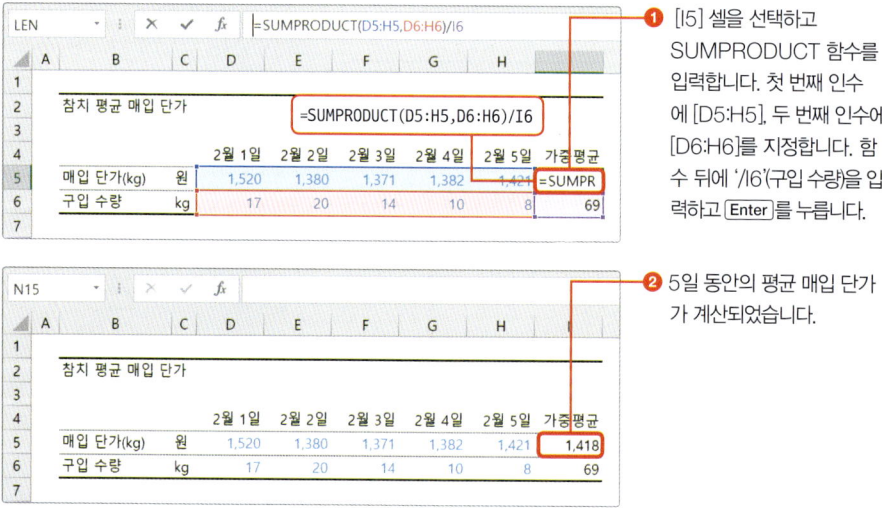

❶ [I5] 셀을 선택하고 SUMPRODUCT 함수를 입력합니다. 첫 번째 인수에 [D5:H5], 두 번째 인수에 [D6:H6]를 지정합니다. 함수 뒤에 '/I6'(구입 수량)을 입력하고 Enter 를 누릅니다.

❷ 5일 동안의 평균 매입 단가가 계산되었습니다.

실제 평균 가격은 얼마?

자동차나 가전 같은 상품에 따라서는 지역이나 지점에 따라 판매 가격이 다를 수 있습니다. 그렇다면 모든 지점에서 판매한 상품 A의 평균 판매 가격은 얼마일까요?

이때 4곳의 판매 가격을 합한 후 4로 나누는 것만으로는 올바른 평균 판매 가격을 계산할 수 없습니다. 각 지점의 판매 가격에 그 지점의 판매 고객 수를 가중치로 반영한 가중 평균을 구해야 보다 정확한 평균 판매 가격을 구할 수 있습니다.

그래서 SUMPRODUCT 함수로 '각 지점의 평균 판매 가격×판매 고객 수'를 구한 다음, 판매 고객 수의 합계로 나누어 가중 평균의 평균 판매 가격을 구합니다.

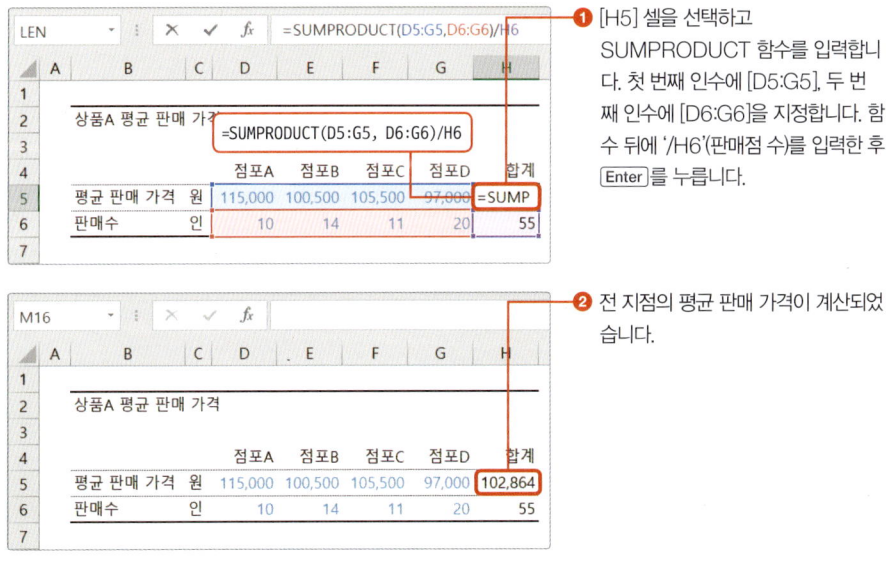

❶ [H5] 셀을 선택하고 SUMPRODUCT 함수를 입력합니다. 첫 번째 인수에 [D5:G5], 두 번째 인수에 [D6:G6]을 지정합니다. 함수 뒤에 '/H6'(판매점 수)를 입력한 후 Enter 를 누릅니다.

❷ 전 지점의 평균 판매 가격이 계산되었습니다.

> **Note** 수율 계산에도 가중 평균이 편리
>
> 공장에서는 사용 원료에 대한 제품 생산량의 비율을 나타내는 수율이라는 수치를 빈번하게 사용하는데, 이 계산에도 가중 평균을 사용합니다. 제품 1,000개를 만들 때 수율이 90%이고, 제품 2,000개를 만들 때 수율이 80%라면, 평균 수율은 '(1000×90%+2000×80%)÷(1000+2000)'으로 약 83%가 됩니다.

관련 항목 평균값과 중앙값 ⇒ 282쪽 / 가중 평균 이해하기 ⇒ 284쪽

21 숫자로 알 수 있는 것

예제 폴더 7-21

일별 데이터를 연도별/월별로 집계하기

SUMIFS 함수로 데이터를 정리하여 집계한다

일시에 따라 기록된 몇 년간의 판매 데이터에서 상품별 월 매출액을 집계하고 싶다면 피벗 테이블을 사용해도 좋지만, 피벗 테이블에는 아래와 같은 단점도 있습니다.

- 표 디자인을 자유롭게 수정할 수 없다
- 분산형 차트를 만들 수 없다

따라서 표의 디자인을 바꾸거나 분산형 차트를 사용하고 싶다면 피벗 테이블이 아니라 여기서 소개하는 **SUMIFS 함수를 사용한 크로스 탭**도 검토합니다. 두 방법은 각각의 장점과 단점이 있지만 모두 뛰어난 집계 방법입니다.

판매 데이터를 월별로 집계

	A	B	C	D	E	F	G	H	I	J	K	L	M
1	ID	상품명	개시 일시	상품단가	판매개수	금액							
2	1	상품E	2021-01-05 16:08	900	2	1800		2021년의 월 매출					
3	2	상품E	2021-01-05 16:27	900	11	9900							
4	3	상품E	2021-01-05 16:49	900	1	900				상품A	상품B	상품C	상품D
5	4	상품E	2021-01-05 16:54	900	15	13500		2021	1				
6	5	상품E	2021-01-05 16:58	900	7	6300		2021	2				
7	6	상품B	2021-01-05 17:01	600	9	5400		2021	3				
8	7	상품E	2021-01-05 17:03	900	9	8100		2021	4				
9	8	상품C	2021-01-05 17:11	700	15	10500		2021	5				
10	9	상품B	2021-01-05 17:39	600	11	6600		2021	6				
11	10	상품B	2021-01-05 19:04	600	13	7800		2021	7				
12	11	상품A	2021-01-05 19:32	500	2	1000		2021	8				
13	12	상품B	2021-01-05 19:36	600	1	600		2021	9				
14	13	상품A	2021-01-06 10:41	500	9	4500		2021	10				
15	14	상품C	2021-01-06 10:46	700	1	700		2021	11				
16	15	상품A	2021-01-06 10:52	500	2	1000		2021	12				
17	16	상품B	2021-01-06 10:58	600	10	6000							
18	17	상품E	2021-01-06 11:14	900	13	11700		집계 결과 표		매출 데이터			
19	18	상품B	2021-01-06 12:11	600	7	4200							
20	19	상품A	2021-01-06 12:14	500	3	1500							

이 표의 데이터를 SUMIFS 함수를 사용하여 상품별 매출액을 월별로 집계하겠습니다.

SUMIFS 함수를 사용하여 크로스 탭을 수행하려면 아래의 절차를 따릅니다.

❶ C열 뒤에 두 개의 열을 추가합니다. [D2] 셀에 YEAR 함수, [E2] 셀에 MONTH 함수를 입력하여 [C2] 셀에서 연도와 월에 해당하는 숫자를 추출합니다. 수식을 복사하여 D열과 E열의 아래 행으로 붙여 넣습니다.

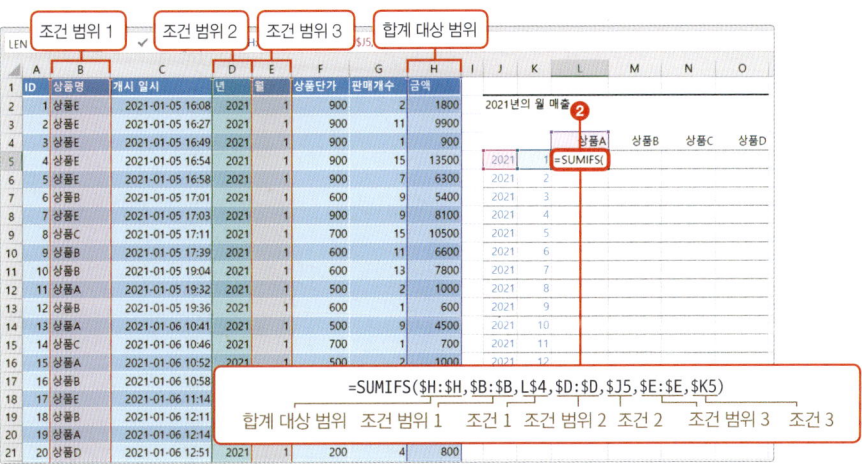

❷ [L5] 셀에 SUMIFS 함수를 입력합니다. 인수로는 합계 대상 범위, 조건 범위와 조건 값의 쌍을 입력합니다. 조건은 상품명, 년, 월 총 3가지를 지정합니다.

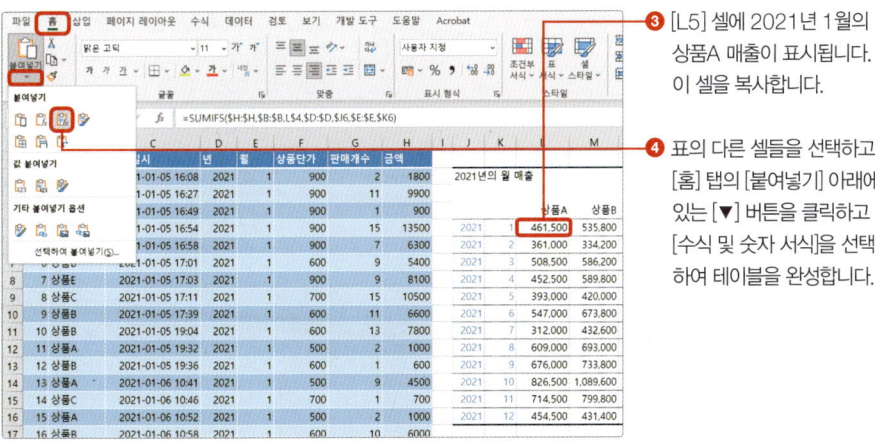

❸ [L5] 셀에 2021년 1월의 상품A 매출이 표시됩니다. 이 셀을 복사합니다.

❹ 표의 다른 셀들을 선택하고 [홈] 탭의 [붙여넣기] 아래에 있는 [▼] 버튼을 클릭하고 [수식 및 숫자 서식]을 선택하여 테이블을 완성합니다.

관련 항목 목표값 찾기 ⇒ 240쪽 / 해 찾기 기능 ⇒ 250쪽

22 숫자로 알 수 있는 것

빈 셀 대신 N/A 입력하기

입력이 누락된 것이 아님을 명확히 한다

지점별 판매 실적 목록이나 일별 매출 관리표, 재고관리표, 근무시간표 등 하나의 표에 다양한 숫자가 입력된 표를 작성할 때, 계산 흐름에서 아무런 숫자도 입력되지 않는 셀이 있다면 해당 셀을 비워두지 말고 N/A라는 문자를 입력해 두는 것이 좋습니다. N/A는 'Not Applicable' 또는 'Not Available'의 약어로 '해당 없음', '사용 불가'라는 의미입니다.

N/A라고 입력해 두면 해당 셀에 값이 없는 것이 의도적임을 누구든 바로 알 수 있습니다. 그냥 빈 셀로 두면 실수로 입력되지 않은 것인지 일부로 비워 둔 것인지 알기 어렵습니다. 이러한 약간의 배려만으로도 보다 알아보기 쉽고 관리하기 쉬운 표가 됩니다.

비어 있는 셀에 N/A를 입력한다

	A	B	C	D	E	F	G	H
1								
2		이익계산						
3								
4						2019년	2020년	2021년
5		매출			원	56,000,000	66,696,000	79,248,000
6		판매수			개	11,200	15,880	19,812
7		성장률			%		42%	25%
8		평균단가			원	5,000	4,200	4,000

첫 해의 전년 대비 성장률은 빈 값이 정상입니다. 비교 대상이 될 전년도 매출 값이 없기 때문입니다. 이 때문에 [F7] 셀은 입력하지 않은 상태로 두는 것이 계산상 맞지만, 다른 사람이 볼 때는 이 빈칸이 의도된 것인지 입력이 누락된 것인지 판단하기 어렵습니다.

	A	B	C	D	E	F	G	H
1								
2		이익계산						
3								
4						2019년	2020년	2021년
5		매출			원	56,000,000	66,696,000	79,248,000
6		판매수			개	11,200	15,880	19,812
7		성장률			%	N/A	42%	25%
8		평균단가			원	5,000	4,200	4,000

비어 있는 [F7] 셀에 N/A를 입력해 두면 이곳에 입력할 값이 없음을 알기 쉽게 표시할 수 있습니다.

관련 항목 여러 셀에 걸쳐 사선 긋기 ⇒ 67쪽 / N.M. 입력 ⇒ 103쪽

8장

차트를 자유자재로 다루기 위한 5가지 팁

01 차트의 놀라운 효과

예제 파일 8-01.xlsx

차트의 기본 기능 이해하기

차트는 비즈니스를 위한 필수 스킬

엑셀로 작성한 자료를 열심히 설명하는데도 의도한 대로 전달되지 않거나 상대방이 이해하지 못하고 지루해 한다면, 내가 만든 문서가 직관적이고 이해하기 쉽게 작성되었는지 점검검해 보아야 합니다.

예를 들어, 숫자로만 이루어진 표는 처음 보는 사람이 이해하기 쉽지 않습니다. 이런 상황에 도움이 되는 것이 바로 **차트**입니다. 데이터를 시각적으로 표현하는 차트는 전달력 있는 자료를 만들기 위한 중요한 첫걸음입니다. 엑셀의 차트에는 유용한 기능이 많고 쓰임이 다양하기 때문에 잘 익혀 두면 실무에 매우 유용합니다.

차트는 숫자 데이터를 단순히 그림으로 바꾼 것이 아닙니다. 차트는 숫자 데이터로는 이해하는 데 시간이 걸리는 정보를 시각적으로 보여줌으로써 상대방에게 필요한 정보를 즉시 전달합니다. 차트를 잘 활용하면 의도한 내용을 보다 효과적으로 전할 수 있습니다. 따라서 차트와 관련된 엑셀 기술은 모든 직장인에게 꼭 필요합니다. 8장과 9장에 걸쳐 차트의 실무 활용법을 자세히 다룹니다.

차트 작성하기

엑셀에서는 데이터만 있으면 차트를 쉽게 만들 수 있습니다.

원본 데이터의 표 전체를 차트로 만들기

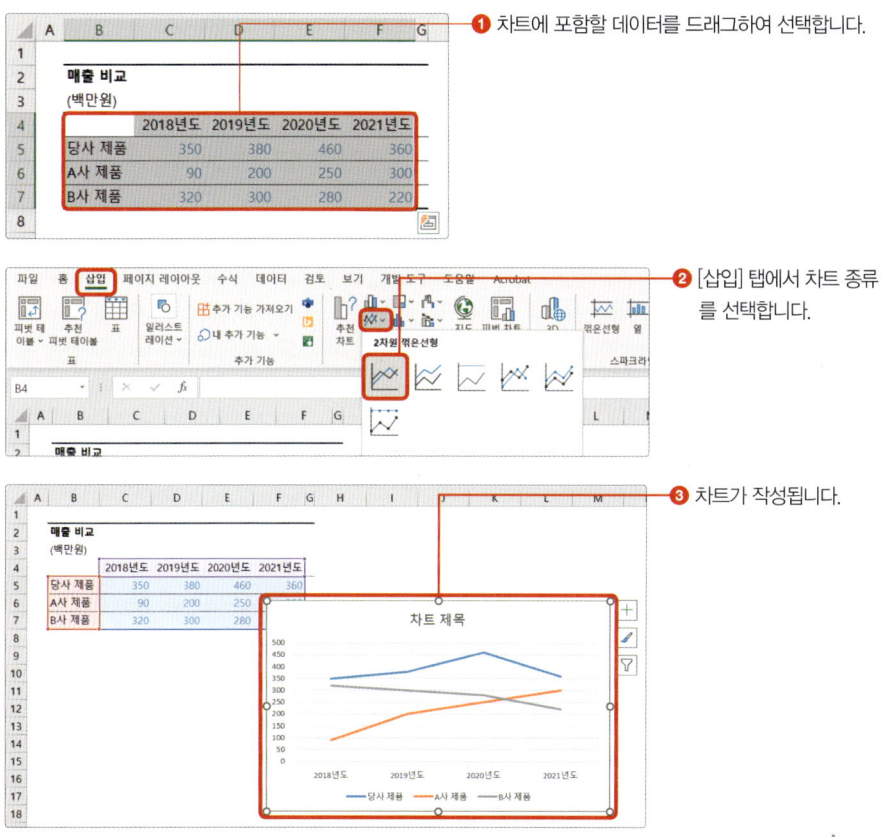

❶ 차트에 포함할 데이터를 드래그하여 선택합니다.

❷ [삽입] 탭에서 차트 종류를 선택합니다.

❸ 차트가 작성됩니다.

위와 같이 엑셀에서는 쉽게 차트를 만들 수 있습니다. 그러나 더욱 중요한 것은 작성한 차트를 용도와 목적에 맞게 꾸미고 수정하는 것입니다. 자동으로 만들어진 차트는 전달력 높은 자료가 되기 어렵습니다. 오히려 의도치 않은 정보를 노출할 수도 있습니다. 따라서 차트를 다루는 방법을 제대로 이해하고 숙지해야 합니다. 우선, 차트와 관련한 기본적인 내용부터 살펴보겠습니다.

보여 주고 싶은 데이터만 선택하여 차트 작성하기

<mark>모든 데이터를 차트에 포함할 필요는 없습니다.</mark> 자료의 용도와 목적을 고려하여 필요한 부분만을 대상으로 차트를 작성하면 됩니다. 표의 일부를 선택해서 차트를 작성하려면 아래의 절차를 따릅니다.

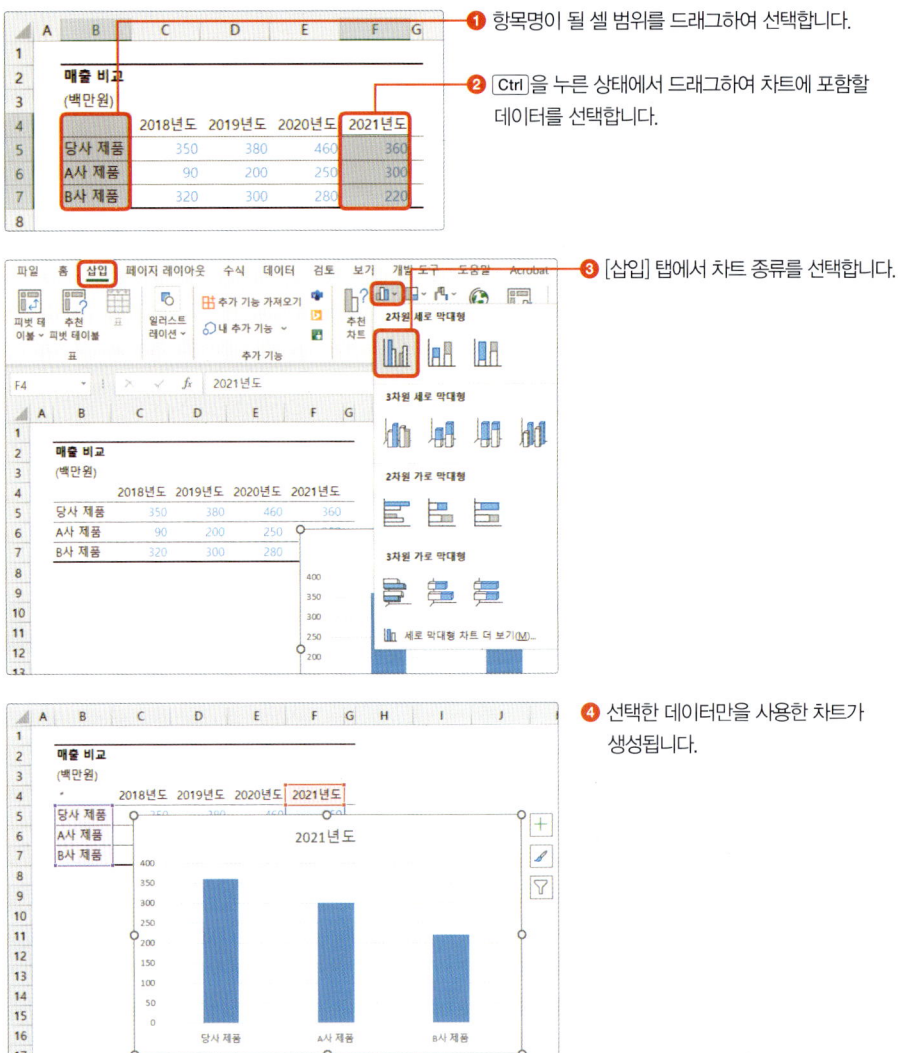

❶ 항목명이 될 셀 범위를 드래그하여 선택합니다.

❷ Ctrl 을 누른 상태에서 드래그하여 차트에 포함할 데이터를 선택합니다.

❸ [삽입] 탭에서 차트 종류를 선택합니다.

❹ 선택한 데이터만을 사용한 차트가 생성됩니다.

차트의 디자인을 바꾸기 위한 [차트 디자인] 탭

차트를 마우스로 클릭하면 메뉴 표시줄에 **[차트 디자인]** 탭(엑셀 2019 이전은 **[디자인]** 탭)과 **[서식]** 탭을 이용해 차트를 꾸밀 수 있습니다. 먼저 **[차트 디자인]** 탭을 알아보겠습니다.

[차트 요소 추가] 버튼

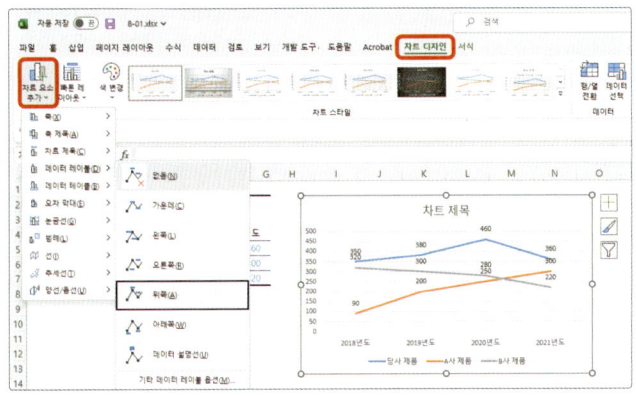

[차트 요소 추가]를 클릭하면 차트에 포함할 차트 요소(축, 데이터 레이블, 눈금선 등)를 추가할 수 있습니다.

[행/열 전환] 버튼

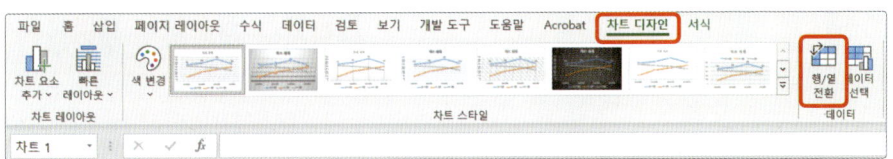

차트를 선택한 상태에서 [행/열 전환]을 클릭하면, 차트의 가로축에 사용되는 데이터를 전환할 수 있습니다.

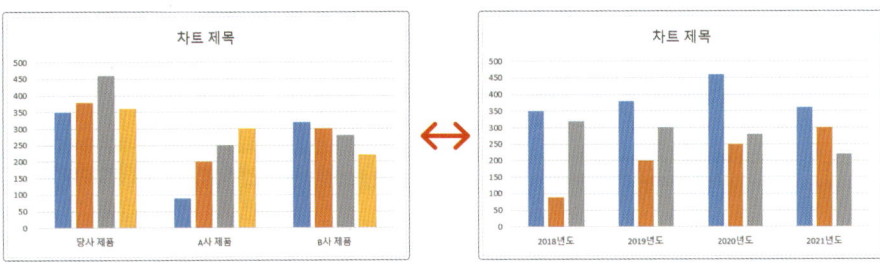

회사별 → 연도별 차트　　　　　　　연도별 → 회사별 차트

> **Note** 표의 행과 열, 어느 쪽이 가로축이 될까?
> 엑셀로 차트를 만들 때, 어떤 때는 표의 행이 차트의 가로축이 되고 어느 때는 열이 가로축이 됩니다. 왜냐하면, 엑셀에는 표의 행과 열 중 항목 수가 많은 쪽을 가로축으로 한다는 규칙이 있기 때문입니다.

8장 차트를 자유자재로 다루기 위한 5가지 팁　**295**

[데이터 선택] 버튼

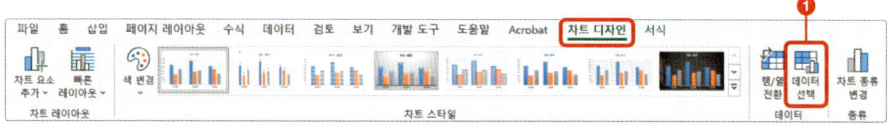

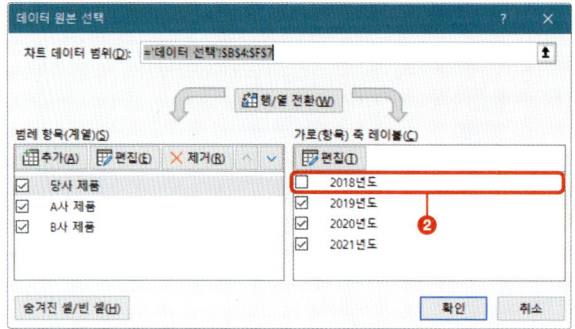

차트에 포함되는 데이터의 범위나 축 레이블은 차트 작성 후에도 바꿀 수 있습니다. 차트 선택 후 [차트 디자인] 탭 (엑셀 2019 이전은 [디자인] 탭)에서 [데이터 선택]을 클릭한 다음 [데이터 원본 선택] 대화상자에서 바꿀 수 있습니다 ❶. 여기서는 [가로(항목) 축 레이블]에서 2018년도의 데이터를 표시하지 않았습니다 ❷.

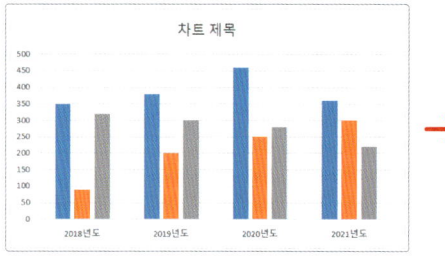 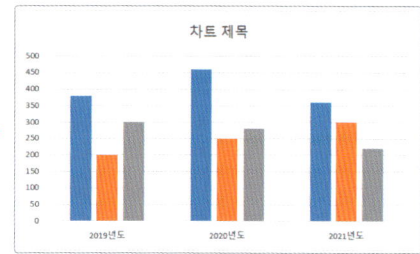

차트 종류 바꾸기

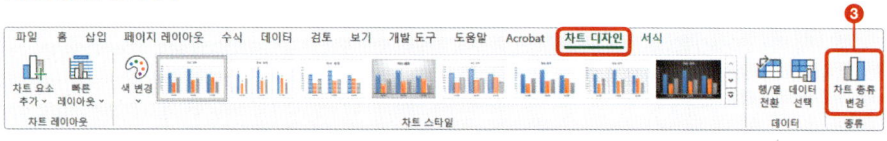

[차트 디자인] 탭(엑셀 2019 이전은 [디자인] 탭)에서 [차트 종류 변경]을 클릭하면 ❸, 원본 데이터는 그대로인 채 차트 종류만을 바꿀 수 있습니다. 동일한 데이터라도 차트 종류에 따라 보는 관점이 크게 바뀌기 때문에 용도나 목적에 맞게 최적의 차트를 선택하는 것이 중요합니다.

차트 요소의 서식을 설정하기 위한 [서식] 탭

[서식] 탭에는 차트 구성 요소의 서식(선의 색이나 굵기 등)을 설정할 수 있는 메뉴가 있습니다. 특히 중요한 기능은 [선택 영역 서식]으로 차트 요소의 세부 설정 메뉴를 표시합니다.

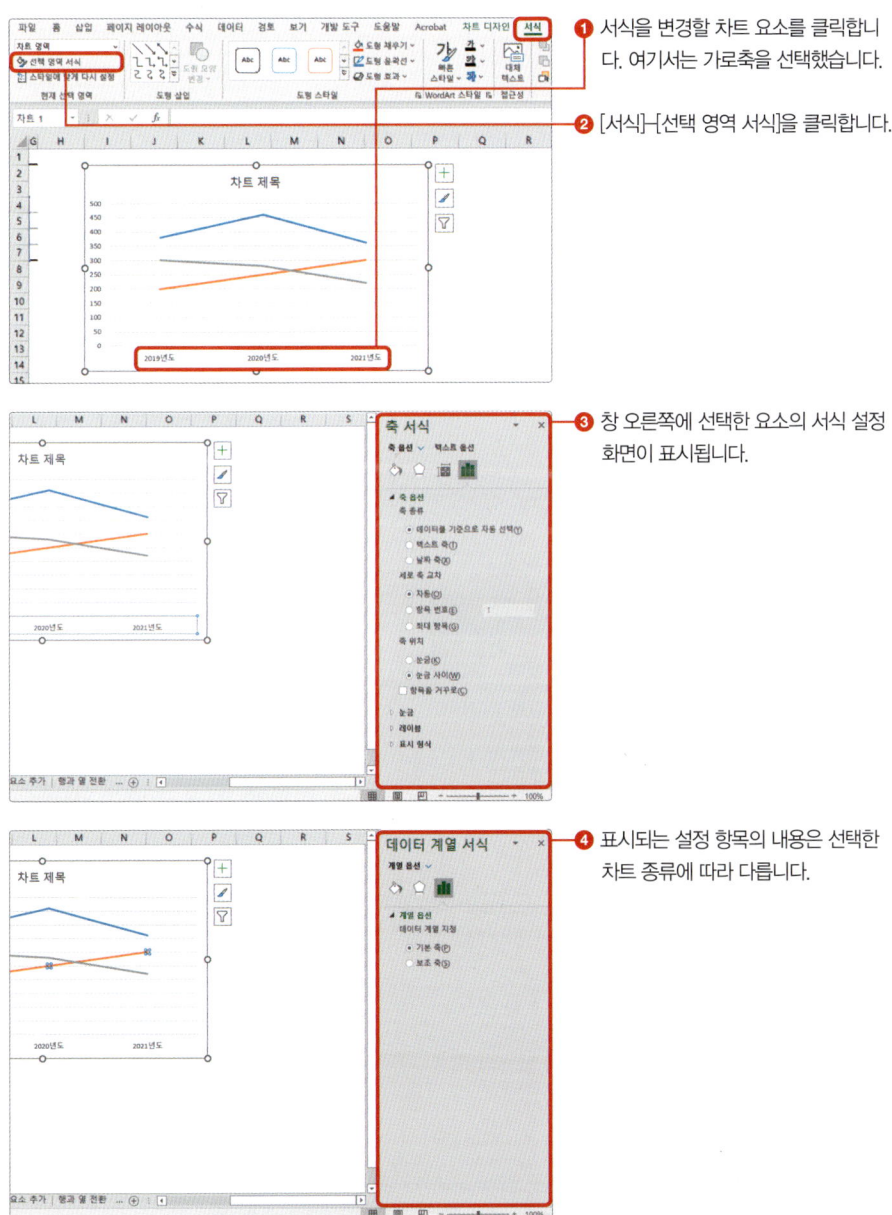

① 서식을 변경할 차트 요소를 클릭합니다. 여기서는 가로축을 선택했습니다.

② [서식]→[선택 영역 서식]을 클릭합니다.

③ 창 오른쪽에 선택한 요소의 서식 설정 화면이 표시됩니다.

④ 표시되는 설정 항목의 내용은 선택한 차트 종류에 따라 다릅니다.

버튼 3개로 차트의 주요 설정을 빠르게

앞서 설명한 바와 같이, 차트에 대한 각종 설정은 [**차트 디자인**] 탭(엑셀 2019 이전은 [**디자인**] 탭)과 [**서식**] 탭에서 설정할 수 있지만, 차트를 선택했을 때 차트 옆에 표시되는 3개의 버튼으로도 많은 것을 설정할 수 있습니다.

[차트 요소] 버튼

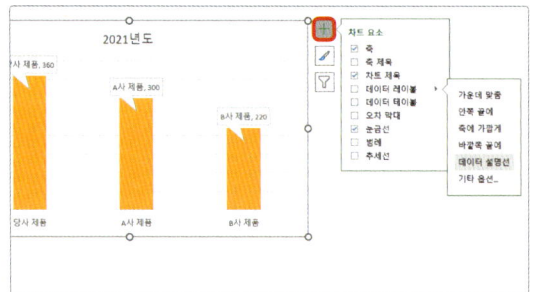

체크 상자의 ON/OFF만으로 차트 요소를 추가하거나 삭제할 수 있습니다. [▶] 버튼을 클릭하면 간단한 서식도 설정할 수 있습니다.

[차트 스타일] 버튼

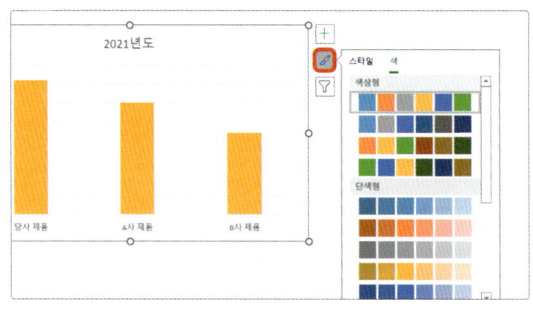

[스타일] 탭에서 차트의 스타일을 바꿀 수 있고, [색] 탭에서 색상을 설정할 수 있습니다.

[차트 필터] 버튼

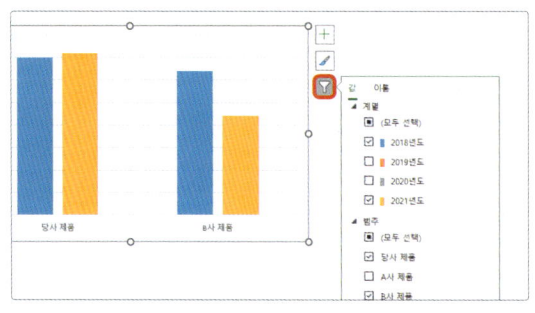

체크 상자의 ON/OFF만으로 차트에 표시할 항목을 변경할 수 있습니다.

관련 항목 ▶ 차트의 매력을 높이는 색 선택 방법 ⇒ 299쪽 / 혼합 차트를 만드는 방법 ⇒ 302쪽

02 차트의 놀라운 효과

예제 파일 8-02.xlsx

매력적인 차트를 위한 색상 선택

색 조합이 중요한 차트

차트에서 그림의 크기나 선의 굵기뿐 아니라 색상 또한 정보를 전달하는 중요한 요소입니다. 똑같은 차트라도 색상에 따라 인상이 크게 달라집니다. 특히, 따뜻한 색과 차가운 색을 잘 구분해서 사용해야 합니다. 색상은 크게 **따뜻한 계열**(빨간색, 주황색, 노란색), **차가운 계열**(파란색, 하늘색, 청록색), **중간 계열**(녹색, 보라색)로 나눌 수 있습니다. 그런데 일반적으로 차가운 색과 따뜻한 색이 함께 있으면, 따뜻한 색이 더 중요하게 느껴진다고 합니다. 어디까지나 일반론이므로 아니라고 느끼는 사람도 있을 수 있습니다. 그러나 지금까지 다양한 기업에서의 컨설팅 경험을 돌이켜 보면, 차가운 색보다 따뜻한 색에 주목하는 사람이 압도적으로 많았습니다.

아래에 두 개의 선이 그려진 차트가 있습니다. 한눈에 봤을 때 어느 쪽이 더 중요한 데이터라는 느낌이 드시나요?

차가운 색과 따뜻한 색이 주는 느낌의 차이

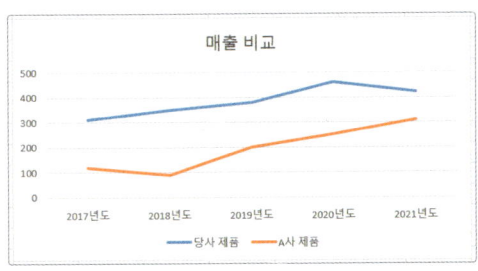

많은 사람이 차가운 색보다 따뜻한 색에 주목하기 때문에 강조하고 싶은 데이터에 따뜻한 색을 사용하는 것이 좋습니다.

이 차트에서는 당사 제품은 파란색, 경쟁사인 A사에는 주황색을 사용했습니다. 그러나 만약 당사 제품의 매출이 경쟁사를 언제나 앞서고 있다는 것을 강조하고 싶다면, 당사 제품의 매출 추이를 따뜻한 색으로, 경쟁사 매출 추이를 차가운 색으로 사용하는 편이 좋습니다.

강조하고 싶은 데이터에는 따뜻한 색을 사용한다

엑셀에서 차트를 만들면 자동으로 색이 지정됩니다. 이렇게 지정된 색을 그대로 사용하지 말고 전략적으로 색상을 선택하는 것이 좋습니다. 사람들이 어디에 주목하기 원하는지, 무엇을 전달하고 싶은지 고려하여 가장 적합한 색상을 선택합니다.

색상을 선택하는 기본 원칙은 강조하고 싶은 데이터에 따뜻한 계열의 색상을 사용하고, 그 외의 데이터에 차가운 계열의 색상을 사용하는 것입니다. 또한, 진한 색상을 사용하면 다소 촌스러워 보이므로 살짝 옅은 색상을 사용합니다. 차트 요소의 색상을 바꾸려면 아래의 절차를 따릅니다. 여기서는 꺾은선형 차트를 예로 설명합니다.

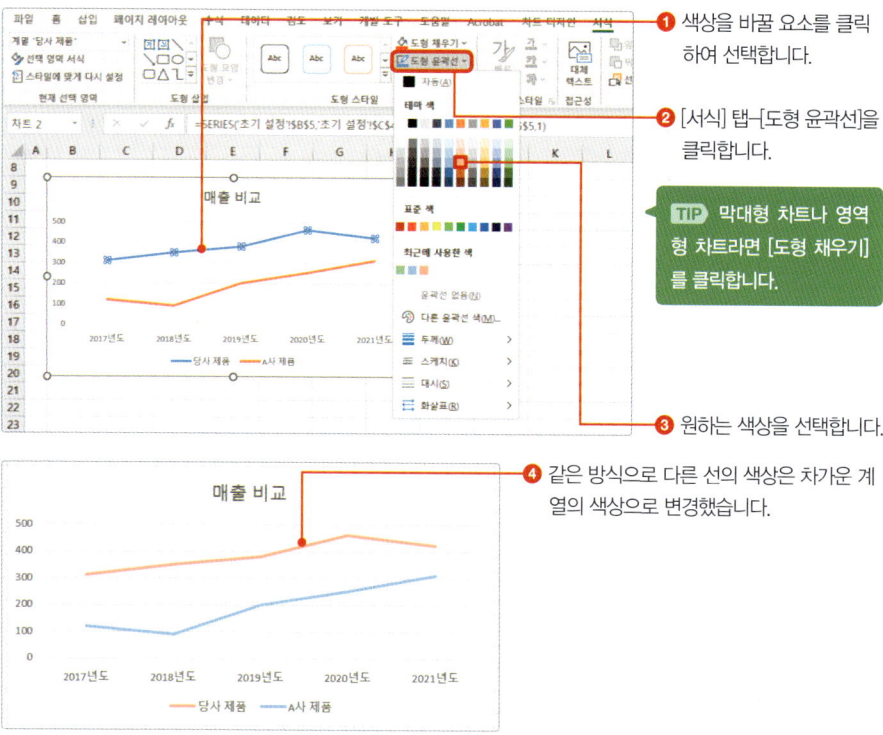

① 색상을 바꿀 요소를 클릭하여 선택합니다.

② [서식] 탭-[도형 윤곽선]을 클릭합니다.

TIP 막대형 차트나 영역형 차트라면 [도형 채우기]를 클릭합니다.

③ 원하는 색상을 선택합니다.

④ 같은 방식으로 다른 선의 색상은 차가운 계열의 색상으로 변경했습니다.

이전 차트보다 당사 제품의 판매 추이가 두드러져 보입니다. 간단한 수정만으로 차트의 인상이 크게 바뀐 것을 알 수 있습니다. 전달력 있는 자료는 이런 작은 디테일에 의해 완성됩니다.

흑백으로 인쇄할 때는 선의 대시 종류를 변경

차트를 인쇄 자료로 만들 때는 흑백 인쇄 환경을 고려해야 합니다. 흑백 인쇄물은 색이 잘 구분되지 않기 때문입니다. 따라서 이때는 색이 아니라 모양으로 데이터를 구분해야 합니다. 꺾은선형 차트는 **선의 대시 종류**로 데이터를 구분할 수 있습니다. 대시는 실선이나 점선처럼 선의 모양을 말합니다. 강조할 데이터는 굵은 실선으로 설정하고, 다른 데이터는 가는 점선으로 설정하는 것이 좋습니다.

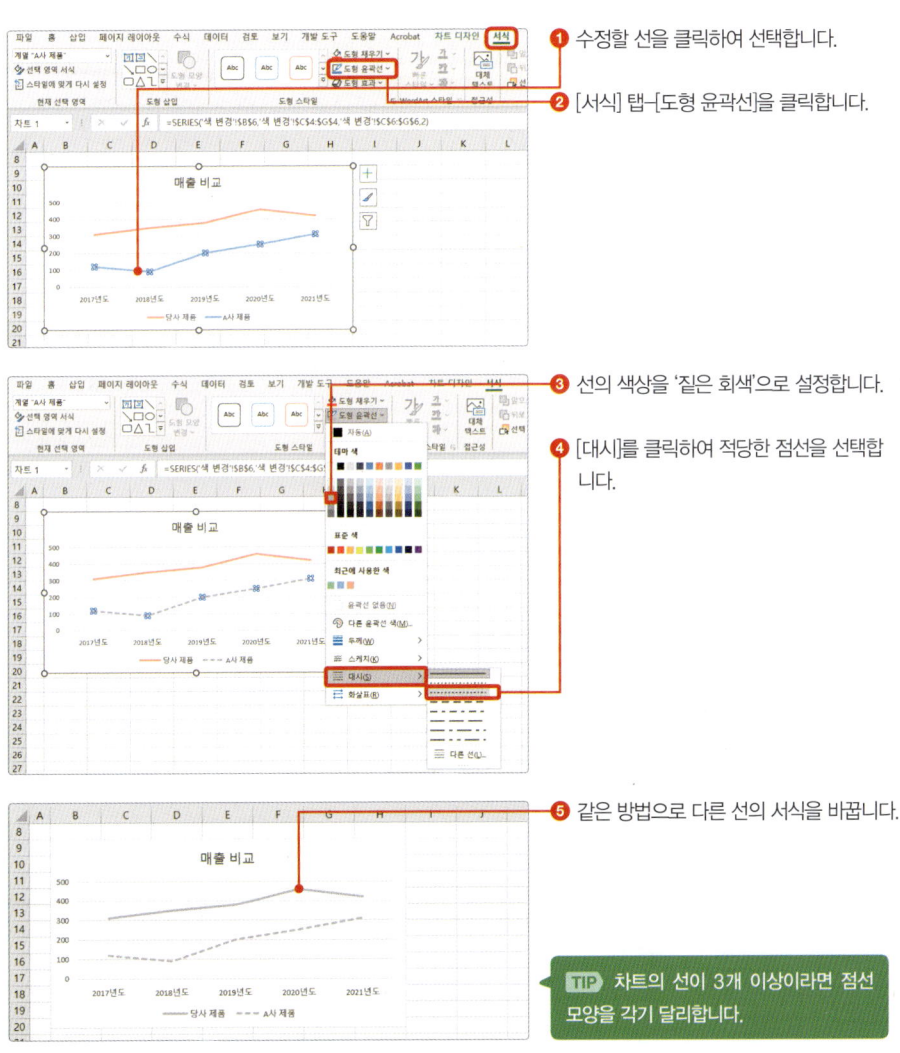

❶ 수정할 선을 클릭하여 선택합니다.
❷ [서식] 탭-[도형 윤곽선]을 클릭합니다.
❸ 선의 색상을 '짙은 회색'으로 설정합니다.
❹ [대시]를 클릭하여 적당한 점선을 선택합니다.
❺ 같은 방법으로 다른 선의 서식을 바꿉니다.

TIP 차트의 선이 3개 이상이라면 점선 모양을 각기 달리합니다.

관련 항목 차트의 기본 기능 ⇒ 292쪽 / 혼합 차트를 만드는 방법 ⇒ 302쪽

03 차트의 놀라운 효과

예제 파일 8-03.xlsx

매출과 이익률을 하나의 차트로 작성하기

두 종류의 데이터를 하나의 차트로 통합하는 혼합 차트

혼합 차트는 2개의 세로축을 가진 차트입니다. 차트는 다양하게 조합할 수 있습니다. 예를 들어, 막대형 차트와 꺾은선형 차트를 조합할 수 있고, 단위가 다른 2개의 꺾은선형 차트를 조합하는 것도 가능합니다. 하나의 차트 내에 축이 다른 데이터가 있기에 **복합 차트**라고 불리기도 합니다. 혼합 차트의 가장 큰 특징은 차트의 왼쪽에 1축, 오른쪽에 2축이 있는 점입니다. 이번 항목에서는 일반적으로 많이 사용되는 조합인 꺾은선형 차트와 세로 막대형 차트의 조합으로 혼합 차트를 만들어 보겠습니다.

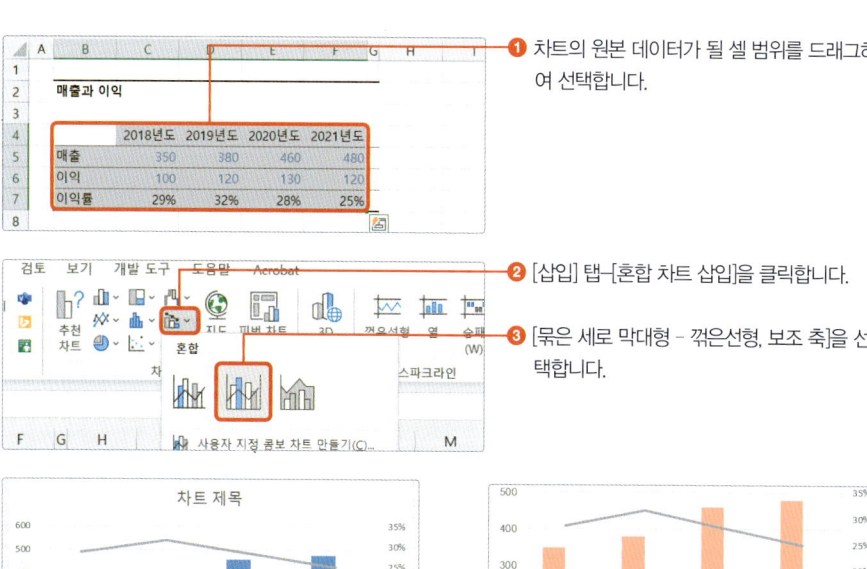

❶ 차트의 원본 데이터가 될 셀 범위를 드래그하여 선택합니다.

❷ [삽입] 탭–[혼합 차트 삽입]을 클릭합니다.

❸ [묶은 세로 막대형 – 꺾은선형, 보조 축]을 선택합니다.

❹ 막대의 색상이나 축 등을 조정합니다. 왼쪽이 조정 전이고, 오른쪽이 조정 후의 차트입니다.

기존 차트를 혼합 차트로 바꾸기

이미 작성된 세로 막대형 차트를 혼합 차트로 바꾸려면 [차트 종류 변경] 대화상자(296쪽)에서 [혼합]를 선택하고 데이터 계열의 [보조 축]을 체크합니다.

기존의 차트를 혼합 차트로 전환

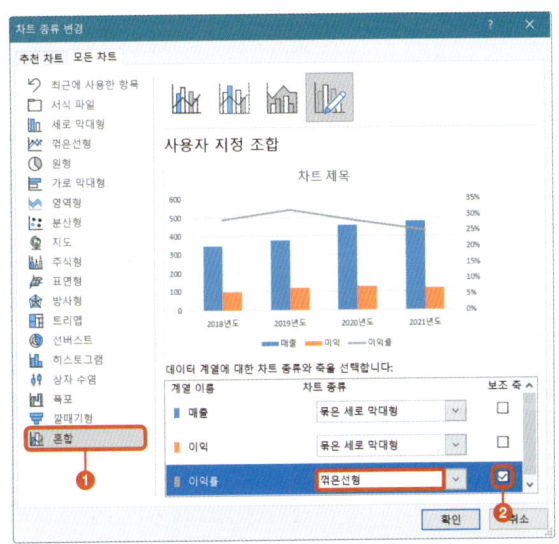

[차트 삽입] 대화상자의 맨 아래쪽에 있는 [혼합]을 선택하고❶, [보조 축] 체크 상자를 ON으로 하면❷, 기존의 차트를 혼합 차트로 바꿀 수 있습니다.

[차트 종류 변경] 대화상자를 사용하면 만들어진 혼합 차트의 종류를 바꾸거나 보조 축으로 사용할 데이터 계열을 바꿀 수 있습니다.

혼합 차트는 무턱대고 사용하지 않는다

위와 같이 혼합 차트를 사용하면 적은 공간에 많은 정보를 담을 수 있고 2개의 데이터를 한 번에 비교할 수 있다는 장점이 있습니다. 그러나 <mark>혼합 차트를 사용하면 차트가 복잡해져 쉽게 이해할 수 없게 될 수도 있습니다.</mark>

혼합 차트가 위력을 발휘할 때는 <mark>매출과 이익률처럼 데이터 사이에 강한 관련성이 있을 때</mark>입니다. 그럴 때는 적극적으로 사용하고, 이러한 상황이 아니라면 무턱대고 사용하지 않는 것이 좋습니다.

관련 항목 차트의 기본 기능 ⇒ 292쪽 / 차트의 매력을 높이는 색 선택 방법 ⇒ 299쪽

04 차트의 놀라운 효과

예제 파일 8-04.xlsx

범례보다는
데이터 레이블 활용하기

차트의 범례는 의외로 알아보기 어렵다

차트에 표시되는 선이나 막대가 각기 어떤 데이터를 의미하는지 적어 놓은 부분을 범례라고 합니다. 일반적으로 차트의 아래쪽이나 오른쪽에 표시됩니다. 보통 차트를 만들면 자동으로 생성되는 범례를 많이 사용하지만 범례는 의외로 알아보기 어렵습니다.

가능하면 차트의 내용은 범례가 아닌 **데이터 레이블**에 기재하는 것이 좋습니다. 보다 직관적으로 차트의 데이터를 파악할 수 있습니다. 데이터 레이블을 설정하려면 아래의 절차를 따릅니다. 여기서는 꺾은선형 차트에서 설정하는 방법을 알아보겠습니다.

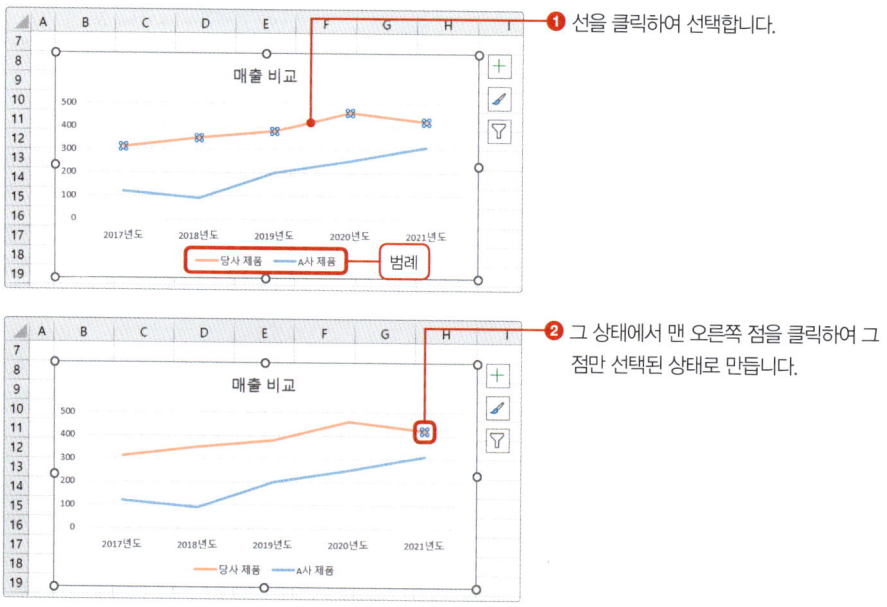

❶ 선을 클릭하여 선택합니다.

❷ 그 상태에서 맨 오른쪽 점을 클릭하여 그 점만 선택된 상태로 만듭니다.

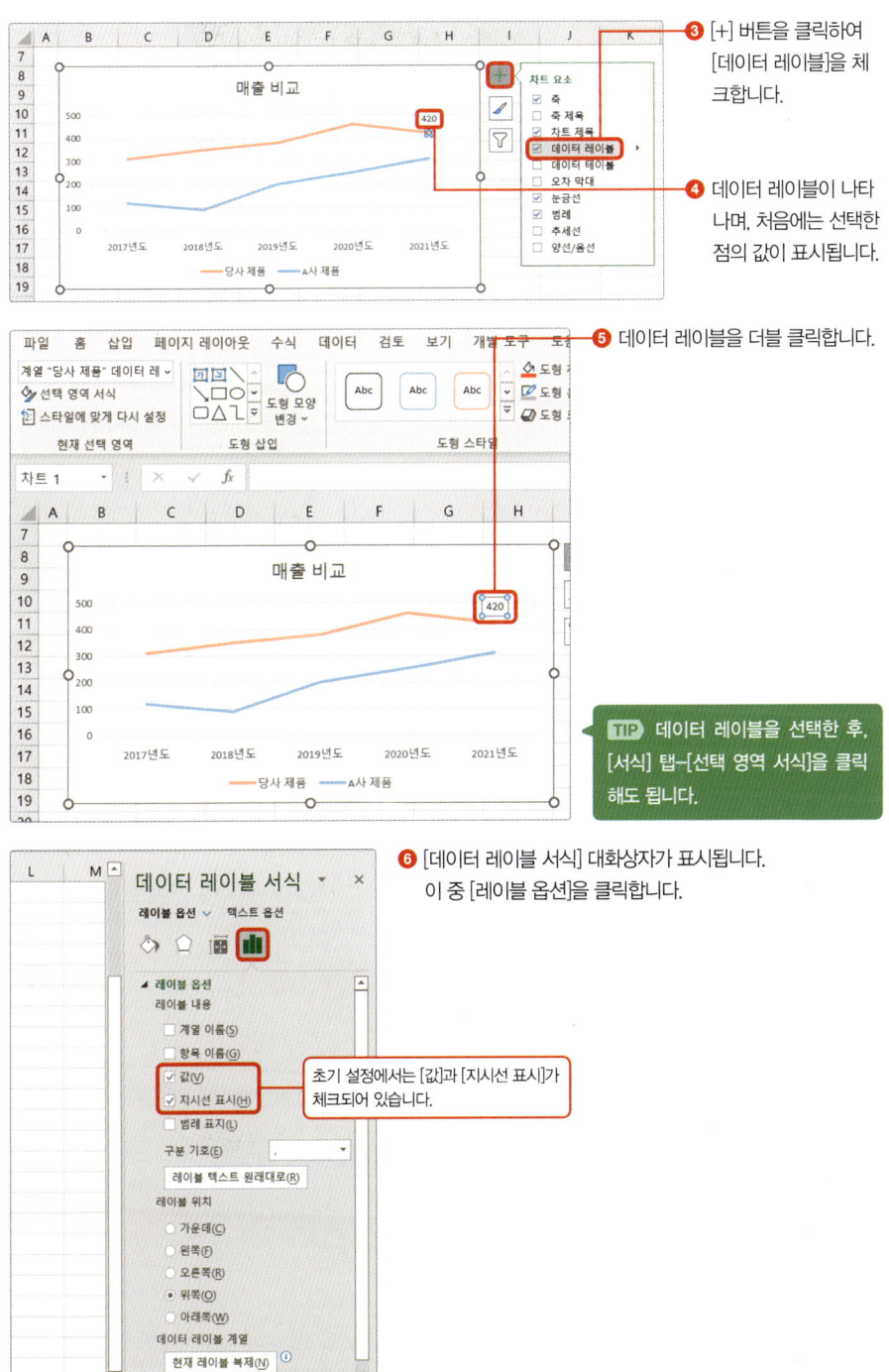

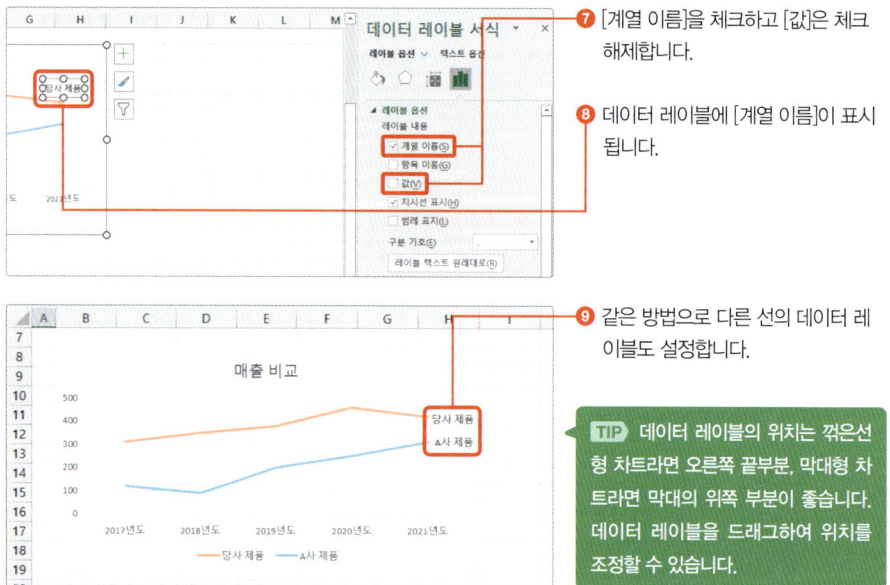

❼ [계열 이름]을 체크하고 [값]은 체크 해제합니다.

❽ 데이터 레이블에 [계열 이름]이 표시됩니다.

❾ 같은 방법으로 다른 선의 데이터 레이블도 설정합니다.

> **TIP** 데이터 레이블의 위치는 꺾은선형 차트라면 오른쪽 끝부분, 막대형 차트라면 막대의 위쪽 부분이 좋습니다. 데이터 레이블을 드래그하여 위치를 조정할 수 있습니다.

범례를 지우는 방법

데이터 레이블에 계열 이름을 표시했으니 불필요한 범례는 삭제합니다.

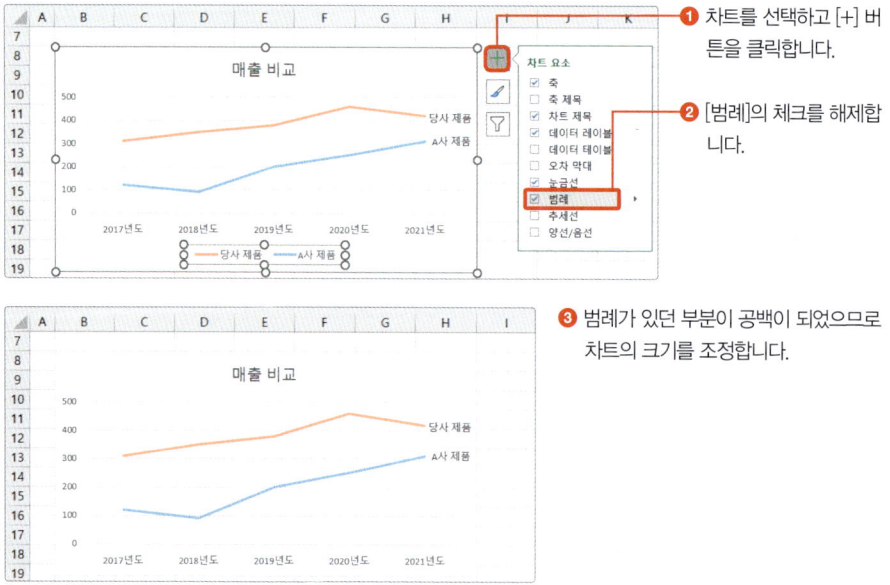

❶ 차트를 선택하고 [+] 버튼을 클릭합니다.

❷ [범례]의 체크를 해제합니다.

❸ 범례가 있던 부분이 공백이 되었으므로 차트의 크기를 조정합니다.

범례를 남긴다면 위치를 조정한다

차트의 내용이나 용도에 따라서는 데이터 레이블에 값을 표시해야 할 때도 있습니다. 그런 상황에는 범례를 사용할 수밖에 없습니다. 이럴 때는 범례의 위치를 적절히 조정합니다. 막대형 차트에서는 아래쪽이 알아보기 좋으며, ==꺾은선형 차트나 누적 세로 막대형 차트 등에서는 오른쪽이 알아보기 좋습니다.==

범례 위치 바꾸기

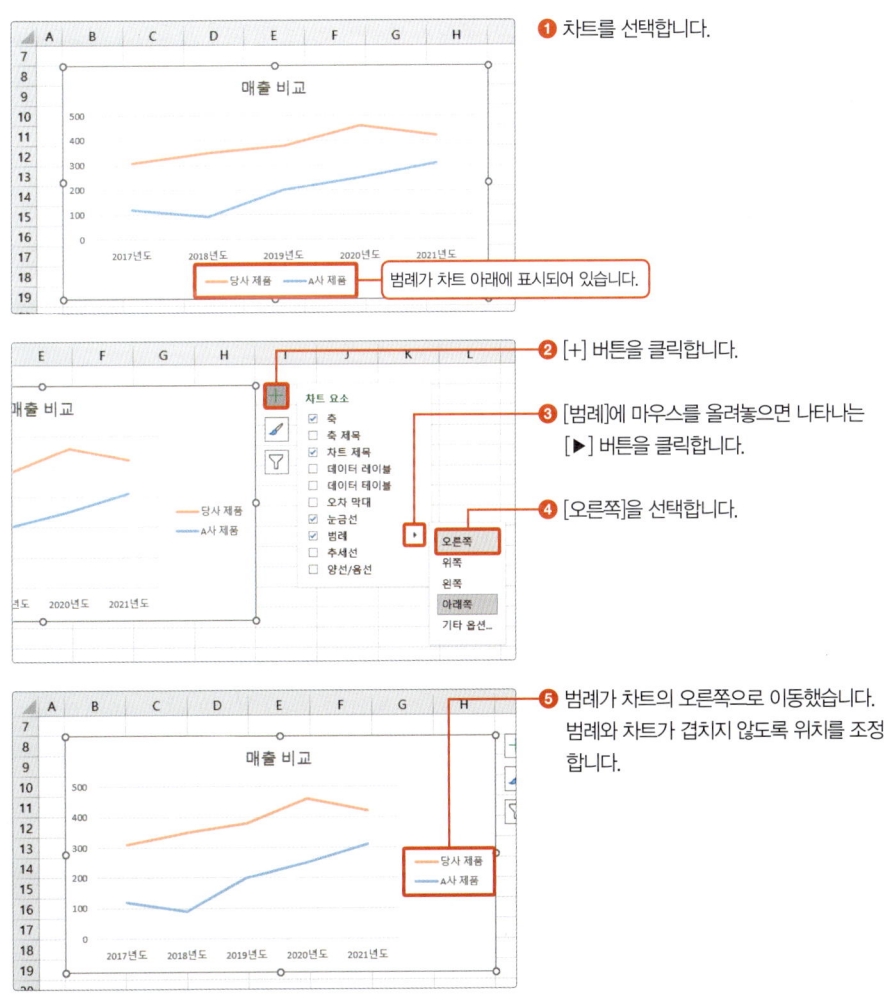

❶ 차트를 선택합니다.

범례가 차트 아래에 표시되어 있습니다.

❷ [+] 버튼을 클릭합니다.

❸ [범례]에 마우스를 올려놓으면 나타나는 [▶] 버튼을 클릭합니다.

❹ [오른쪽]을 선택합니다.

❺ 범례가 차트의 오른쪽으로 이동했습니다. 범례와 차트가 겹치지 않도록 위치를 조정합니다.

관련 항목 ▸ 차트의 기본 기능 ⇒ 292쪽 / 차트의 매력을 높이는 색 선택 방법 ⇒ 299쪽

05 보기 좋은 차트 꾸미기

예제 파일 8-05.xlsx

차트 디자인 꾸미기

엑셀 차트를 더 보기 좋게 만드는 5가지 팁

엑셀 차트는 기본 설정 상태에서도 품질이 괜찮기 때문에 더 보기 좋게 만들려는 사람이 많지 않습니다. 따라서 대부분 초기 설정 그대로 차트를 사용하지만, **더 나은 차트**를 제시할 수 있다면 다른 사람보다 한발 앞서갈 수 있습니다.

그러나 품질을 높이기 위해 많은 시간이 걸리면 의미가 없습니다. 여기서는 길어도 몇 분, 익숙해지면 몇 초 만에 실행할 수 있는 차트 디자인 개선 팁 5가지를 소개합니다. 이전 항목에서 설명한 차트 배색(299쪽)이나 데이터 레이블 활용(304쪽)에 대해서는 다시 설명하지 않으므로 해당 부분은 앞의 내용을 참고하기 바랍니다.

평범한 차트와 좋은 차트

엑셀의 초기 설정 상태에서 색상을 바꾸고 데이터 레이블을 적용했습니다. 이 상태도 크게 문제는 없지만, 눈금선이 많고 문자가 작아서 아쉽습니다.

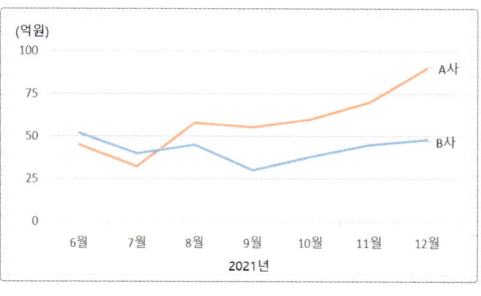

개선된 차트. 글꼴 크기를 전체적으로 키웠고, 단위 및 연도를 추가했습니다. 그리고 배경 눈금선의 수를 줄였습니다.

1. 문자 크기 키우기

엑셀 초기 설정에서는 차트의 문자가 비교적 작게 설정되어 있습니다. **12~14pt 정도**로 문자 크기를 키우는 것이 좋습니다. 차트 제목은 14pt, 데이터 레이블이나 범례는 12pt가 적당합니다. 차트의 문자 크기를 바꾸려면 아래의 절차를 따릅니다.

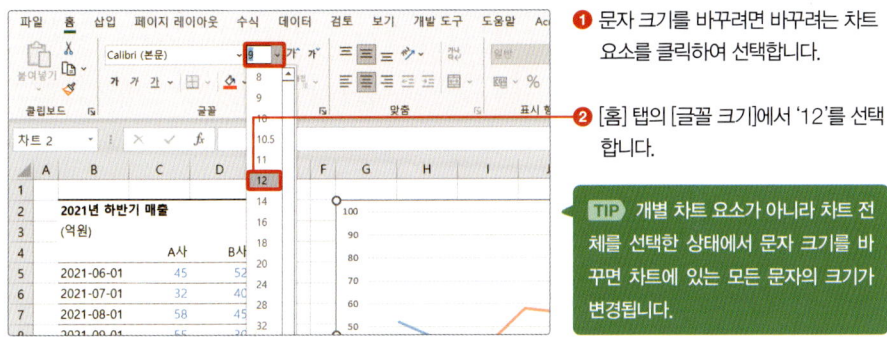

❶ 문자 크기를 바꾸려면 바꾸려는 차트 요소를 클릭하여 선택합니다.

❷ [홈] 탭의 [글꼴 크기]에서 '12'를 선택합니다.

TIP 개별 차트 요소가 아니라 차트 전체를 선택한 상태에서 문자 크기를 바꾸면 차트에 있는 모든 문자의 크기가 변경됩니다.

2. 기울어진 축 레이블을 알아보기 좋게 고치기

엑셀은 축 레이블에 문자가 많아 공간에 다 들어가지 않으면 자동으로 문자를 기울여 표시합니다. 기울어진 문자는 읽기 어렵기 때문에 되도록 피해야 합니다. 이 문제는 특히 축 레이블에 **날짜**를 표시할 때 많이 발생합니다. 날짜가 기울여 표시된다면 다음 절차에 따라 월만 표시하도록 하고, 연도는 차트 아래쪽에 한 번에 표시합니다.

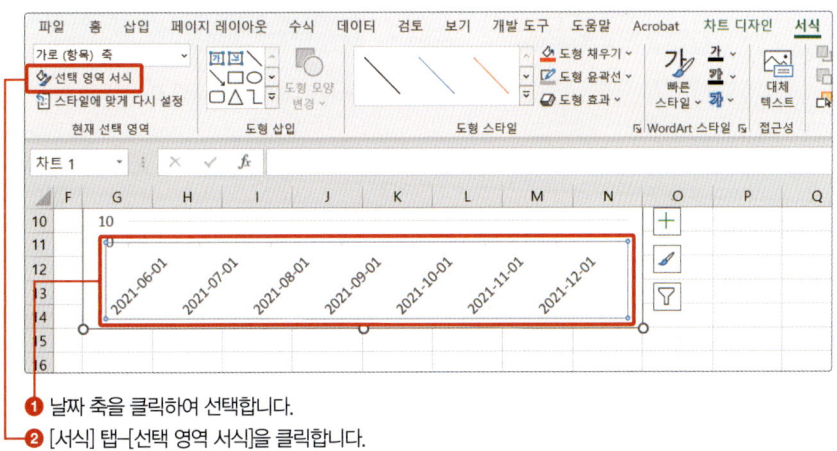

❶ 날짜 축을 클릭하여 선택합니다.
❷ [서식] 탭-[선택 영역 서식]을 클릭합니다.

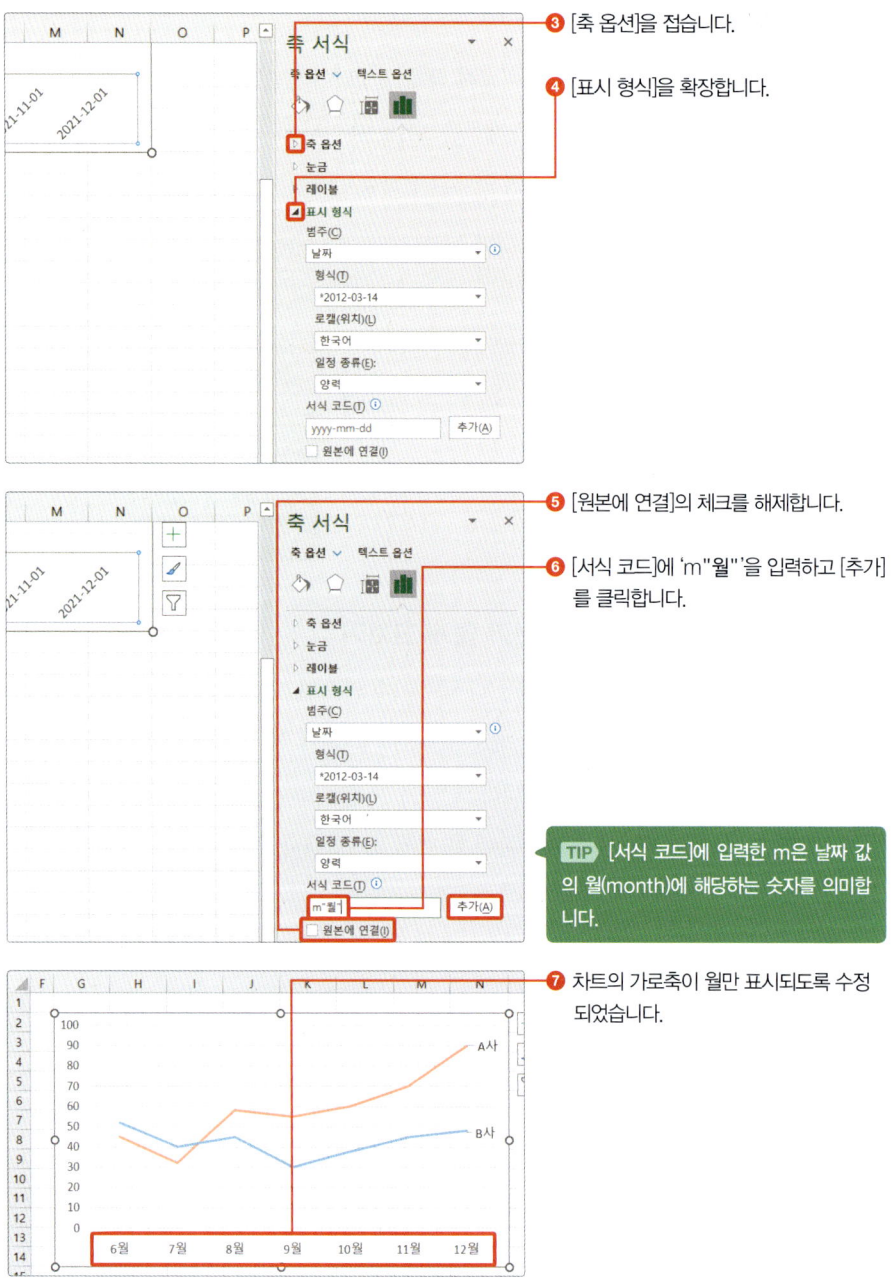

축 레이블에 연도를 추가하려면 아래의 절차를 따릅니다.

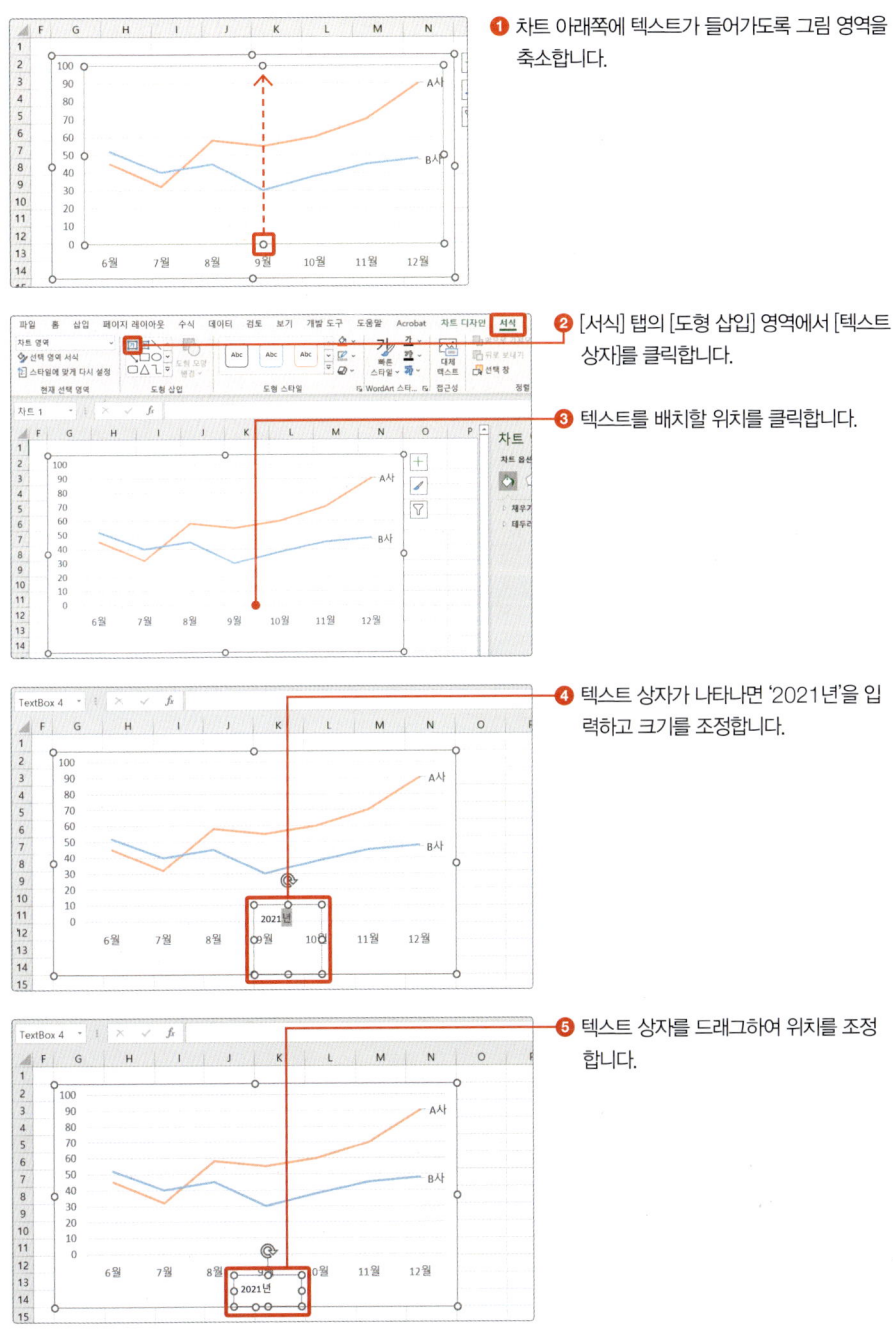

❶ 차트 아래쪽에 텍스트가 들어가도록 그림 영역을 축소합니다.

❷ [서식] 탭의 [도형 삽입] 영역에서 [텍스트 상자]를 클릭합니다.

❸ 텍스트를 배치할 위치를 클릭합니다.

❹ 텍스트 상자가 나타나면 '2021년'을 입력하고 크기를 조정합니다.

❺ 텍스트 상자를 드래그하여 위치를 조정합니다.

3. 숫자 축의 단위 표시하기

엑셀에서 차트를 만들었을 때 값의 단위는 표시되지 않습니다. 따라서 차트를 만든 후 직접 <mark>축의 상단에 텍스트 상자를 배치하여 단위를 표시하는 것이 좋습니다.</mark> 단위를 표시하는 것만으로도 차트가 훨씬 보기 좋아집니다.

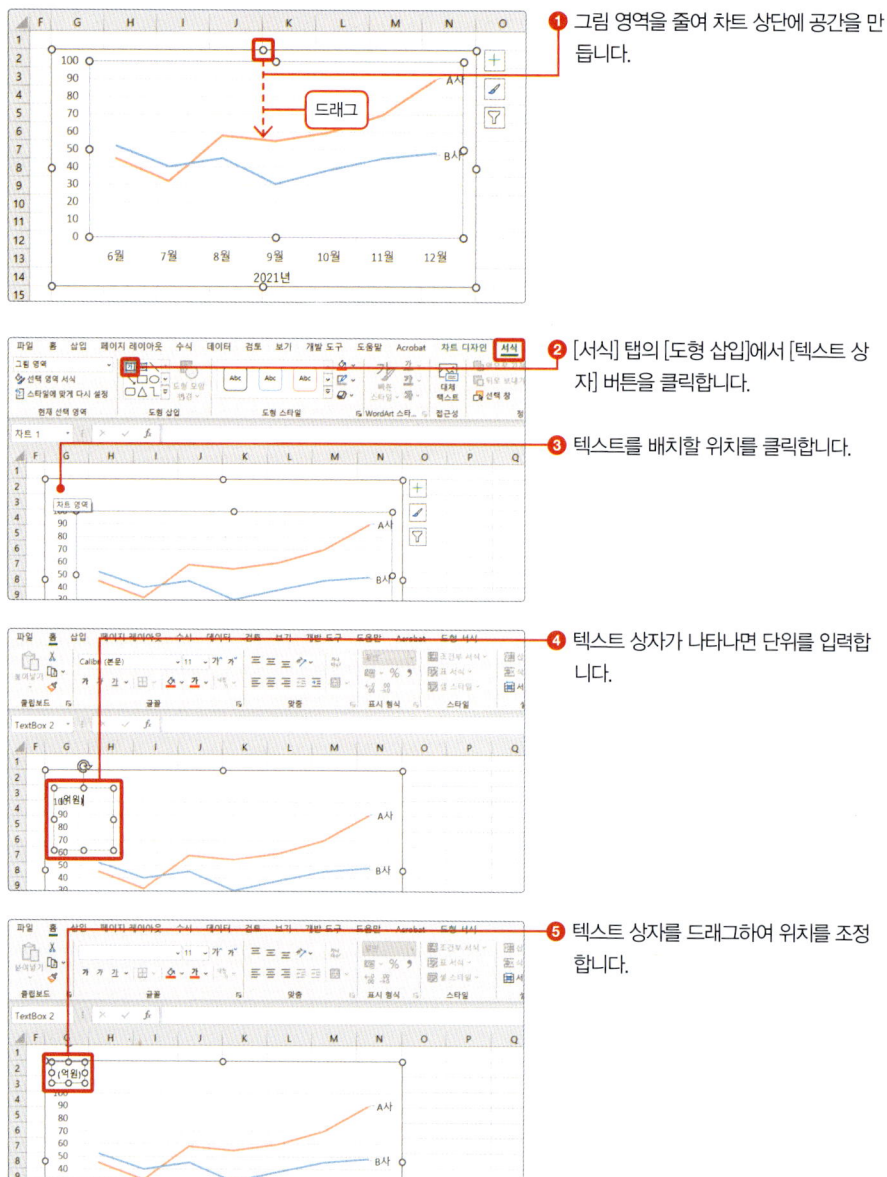

❶ 그림 영역을 줄여 차트 상단에 공간을 만듭니다.

❷ [서식] 탭의 [도형 삽입]에서 [텍스트 상자] 버튼을 클릭합니다.

❸ 텍스트를 배치할 위치를 클릭합니다.

❹ 텍스트 상자가 나타나면 단위를 입력합니다.

❺ 텍스트 상자를 드래그하여 위치를 조정합니다.

4. 눈금선의 개수를 줄이기

차트가 처음 생성되었을 때는 눈금선의 개수가 많아서 보기 어려울 수 있습니다. 차트를 만든 후에는 500단위, 250단위, 100단위 등 필요한 최소한의 눈금선이 표시되도록 설정을 바꾸는 것이 좋습니다.

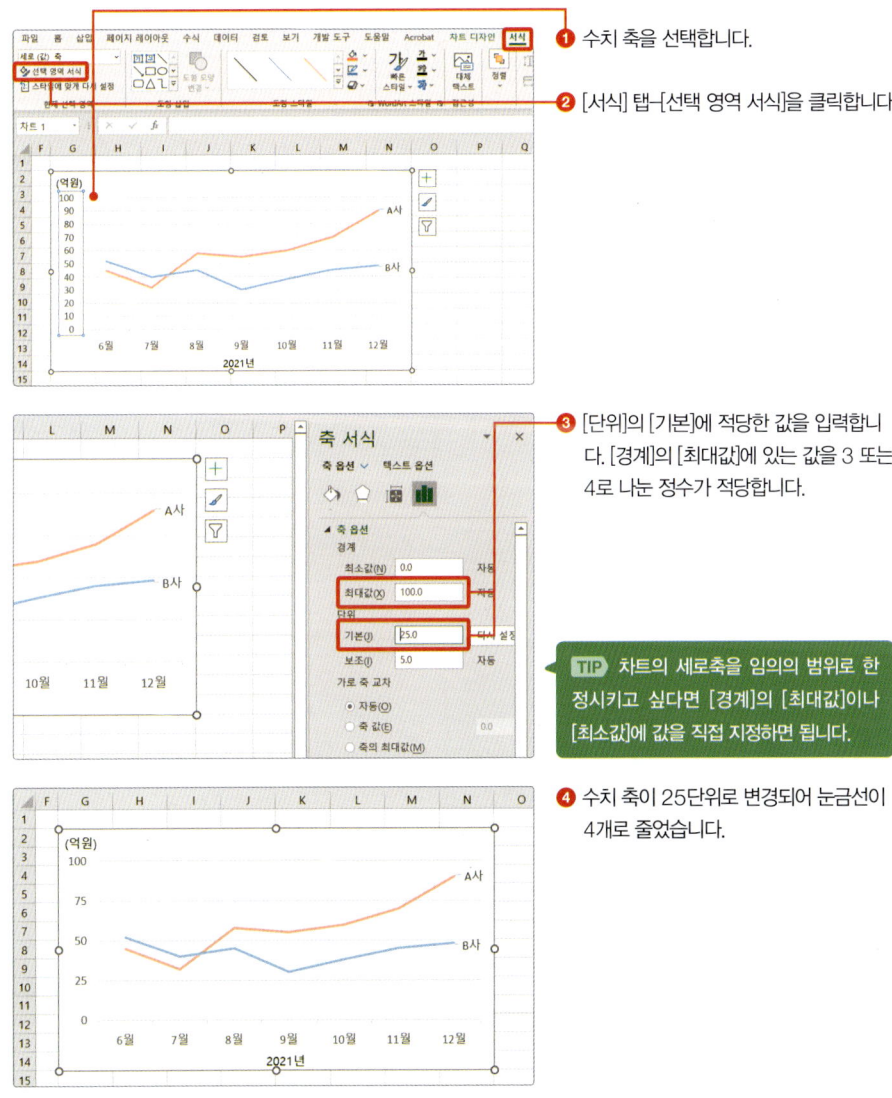

❶ 수치 축을 선택합니다.

❷ [서식] 탭-[선택 영역 서식]을 클릭합니다.

❸ [단위]의 [기본]에 적당한 값을 입력합니다. [경계]의 [최대값]에 있는 값을 3 또는 4로 나눈 정수가 적당합니다.

TIP 차트의 세로축을 임의의 범위로 한정시키고 싶다면 [경계]의 [최대값]이나 [최소값]에 값을 직접 지정하면 됩니다.

❹ 수치 축이 25단위로 변경되어 눈금선이 4개로 줄었습니다.

5. 눈금선은 가늘게

눈금선은 값을 파악하기 위한 기준이 되지만, 눈금선이 너무 눈에 띄면 보여 주려던 선이 묻힐 수가 있습니다. 제대로 인식할 수 있는 범위에서 가능한 한 가늘고 옅은 편이 좋습니다. 엑셀 2013 이후부터는 초기 상태에서도 눈금선이 옅고 가늘기 때문에 추가로 수정할 필요는 없지만, 추가로 눈금선 두께를 수정하려면 아래의 절차를 따릅니다.

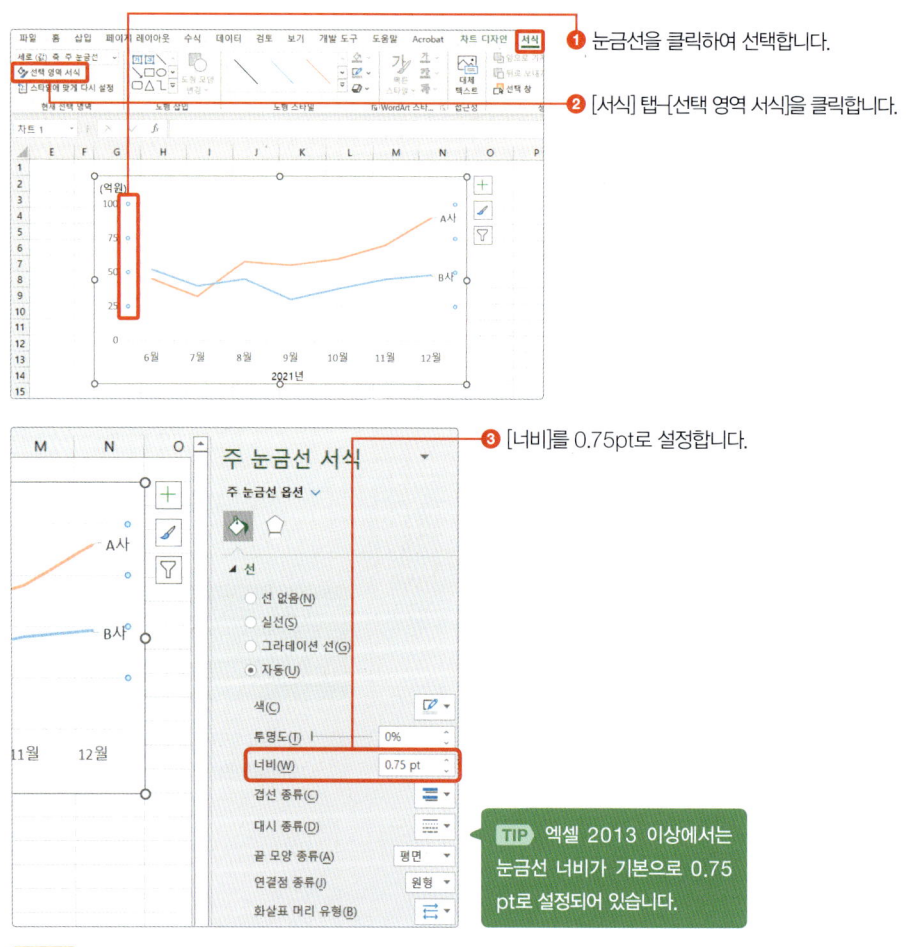

❶ 눈금선을 클릭하여 선택합니다.

❷ [서식] 탭-[선택 영역 서식]을 클릭합니다.

❸ [너비]를 0.75pt로 설정합니다.

TIP 엑셀 2013 이상에서는 눈금선 너비가 기본으로 0.75 pt로 설정되어 있습니다.

관련 항목 │ 차트의 기본 기능 ⇒ 292쪽 / 차트의 매력을 높이는 색 선택 방법 ⇒ 299쪽

9장

알맞은
차트 고르기

01 최적의 차트 찾는 법

예제 파일 9-01.xlsx

실적/예측 데이터에 적합한 꺾은선형 차트

값의 추이를 시간순으로 나타내는 꺾은선형 차트

차트라고 하면 막대형 차트가 먼저 떠오르는 사람이 많겠지만, 실무에서 많이 사용하는 것은 **꺾은선형 차트**입니다. 꺾은선형 차트를 사용하면 데이터 변화를 알기 쉬우므로 가장 먼저 꺾은선형 차트로 데이터를 살펴보는 것이 좋습니다.

꺾은선형 차트로 매출 추이를 확인한다

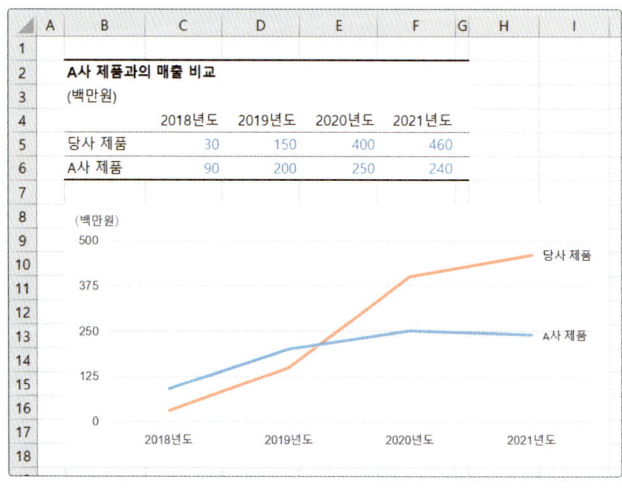

꺾은선형 차트를 사용하면 매출 추이를 시간순으로 확인할 수 있어 실적의 좋고 나쁨을 한눈에 판단할 수 있습니다.

엑셀에는 총 6가지 종류의 꺾은선형 차트가 있습니다. 이 중 기본 꺾은선형 차트가 가장 많이 사용됩니다.

꺾은선형 차트의 종류

[꺾은선형]

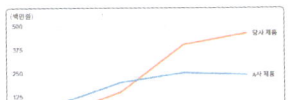

[누적 꺾은선형]

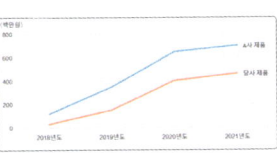

[100% 기준 누적 꺾은선형]

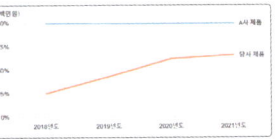

[표식이 있는 꺾은선형]

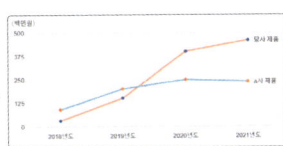

[표식이 있는 누적 꺾은선형]

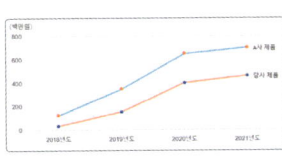

[표식이 있는 100% 기준 누적 꺾은선형]

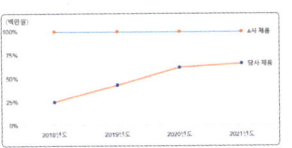

꺾은선형 차트는 두 시점 이상의 데이터에 사용한다

꺾은선형 차트는 시간의 흐름에 따른 값의 변화를 보는 차트입니다. 따라서 한 시점의 데이터만으로는 꺾은선형 차트를 만드는 의미가 없습니다. 최소 두 시점은 필요합니다.

꺾은선형 차트가 적합하지 않는 데이터

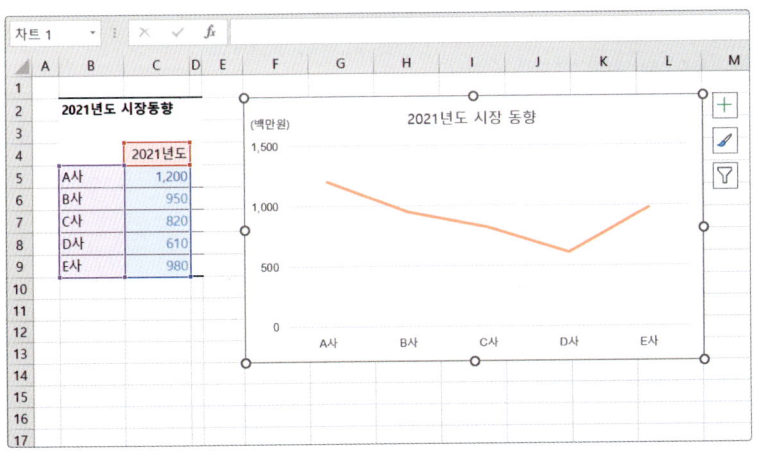

5개 회사의 데이터를 꺾은선형 차트로 작성했지만, 의미가 없습니다. 이럴 때는 막대형 차트를 사용하는 것이 더 좋습니다. 꺾은선형 차트는 적어도 두 시점 이상의 데이터에 사용하는 것이 좋습니다.

성장률을 강조하고 싶을 때는 차트의 너비를 줄인다

꺾은선형 차트의 가로 너비를 넓히면 데이터의 차이가 작아 보입니다. 차트의 경사가 완만해지기 때문입니다. 반대로 가로 너비를 좁히면 경사가 급해져 데이터의 차이가 강조됩니다. 따라서 차트의 너비를 조정하면 작성 의도를 상대방에게 효과적으로 전달할 수 있지만, 과하게 조정하면 오해가 발생할 수 있으니 주의합니다.

차트의 가로 너비를 좁히면 데이터 차이를 강조할 수 있다

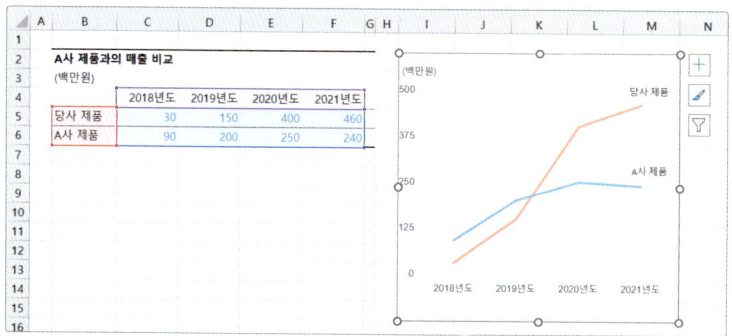

차트의 가로 너비를 좁히면 원본 차트(316쪽)보다 차이가 더 강조됩니다. 이 차트는 매출이 급성장하고 있는 것처럼 보입니다.

실적과 예측을 동일선상에 그리는 방법

실적와 예측을 하나의 선으로 나타내고 싶다면, 실적과 예측이 잘 구분되도록 작성해야 합니다. 아래의 그림처럼 같은 색으로 표현하면 어디까지가 실적이고 어디부터 예측인지 알기 어렵습니다.

실적과 예측의 경계를 알아보기 어려운 차트

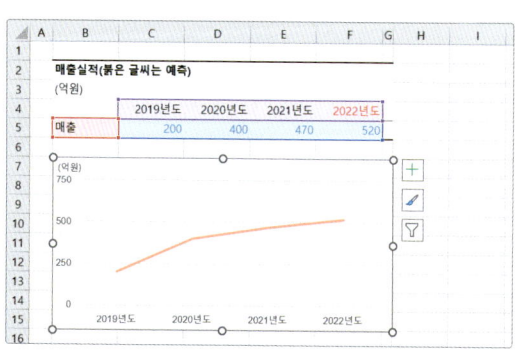

실적(2021년 이전)과 예측(2022년도)이 같은 색으로 그려져 구분이 안 됩니다.

하나의 선으로 실적과 예측을 표현하면서 모양과 색을 구분하려면 아래의 절차를 따릅니다.

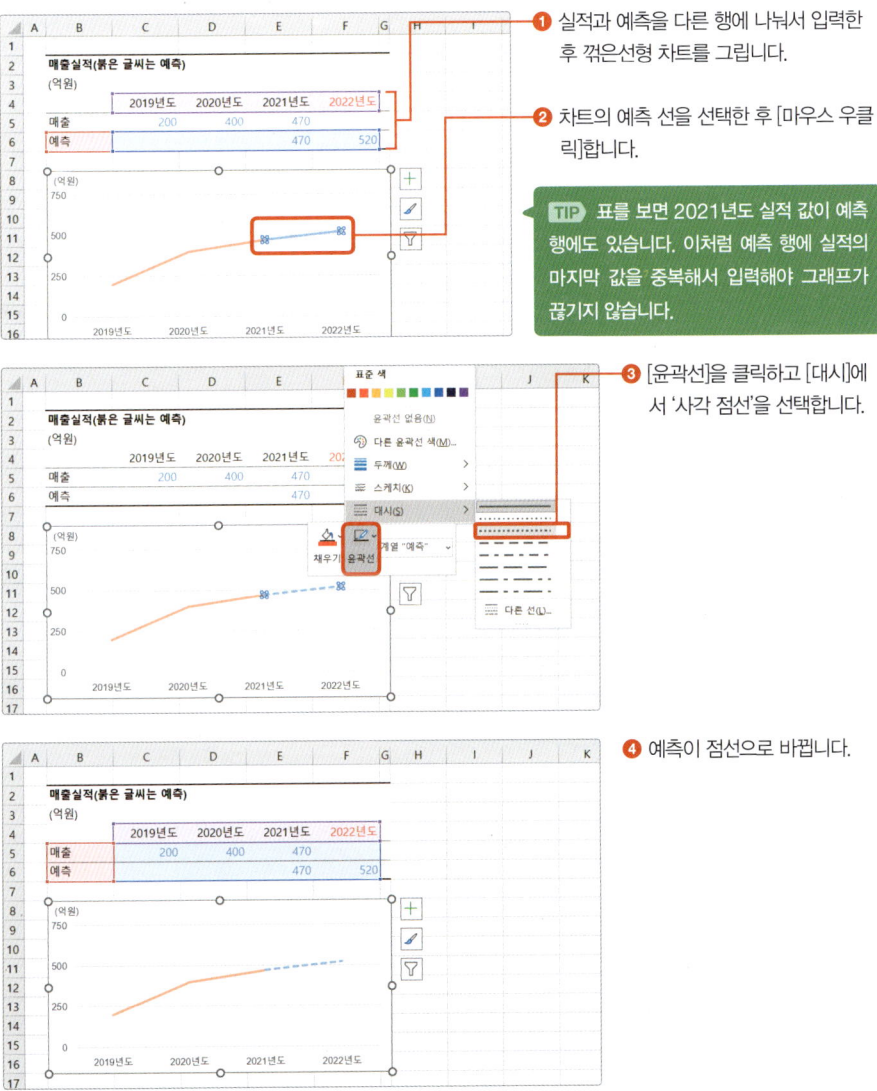

❶ 실적과 예측을 다른 행에 나눠서 입력한 후 꺾은선형 차트를 그립니다.

❷ 차트의 예측 선을 선택한 후 [마우스 우클릭]합니다.

TIP 표를 보면 2021년도 실적 값이 예측 행에도 있습니다. 이처럼 예측 행에 실적의 마지막 값을 중복해서 입력해야 그래프가 끊기지 않습니다.

❸ [윤곽선]을 클릭하고 [대시]에서 '사각 점선'을 선택합니다.

❹ 예측이 점선으로 바뀝니다.

> **Note** 여러 데이터의 실적과 예측
> 이 기법을 이용하면 여러 회사의 실적과 예측을 하나의 꺾은선형 차트에 표시하는 것도 가능합니다. 단순한 테크닉이지만 다양한 장면에 응용하면 세련된 차트를 작성할 수 있습니다.

관련 항목 차트의 기본 기능 ⇒ 292쪽 / 차트의 매력을 높이는 색 사용법 ⇒ 299쪽

02 최적의 차트 찾는 법

예제 파일 9-02.xlsx

현재 상태를 강조하고 싶을 때는 세로 막대형 차트

꺾은선형 차트보다 막대형 차트가 더 적합한 경우가 있다

앞에서 소개한 꺾은선형 차트는 데이터의 추이를 나타내기 때문에 과거에 비해 얼마나 올라가고 내려갔는지를 표현하기에 적합합니다. 그러나 때로는 현시점의 상황을 강조하고 싶을 때도 있습니다. 예를 들어, 자사의 제품이 현재 점유율 1위라는 사실을 전하고 싶다면, 꺾은선형 차트를 사용하면 의도하지 않았던 작년에 3위였던 사실이 주목받을 우려가 있습니다. 이럴 때는 꺾은선형 차트가 아닌 세로 막대형 차트를 사용하는 것이 좋습니다. **세로 막대형 차트**는 과거 데이터 없이도 표현할 수 있기 때문에 특정 시점의 상황을 보여 줄 때 적합합니다(물론 과거 데이터를 시간순으로 함께 나타낼 수도 있음).

추이를 보여 줄 것인지, 현시점의 상황을 보여 줄 것인지에 따라 차트 종류를 달리한다

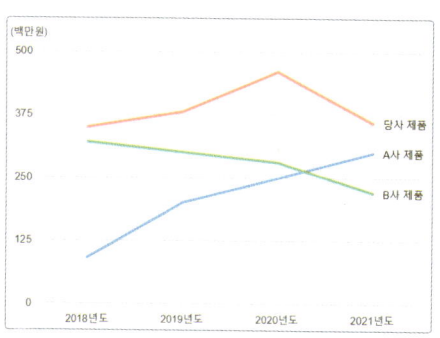

꺾은선형 차트를 사용하면 작년보다 매출이 떨어진 것과 경쟁업체가 추격해 오고 있는 점이 눈에 보입니다.

세로 막대형 차트를 사용하면 2021년도의 매출만을 단순 비교해서 자사의 우위성을 드러낼 수 있습니다.

세로 막대형 차트를 만들려면 아래의 절차를 따릅니다.

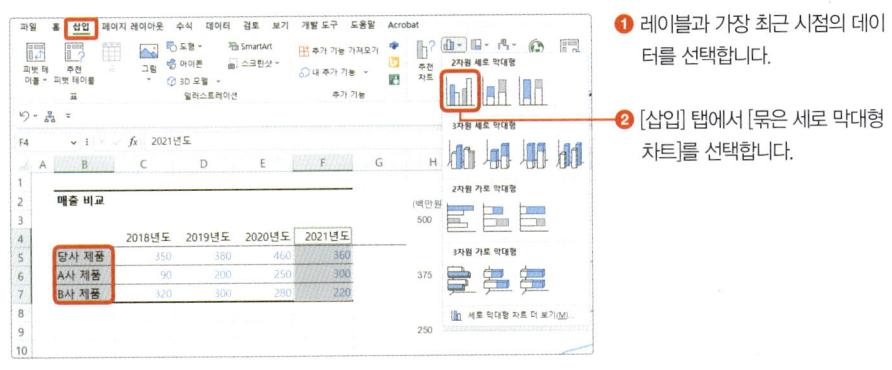

❶ 레이블과 가장 최근 시점의 데이터를 선택합니다.

❷ [삽입] 탭에서 [묶은 세로 막대형 차트]를 선택합니다.

간격 너비를 설정하여 세로 막대를 굵게 한다

초기 상태에서는 막대 사이의 간격이 넓고 막대 자체의 폭이 좁은 세로 막대형 차트가 생성됩니다. 막대의 굵기를 바꾸려면 **[선택 영역 서식]-[간격 너비]**를 바꿉니다. **[간격 너비]**의 % 값을 줄이면 막대 사이의 간격이 좁아지고 막대가 굵어집니다. 막대를 굵게 하면 좀 더 안정적인 느낌을 줄 수 있습니다.

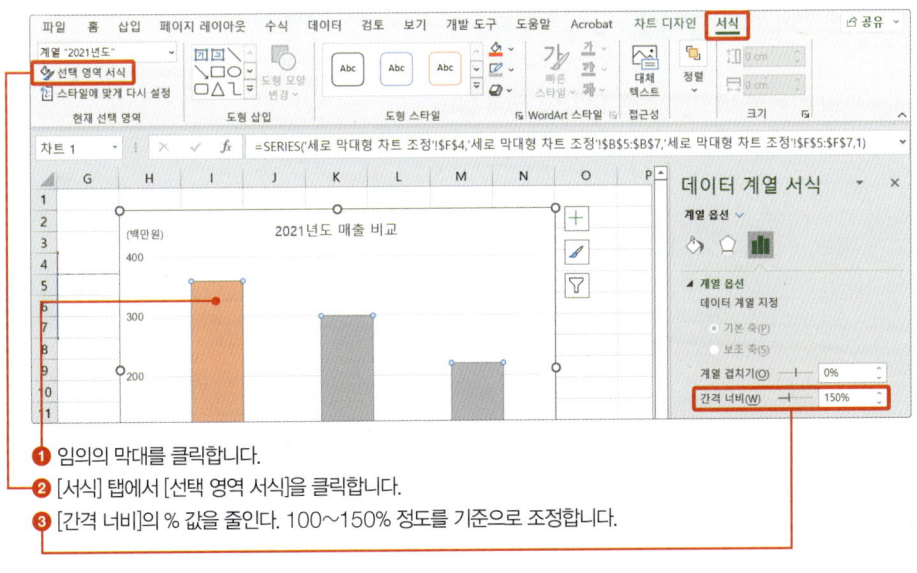

❶ 임의의 막대를 클릭합니다.
❷ [서식] 탭에서 [선택 영역 서식]을 클릭합니다.
❸ [간격 너비]의 % 값을 줄인다. 100~150% 정도를 기준으로 조정합니다.

관련 항목 차트의 기본 기능 ⇒ 292쪽 / 차트의 매력을 높이는 색 사용법 ⇒ 299쪽

03 최적의 차트 찾는 법

예제 파일 9-03.xlsx

세로축을 바꾸면 차트 모양이 크게 달라진다

세로축을 바꿔서 차이 강조하기

세로 막대형 차트는 세로축의 설정에 따라 인상이 크게 달라집니다. 세로축의 표시 범위는 원본 데이터가 전부 양수라면 최솟값은 0, 최댓값은 데이터의 최댓값보다 조금 큰 값이 됩니다. 예를 들어, 데이터의 최댓값이 320만 원이라면 세로축의 최댓값은 400만 원 전후가 됩니다.

그러나 이러한 설정은 비교하는 값에 큰 차이가 없을 때, 막대의 높이가 비슷하게 보이는 문제가 있습니다. ==데이터 사이의 차이를 강조하고 싶다면 세로축의 최솟값을 높게 설정해서 표시할 범위를 좁혀야 합니다.== 예를 들어, 세로축 범위가 초기 상태에서 0~400이라면 200~350으로 바꿉니다. 그러면 막대의 아래쪽이 잘리면서 윗부분만으로 차트가 구성되어 데이터의 차이가 강조됩니다.

세로축의 범위를 바꾸면 차트 모양이 크게 달라진다

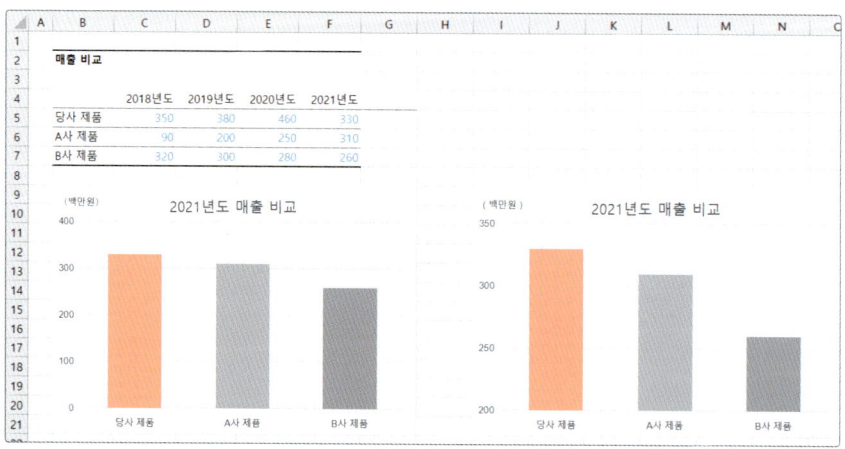

같은 데이터라도 세로축이 0~400인 차트에 비해 200~350인 차트 쪽이 차이가 커 보입니다.

자칫하면 데이터 조작으로 보일 수 있으니 주의하자!

세로축의 표시 범위를 조정하는 기법은 매우 유용하지만, 데이터 조작으로 오해를 살 수도 있으니 주의해야 합니다.

또한 상품을 어필하는 영업용 자료에 이런 기법을 사용하는 것은 어느 정도 용인되지만, 본격적인 데이터 분석을 위한 자료에 이 기법을 사용하는 것도 삼가는 게 좋습니다. 보는 이가 올바른 판단을 하지 못해 잘못된 결론에 도달할 수 있고, 결국 신뢰를 크게 잃을 수 있습니다. 자료를 만들고 수정할 때는 언제나 상대방의 입장에 서서 자료의 목적과 용도를 충분히 고려해야 함을 잊지 않습니다.

막대형 차트의 세로축 설정 방법

막대형 차트의 세로축을 설정하려면 아래의 절차를 따릅니다. 차트를 알아보기 쉽게 만드는 데 집중하면서 축 눈금선의 간격을 조정합니다.

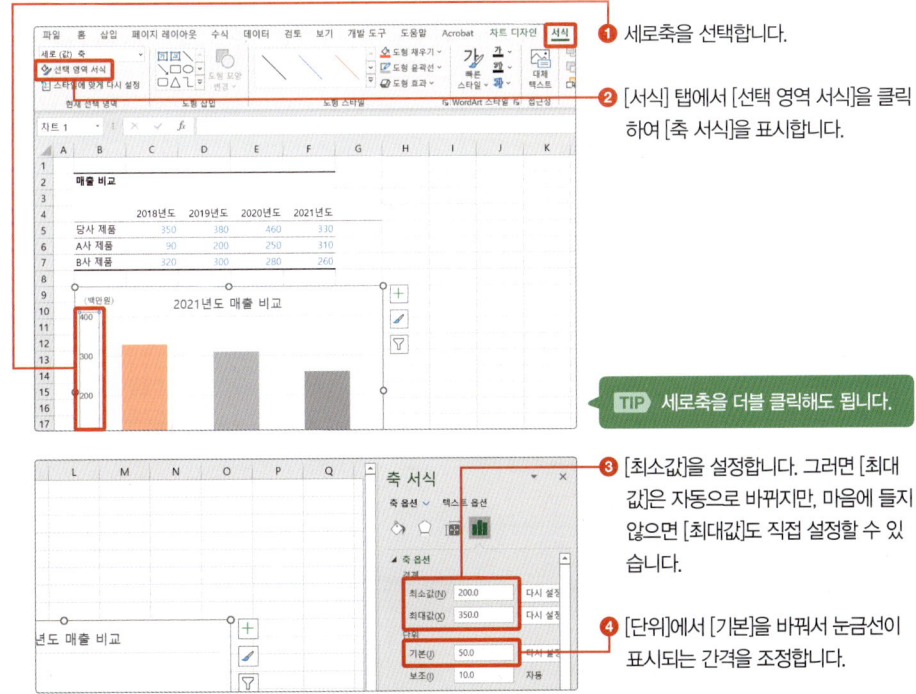

❶ 세로축을 선택합니다.

❷ [서식] 탭에서 [선택 영역 서식]을 클릭하여 [축 서식]을 표시합니다.

TIP 세로축을 더블 클릭해도 됩니다.

❸ [최소값]을 설정합니다. 그러면 [최대값]은 자동으로 바뀌지만, 마음에 들지 않으면 [최대값]도 직접 설정할 수 있습니다.

❹ [단위]에서 [기본]을 바꿔서 눈금선이 표시되는 간격을 조정합니다.

관련 항목 ▸ 차트의 기본 기능 ⇒ 292쪽 / 막대형 차트 만드는 방법 ⇒ 320쪽 / 가로 막대형 차트 ⇒ 324쪽

04 최적의 차트 찾는 법

예제 파일 9-04.xlsx

순위를 표현하는 데 적합한 가로 막대형 차트

긴 레이블도 깔끔하게 들어가는 가로 막대형 차트

가로 막대형 차트는 세로 막대형 차트를 단순히 옆으로 눕힌 것처럼 보일 수 있지만, 실무에서는 활용도가 높은 차트입니다. 가로 막대형 차트의 가장 큰 특징은 긴 항목명을 깔끔하게 표시할 수 있다는 점입니다. 또한 항목 수가 많다면 보기에 크게 문제가 없습니다. 따라서 항목명이 길거나 항목 수가 많은 데이터에는 가로 막대형 차트가 적합합니다.

처음에는 어떤 데이터가 가로 막대형 차트에 적합한지 판단하기 어려울 수 있습니다. 따라서 세로 막대형으로 만들어 본 후 알아보기 어렵다고 느껴지면 가로 막대형 차트로 바꿔보면 됩니다. 순위와 관련된 데이터라면 가로 막대형 차트가 좋습니다.

세로 막대형 차트와 가로 막대형 차트의 차이

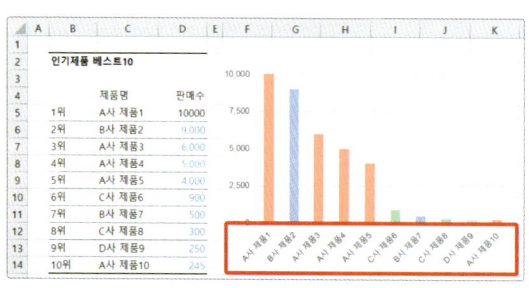

세로 막대형 차트에서는 긴 레이블이 기울게 표시되어 읽기 불편합니다. 이를 피하려면 상당히 넓은 가로 너비가 필요합니다.

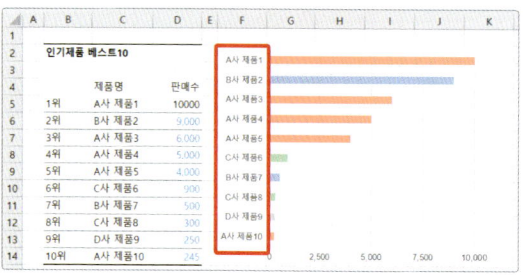

가로 막대형 차트는 레이블이 길어도 문제없이 잘 표시됩니다.

가로 막대형 차트의 축 항목 표시 순서 바꾸기

가로 막대형 차트를 만들면, 원본 표의 맨 위에 있는 항목이 차트의 가장 아래에 표시됩니다. 항목의 표시 순서를 전환하려면 아래의 절차를 따릅니다.

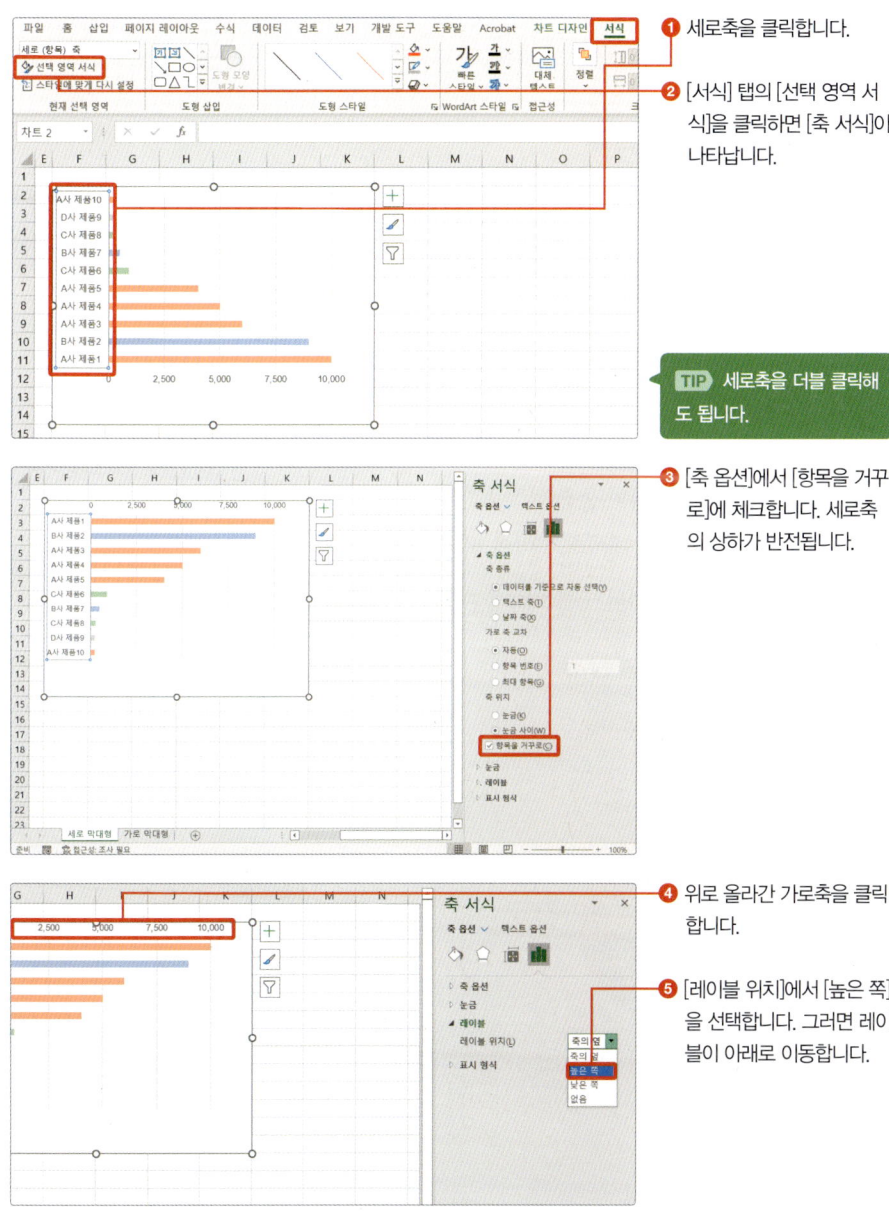

❶ 세로축을 클릭합니다.

❷ [서식] 탭의 [선택 영역 서식]을 클릭하면 [축 서식]이 나타납니다.

TIP 세로축을 더블 클릭해도 됩니다.

❸ [축 옵션]에서 [항목을 거꾸로]에 체크합니다. 세로축의 상하가 반전됩니다.

❹ 위로 올라간 가로축을 클릭합니다.

❺ [레이블 위치]에서 [높은 쪽]을 선택합니다. 그러면 레이블이 아래로 이동합니다.

관련 항목 차트의 기본 기능 ⇒ 292쪽 / 차트의 매력을 높이는 색 사용법 ⇒ 299쪽

05 최적의 차트 찾는 법

예제 파일 9-05.xlsx

여러 회사의 점유율을 비교할 때는 원형 차트

원형 차트를 사용하는 방법

원형 차트는 각 요소의 비율이 몇 %인지를 나타내는 차트입니다. 비율을 나타낼 때 사용하는 차트는 누적 막대형 차트와 영역형 차트 등도 있지만, 일반적으로 원형 차트가 가장 많이 사용됩니다. 그러나 아래와 같은 상황에는 원형 차트가 크게 도움되지 않습니다.

- 데이터의 종류가 많을 때
- 데이터 사이의 비율 차이가 적을 때

원형 차트로 나타낼 데이터의 종류는 3~8건 정도가 적당합니다. 10건, 20건이 되면 알아보기 어렵습니다. 또한, 각 데이터 사이의 비율 차이가 적을 때도 주의해야 합니다. 각 데이터가 똑같아 보여 어떤 데이터가 큰 비중을 차지하는지 판단하기 어렵기 때문입니다.

원형 차트에 적합하지 않은 데이터

종류가 너무 많아 보기 어려운 원형 차트

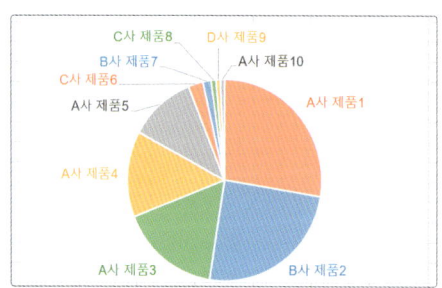

데이터의 종류가 너무 많으면 보기 어렵습니다.

비율 차이가 적어 비교하기 어려운 원형 차트

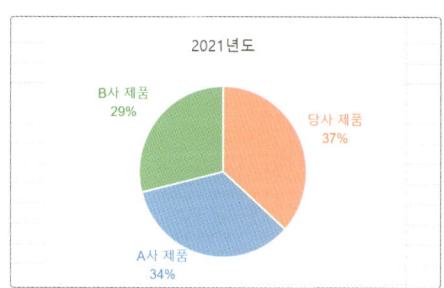

데이터 사이의 비율 차이가 적으면 비교가 어렵습니다.

데이터의 종류가 많을 때는 기타 항목으로 통합

원형 차트는 데이터의 종류(항목 수)가 많으면 알아보기 어렵습니다. 특히 비중이 작은 항목은 원호가 작은 데다가 원형 차트의 후반부에 모여있으므로 더욱 구별하기 어렵습니다. 데이터의 종류는 3~8개 정도를 기준으로 하되, 그보다 많으면 값이 작은 데이터들을 기타 항목으로 통합하여 정리하는 것이 좋습니다.

값이 작은 데이터들을 기타로 통합하여 정리

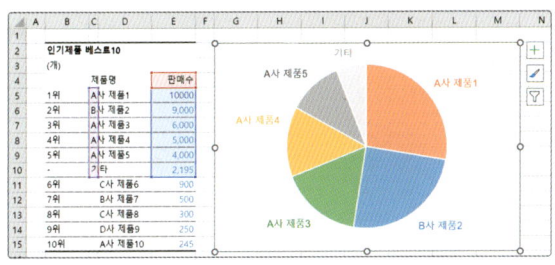

값이 작은 하위 5개 데이터를 기타 항목으로 통합했습니다.

데이터 레이블 설정하기

원형 차트에 항목명 이외의 정보를 표시하려면 **데이터 레이블** 서식을 이용합니다. 값 또는 %, 레이블과 원호를 연결하는 지시선 표시 등을 설정할 수 있습니다.

데이터 레이블 서식 설정

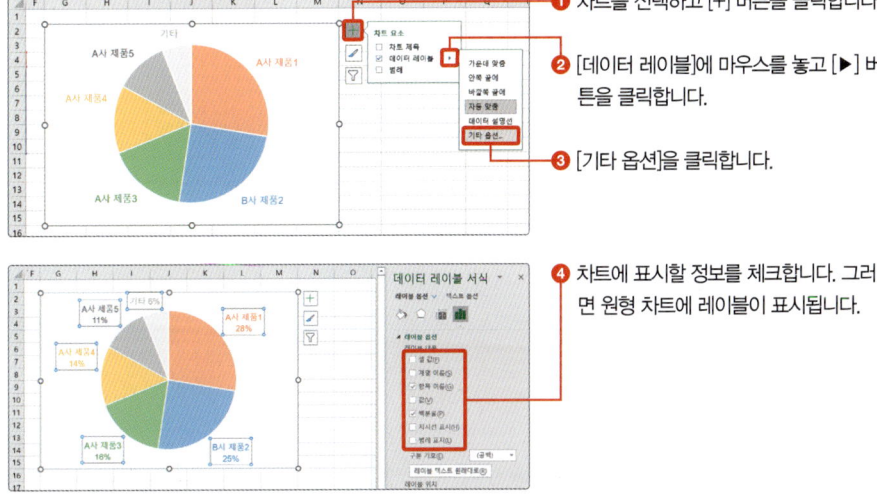

❶ 차트를 선택하고 [+] 버튼을 클릭합니다.

❷ [데이터 레이블]에 마우스를 놓고 [▶] 버튼을 클릭합니다.

❸ [기타 옵션]을 클릭합니다.

❹ 차트에 표시할 정보를 체크합니다. 그러면 원형 차트에 레이블이 표시됩니다.

관련 항목 ▸ 차트의 매력을 높이는 색 사용법 ⇒ 299쪽 / 차트 작성 5가지 팁 ⇒ 308쪽

06 최적의 차트 찾는 법

예제 파일 9-06.xlsx

성장 요인을 판단할 수 있는 누적 세로 막대형 차트

국내/외 매출을 차트로 작성하기

누적 세로 막대형 차트는 각 항목의 막대를 세로로 쌓아 올린 차트입니다. 쌓아 올린 전체의 길이가 합계를 나타내므로 각 항목의 값과 총합을 동시에 보여 줄 수 있습니다. 예를 들어, 국내 그리고 국외 매출을 누적 세로 막대형 차트로 하면 각각의 성장 추이와 합계 추이까지 하나의 차트로 표현할 수 있습니다.

누적 세로 막대형 차트의 특징

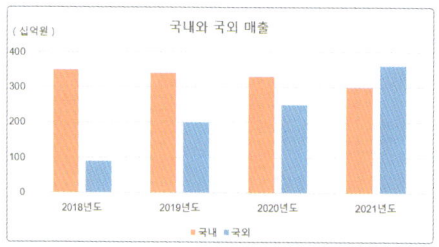

묶은 세로 막대형 차트는 개별 매출의 추이는 볼 수 있지만 합계 추이는 볼 수 없습니다.

합계 값을 나타낸 막대형 차트로는 국내와 국외 매출의 비율을 알 수 없습니다.

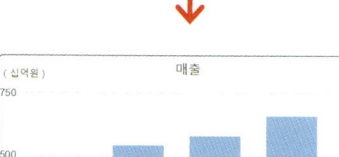

누적 세로 막대형 차트를 사용하면 개별 추이와 합계 추이를 한번에 확인할 수 있습니다.

계열선 추가하기

누적 세로 막대형 차트에서 각 항목의 추이를 보다 알기 쉽게 표현하려면 **계열선**을 설정합니다. 계열선을 설정하려면 아래의 절차를 따릅니다.

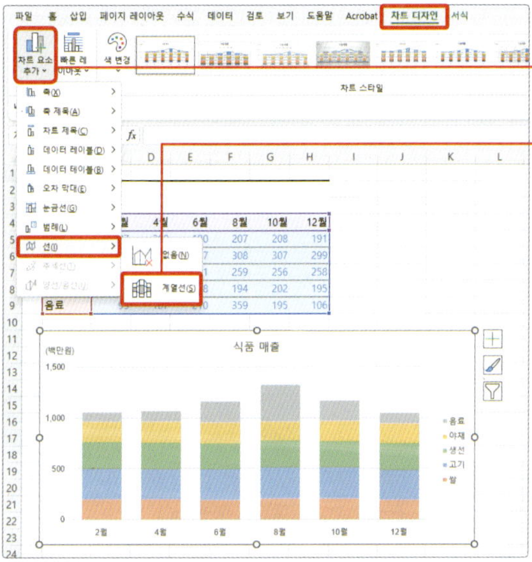

❶ 차트를 선택하고 [차트 디자인] 탭(엑셀 2019 이전은 [디자인] 탭)에서 [차트 요소 추가]를 선택합니다.

❷ [선]-[계열선]을 선택합니다.

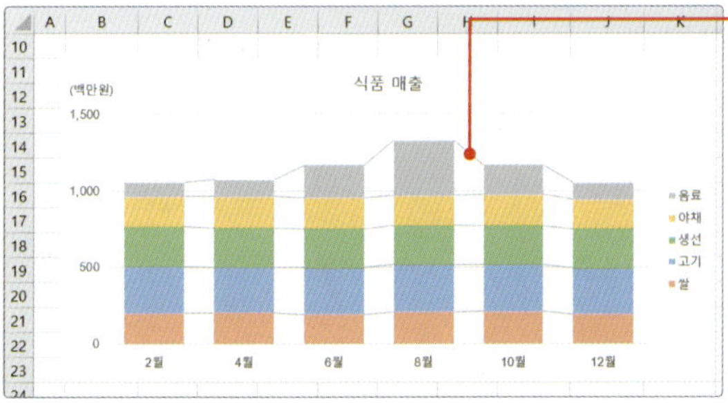

❸ 누적 세로 막대형 차트에 계열선이 추가됩니다.

> **TIP** 계열선은 누적 가로 막대형 차트에서도 사용할 수 있습니다.

> **TIP** 추가한 계열선을 삭제하려면 [선]-[없음]을 선택합니다.

> **Note** 누적 세로 막대형 차트로 계절 요인을 나타낸다
>
> 누적 세로 막대형 차트는 계절 변동 요인을 나타낼 때 자주 사용됩니다. 계절에 따라 매출과 이익이 크게 변동하는 상품을 취급한다면(예를 들어, 여름철 음료 매출 등)는 누적 세로 막대형 차트를 사용함으로써 전체 매출과 계절 요인을 동시에 확인할 수 있습니다.

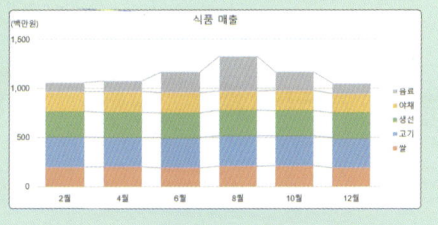

차트 상단에 전체 합계 표시하기

엑셀로 만든 초기 상태의 누적 세로 막대형 차트에는 **전체 합계의 값**이 표시되지 않습니다. 그러나 합계 값이 기재되어 있는 편이 비교 검토를 하기에 더 편리합니다.

누적 세로 막대형 차트에 전체 합계를 표시하려면 약간의 기술이 필요합니다. 핵심 원리는 개별 항목을 합한 값을 차트에 추가하고 막대를 보이지 않게 한 후 값만 표시하는 것입니다.

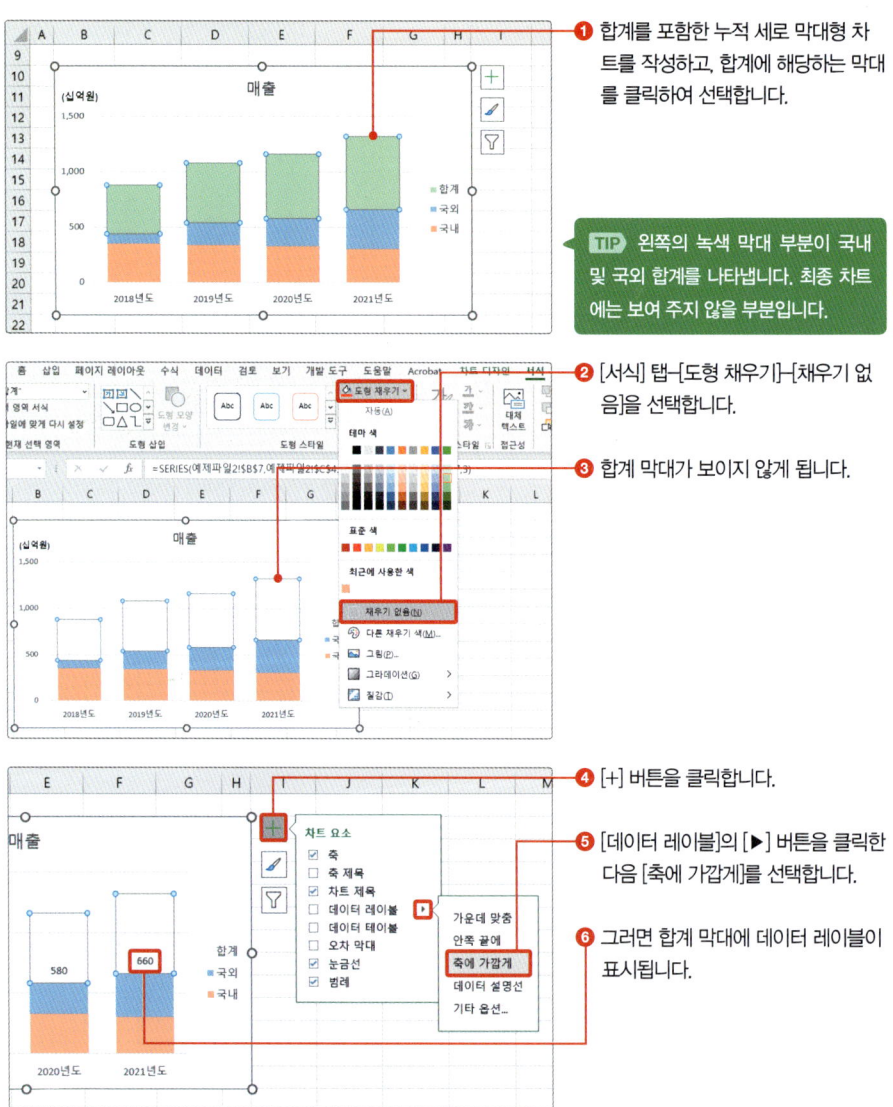

❶ 합계를 포함한 누적 세로 막대형 차트를 작성하고, 합계에 해당하는 막대를 클릭하여 선택합니다.

TIP 왼쪽의 녹색 막대 부분이 국내 및 국외 합계를 나타냅니다. 최종 차트에는 보여 주지 않을 부분입니다.

❷ [서식] 탭-[도형 채우기]-[채우기 없음]을 선택합니다.

❸ 합계 막대가 보이지 않게 됩니다.

❹ [+] 버튼을 클릭합니다.

❺ [데이터 레이블]의 [▶] 버튼을 클릭한 다음 [축에 가깝게]를 선택합니다.

❻ 그러면 합계 막대에 데이터 레이블이 표시됩니다.

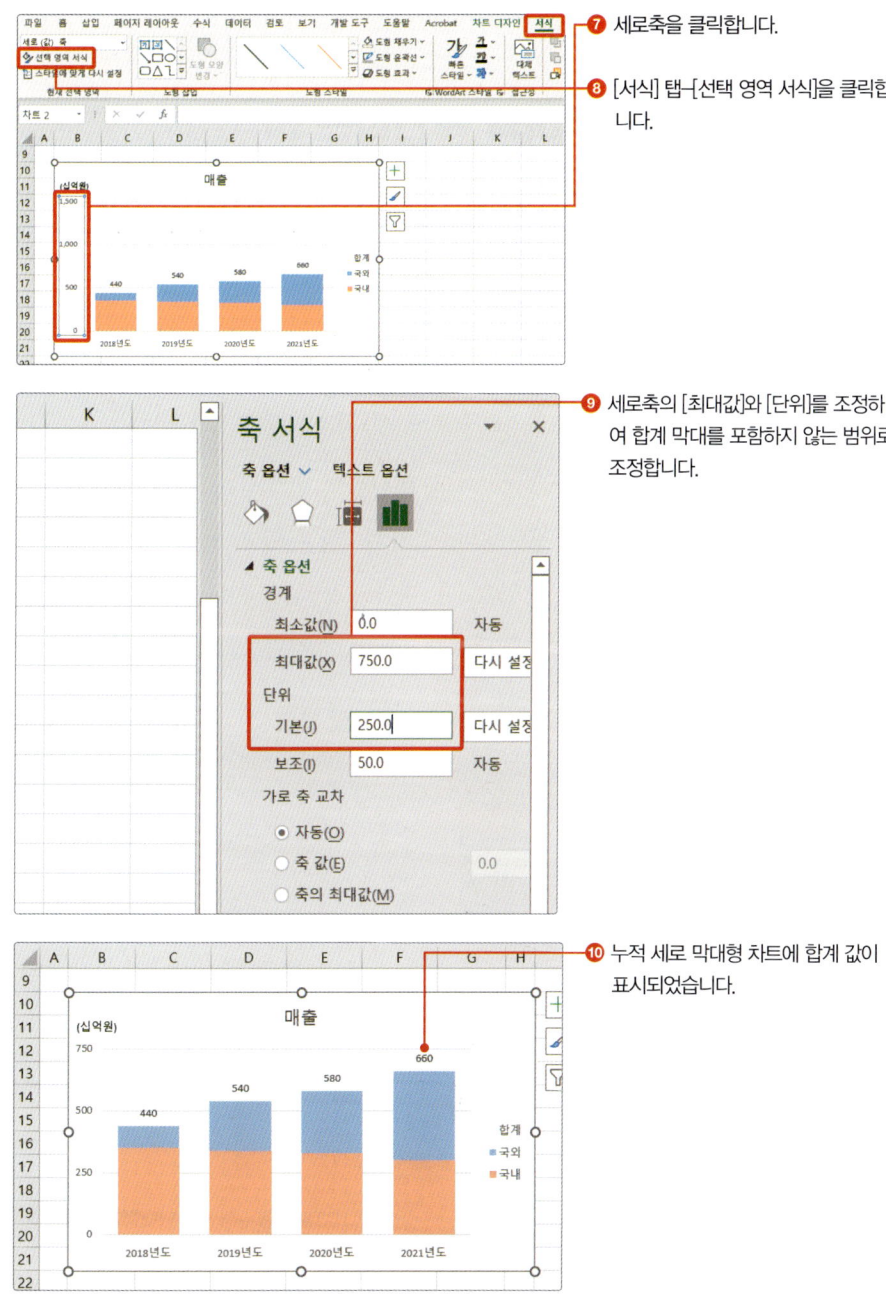

❼ 세로축을 클릭합니다.

❽ [서식] 탭-[선택 영역 서식]을 클릭합니다.

❾ 세로축의 [최대값]와 [단위]를 조정하여 합계 막대를 포함하지 않는 범위로 조정합니다.

❿ 누적 세로 막대형 차트에 합계 값이 표시되었습니다.

관련 항목 차트의 기본 기능 ⇒ 292쪽 / 차트의 매력을 높이는 색 사용법 ⇒ 299쪽

07 최적의 차트 찾는 법

예제 파일 9-07.xlsx

점유율 추이를 확인하는 데 가장 적합한 차트

100% 기준 누적 세로 막대형 차트

100% 기준 누적 세로 막대형 차트는 세로 막대형 차트의 변형입니다. 세로 막대 전체가 100%가 되도록 구성 요소의 높이를 조정한 차트로, 세로축의 단위는 %가 됩니다.

이 차트의 가장 큰 특징은 내역과 비중을 동시에 확인할 수 있다는 점입니다. 개별 막대를 보면서 각 항목이 전체 중에서 어느 정도의 비중인지 확인할 수 있고, 전체 막대를 비교하면 항목별 비중의 증감 추이를 확인할 수 있습니다. 따라서 절댓값이 아니라 점유율의 추이를 확인하고 싶다면 100% 기준 누적 세로 막대형을 사용하면 됩니다.

누적 세로 막대형 차트와 100% 기준 누적 세로 막대형 차트

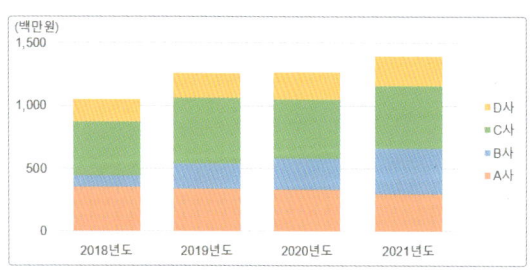

누적 세로 막대형 차트는 개별 값의 비중보다는 전체 값의 추이를 파악하기 좋습니다.

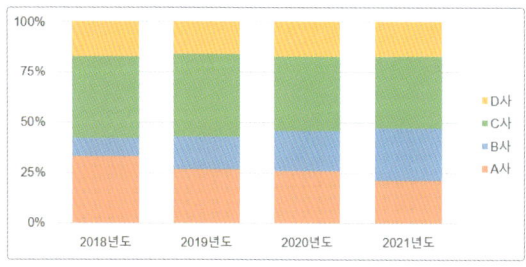

100% 기준 누적 세로 막대형 차트를 보면 개별 값의 비중이 어떻게 변하는지 확인할 수 있습니다.

원형 차트는 비중의 추이를 나타내는 데는 적절하지 않다

구성 요소의 비중을 나타내는 데 **원형 차트**를 선택하는 사람이 많습니다. 확실히 원형 차트는 어느 특정 시점의 비중이나 비율을 나타내는 데 최적의 차트입니다. 하지만 비율이나 비중 및 시간의 추이를 동시에 표시한다면 적합하지 않습니다.

왜냐하면 원형 차트로 시간의 추이를 나타내려면, 아래 그림과 같이 여러 개의 원형 차트를 작성해야 하기 때문입니다. 여러 개를 만드는 것 자체도 번거로운 일이지만, 만들었어도 100% 기준 누적 세로 막대형 차트처럼 쉽게 추이를 비교하기 어렵습니다. 시간에 따른 비중의 변화를 표시하고 싶을 때는 원형 차트보다 100% 기준 누적 세로 막대형 차트를 사용합니다.

원형 차트는 시간의 추이를 표현하기에 부적합하다

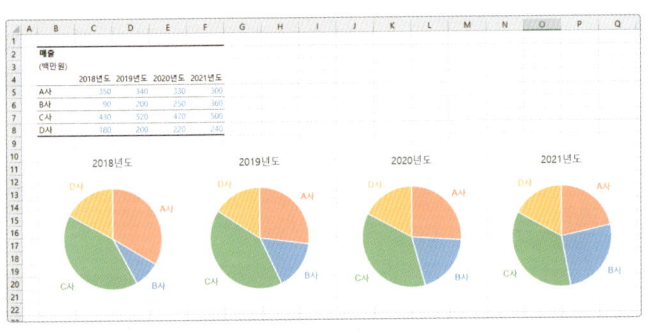

원형 차트를 사용해서 시간에 따른 비중의 변화를 표현하려면 여러 개의 차트를 만들어야 합니다. 공간도 많이 차지할뿐더러 점유율 추이를 비교하기도 쉽지 않습니다.

> **Note** 100% 기준 누적 가로 막대형 차트도 활용하자
>
> 항목의 이름이 길거나 비교 항목 수가 많다면 100% 기준 누적 가로 막대형 차트를 이용합니다. 이름이 긴 항목도 깔끔하게 표시할 수 있으며, 항목 수가 많아도 문제없이 표시할 수 있습니다. 이러한 특징은 가로 막대형 차트(324쪽)와 동일합니다. 항목의 표시 순서가 원본 데이터의 표와 반대인 점도 가로 막대형 차트와 같으므로, 가로 막대형 차트의 설명을 참고하여 수정합니다.
>
>

관련 항목 차트의 기본 기능 ⇒ 292쪽 / 누적 막대 차트를 만드는 방법 ⇒ 328쪽

08 최적의 차트 찾는 법

예제 파일 9-08.xlsx

트렌드를 나타내는 데 적합한 영역형 차트

점유율 추이를 차트로 작성하기

영역형 차트는 꺾은선형 차트의 내부를 빈틈없이 모두 칠한 차트입니다. 영역형 차트에는 누적하지 않은 영역형 차트와 누적 영역형 차트, 100% 기준 누적 영역형 차트의 총 3가지 종류가 있습니다.

누적하지 않은 기본 영역형 차트는 영역이 겹치는 부분을 정확히 확인하기 어려워서 누적 영역형 차트나 100% 기준 누적 영역형 차트를 많이 사용합니다.

영역형 차트의 종류

영역형 차트

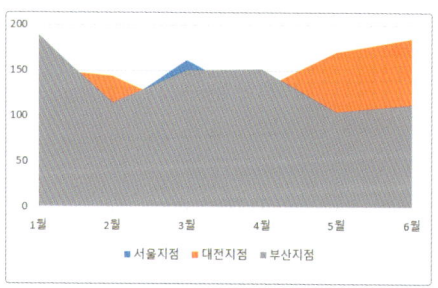

누적 영역형 차트

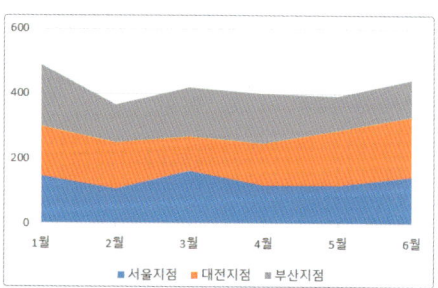

기본 영역형 차트. 선이 교차한 부분을 확인하기 어려워 실무에는 잘 사용되지 않습니다.

누적 영역형 차트. 각 항목의 값을 누적하므로 전체 합계의 추이와 함께 각 항목의 점유율도 확인할 수 있습니다.

영역형 차트는 장기간에 걸친 점유율 추이 등의 트렌드를 나타내기 위해 주로 사용됩니다. 예를 들어, 운영체제의 점유율이나 스마트폰 점유율 등을 표현하기에 적합합니다.

100% 기준 누적 영역형 차트가 기본

누적 영역형 차트는 전체 합계의 추이를 확인할 수 있다는 장점이 있지만, 차트의 꼭짓점이 오르내리기 때문에 개별 내역의 비율 변화를 알아보기 쉽지 않습니다. 한편, **100% 기준 누적 영역형 차트**는 시간에 따른 항목별 비중의 추이를 한눈에 확인할 수 있다는 장점이 있지만, 합계의 추이는 확인할 수 없습니다. 각각의 특징을 이해한 후 차트를 통해 무엇을 전달하고 싶은지 고려하여 적절한 차트를 선택하는 것이 중요합니다.

100% 기준 누적 영역형 차트를 이용한 운영체제 점유율 차트

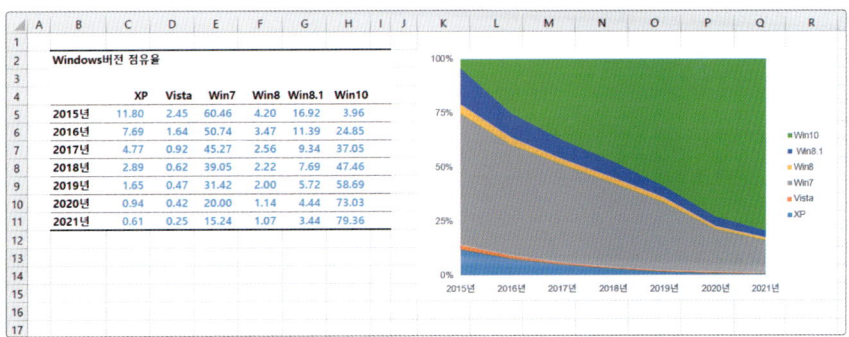

트렌드를 표시하고 싶다면 100% 기준 누적 영역형 차트를 사용합니다. 이 차트를 보면, 2021년 말에 윈도우 10의 점유율이 높은 것을 알 수 있습니다.

또한, 앞서 소개한 누적 세로 막대형 차트나 100% 기준 누적 세로 막대형 차트로도 시간의 추이에 따른 각 항목의 값이나 비중을 표시할 수 있지만, 이러한 차트들은 데이터의 집계 기간이 길수록 막대의 수가 많아져서 알아보기 어려워지는 특징이 있습니다.

누적 영역형 차트와 세로 막대형 차트

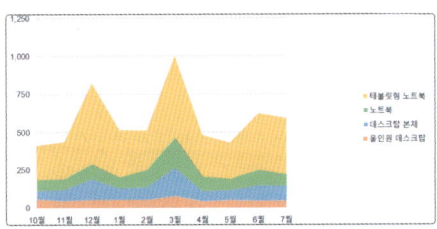
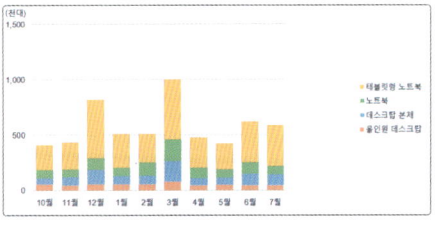

두 차트 모두 합계 추이와 각 항목의 점유율을 모두 확인할 수 있지만, 세로 막대형 차트는 집계 기간이 길어지면 막대의 수가 많아져 보기 어려워진다.

관련 항목 차트의 매력을 높이는 색 사용법 ⇒ 299쪽 / 원형 차트 ⇒ 326쪽

COLUMN

그 밖의 엑셀 차트

지금까지 소개한 4가지 종류의 차트(막대, 꺾은선, 원, 영역)만 사용해도 대부분의 실무에 대응할 수 있습니다. 많은 차트를 아는 것보다 기본이 되는 차트를 제대로 다루는 것이 낫습니다. 그러나, 엑셀에는 다양한 차트가 더 있습니다. 앞에서 소개하지 못한 차트 중에서 실무에 유용한 몇 개를 간략하게 소개합니다.

방사형 차트

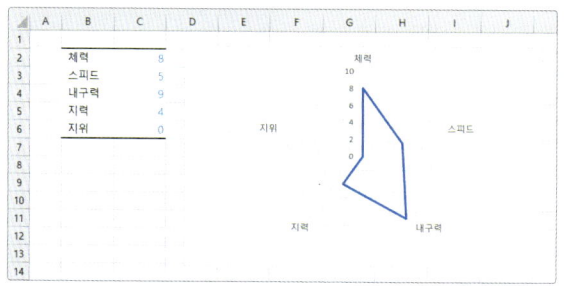

성적이나 스펙 등을 표시할 때 사용됩니다. 장단점이나 균형 등을 쉽게 확인할 수 있습니다. 서적이나 잡지 등에서 볼 수 있지만, 값의 차이나 평균을 확인하기 어렵기 때문에 실무에는 그다지 적합하지 않습니다.

분산형 차트

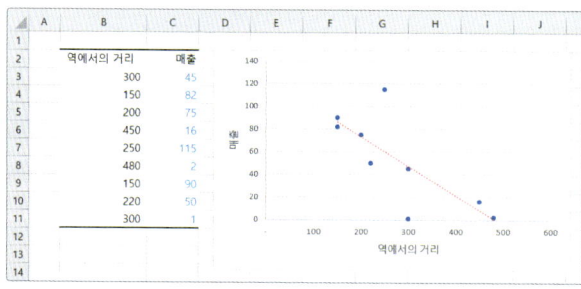

두 데이터의 상관관계를 찾아내기 위해 사용합니다. 분산형 차트의 변종으로는 세 번째 데이터를 원의 크기로 나타내는 거품형 차트가 있습니다.

주식형 차트

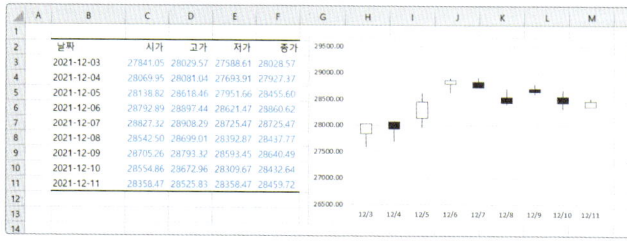

주식의 가격 추이를 나타내기 위한 차트입니다. 시가, 고가, 저가, 종가의 4개 값을 캔들 모양으로 표현합니다.

10장

엑셀의 인쇄 기능 마스터하기

01 인쇄의 기본 기능

예제 파일 10-01.xlsx

엑셀의 인쇄 기능 제대로 이해하기

인쇄의 기본 기능을 확실히 익히기

엑셀은 설정에 크게 신경 쓰지 않아도 비교적 깔끔하게 인쇄됩니다. 그러나 실무에서 제대로 활용하기 위해서는 인쇄의 기본 기능을 확실히 알아 두는 편이 좋습니다. 여기서는 엑셀을 사용할 때 반드시 알고 있어야 하는 기본 인쇄 기능을 설명합니다.

엑셀로 만든 표를 인쇄하려면 **[파일]** 탭에서 **[인쇄]**를 클릭합니다. 혹은 단축키 Ctrl + P를 누릅니다. 인쇄 설정 화면은 좌우로 분할되어 있으며, 왼쪽에는 **인쇄 관련 설정 항목**이 배치되고, 오른쪽에는 **미리 보기**가 표시됩니다. 미리 보기를 확인하면서 각 항목을 설정하고, 설정이 완료되면 화면 위쪽의 **[인쇄]**를 클릭합니다.

[인쇄] 설정 화면

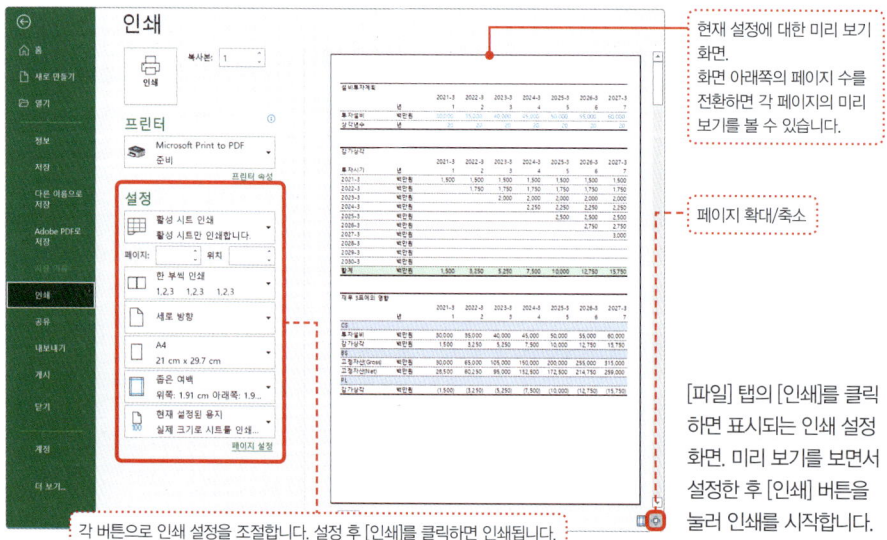

인쇄 범위 정하기

인쇄를 시작하기 전에 먼저 인쇄 범위를 설정합니다. 인쇄할 셀 범위를 선택하고 **[페이지 레이아웃]** 탭-**[인쇄 영역]**-**[인쇄 영역 설정]**을 클릭하면 해당 셀 범위만 인쇄 대상으로 지정됩니다.

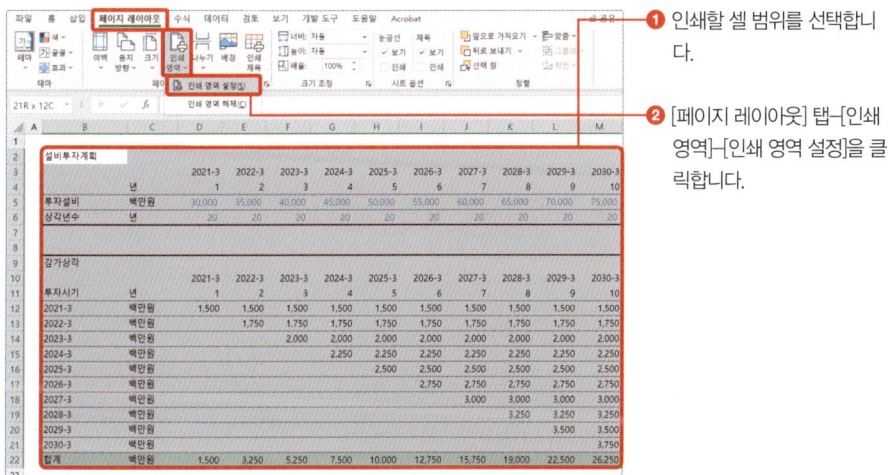

❶ 인쇄할 셀 범위를 선택합니다.

❷ [페이지 레이아웃] 탭-[인쇄 영역]-[인쇄 영역 설정]을 클릭합니다.

이 설정을 하지 않으면 시트에서 한 번이라도 사용된 셀이 모두 인쇄 범위가 됩니다. 따라서 일시적으로 사용한 수식이나 사용하지 않지만 배경색이 설정된 셀처럼 인쇄할 필요가 없는 셀까지 인쇄 대상에 포함되므로 사전에 인쇄 범위를 설정하는 것이 좋습니다.

또한 시트의 첫 번째 행과 열은 비워 두는 규칙(37쪽)에 따라 표를 작성했다면, 첫 번째 행과 열을 인쇄 범위에 포함할지 팀 전체에서 통일하는 것이 좋습니다.

> **Note** 인쇄 범위 설정 후 나타나는 테두리를 숨기는 방법
>
> 인쇄 범위를 설정하면 선택한 셀 범위 주위에 희미한 선이 표시됩니다. 이 선은 문서를 다시 열면 보이지 않습니다. 만약 항상 이 선이 표시되지 않기를 바란다면 [파일] 탭-[옵션]-[고급]-[다음 시트에서 작업할 때 보기 설정]을 클릭하여 해당 시트를 지정하고, [나누기 페이지 표시]의 체크를 해제하면 됩니다.

용지 방향과 크기 결정

인쇄 범위를 정했으면 인쇄 설정 화면에서 용지 방향과 크기를 설정합니다. 가로 방향으로 표를 인쇄하려면 [가로 방향]으로 설정하고 용지의 크기를 지정합니다. 기본적으로 A4 용지가 선택되어 있으나 표의 크기에 따라 적절한 크기의 용지를 선택합니다.

이때 가능하면 표 전체가 한쪽에 들어가도록 용지의 크기를 선택하는 것이 좋습니다. 표가 크다면 A3 용지를 고려해 보는 것이 좋습니다. 인쇄 비용은 A4와 그다지 다르지 않으면서 표를 알아보기가 훨씬 쉽습니다.

용지 방향과 크기를 조정하여 표가 한 장에 들어가도록 한다

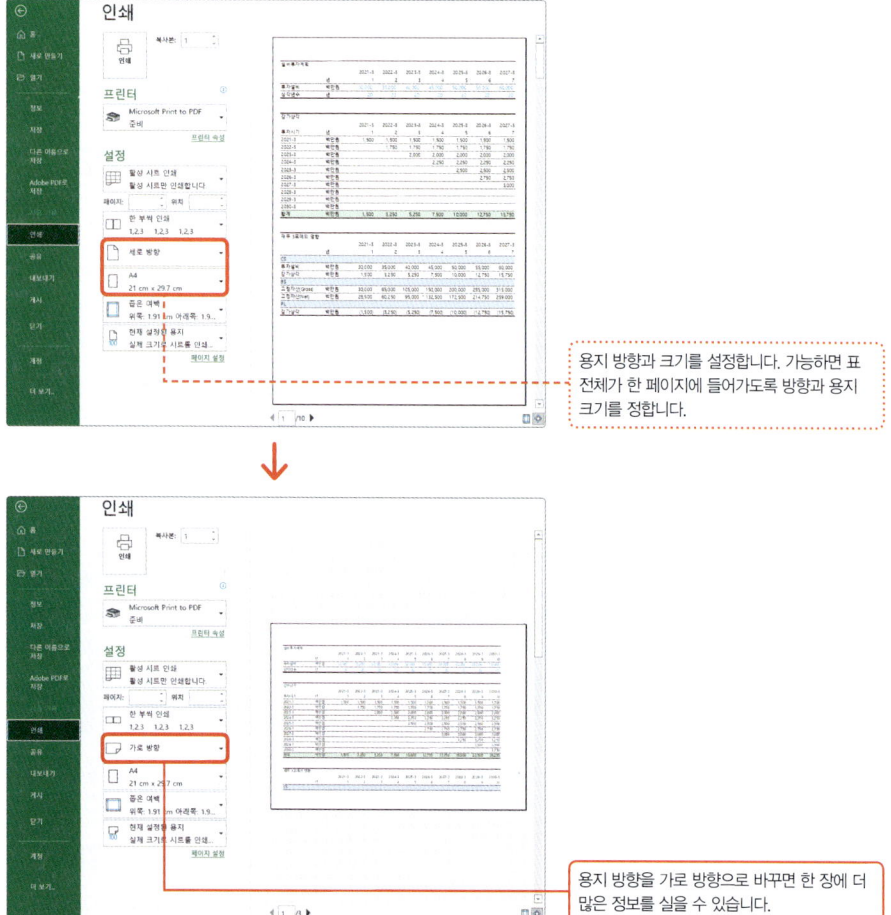

여백의 크기와 인쇄 배율

공간이 조금 모자라서 표가 한 장에 다 들어가지 않으면 우선 여백 설정을 바꿉니다. 여백을 설정하는 혼합 박스를 클릭하여 [좁은 여백]을 선택하면 됩니다(기본은 [보통 여백]이 설정됨). 그래도 한 페이지에 내용이 전부 들어가지 않는다면 그 밑에 있는 인쇄 배율 설정을 [한 페이지에 시트 맞추기]로 설정합니다. 그러면 한 페이지에 인쇄되도록 인쇄 배율이 자동으로 조정됩니다. 그러나 이 방법으로 표를 인쇄하면 문자나 숫자가 작게 인쇄될 수 있으므로 표가 너무 크면 주의해서 사용합니다. 어떤 방식으로 인쇄하는 것이 좋을지는 업무 상황에 따라 다르지만, 확실한 것은 약간의 공간 때문에 다음 페이지에 인쇄되는 상황이라면 인쇄 배율을 축소해서 한 페이지에 인쇄하는 것이 낫습니다.

여백 지정과 배율 지정

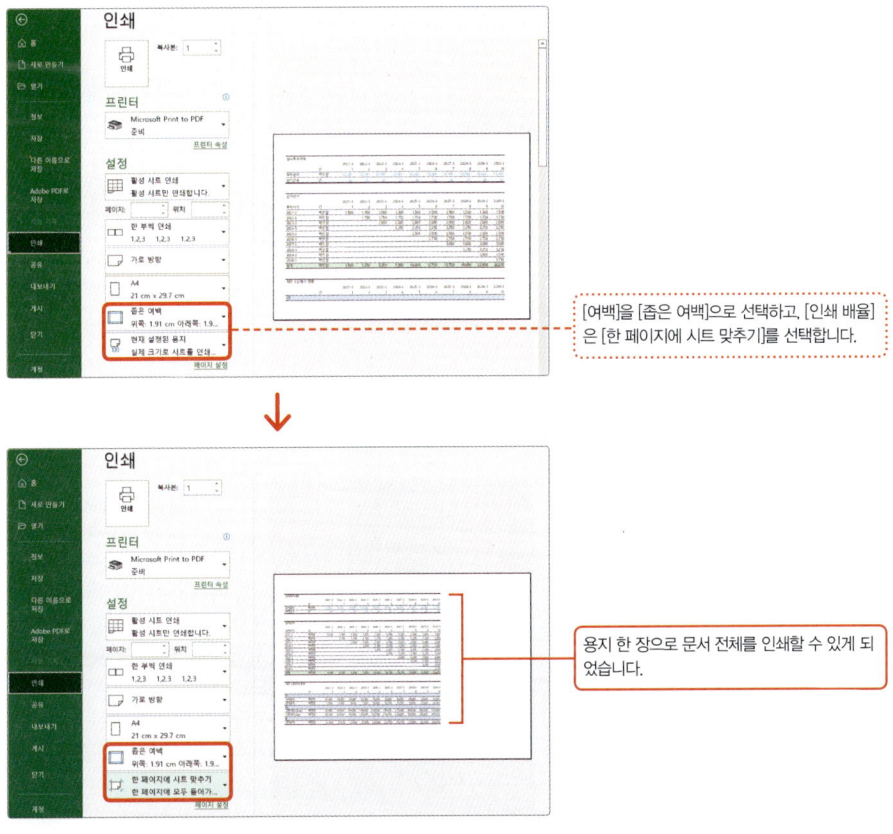

관련 항목   여러 시트 인쇄 ⇒ 344쪽 / 머리글과 바닥글 편집 ⇒ 347쪽 / PDF 출력 ⇒ 350쪽

02 인쇄의 기본 기능

예제 파일 10-01.xlsx

페이지를 나눠 인쇄할 때의 주의점

페이지를 나누는 위치 확인

큰 표를 여러 페이지에 나누어 인쇄할 때, 페이지를 나누는 구분선은 엑셀에 의해 자동으로 정해집니다. 페이지를 나누는 구분선을 확인하거나 바꾸려면 [보기] 탭에서 [페이지 나누기 미리 보기]를 클릭합니다. 그러면 [페이지 나누기 미리 보기] 화면이 표시됩니다.

페이지 나누기 미리 보기 화면에서는 인쇄 범위 전체가 **파란색 굵은 실선**으로 표시되고, 페이지를 나누는 구분선은 **파란색 점선**으로 표시됩니다. 이 테두리나 점선을 드래그하여 인쇄 범위 및 페이지 구분 위치를 바꿀 수 있습니다. 페이지 나누기 미리 보기 화면에서 원래 화면으로 돌아가려면 [페이지 나누기 미리 보기] 왼쪽에 있는 [기본]을 클릭합니다.

페이지 나누기 미리 보기 화면

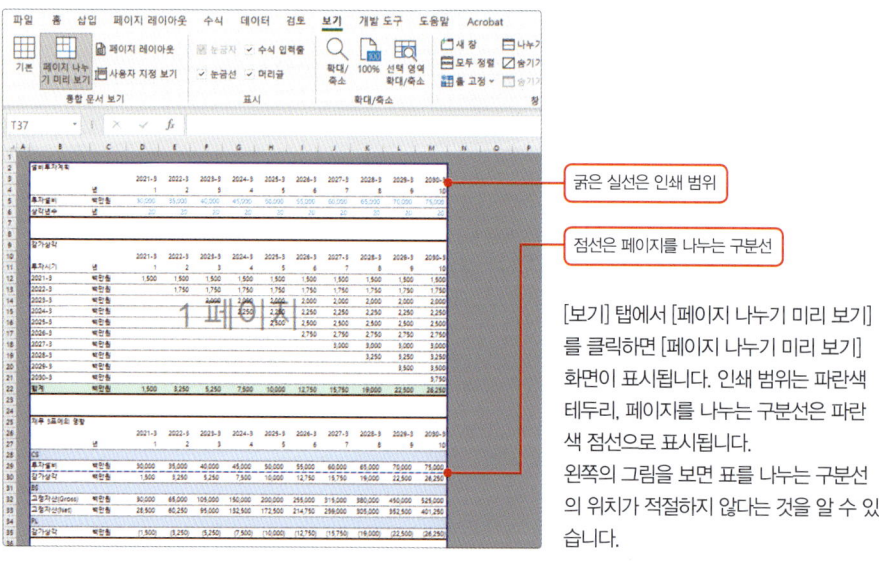

굵은 실선은 인쇄 범위

점선은 페이지를 나누는 구분선

[보기] 탭에서 [페이지 나누기 미리 보기]를 클릭하면 [페이지 나누기 미리 보기] 화면이 표시됩니다. 인쇄 범위는 파란색 테두리, 페이지를 나누는 구분선은 파란색 점선으로 표시됩니다.
왼쪽의 그림을 보면 표를 나누는 구분선의 위치가 적절하지 않다는 것을 알 수 있습니다.

페이지 구분선을 바꿀 때는 반드시 짧게

페이지를 나누는 구분선은 파란 점선을 드래그하여 쉽게 바꿀 수 있지만, 바꿀 때는 반드시 **기본으로 설정된 범위보다 작아지도록 바꾸는 것이 좋습니다.** 페이지 구분선을 원래보다 밑쪽으로 늘리면 그 범위를 맞추기 위해 표가 자동으로 축소 인쇄되기 때문입니다. 자칫 페이지마다 표 인쇄 배율이 달라질 수 있으니 주의합니다. 페이지 구분선을 추가로 삽입하려면, 행 전체 또는 열 전체를 선택하고 **[마우스 우클릭]-[페이지 나누기 삽입]**을 클릭합니다.

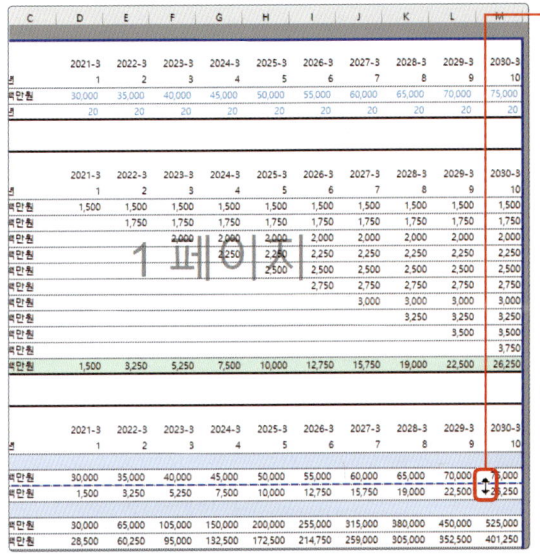

❶ 페이지 구분선을 나타내는 파란색 점선 위로 마우스를 이동한 후 드래그하여 위치를 바꿉니다.

TIP 인쇄 영역의 넓이를 바꿀 때는 반드시 왼쪽이나 위쪽으로 드래그합니다. 즉, 범위를 축소합니다. 오른쪽이나 아래쪽으로 드래그하여 인쇄 범위를 넓히면 인쇄 배율이 축소됩니다.

❷ 페이지 구분선을 바꾸어 시트에 있는 2개의 표를 각각 다른 종이에 인쇄하도록 했습니다. 이때 페이지 구분선은 처음에는 점선이었다가 사용자가 바꾼 후에는 실선이 됩니다.

관련 항목 인쇄 기능의 기본 ⇒ 338쪽 / 한 부씩 인쇄 ⇒ 348쪽

03 인쇄의 기본 기능

예제 파일 10-01.xlsx

여러 시트를 통합하여 인쇄하기

인쇄할 시트 그룹화하기

여러 시트를 한꺼번에 인쇄하려면 먼저 시트별로 인쇄 영역, 용지 방향, 용지 크기 등 각종 인쇄 설정(339쪽)을 수행합니다.

각 시트의 인쇄 설정이 완료되면 시트 탭에서 인쇄할 시트를 선택합니다. 여러 시트를 동시에 인쇄하려면 첫 번째 시트를 선택한 후, Ctrl을 누른 상태에서 나머지 시트 탭을 클릭하여 선택합니다. 이처럼 동시에 여러 시트를 선택하는 것을 **시트 그룹화**라고 합니다. 시트를 그룹화한 상태에서 인쇄(Ctrl+P)를 실행하면 선택한 시트가 모두 인쇄됩니다.

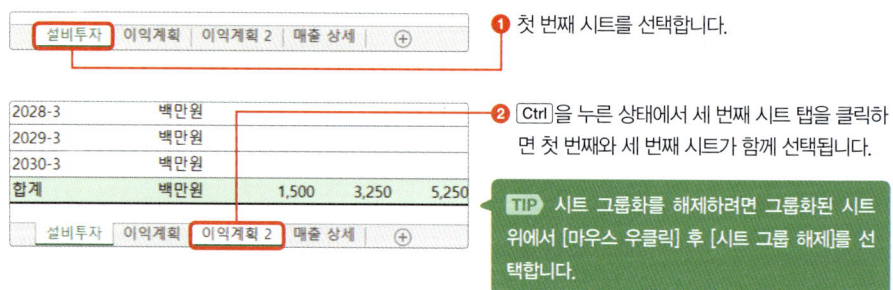

❶ 첫 번째 시트를 선택합니다.

❷ Ctrl을 누른 상태에서 세 번째 시트 탭을 클릭하면 첫 번째와 세 번째 시트가 함께 선택됩니다.

TIP 시트 그룹화를 해제하려면 그룹화된 시트 위에서 [마우스 우클릭] 후 [시트 그룹 해제]를 선택합니다.

Note 여러 시트를 한꺼번에 선택하기

한 개의 시트 탭을 선택한 상태에서 Ctrl이 아닌 Shift를 누른 상태로 다른 시트 탭을 클릭하면 처음 선택한 시트와 클릭한 시트 사이에 있는 모든 시트를 선택할 수 있습니다. 예를 들어, 첫 번째 시트를 선택한 후 Shift를 누른 상태에서 네 번째 시트를 클릭하면 1~4번째의 모든 시트를 선택할 수 있습니다. 여러 시트를 동시에 인쇄할 때 유용합니다.

통합 문서 내에 있는 모든 시트 인쇄하기

통합 문서 내의 모든 시트를 인쇄하려면 각 시트에 대해 인쇄 설정을 마친 후, 인쇄 설정 화면의 [인쇄 대상]에서 [전체 통합 문서 인쇄]를 선택합니다. 그러면 시트별로 지정한 인쇄 설정이 반영되어 인쇄됩니다.

통합 문서 내의 모든 시트를 통합하여 인쇄하기

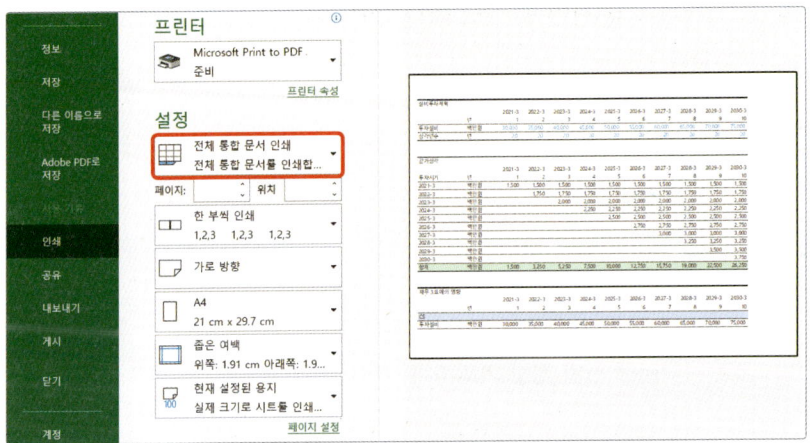

모든 시트를 인쇄한다면 인쇄 설정 화면의 [인쇄 대상]에서 [전체 통합 문서 인쇄]를 설정하고 인쇄 버튼을 클릭합니다.

> **Note** 선택한 셀 범위만 인쇄하기(선택 영역 인쇄)
>
> 엑셀에서는 시트 전체가 아닌 선택한 셀 범위만을 인쇄할 수도 있습니다. 셀 범위를 선택한 후 [인쇄 대상]으로 [선택 영역 인쇄]를 설정하면 됩니다. 이 기능을 응용하여 여러 시트에 적용할 수도 있습니다. 첫 번째 시트에서 셀 범위를 선택한 후 Ctrl을 누른 상태에서 다른 시트에서도 셀 범위를 선택합니다. 그러면 첫 번째 셀 범위와 두 번째 셀 범위를 별도의 용지에 인쇄할 수 있습니다.

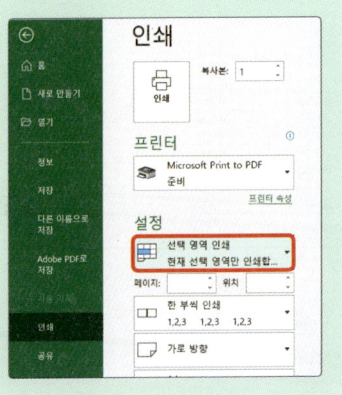

관련 항목 페이지 나누기 변경 ⇒ 342쪽 / 머리글과 바닥글 편집 ⇒ 347쪽 / 한 부씩 인쇄 ⇒ 348쪽

04 인쇄의 기본 기능

예제 폴더 10-04

중요한 파일 정보를
문서의 머리글에 기재하기

파일 정보를 기재하여 문서의 정확성 확보하기

여러 페이지로 구성된 문서를 인쇄할 때는 용지의 머리글과 바닥글에 **파일 이름** 및 **인쇄 날짜**, **페이지 번호** 등을 표시하는 것이 좋습니다.

문서에 따라서는 가장 최신의 문서가 맞는지, 중간에 누락된 페이지는 없는지가 매우 중요할 수 있습니다. 그때 머리글과 바닥글에 파일 정보가 기재되어 있으면 확인하기 훨씬 수월합니다. 특히, 30장이나 40장처럼 양이 많은 문서라면 필수적입니다.

문서의 머리글과 바닥글에 파일 정보 기재하기

용지의 머리글과 바닥글에 파일 이름 및 인쇄 날짜, 페이지 번호 등의 중요한 파일 정보를 기재하면, 여러 페이지로 구성된 문서를 배포할 때 편리합니다.

머리글/바닥글 설정 방법

머리글/바닥글에 표시할 내용은 자주 사용되는 패턴 중에서 선택하거나 자유롭게 직접 설정할 수도 있습니다. 머리글과 바닥글을 설정하려면 아래의 절차를 따릅니다.

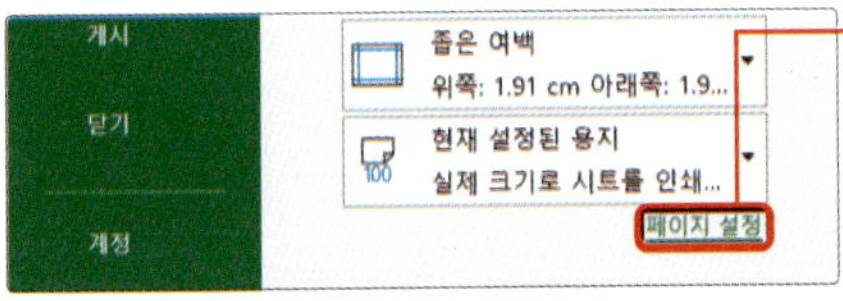

❶ 인쇄 설정 화면의 아래에 있는 [페이지 설정] 링크를 클릭합니다.

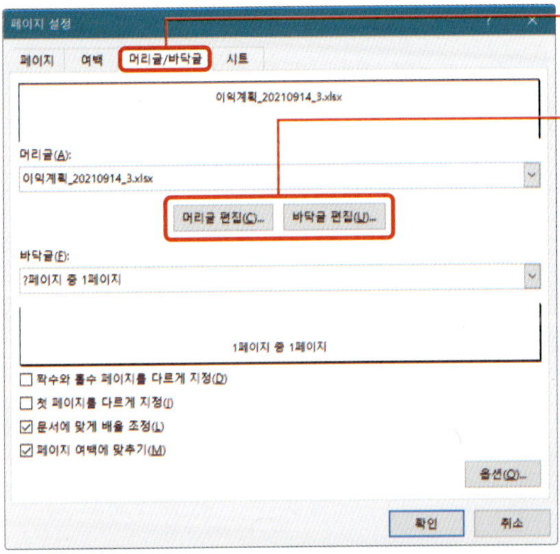

❷ [페이지 설정] 대화상자에서 [머리글/바닥글] 탭을 선택합니다.

❸ [머리글 편집] 또는 [바닥글 편집]을 클릭합니다.

TIP 자주 사용되는 패턴 목록에서 선택할 수도 있습니다.

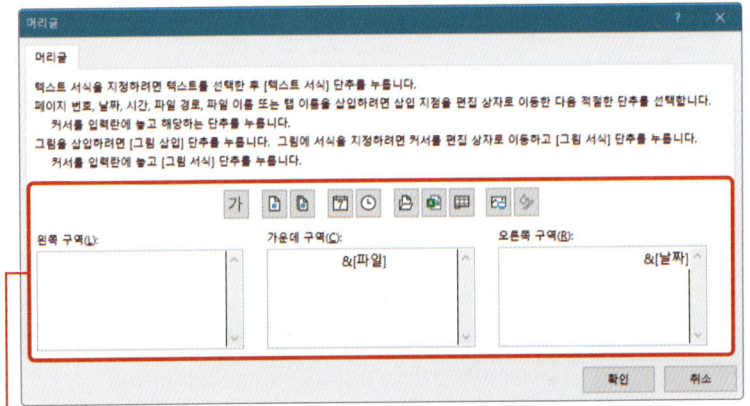

❹ 왼쪽, 가운데, 오른쪽 구역 중 하나를 선택한 후, 파일 이름 삽입 및 날짜 삽입 등에 대응하는 버튼을 클릭합니다.

관련 항목 인쇄 기능의 기본 ⇒ 338쪽 / 한 부씩 인쇄 ⇒ 348쪽

05 인쇄의 기본 기능

예제 파일 10-01.xlsx

배포 자료는 한 부씩 인쇄한다

한 부씩 인쇄하기

여러 페이지로 구성된 문서를 동시에 여러 부 인쇄한다면, 인쇄 설정 화면에서 **[복사본]**을 설정하고 **[인쇄 방법]**에 **[한 부씩 인쇄]**를 설정합니다. **[한 부씩 인쇄]**를 설정하지 않은 상태에서 3페이지짜리 문서를 5부 인쇄하면 첫 번째 페이지 5부, 두 번째 페이지 5부, 세 번째 페이지 5부 순으로 인쇄되기 때문에 인쇄된 문서를 다시 정리하는 데 엄청난 시간이 소요됩니다. '한 부씩 인쇄'를 설정하고 인쇄하면 1~3페이지의 한 세트가 5회 인쇄됩니다. 불필요한 정리 작업에 시간을 낭비하지 않도록 꼭 기억해 둡니다.

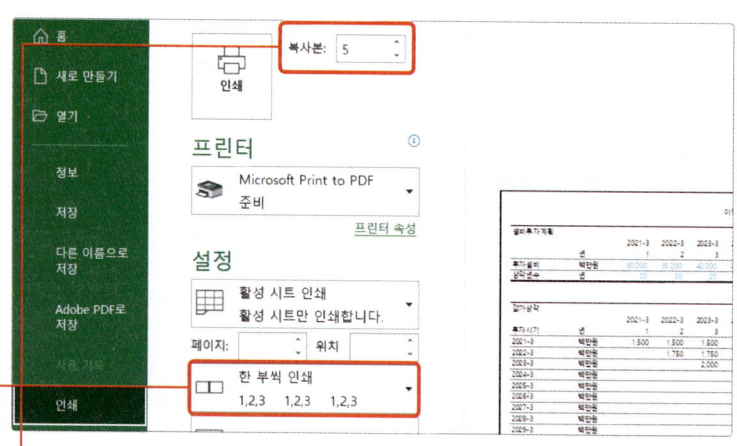

❶ [복사본]에 인쇄할 매수를 지정합니다.
❷ [한 부씩 인쇄]를 선택합니다.

> **Note** 프린터 자체 설정 활용하기
> 사용하는 프린터에 따라 '양면 인쇄'나 '여러 페이지를 한꺼번에 축소하여 인쇄' 같은 기능이 있을 수도 있습니다. 이러한 프린터 고유의 설정이 있다면, [페이지 설정] 대화상자(347쪽)에서 [페이지] 탭의 [옵션]을 클릭하여 설정 화면에 들어갈 수 있습니다.

관련 항목 여러 시트 인쇄 ⇒ 344쪽 / 머리글과 바닥글 편집 ⇒ 347쪽 / PDF 출력 ⇒ 350쪽

06 인쇄의 기본 기능   예제 파일 10-01.xlsx

표 제목을 각 페이지의
첫 줄에 표시하여 인쇄하기

세로로 긴 표를 인쇄할 때의 필수 기술

용지 한 페이지에 인쇄되지 않는 세로로 긴 표를 인쇄할 때는 표의 제목 행을 각 페이지의 첫 줄에 인쇄하는 것이 좋습니다. 특히, 열이 많으면 첫 번째 페이지 이외의 페이지에서는 각 열이 어떤 데이터인지 쉽게 파악하기 어렵습니다. 이럴 때는 모든 페이지에 열 정보가 표시되도록 설정하는 것이 좋습니다.

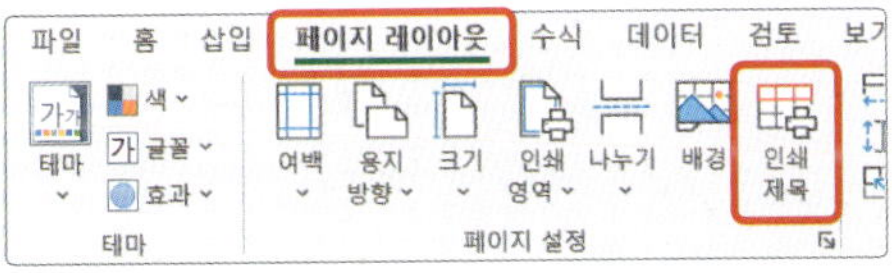

❶ [페이지 레이아웃] 탭의 [인쇄 제목]을 클릭합니다.

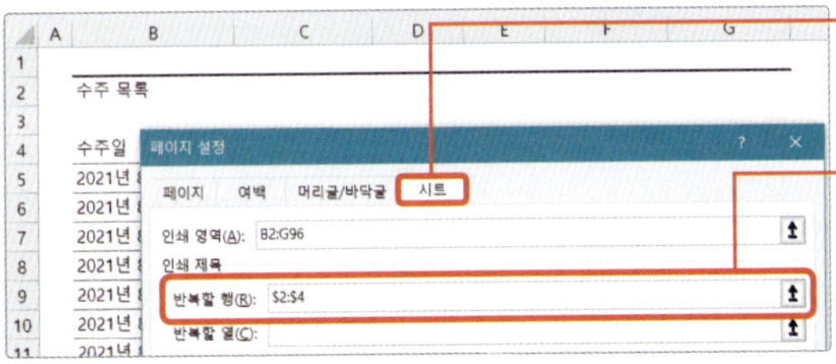

❷ [페이지 설정] 대화상자에서 [시트] 탭을 선택합니다.

❸ [반복할 행]에 모든 페이지에 표시할 행의 범위를 지정합니다.

TIP [페이지 설정] 대화상자는 인쇄 설정 화면의 왼쪽 아래쪽에 있는 [페이지 설정] 링크를 클릭해도 볼 수 있습니다.

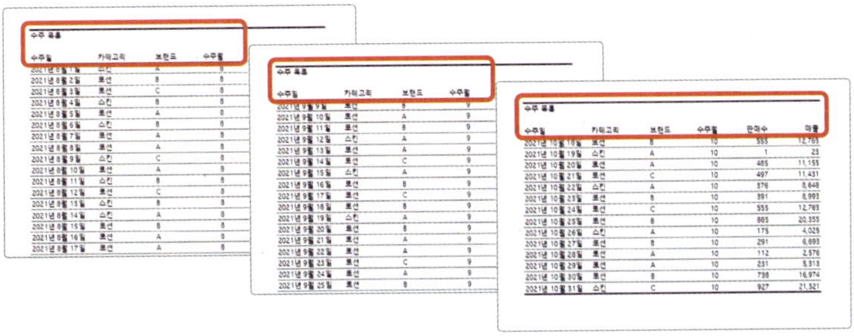

❹ 전체 페이지의 첫 줄에 표 제목과 열 이름이 표시됩니다.

관련 항목 인쇄 기능의 기본 ⇒ 338쪽 / 머리글과 바닥글 편집 ⇒ 347쪽 / 한 부씩 인쇄 ⇒ 348쪽

COLUMN

스마트폰이나 태블릿에서도 볼 수 있도록 PDF로 변환하기

엑셀에서 만든 표를 PDF 형식의 파일로 저장하려면, 인쇄 설정 화면에서 각종 설정을 수행한 후 [내보내기] 화면에서 [PDF/XPS 문서 만들기]를 클릭하면 됩니다. 그러면 설정한 내용에 맞춰 PDF 파일로 저장됩니다.

PDF 파일은 엑셀이 설치되지 않은 환경은 물론, 스마트폰이나 태블릿 등의 환경에서도 볼 수 있는 범용성이 높은 파일 형식입니다. 태블릿에서 해당 문서를 사용하려면 PDF로 저장하는 방법을 알아 두면 편리합니다.

PDF로 출력하기

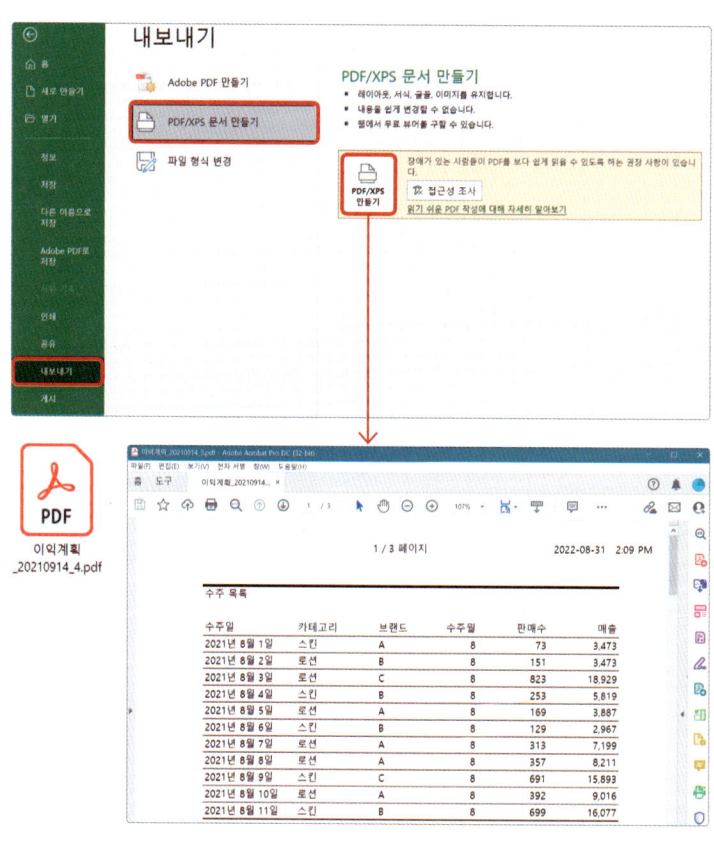

11장

업무 효율을 극대화하는 매크로

01 매크로 기능의 활용

온종일 걸릴 작업을
단숨에 끝내는 자동화

반복적인 작업은 매크로로 자동화하자

엑셀에는 일련의 조작을 자동화할 수 있는 **매크로** 기능이 있습니다. 매크로를 사용하면 온종일 걸릴 작업을 순식간에 끝낼 수 있습니다.

예를 들어, 표가 많이 있는데 그 디자인을 모두 수정해야 하는 상황이라고 가정하겠습니다. 마우스를 사용하여 하나씩 표의 글꼴, 셀의 폭과 높이, 테두리를 조정한다면 엄청나게 많은 시간이 필요하지만 매크로를 사용하면 순식간에 끝낼 수 있습니다. 1~2개의 표라면 손으로 작업해도 상관없지만, 10개 이상이라면 매크로를 사용하는 쪽이 훨씬 효율적이고 정확합니다.

매크로를 이용한 자동화 예

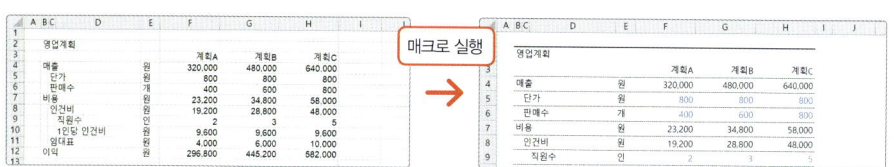

엑셀의 매크로를 사용하면 위와 같은 디자인 변경 작업을 순식간에 끝낼 수 있습니다. 이외에도 여러 통합 문서에 분산된 데이터의 집계나 대량 데이터에서 필요한 정보만을 추출하는 처리 등에 매크로가 효율적입니다.

엑셀을 많이 사용하는 사람일수록 매크로에서 얻는 혜택이 큽니다. 매크로는 엑셀 작업을 하느라 매일같이 야근을 하던 사람들에게 퇴근 후의 삶을 선사해 줄 것입니다. 그뿐 아니라 단순하고 오래 걸리는 작업을 매크로로 처리함으로써 데이터 분석과 마케팅, 영업 전략 등과 같이 더 중요한 일에 많은 시간을 할애할 수 있습니다.

자신만의 노하우를 자동화하기

매크로는 일련의 조작을 약속된 문법에 맞춰 텍스트로 작성하고 그것을 순차적으로 실행하는 구조입니다. 예를 들어, 다음 4가지 조작을 순서대로 수행하는 매크로를 작성한다고 생각해보겠습니다.

- 시트 전체의 글꼴을 '맑은 고딕'으로 한다
- 글꼴 크기를 '11'로 한다
- 표의 행 높이를 '18'로 한다
- 첫 번째 열(A열)의 셀 너비를 '3'으로 한다

매크로 코드 예제와 실행 방법

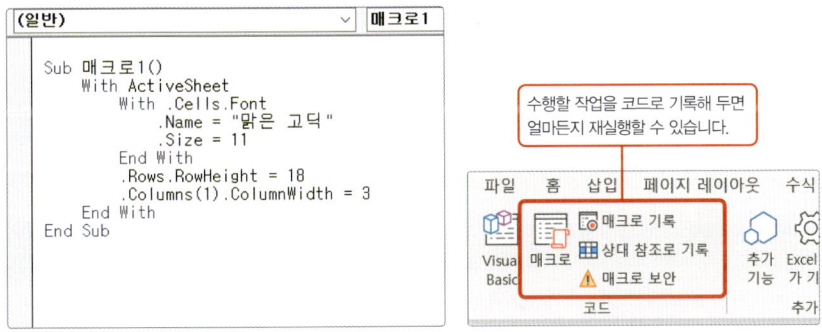

매크로로 실행할 내용이 기재된 매크로 코드. 수행한 작업에 해당하는 매크로 코드를 자동으로 만들어 주는 매크로 기록 기능도 있습니다.

자세한 내용은 다음 페이지에서 설명하지만, 위 매크로 코드를 잘 살펴보면 어떤 내용인지 대충 유추할 수 있을 것입니다. 위 매크로를 실행하면 4가지 작업이 순차적으로 바로 실행됩니다. 매크로 코드를 직접 작성하는 것이 어려워 보여도 걱정하지 않아도 됩니다. 엑셀에는 **매크로 기록** 기능(355쪽)이 있으며, 이 기능을 이용하면 코드를 직접 작성하지 않아도 수행한 작업을 자동으로 코드로 만들어 줍니다. 매크로 기능은 분명 어렵지만, 시간을 투자하여 익혀 두면 여러분이 얻게 될 가치는 매우 클 것입니다.

> 관련 항목 매크로의 기본 ⇒ 354쪽 / 매크로 기록 ⇒ 355쪽 / 매크로 실행 ⇒ 356쪽

02 매크로 기능의 활용
예제 파일 11-02.xlsm

매크로의 기본적인 사용법

매크로를 사용하기 위해 [개발 도구] 탭 표시

매크로를 제대로 익히려면 책 한 권을 쓸 수 있을 정도로 내용이 방대합니다. 따라서 이 책에서 매크로의 모든 것을 다룰 수는 없습니다. 하지만 기초 중의 기초, 이 정도를 알면 ==매크로의 세계에 들어갈 입구에 한 발을 내디딜 수 있도록 노력했습니다.== 지금까지 한 번도 매크로를 사용한 적이 없었다면 꼼꼼히 읽고 따라해 봅니다. 여기서는 **매크로 기록** 기능을 이용하여 매크로를 작성하고, 실행하고, 편집하는 방법을 소개합니다.

엑셀에서 매크로는 따로 설정하지 않으면 메뉴에 보이지 않습니다. 리본 메뉴에 [**개발 도구**] 탭을 추가하려면 아래의 절차를 따릅니다.

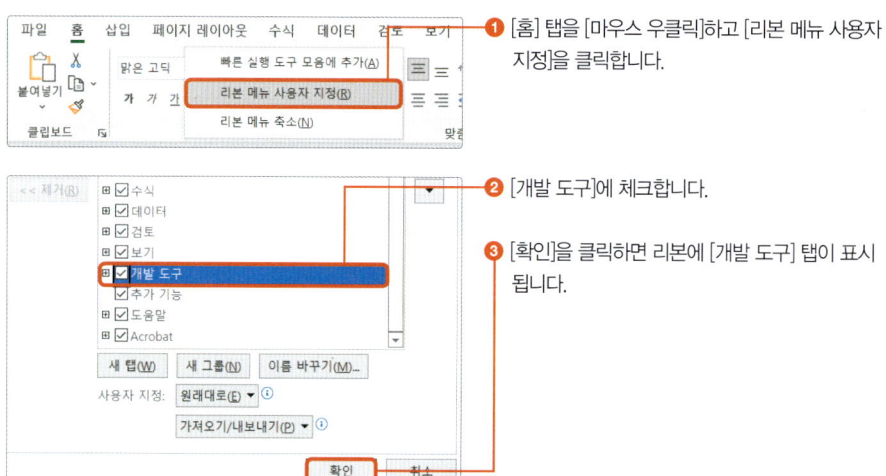

❶ [홈] 탭을 [마우스 우클릭]하고 [리본 메뉴 사용자 지정]을 클릭합니다.

❷ [개발 도구]에 체크합니다.

❸ [확인]을 클릭하면 리본에 [개발 도구] 탭이 표시됩니다.

매크로 기록 기능으로 매크로 작성하기

개발 도구 탭이 보이도록 설정했으면 이제 매크로를 기록하고 실행하겠습니다. 신규 통합 문서를 작성하고 [개발 도구] 탭의 [매크로 기록]을 누릅니다 ❶. 매크로 기록 대화상자가 표시되면 [매크로 이름](자동화할 작업의 이름)을 입력하고 ❷, [확인]을 누릅니다 ❸. 이것으로 매크로를 기록할 준비가 끝났습니다. 기록하고 싶은 일련의 작업을 수행하고 ❹, 마지막으로 [기록 중지]를 클릭합니다 ❺. 이것으로 매크로 기록이 완료됩니다.

매크로 기록 기능으로 매크로 작성

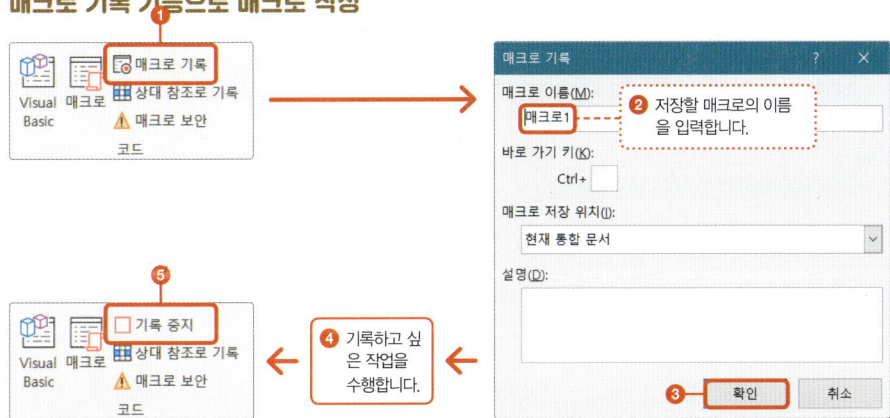

[개발 도구] 탭의 [매크로 기록]을 클릭하여 자동화할 작업을 기록합니다. 모든 작업을 마쳤으면 [기록 중지]를 클릭합니다.

여기서는 매크로 이름으로 '매크로1'을 입력하고 [확인]을 누른 후 다음과 같은 작업을 수행하겠습니다.

❶ 시트 왼쪽 위의 [모든 셀 선택] 버튼을 눌러 전체 셀을 선택한다
❷ 글꼴은 '맑은 고딕'으로, 크기는 '11pt'로 바꾼다
❸ [홈] 탭의 [서식]-[행 높이]를 클릭하여 행 높이를 '18'로 설정한다
❹ A열을 전체 선택한 후 [홈] 탭의 [서식]-[열 너비]를 클릭하여 열 너비를 '3'으로 설정한다

위 4가지 작업을 마쳤으면 [기록 중지]를 클릭합니다. 이것으로 매크로가 만들어졌습니다. 이제 이 '매크로1'을 실행하는 방법에 대해 알아보겠습니다.

기록한 매크로를 실행하는 방법

기록한 매크로를 실행하려면 [개발 도구] 탭에서 [매크로]를 클릭하여 매크로 대화상자를 엽니다. 지금까지 만든 매크로 목록이 나열되면 실행하려는 매크로를 선택하여 [실행]을 클릭합니다. 그러면 매크로에 기록된 작업이 즉시 실행됩니다. 앞서 작성한 '매크로1'을 새로운 시트에 실행하면 해당 시트의 글꼴과 행 높이, A 열의 너비가 즉시 변경됩니다.

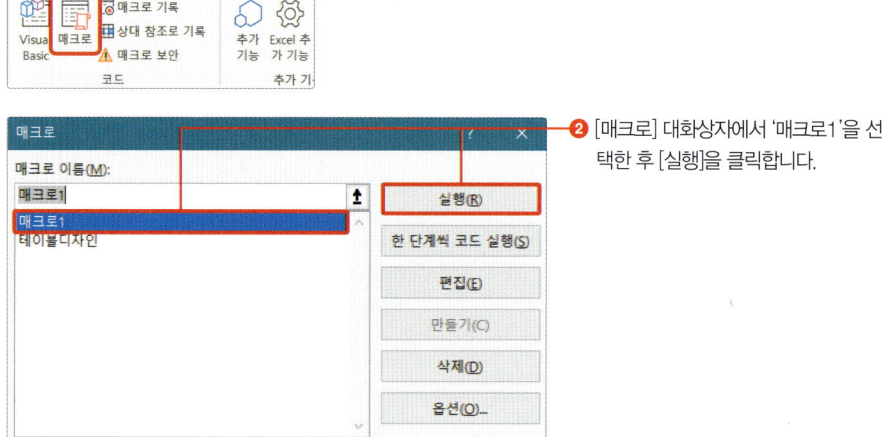

❶ [개발 도구] 탭에서 [매크로]를 클릭합니다.

❷ [매크로] 대화상자에서 '매크로1'을 선택한 후 [실행]을 클릭합니다.

> **Note) 상대 참조로 기록하기**
>
> 매크로를 기록할 때 [개발 도구] 탭의 [상대 참조로 기록]을 클릭하여 활성화하면 셀이나 셀의 범위를 선택할 때 상대적인 위치로 기록됩니다. 예를 들어, [A1] 셀을 선택한 상태에서 기록을 시작하고 바로 옆의 [B1] 셀의 배경색을 바꾸면 '바로 옆 셀의 배경색을 바꾸는 것'으로 기록됩니다.
>
>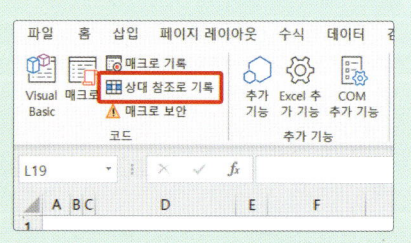

빠른 실행 도구 모음에 매크로 등록하기

작성한 매크로를 **빠른 실행 도구 모음**에 등록할 수 있습니다. 그러면 클릭 한 번으로 간편하게 매크로를 수행할 수 있습니다. 자주 사용하는 매크로를 등록해 두면 매우 편리합니다. 또한, 빠른 실행 도구 모음에 등록하면 자동으로 [Alt] 계열의 단축키(174쪽)가 할당되므로 키보드로 빠르게 매크로를 실행할 수도 있습니다. 매크로를 빠른 실행 도구 모음에 등록하려면 아래의 절차를 따릅니다.

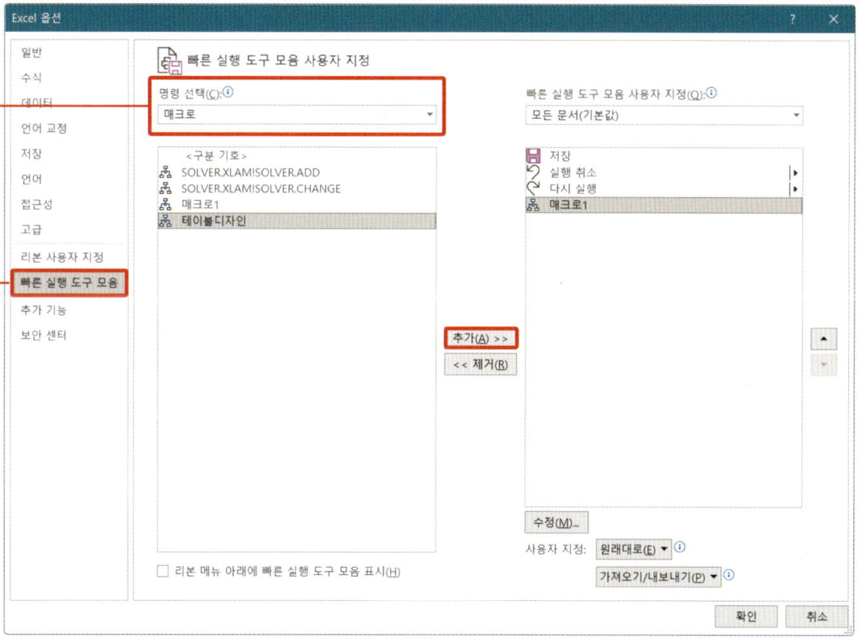

❶ [파일] 탭-[옵션]을 클릭한 다음 [Excel 옵션] 대화상자를 표시합니다.
❷ [빠른 실행 도구 모음]을 클릭합니다.
❸ [명령 선택]에서 [매크로]를 선택합니다.
❹ 왼쪽 목록에서 추가할 매크로를 선택하고 [추가]를 클릭하고 [확인]으로 등록합니다.

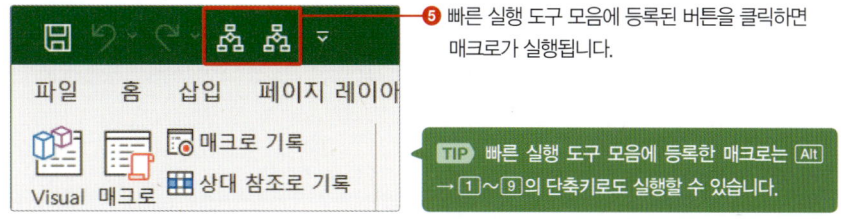

❺ 빠른 실행 도구 모음에 등록된 버튼을 클릭하면 매크로가 실행됩니다.

TIP 빠른 실행 도구 모음에 등록한 매크로는 [Alt] → [1]~[9]의 단축키로도 실행할 수 있습니다.

매크로 확인 및 편집하기

만든 매크로의 내용을 확인하고 수정하려면 **[개발 도구]** 탭의 왼쪽에 있는 **[Visual Basic]**을 클릭합니다. 그러면 VBE(Visual Basic Editor)라는 전용 화면이 표시되며, 여기서 매크로의 내용을 확인하고 편집할 수 있습니다. VBE를 열면 이번 항에서 만든 '매크로1'의 코드가 보일 것입니다. 앞에서 기록한 '매크로1'을 아래의 지시 사항과 같이 편집했습니다.

① 선택 범위의 위쪽 및 아래쪽에 굵은 실선 테두리 표시
② 두 번째 행 이후로 가로 방향의 가는 실선 테두리 표시
③ 직접 입력한 수치의 글자 색 변경
④ 눈금선 숨기기
⑤ 매크로의 이름을 '테이블디자인'으로 변경

이처럼 VBE를 이용하면 매크로의 내용을 확인하고 직접 편집하는 것이 가능합니다.

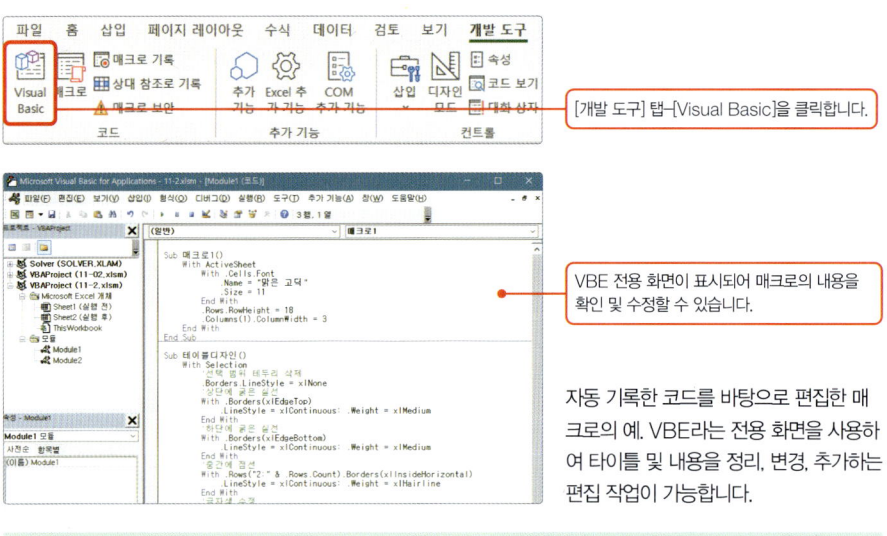

[개발 도구] 탭-[Visual Basic]을 클릭합니다.

VBE 전용 화면이 표시되어 매크로의 내용을 확인 및 수정할 수 있습니다.

자동 기록한 코드를 바탕으로 편집한 매크로의 예. VBE라는 전용 화면을 사용하여 타이틀 및 내용을 정리, 변경, 추가하는 편집 작업이 가능합니다.

> **Note VBE와 VBA**
> 매크로 편집 화면을 VBE라고 부르는 반면, 매크로 프로그램 작성 규칙을 VBA(Visual Basic for Applications)라고 합니다.

매크로를 사용하면 자신만의 작업 도구를 만들 수 있다

매크로를 만들어 두면 한 번의 클릭으로 표 디자인을 바꿀 수 있습니다.

매크로를 저장하는 3가지 방식

매크로가 포함된 엑셀 파일은 일반 엑셀 통합 문서와는 다르게 파일 형식을 '엑셀 매크로 사용 파일 형식(*.xlsm)'으로 지정하여 저장해야 합니다. 그러면 확장자가 xlsm이 되고, 아이콘도 일반 엑셀 문서와는 조금 달라져 매크로가 포함된 문서임을 구분할 수 있게 됩니다.

엑셀에서 매크로를 저장하는 방법은 다음과 같이 3가지가 있습니다.

매크로 저장 방법

저장 방법	설명
통합 문서 형식(xlsm)	하나의 통합 문서에 매크로를 함께 저장하는 방식입니다. 일반 엑셀 파일 형식과 달리 xlsm 형식(엑셀 매크로 사용 파일 형식)으로 저장해야 합니다. 만든 매크로를 해당 통합 문서에서만 사용하고 싶으면 이 방법을 선택합니다.
개인용 매크로 통합 문서	컴퓨터 내의 모든 통합 문서에서 공유되는 매크로 전용 통합 문서에 기록하는 방식입니다. 만든 매크로를 다른 통합 문서에서도 사용하고 싶으면 이 방법을 선택합니다.
엑셀 추가 기능 방식	작성한 매크로를 엑셀의 확장 기능처럼 사용하고 싶을 때 저장하는 방식입니다. [개발 도구]의 [Excel 추가 기능]에서 추가하면 작성한 매크로나 함수를 엑셀의 기본 기능처럼 사용할 수 있습니다.

이처럼 엑셀에서는 매크로의 목적이나 용도에 따라 적절한 방법으로 매크로를 저장할 수 있습니다. 지면 관계상 각 저장 방법에 대해 자세히 설명할 수 없으므로, 자세한 사용법은 별도로 검색하기 바랍니다.

관련 항목 ▶ 매크로와 VBA ⇒ 360쪽 / 매크로 보안 설정 ⇒ 361쪽

03 매크로 기능의 활용

매크로 심화 학습

매크로의 고급 기능

엑셀의 매크로는 직접 하던 작업을 자동화하는 것이 전부가 아닙니다. 매크로를 사용하면 **조건 분기 처리**(조건에 따라 서로 다른 작업을 수행)나 **반복 처리**(같은 처리를 여러 대상에 각각 수행)도 사용할 수 있습니다. 예를 들어, 한 줄씩 건너뛰어 총 100번의 처리를 반복 수행하는 작업, 원하는 문자열이 포함된 셀의 배경색만 바꾸는 작업, **특정 폴더 안에 있는 여러 통합 문서에 나열된 데이터를 하나의 통합 문서에 집계**하는 작업 등입니다.

이렇게 강력한 기능을 사용하면 복잡하고 손이 많이 가는 일을 빠르고 정확하게 끝낼 수 있을뿐더러 실수를 대폭 줄일 수 있습니다. 다음 표에 정리된 기능을 추가로 더 익힌다면 매크로의 응용 폭이 더 넓어질 것입니다.

매크로를 더 잘 사용하고 싶은 이들을 위한 추천 기능

VBA 기능	설명
조건 분기(if문)	값이나 수식의 결과 같은 조건에 따라 실행할 처리를 바꾸는 기능. IF 함수(102쪽)보다 복잡한 조건별 처리를 지정할 수 있습니다.
반복 처리(for문)	같은 처리를 100회 반복하거나 모든 시트에 처리하거나 건수가 50건이 될 때까지 처리를 반복하는 등 매크로의 내용을 반복하여 실행하는 기능. 많은 양의 작업을 한 번에 해결할 수 있으므로 업무 효율화의 핵심이 되는 기능이라 할 수 있습니다.
배열(Array 함수 등)	매출, 이익, 비용 중 어느 하나에 값이 들어 있는 열에 배경색을 바꾸는 등 처리 대상을 하나의 묶음으로 지정하여 유연하게 처리하는 기능입니다.

검색 키워드는 자동화, 매크로, VBA

매크로가 등록된 통합 문서를 열면 보안 경고 메시지가 표시되는 경우가 있습니다. 이것은 <mark>매크로에 의해 의도하지 않은 처리가 자동으로 실행되는 것을 막기 위해서입니다.</mark> 회사나 학교 등 작업 환경에 따라 매크로 사용이 금지되기도 합니다.

매크로는 매우 강력해서 편리하지만, 반대로 악용된다면 심각한 손실을 불러올 수 있습니다. 따라서 신뢰할 수 있는 사람이 작성한 매크로 이외에는 절대로 실행하지 않아야 합니다. 특히, 인터넷에서 구한 파일은 더욱 주의합니다.

매크로를 실행하기 위해서는 먼저 보안 설정이 필요하다

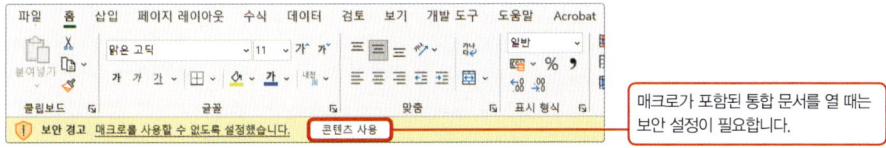

매크로가 포함된 통합 문서를 열 때는 보안 설정이 필요합니다.

그러나 매크로를 복잡하고 위험할뿐더러 어려운 기능으로 오해하지 않기를 바랍니다. 제대로 사용하면 매크로만큼 편리한 기능도 없습니다. 그리고 매크로의 고급 기능을 익히는 것도 그다지 어렵지 않습니다. 누구나 마음먹고 배우면 반드시 익힐 수 있습니다. <mark>매크로를 익히면 업무 효율이 극적으로 높아지기 때문에</mark> 늦게 매크로를 배운 사람들은 하루라도 빨리 매크로를 배울 것을 그랬다며 많이 아쉬워하기도 합니다.

매크로를 제대로 배우고 싶다면 매크로와 관련된 전문 서적을 읽어 보시기 바랍니다. 그 후 '매크로, 자동화, VBA' 등의 키워드와 함께 검색해 보면 다양한 매크로 코드를 쉽게 발견할 수 있을 것입니다. 그러나 인터넷의 매크로를 그대로 사용하기보다는 코드를 이해하고 본인의 상황에 맞게 편집하여 사용할 수 있는 수준까지 가는 것을 목표로 삼아 봅니다.

관련 항목 매크로의 기본 ⇒ 354쪽 / 매크로 기록 ⇒ 355쪽 / 매크로 실행 ⇒ 356쪽

04 효율적인 공동 편집 기능

예제 파일 11-04.xlsx

공동 편집 기능으로
효율을 높인다

공동 작업을 통한 업무 효율 높이기

엑셀 2021 및 최신의 마이크로소프트 365에서 새롭게 추가된 **공동 편집** 기능을 이용하면 <u>하나의 엑셀 통합 문서를 팀 멤버 등 여러 명이 동시에 열고 편집할 수 있습니다.</u> 또한 누군가 변경한 부분을 모두가 즉시 확인할 수 있습니다.

엑셀의 공동 편집 기능

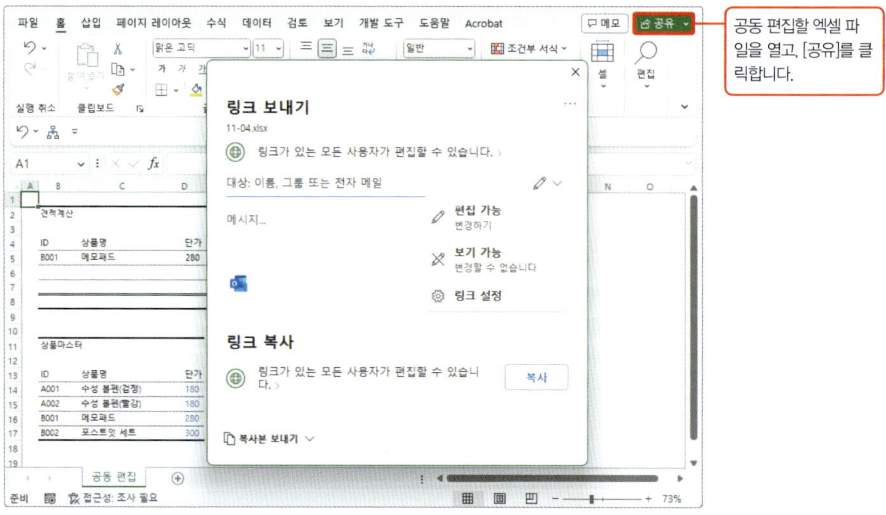

공동 편집 기능을 이용하면 클라우드상에 저장한 엑셀 파일을 여러 명이 동시에 편집할 수 있습니다. '편집 가능', '표시 가능' 등 세세한 권한 관리도 설정할 수 있습니다.

엑셀 시트의 공개 범위와 권한 설정은 신중하게 행한다

공동 편집 기능은 매우 편리한 반면, 제대로 사용하지 않으면 사외비 정보가 일반인에게 공개되어 버릴 위험도 있습니다. 따라서 공동 편집이 가능하도록 지정하는 사용자 설정이나 허가 편집 내용, 권한 부여 방법 등도 제대로 이해한 후에 활용합니다.

엑셀의 공동 편집 기능에서는 엑셀 시트에 공동 편집을 설정할 때의 **공유 설정**(아래 그림 참조)에 관해 '**어떤 사용자에게**', '**어떤 조작을**' 허가하는지 설정합니다.

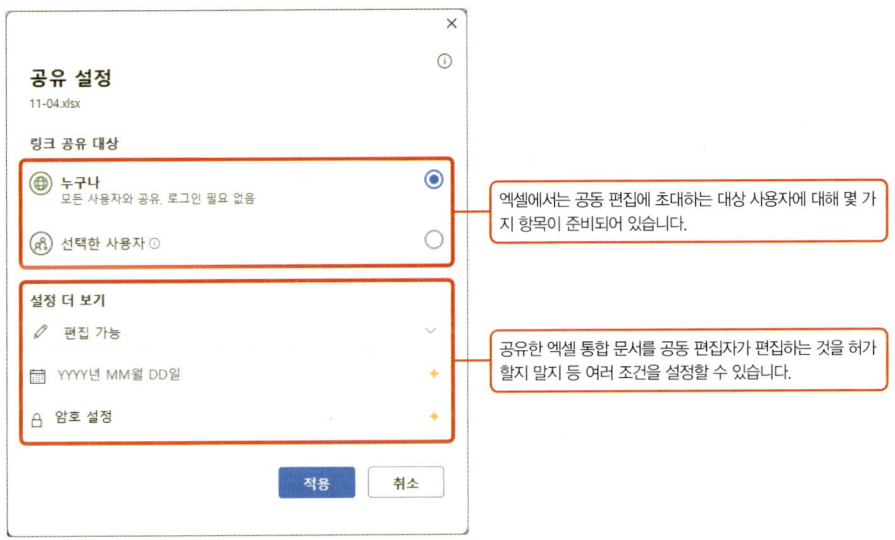

대상 사용자의 범위를 어떤 식으로 설정하는지에 대해서는 팀 리더나 정보 시스템 부서의 방침에 따릅니다. 편리한 기능을 제대로 활용하면 작업 효율화에 큰 도움이 됩니다.

관련 항목 오류 목록 ⇒ 55쪽 / 처리 자동화 ⇒ 352쪽

진솔한 서평을 올려주세요!

이 책 또는 이미 읽은 제이펍의 책이 있다면, 장단점을 잘 보여주는 솔직한 서평을 올려주세요.
매월 최대 5건의 우수 서평을 선별하여 원하는 제이펍 도서를 1권씩 드립니다!

- **서평 이벤트 참여 방법**
  ❶ 제이펍 책을 읽고 자신의 블로그나 SNS, 각 인터넷 서점 리뷰란에 서평을 올린다.
  ❷ 서평이 작성된 URL과 함께 review@jpub.kr로 메일을 보내 응모한다.

- **서평 당선자 발표**
  매월 첫째 주 제이펍 홈페이지(www.jpub.kr)에 공지하고, 해당 당선자에게는 메일로 연락을 드립니다.
  단, 서평단에 선정되어 작성된 서평은 응모 대상에서 제외합니다.

독자 여러분의 응원과 채찍질을 받아 더 나은 책을 만들 수 있도록 도와주시기 바랍니다.

찾아보기

기호

######	055
$	155
#DIV/0!	055, 101
#N/A	055, 107
#NAME?	055
#NULL!	055
#NUM!	055
#REF!	055
#VALUE!	055

번호

1E+10	055
1행	037
25시간	086

A C

Arial	032
A열	037
COUNTBLANK 함수	119
COUNTIFS 함수	122
COUNTIF 함수	105, 118

E F

EOMONTH 함수	136
ESC	139
F2	138

I M

IFERROR 함수	101
IFS 함수	106
MAX 함수	098
MIN 함수	098

N R

N/A	290
N.M.	103
ROUND 함수	100

S V X

Segoe UI	032
SUMIF 함수	108
SUM 함수	094
VLOOKUP 함수	128
XLOOKUP 함수	132

ㄱ

가는 선	050
가로줄	049
가상 분석	256
가중 평균	284
값 붙여넣기	204
개별 지정 방식	094
검산	138
검색 값	133
검색 조건	108
결정계수	273

찾아보기

경계선	046
경과 시간	086
계산 흐름	139
계열선	329
공동 편집	362
굵은 선	050
그룹 기능	063
그룹화 계층	064
기본 글꼴 설정	034
기본 함수	092
꺾은선형 차트	146

ㄴ

나누기 붙여넣기	210
노트	068
논리식	102
눈금선	313

ㄷ

다른 이름으로 저장	148
다시 실행	187
다음을 포함하는 셀만 서식 지정	074
단위 표기	041
데이터 강조	069
데이터 유효성 검사	162
데이터 추출	132
데이터 테이블	228
도형의 직선	067
들여쓰기	043

ㄹ

로트	158
리본 메뉴	079

ㅁ

마스터 데이터	131
마이너스	103
마이너스 숫자	031
맑은 고딕	032
매크로	352
매크로 기록	355
매크로 등록	357
매크로 코드	353
머리글	347
메모	068
명명 규칙	150
목표값 찾기	241
문자 맞춤	039
문자 색	052
문자색 변경	177

ㅂ

바닥글	347
반올림	100
반환 범위	135
배경색	053
범례	304
범위 지정 방식	094
변환 계수	086

분산형 차트	272	시급	086
비교 기호	102	시나리오	245
비정상 값	099	시트 보호	087
빠른 채우기	215	시트 삭제	060
		시트 순서	058
		시트 이름	061
		실행 취소	187

ㅅ

사선	067
상관 분석	272
상대 참조	111, 152
상위/하위 규칙	072
상태 표시줄	097
상품 단가	236
상환 기간	229
새 서식 규칙	074
새 통합 문서	195
서식 복사	120
서식 붙여넣기	206
선택 영역의 가운데로	066
선택 영역 인쇄	345
세로쓰기	066, 083
세로줄	049
셀의 개수	118
셀 편집	138
소수점 자릿수	100
수식 붙여넣기	208
수지 계획표	232
순위	324
숨기기 기능	062
숫자 키 패드	179
쉼표	094

ㅇ

아포스트로피	081
암호 설정	089
여러 조건	107
여백	035
연결선 제거	144
연결 편집	169
연산자	102
열 너비	045
오류	055
오류 값	073
오류 메시지	165
오류 무시	081
와일드 카드	110
위 첨자	170
이름 관리자	160
이름 정의	168
인쇄 제목	078
인수	094
일련번호	085

찾아보기

ㅈ

자동 계산	238
자동 채우기	135, 214
자동 합계	097
작은따옴표	157
저장하는 빈도	149
절대 참조	111, 153
점유율	326
정렬	222
정수로 표시	100
제목 셀	077
조건 범위	112
조건부 서식	069
조건부 서식 규칙 관리자	075
조건식	105
중첩	104

ㅊ

차입 금액	229
참조되는 셀 추적	143
참조하는 셀 추적	145
참조 형식	124
채우기 핸들	120
천 단위	042
첫 부분	184
최댓값	098
최솟값	098
추세선	277
추적	142
추적 화살표	143

ㅋ ㅌ

크로스 탭	116
큰따옴표	115
테두리	047
통합 문서 검사	084
트렌드	334
특정 기간	114
틀 고정	077

ㅍ

페이지 구분선	343
평균값	071
표 이름	040
표준편차	071
피벗 차트	268
피벗 테이블	260

ㅎ

합산 범위의 후보	097
해 찾기	250
행 높이	035
혼합 참조	117, 154
회귀 직선	273
회사의 브랜드 색상	054
회전율	244
흑백 인쇄	301
흰색	050